**GRACILIANO
romancista,
homem público,
antirracista**

SERVIÇO SOCIAL DO COMÉRCIO
Administração Regional no Estado de São Paulo

Presidente do Conselho Regional
Abram Szajman
Diretor Regional
Danilo Santos de Miranda

Conselho Editorial
Áurea Leszczynski Vieira Gonçalves
Rosana Paulo da Cunha
Marta Raquel Colabone
Jackson Andrade de Matos

Edições Sesc São Paulo
Gerente Iã Paulo Ribeiro
Gerente Adjunto Francis Manzoni
Editorial Cristianne Lameirinha
Assistente: Simone Oliveira
Produção Gráfica Fabio Pinotti
Assistente: Ricardo Kawazu

GRACILIANO
romancista,
homem público,
antirracista

Edilson Dias
de Moura

© Edilson Dias de Moura, 2023
© Edições Sesc São Paulo, 2023
Todos os direitos reservados

Preparação Tatiane Godoy
Revisão Lígia Gurgel
Capa e projeto gráfico Estúdio Daó (Giovani Castelucci e Guilherme Vieira)
Diagramação Tiago Araujo

Dados Internacionais de Catalogação na Publicação (CIP)

M865g	Moura, Edilson Dias de
	Graciliano: romancista, homem público, antirracista / Edilson Dias de Moura. – São Paulo: Edições Sesc São Paulo, 2023. 388 p.
	Bibliografia ISBN: 978-85-9493-263-1
	1. Literatura Brasileira. 2. Graciliano Ramos. 3. Biografia. 4. Crítica literária. 5. *Caetés.* 6. *São Bernardo.* 7. *Angústia.* 8. *Vidas Secas.* I. Título. II. Subtítulo.
	CDD 869.909

Ficha catalográfica elaborada por Maria Delcina Feitosa CRB/8-6187

Edições Sesc São Paulo
Rua Serra da Bocaina, 570 – 11º andar
03174-000 – São Paulo SP Brasil
Tel.: 55 11 2607-9400
edicoes@sescsp.org.br
sescsp.org.br/edicoes
❑❑❑❑ /edicoessescsp

A meus pais, Geraldo Batista de Moura (*in memoriam*) e Consuelo Dias de Moura.

A meus mestres, Elisabeth Franco (*in memoriam*) e João Adolfo Hansen.

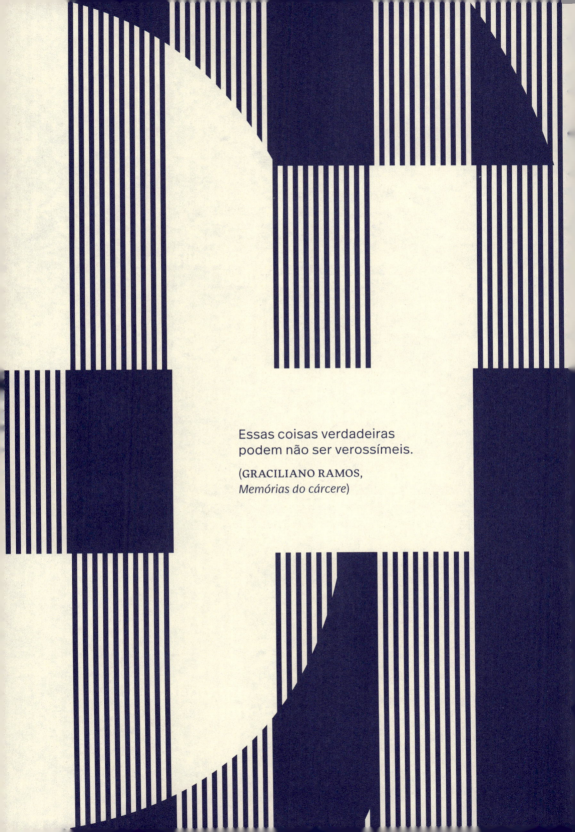

Essas coisas verdadeiras podem não ser verossímeis.

(GRACILIANO RAMOS, *Memórias do cárcere*)

APRESENTAÇÃO

10 Ambivalências em curso: a literatura
e a vida de Graciliano Ramos
DANILO SANTOS DE MIRANDA / Diretor do Sesc São Paulo

PREFÁCIO

12 Um homem
LUÍS BUENO / Professor de literatura brasileira na
Universidade Federal do Paraná (UFPR)

17 A atualidade de Graciliano e o debate público

18 Delimitação e perspectiva

48 Diferenças entre *condições necessárias*
e *condições suficientes*

62 Quase anônima: uma escrita do século passado

82 A convenção literária e a narrativa histórica

102 A noção político-conceitual de
"brasileiro" na literatura

117 *Caetés* e o pacto com a mediocridade

118 As ideias no poder, e não fora dele

140 A aparência de civilidade pela
preservação da tribo

150 Rompimento e conciliação de
classe: os elos do segredo

158 O desencaixe de *Caetés* no cenário
político dos anos 1930

179 *São Bernardo* e a propaganda contrarrevolucionária

180 Dois palmeirenses ilustres

192 O fator econômico em *São Bernardo*:
o ciclo do algodão

204 *São Bernardo* e a campanha contra os "sem-Deus"

214 O Itamaraty como foro privilegiado:
polícia política religiosa

228 Os sentidos de uma metáfora: alegoria
do pio da coruja na torre da igreja

244 De "Mark Twain de chinelas" a
"Dostoiévski dos trópicos"

261 *Angústia*: mundos em colisão

262 Na balança da justiça: o peso da
bola branca e da bola preta

282 Da nostalgia da senzala ao delírio do
retorno: aspectos históricos

292 Intromissão: içando o monstro introspectivo

304 Vozes da opinião pública: colchão de painas

319 Tópicas da escravidão em *Vidas secas*

320 Saliências históricas: o perigo da democracia

340 Uma sombra no olho azulado: mudança

358 Sem retorno: o fim de uma rota

372 Agradecimentos

376 Referências

387 Sobre o autor

APRESENTAÇÃO

Ambivalências em curso: a literatura e a vida de Graciliano Ramos

**DANILO SANTOS
DE MIRANDA**
Diretor do
Sesc São Paulo

Composição das nuances da vida, a obra literária recebe não raro o estatuto de metáfora do material e do simbólico que habitam a experiência humana – e desta condição abre-se a possibilidade do encontro. Se essa aptidão interpela a relação entre a obra e quem a lê, criando sentidos de identificação, o mesmo ocorre com quem a produz, de modo que as circunstâncias que permeiam a escrita também circunscrevem a vida de quem a escreve. Assim, podemos nos perguntar: até onde as marcas de uma biografia produzem as margens de um texto?

Para dar conta de suas ambivalências, diversos campos do saber se filiam à literatura tendo como horizonte a tentativa de percorrê-la, e não necessariamente de alcançá-la. A historiografia colabora, nesse sentido, com aportes que podem conduzir a uma análise que contextualize o fenômeno literário sincronicamente às realidades que orbitam sua produção, de modo que o texto passe a ser um sujeito histórico em observação.

É nesta perspectiva que Edilson Dias de Moura apresenta um modo de investigação literária que propõe certa intertextualidade, considerando poética e história elementos em confluência, e para tanto dialoga com as obras do escritor alagoano Graciliano Ramos. Em Graciliano romancista, homem público, antirracista, Edilson investiga os romances do autor publicados na década de 1930 – *Caetés, São Bernardo, Angústia* e *Vidas secas* – período em que a autoria é revelada, e os pseudônimos presentes nas duas décadas anteriores dão lugar à inauguração do nome que passou a ser reconhecido na literatura brasileira.

Sua autonomeação, contextualizada temporalmente, aponta para transformações na dinâmica e fabricação textual, em que tal mudança ampara a análise dos distintos aspectos que alicerçam sua trajetória de vida e obra. Do título deste livro, é possível antever sua multiplicidade, na qual a presença na gestão pública, quando à frente da prefeitura de Palmeira dos Índios e da educação do Estado de Alagoas, compõe o plano de fundo de suas produções e articula um panorama acerca dos territórios nordestinos.

Para além de um romancista dito regional, o que se evidencia é a universalidade de suas tramas, ao tratar de maneira contundente as condições existenciais e estruturais da sociedade, alicerçadas em problemáticas raciais, de classe e de gênero e suas marginalizações, muitas destas respaldadas em suas experiências práticas pessoais.

Assim, esta publicação pode ser considerada um modo de tomar contato com abordagens sociológicas e históricas da literatura, em um exercício de afluência entre linguagens. Trata-se também de um ato de ampliação horizontal, convidando o leitor a partir do legado de Graciliano Ramos para adentrar sua obra e seus métodos de significar o mundo. Interessa ao Sesc proporcionar experiências diversas de aproximação entre pessoas e expressões artísticas, e, nesse sentido, a instituição reafirma seu compromisso com os processos educativos que valorizam a cultura brasileira e sua memória, tendo o desenvolvimento de múltiplos saberes como horizonte para uma sociedade plural.

PREFÁCIO

Um homem

Luís Bueno
Professor de literatura
brasileira na Universidade
Federal do Paraná (UFPR)

Fabiano, em meio a suas tarefas cotidianas, andava pela caatinga de facão na mão e "espiava o chão como de costume, decifrando rastros". Mexia-se com desenvoltura, sendo capaz de saber que animal havia passado por ali observando chumaços de pelo e o formato de urina já seca no chão. Subitamente, entre os galhos dos arbustos, surge algo, e ele inicia um golpe, baixando o facão. Um ano antes, ele estivera em situação diversa, longe dali, na cidade, aonde fora comprar gêneros que não se encontravam na fazenda em que trabalha. Acabara bebendo, entrando num jogo de cartas e se desentendendo com um soldado da polícia que, à vontade, investido de plena autoridade, o prende arbitrariamente, obrigando-o a suportar uma surra de facão e uma noite de cadeia. É esse mesmo soldado que quase recebe o golpe de Fabiano no meio da caatinga.

Esse é o ponto de partida do capítulo "O soldado amarelo", do romance *Vidas secas*. O primeiro gesto do vaqueiro, refreado a tempo, é feito, portanto, por instinto. A narrativa não esclarece bem se o facão se move em autodefesa diante de algo não identificado, mas potencialmente ameaçador, que se mexe no mato, ou se já se trata de um movimento de desforra diante do reconhecimento rápido e preciso do tal soldado. De todo modo, como os que já leram *Vidas secas* não conseguem esquecer, os dois não entrarão em nenhuma forma de luta física.

É outra a luta que ocupa esse capítulo, o antepenúltimo do livro. Ela se passa na consciência de Fabiano. É claro que, para o sertanejo, agora confortável em um ambiente que lhe é familiar, o soldado ganha outro tamanho, passando a ser visto como minúsculo, insignificante. Abatê-lo seria fácil, por isso mesmo, logo o imagina estendido no chão, os olhos abertos, um fio de sangue a sair-lhe da cabeça para se converter num riacho que se estenderia em plena terra ressecada.

Acontece que Fabiano vê mais do que isso. Vê que se trata de "um homem, e coisa mais grave, de uma autoridade". Não era uma coisa, não era um bicho. Em primeiro lugar, era um homem e, depois, uma autoridade. O vaqueiro põe em andamento, então, a máquina de reflexão que, a essa altura, o leitor conhece bem, pois a viu em funcionamento desde o início das ações do romance, a examinar, por exemplo, se ele próprio era um bicho ou um homem. Enquanto isso, o facão permanece imóvel, inútil. Por fim, Fabiano abre mão da violência e decide poupar o soldado. Diz, talvez para si mesmo, talvez para o soldado, que "governo é governo", tirando o chapéu e ensinando-lhe o caminho.

Ao final do capítulo, o leitor pode bem se perguntar se Fabiano teria poupado o homem ou a autoridade. A crítica, de maneira geral, responde a essa pergunta sem maiores dúvidas: poupou a autoridade – e essa não é uma leitura despropositada. Vivendo numa sociedade que lhe recusa qualquer direito, Fabiano habituou-se a obedecer. Não tendo frequentado escola, sente-se incapaz de compreender com clareza a estrutura de poder que o oprime. A única saída que chegou a imaginar para esse estado de opressão era ingressar no cangaço – ideia logo afastada, pois significaria deixar mulher e filhos desamparados. O gesto de revolta mal é esboçado e já se desfaz. Para ele, portanto, a autoridade e a responsabilidade seriam hipertrofiadas, de maneira que o indivíduo a seu lado, o soldado, pode muito bem se confundir com as instituições que, de tão distantes, não parecem ter existência concreta – o tal governo, que, afinal de contas, é o governo. Tirar o chapéu, ação que pode ser entendida como indicativo de que aceita sua posição de submissão, e ensinar o caminho, o que significaria refutar toda a vantagem física que tem para tomar a atitude mais esperada, seriam a materialização dessa sua incapacidade de reação.

A resposta de Edilson Dias de Moura neste *Graciliano: romancista, homem público, antirracista* é, contudo, bem diferente. Para ele, a sentença que fecha o capítulo, a que diz que Fabiano "ensinou o caminho ao soldado amarelo", escapa em muito da literalidade. Ela não indica simplesmente que ensinou o soldado a como sair da caatinga. Para o crítico, Fabiano, um homem, não um bicho, poupou outro homem, e não a autoridade, não o soldado amarelo. Renunciar à violência, que não lhe seria difícil aplicar, não é um recuo, é uma opção consciente. Matar o soldado seria apenas insistir na violência, a mesma que, sob muitas formas – econômica, policial, educacional – abate-se constantemente sobre ele. Com isso, Fabiano rompe um ciclo mais forte que o das secas: o ciclo social do abuso. "Fabiano, no encontro com o soldado amarelo, escolhe o caminho da humanização, sugerindo o mesmo ao soldado amarelo": eis a síntese que o leitor encontrará já ao final desta obra. Para Moura, o sertanejo faz-se fraco para mostrar-se forte e ensinar que o caminho é nos capacitarmos para o fato de que somos todos seres humanos.

Para chegar a essa leitura, o crítico percorre um longo trajeto sustentado em dois pilares. De um lado, está o exercício de ler a obra de Graciliano não apenas sob o signo do realismo ou do conflito entre intimismo e objetividade, mas "na articulação d[ess]as extremidades pela metáfora e pela alegoria". Esse exercício o faz reinterpretar os quatro romances do autor e, assim, ter força para propor que o verdadeiro caminho indicado por Fabiano ao soldado é o da humanização, não o da cidade.

De outro, está uma reavaliação de todo o percurso de Graciliano Ramos como escritor – e não só. Para vermos qual é essa reavaliação, tomemos um aspecto bastante lateral dessa trajetória, isto é, o contraste entre seu aparecimento nos anos 1930 e os rumos tomados nos quinze anos seguintes. O mestre alagoano apresentou-se como um furacão na vida literária do país. Em pouco mais de quatro anos, entre dezembro de 1933 e maio de 1938, publicou quatro romances de primeira ordem, *Caetés*, *São Bernardo*, *Angústia* e *Vidas secas*, impondo-se como figura central entre os ficcionistas brasileiros. Nos anos seguintes, em se tratando de ficção, lançaria pouca coisa, apenas os livros de contos *Dois dedos* (1945) e *Histórias incompletas* (1946), que podem ser vistos como preparação para *Insônia* (1947), que reuniria de maneira estável sua produção no gênero. Depois disso, nada mais de romance, a não ser projetos que chegou a acalentar mas não levou a termo. Até o final da vida, o autor se dedicaria a seus livros de memórias, *Infância* (1945) e *Memórias do cárcere* (1953).

Intrigado com essa trajetória, ainda em 1945 Antonio Candido julgou ver nos romances de Graciliano um caminho natural que levara o escritor da ficção à confissão, localizando já em *Angústia* uma forte presença do dado autobiográfico que se tornaria dominante a seguir. Moura prefere se afastar dessa explicação, para ele por demais personalista: não lhe interessa a psicologia do autor, mas, sim, a intersecção desta com algo mais palpável, ou seja, sua atuação no espaço social. Em outras palavras, o crítico analisa a *persona* pública para buscar os elementos que articulam a visão de mundo expressa nos romances naquilo que Graciliano já escrevia antes de publicar qualquer livro – e, também, nas atividades que exercera antes disso.

Tomando o que já fizera para além da literatura, o escritor nos é apresentado aqui como um caso único. Até ser preso, em 1936, ele não fora funcionário público, como tantos outros escritores brasileiros – ou como seu personagem Luís da Silva. Sim, ele trabalhara na máquina do Estado, mas em outra condição, a de gestor, como prefeito de Palmeira dos Índios, diretor da Imprensa Oficial e, sobretudo, como diretor da Instrução Pública de Alagoas. Nessa posição, teve a oportunidade de propor e executar políticas públicas, tendo criado, por exemplo, o primeiro programa de merenda escolar do país (além do fornecimento de uniforme e sapatos a crianças que, de outra forma, estariam impedidas de ir à escola), tornando a escola pública alagoana um ambiente de inclusão social e racial que contrariava fortemente o que as elites e o governo Vargas pensavam para a educação – ranço até hoje forte entre nós, mesmo que não explicitado nos regulamentos e normas.

A ideia central é a de que Graciliano não "apareceu" em 1933, com seu romance de estreia, senão para a vida literária do Rio de Janeiro, capital e centro cultural do Brasil. Ele já escrevia e publicava artigos e poemas desde os anos 1910, nos quais é possível flagrar a posição democrática e inclusiva que o homem público adotará e que, no fundo, estruturará sua obra ficcional. É a partir dessa experiência, que ultrapassa o mito de ser "o homem que mais sabia mitologia no sertão" – tal como o teriam descrito a José Lins do Rego e que daria a ideia de um isolamento que, de fato, não houve –, e por meio da análise também do que publicou sob pseudônimos – em alguns casos, quase heterônimos –, este estudo abre um viés original de leitura dos romances que fizeram Graciliano aparecer e permanecer tanto na literatura quanto no espaço público brasileiros.

Viabilizado, por um lado, pela publicação da produção jornalística de Graciliano Ramos levada a cabo na última década e, por outro, pela pertinente pesquisa no Arquivo Público de Alagoas, o resultado do esforço crítico de Edilson Dias de Moura é a criação de uma imagem mais completa do homem e do escritor. Destaca-se nessa imagem um traço até agora menos sublinhado: sua posição antirracista, talvez mais visível em sua atuação como homem público e como memorialista, mas que o crítico identifica como constante em sua obra ficcional, culminando num oblíquo tratamento da herança escravista, que nos atravessa como sociedade, por meio da figura de um homem de olhos azuis, aquele Fabiano que, mesmo estando num mato sem cachorro, opta por ver no outro mais um homem, como ele.

A ATUALIDADE DE GRACILIANO E O DEBATE PÚBLICO

O senhor pode objetar que não se trata de maneira alguma de um processo, e tem toda razão, pois só é um processo se eu o reconhecer como tal. Mas neste momento eu o reconheço, de certa forma por piedade. Não se pode ter outra coisa senão piedade, se se deseja levá-lo em consideração. [...] o que aconteceu comigo é somente um caso isolado, e como tal não muito importante, já que eu não o levo muito a sério, mas é um indício de como se move um processo contra tantas pessoas. É só por elas que eu falo, não por mim. [...]

O que quero é apenas a discussão pública de um agravo público.

(FRANZ KAFKA, *O processo*)

DELIMITAÇÃO
E PERSPECTIVA

Cada artista desenvolverá o seu trabalho conforme as suas próprias peculiaridades. Isso dará a sua marca, que é a maneira como ele se situa em meio às contradições. [...] A arte é a antítese da sociedade.

(HERMENEGILDO BASTOS, "Inferno, alpercata: trabalho e liberdade em *Vidas secas*")

Graciliano Ramos (1892-1953) tem sido constante objeto de pesquisa das mais variadas vertentes de estudo, embora sua obra geral – por razão de seu apreço pelo texto enxuto, coeso e sua obsessão pela eliminação do supérfluo no processo de produção escrita – não figure entre aquelas cujo acervo apresenta grande quantidade de livros produzidos. De sua obra, destacam-se quatro romances publicados ao longo dos anos 1930: *Caetés* (1933), *São Bernardo* (1934), *Angústia* (1936) e *Vidas secas* (1938). Posteriormente, ao longo dos anos 1940, quatro coletâneas de contos: *Histórias de Alexandre* (1944), *Dois dedos* (1945), *Histórias incompletas* (1946), *Insônia* (1947) e, postumamente, *Alexandre e outros heróis* (1962). Duas obras memorialísticas/autobiográficas, de grande relevância, *Infância* (1945) e *Memórias do cárcere* (1953), esta última publicada pouco depois do falecimento do autor, em 20 de março de 1953, aos 60 anos, fechando o acervo do que se pode considerar sua iniciativa.

Durante vinte anos, de 1933 a 1953, sua atividade artística mantivera-se sob o rígido controle de suas convicções pessoais, sendo parte de sua obra publicada durante o tempo em que residia em seu estado natal, até o ano de 1936, quando foi preso em decorrência de um processo policial-militar instaurado em dezembro de 1935 em Alagoas. O processo foi arquivado pelo juiz federal Alpheu Rosas Martins quatro dias antes da prisão de Graciliano, em 3 de março de 1936. Transferido para o Rio de

Janeiro pouco depois, é libertado após quase um ano de encarceramento. Em 1937, fixa-se definitivamente na capital federal, onde inicia o projeto de construção de uma escrita marcadamente autocrítica e autobiográfica/ memorialística.

Após sua morte, em 1953, foram publicados *Viagem* (1954); *Linhas tortas* e *Viventes das Alagoas* (1962); *Cartas* (1980); *Cartas a Heloísa* (1992); *Cartas inéditas de Graciliano Ramos a seus tradutores argentinos* (2008); *Garranchos* (2012); e *Cangaços* e *Conversas* (2014). A produção póstuma é considerada neste livro em seu suporte original, já que na reconstituição historiográfica privilegiamos a "história da grafia" dos romances e dos contextos de produção. Durante a vida do autor, os escritos assinados com pseudônimos foram quase ou completamente desconhecidos. Ainda em 1948, em entrevista dada a Homero Senna para a *Revista do Globo*, ao ser perguntado: "Quer revelar alguns desses pseudônimos?", responde com espanto: "Você é besta..."[1]. Os textos publicados postumamente não passam pelo critério de publicação que Graciliano adotou em vida: nesse caso, à época de sua escrita, esses textos foram lidos de um modo diferente de quando publicados em livros.

Com esse breve levantamento das publicações, pretende-se evidenciar o percurso abstrato ou linear da produção de Graciliano. Nele se observa certa delimitação periódica conforme as obras vão sendo publicadas. Ficam, assim, evidenciadas as décadas de 1930 e 1940 como momento vital da constituição do nome com que hoje o autor é reconhecido pelo público em geral. A perspectiva crítica com que se fixa a linearidade ora apresentada opera-se pelo estatuto da palavra estabelecido por Bakhtin e sintetizado por Kristeva:

> Introduzindo a noção de estatuto da palavra como unidade mínima da estrutura, Bakhtin situa o texto na história e na sociedade, elas próprias encaradas como textos que o autor lê e nos quais se insere ao reescrevê-los. A diacronia transforma-se em sincronia, e, à luz dessa transformação, a história linear aparece como uma abstração; a única maneira que o autor tem de participar da história torna-se, então, a transgressão dessa abstração por uma escrita-leitura, quer dizer, por uma prática de uma estrutura significante em função de ou por oposição a uma outra estrutura. A história e a moral inscrevem-se e leem-se na infraestrutura dos textos[2].

---

1   Homero Senna, "Revisão do Modernismo", em: Sônia Brayner (org.), *Graciliano Ramos*, Rio de Janeiro: Civilização Brasileira, 1978, p. 49.

2   Julia Kristeva, *Semiótica do romance*, Lisboa: Arcádia, 1977, p. 70.

Precisamente, a ancoragem temporal fixa o levantamento historiográfico da pesquisa, segundo a unidade significante mínima dos textos, em duas etapas de estudo: a dos anos 1910-1920, que se caracteriza pelo critério da assinatura dos textos com pseudônimos, cujos assuntos se encontram orientados por uma perspectiva nacionalista[3]; e, logo após, a dos anos 1930, ao passo que assume seus escritos com o nome próprio e quando sua atenção se volta para questões locais, ligadas particularmente ao estado de Alagoas, em termos regionais.

Essa percepção regionalista foi desenvolvida a partir das atividades administrativas de Graciliano nos cargos de presidente da Junta Escolar de Palmeira dos Índios, de prefeito desse mesmo município e, depois, de diretor de ensino em Alagoas, embora também o debate entre nacionalização e regionalização fizesse parte de uma discussão mais ampla no período, dividido entre movimentos que defendiam a centralização do poder da União contra o federalismo, determinado pela Constituição de 1892 e que assegurava aos estados autonomia político-legislativa para organizar os setores de sua administração. Ao longo dos anos 1920, surgem propostas pela centralização da gestão do ensino no país a partir da fundação de um Ministério de Educação:

> Foi na primeira Conferência Nacional de Educação, realizada em dezembro de 1927, que Labouriau defendeu a tese de um Ministério de Educação, concebido como "um aparelhamento ramificado convenientemente por todo país", dispositivo centralizador que evitasse a "dispersão dos esforços", a "falta de coordenação" e a "ausência de diretivas", consequências da "pulverização das atribuições governamentais por vários ministérios". Sua finalidade principal era assegurar a "unidade pátria, por meio de um plano nacional de Educação"[4].

3   Aproveitando ainda a entrevista de Homero Senna, que pergunta a Graciliano Ramos se "acha preferível, para o escritor, a vida na província", tem-se a seguinte resposta: "Nós, do Nordeste, temos de ser 'municipais' ou 'nacionais'". O autor considera as grandes capitais nordestinas "provincianas" em relação a "São Paulo, Minas Gerais, Rio Grande do Sul", o que leva o eixo interior/capital a adquirir significados levemente modificados e em conformidade com um ato de enunciação particular. Assim, ao responder "temos de ser municipais ou nacionais", Graciliano assume um lugar de fala alagoano: "acho preferível o interior às capitais, porque estas, seus mexericos, seus grupinhos literários, suas academiazinhas, seus institutos históricos, são sempre muito ruins". Diga-se, em outras palavras, "provincianos". Nesse sentido, Maceió poderia ser considerada mais provinciana que Palmeira dos Índios. Cf. Homero Senna, *op. cit.*, p. 54.

Os embates entre centralização da educação (nacionalista) e regionalização do ensino (segundo a especificidade de cada área do país) atravessam a obra de Graciliano, tanto a assinada com pseudônimos, durante a década de 1920, quanto a com nome próprio, a partir de 1931, permitindo observar o impacto da atuação em cargos públicos no processo de transformação das ideias do autor sobre literatura.

Na esteira das transições e transformações ocorridas a partir de 1931, entende-se que *Caetés* corresponde a uma perspectiva urbana/nacionalista do autor, centralizadora de um lado, e generalista de outro: a obra situa-se inicialmente nos anos 1920, levando-o a problematizações verticalizantes (de cima para baixo), cuja referência burguesa/urbana, no topo, impede que ela seja tratada como obra regionalista ("municipal", segundo a concepção particular do autor). Ainda que Palmeira dos Índios, pequena cidade do interior, seja o palco em que se encena a trama no romance, os seus dilemas se generalizam pela noção de "sentimento de brasilidade", explorada ironicamente como um "caldeirão de vícios" alimentado pelo suporte alegórico do indígena/povo como origem do país.

Particularmente em *Caetés*, a exploração das relações da pequena burguesia figurada no romance como "uma elite despreparada" se dá contra o pano de fundo em que se desenrola a tese do analfabetismo da população como causa da prostituição, dos jogos de azar, da cachaça, "do aluvião de mendigos" e, sobretudo, da criminalidade. É central no romance a alusão a uma política pública de "instrução das elites" para alfabetização do povo, a fim de que aquelas pudessem dirigir as ações positivas deste em sentido de progresso. Isso aparece na proposta de Evaristo Barroca, personagem que ocupa o cargo de deputado e chefe político da região, quando é narrado: "[...] voltavam-se todos para Evaristo, que agora preconizava o esclarecimento das massas, governada por uma elite de gênio"[5]. Efetivamente, o romance dialoga com a ideia, segundo a pesquisa de Marta Maria Chagas de Carvalho, que se apresentava durante os anos 1920 de uma instrução pública voltada para a formação de uma elite que liderasse o progresso no país:

> Em 1926, Azevedo Sodré – convidado pela Associação [ABE – Associação Brasileira de Educação] para realizar conferência sobre "O Problema da Educação Nacional – justificou o trabalho que vinha sen-

---

4   Marta Maria Chagas de Carvalho, *Molde nacional e fôrma cívica*: higiene, moral e trabalho no projeto da Associação Brasileira de Educação (1924-1931), Bragança Paulista, SP: Edusf, 1998, p. 218.

5   Graciliano Ramos, *Caetés*, Rio de Janeiro: Record, 1972, p. 100.

do desenvolvido pela ABE [...] Era preciso, justificava, referendado pelo Boletim da Associação que reproduziu trechos da Conferência, "convencer nossa gente [de] que, ao contrário do que habilmente se afirma, não cabe ao analfabetismo a culpa do atraso, do desgoverno, da anarquia, e dos muitos males que afligem nosso país, antes são mais nocivas, culpáveis e condenáveis as elites mal preparadas que nos governam e as legiões sempre crescentes de semialfabetos [sic] que as sustentam"[6].

Graciliano explora exatamente a comicidade da burguesia palmeirense em *Caetés*, debochando de seu despreparo, provocado por uma educação superficial, o que leva o romancista a tratar os problemas do país de cima para baixo, de acordo com a época em que foi escrita a obra. Já em *São Bernardo*, *Angústia* e *Vidas secas*, Graciliano voltava-se de maneira diagonal para os problemas efetivamente alagoanos, invertendo a prioridade dada em relação aos que estão em cima e aos que estão embaixo: das bases material, existencial, produtiva (profunda, portanto, da infraestrutura) dependiam as transformações em geral da superfície (ou superestrutura), conforme passou a propor de 1937 em diante:

> Parece-nos que os novelistas mais ou menos reputados julgaram certos estudos indignos de atenção e imaginaram poder livrar-se deles. Assim, abandonaram a *outras profissões* tudo quanto se refere à economia. Em consequência disso, fizeram uma construção *de cima para baixo*, ocuparam-se de questões sociais e questões políticas, sem notar que elas dependiam de outras *mais profundas*, que não podiam deixar de ser examinadas[7].

Assim compreendido, mesmo circunscrevendo o drama de Luís da Silva, em *Angústia*, à capital do estado, o núcleo de sentidos desse romance estabelece o embate entre ruralidade/barbárie e civilização/modernidade burguesa pelo deslocamento do núcleo dinâmico do poder arcaico, tradicionalista, nos limites da produção agrícola, do interior para a cidade, onde exerce a mesma função, marcadamente autoritária, envolta em uma modernização da superfície (ilustração das elites). A temática de *Angústia* adquire sentido ao passo que o movimento da memória de Luís da Silva decorre de uma característica histórica produzida pela urbanização desordenada, ocasionada pela migração, e que teria produzido a nostalgia

6   Marta Maria Chagas de Carvalho, *Molde nacional e fôrma cívica*, op. cit., p. 148.

7   Graciliano Ramos, *Linhas tortas*, Rio de Janeiro: Record, 1975, p. 253-4 (grifos meus).

da sociedade agrária, patriarcal, escravista, dado que com mais profundidade será explorado na análise do romance pela idealização da vida rural como lugar de "virtude e felicidade". Esse fenômeno decorria dos debates e teses que defendiam a escola regional, que devia adotar modelos de ensino profissionalizantes marcadamente voltados para a produção agrícola a fim de evitar o transbordamento populacional dos grandes centros.

Os romances publicados de 1934 a 1938 apoiam-se em um diálogo imediato, dirigem-se a um público específico, derivando da experiência de Graciliano, que se inter-relaciona de modo direto com os problemas do estado de Alagoas, antes de 1937, ano em que deixa a prisão e se estabelece definitivamente no Rio de Janeiro. Esse deslocamento altera o modo como o autor entende esses problemas, e o distanciamento lhe permitiu ver a obra acabada. *Vidas secas*, publicado em 1938, seria resultado geral de sua autocrítica literária, um reposicionamento em relação aos fatos desenrolados na sua terra natal, onde se envolveu nas polêmicas provocadas pelos intimistas/conservadores/católicos e regionalistas/socialistas/neorrealistas. *Vidas secas* era, portanto, resposta a ambos os grupos, de um autor situado especialmente no espaço da literatura:

> [...] os anos 1930 são a época do romance social, de cunho neonaturalista, preocupado em representar, quase sem intermediação, aspectos da sociedade brasileira na forma de narrativas que beiram a reportagem ou o estudo sociológico. É claro que, nesse tempo, também houve uma outra tendência na qual pouco se fala, [...] o chamado romance intimista ou psicológico, mas tão secundária que não teve forças para estabelecer-se como forma possível de desenvolvimento do romance no Brasil[8].

Graciliano Ramos situava-se entre essas duas vertentes, explorando os recursos literários propiciados por ambas as perspectivas de produção. Curiosamente, no entanto, ainda que se reconheça a predominância do intimismo na obra do autor, é com os aspectos sociológicos, econômicos e políticos que a crítica mais a identifica. Essa crítica parte de uma abordagem que se constrói de cima para baixo, dispensando as bases materiais dos registros historiográficos, e deixa de perceber que decorre dos muitos aspectos da vida pública do autor, e não de aspectos biográficos, a formulação das figurações alegóricas/metafóricas de sua obra, que são a essência literária.

---

8   Luís Bueno, *Uma história do romance de 30*, São Paulo: Edusp; Campinas, SP: Editora da Unicamp, 2006, p. 19.

Para entender o social nos romances de Graciliano, a investigação de seus procedimentos administrativos se faz fundamental. A experiência concreta e cotidiana de seu trabalho à frente da prefeitura de Palmeira dos Índios e da educação em Alagoas, experiência prática da qual tirou certas correlações para estabelecer parte de seu método de escrita, explica parte da sua estética e de seu estilo. A relação entre construção literária e estatísticas, por exemplo, revela os enfrentamentos ou desafios de implementação de planos administrativos nas prefeituras e na educação em Alagoas, limitados por escassez orçamentária, desorganização política do Estado e baixa qualidade de ensino à época, mas sobretudo pelo proselitismo ideológico, católico e político que dominava (e ainda domina) o cenário nacional.

Naquele contexto, privilegiava-se a discriminação do indivíduo segundo princípios ligados à Igreja, ao tradicionalismo e ao cientificismo positivista, como as teses eugênicas, cuja ideologia explicava o drama dos excluídos pela sina pessoal, pelo destino, pela degeneração racial produzida pela miscigenação, razão hipotética do cretinismo e da incapacidade de desenvolvimento cognitivo da população pobre, que se desagregava ainda mais pela ignorância e inobservância dos princípios cristãos, segundo os católicos. Tais soluções ou modos de explicar a realidade incorporados ao romance intimista foram completamente rejeitados pelo autor, mas não a subjetividade.

Por outro lado, também o realismo socialista, nos moldes do zhdanovismo/stalinismo, era para Graciliano superficial e impreciso. Ele acreditava que tal tendência exigia excluir do romance a introspecção, o que autor não admitia. Nesse sentido, sua obra concilia as duas tendências. E é nesse ponto que chama atenção certo desvio na cadeia dos acontecimentos históricos, em termos diacrônicos, embora aparentemente mero detalhe ou falha puramente cronológica de uma edição de livro, que induziu muitos pesquisadores a pensar as discordâncias entre Graciliano Ramos, intimistas católicos e autores do realismo crítico/social do ponto de vista político, e não literário, numa repetição irônica do que o próprio Graciliano criticava em 1937: "julgaram certos estudos indignos de atenção e imaginaram poder livrar-se deles". A saber, a Retórica.

Valentim Facioli, escrevendo no início da década de 1990, fiado nas datas atribuídas às crônicas de Graciliano reunidas em *Linhas tortas*, lê o texto "O fator econômico no romance brasileiro" como um dos "Atritos que Graciliano viveu com a direção zhdanovista/stalinista no interior do PCB"[9] em 1945. De fato, em *Linhas tortas* o artigo recebe a data de "junho de 1945". Contudo, atualmente o pesquisador Thiago Mio Salla, levantando inéditos do autor de *Vidas secas*, revela que o artigo fora na verdade publicado em 1937, em abril, na revista *Observador Econômico e Financeiro*, poucos meses após a saída de Graciliano da prisão[10]. E não só Valentim mas também outros críticos, como Leticia Malard e Zenir Campos Reis, atribuem o texto ao período de filiação do autor ao Partido Comunista (PC). Isso produziu o deslocamento da polêmica original do artigo, entre Graciliano Ramos e intimistas católicos em 1935, cuja defesa foi assumida por Octávio de Faria, para o debate do modelo realista zhdanovista na década de 1940.

Evidentemente, o artigo de 1937 encontra eco no debate sobre a função do romance em 1945, mas esse deslocamento do texto de Graciliano para data posterior leva ao apagamento de sua verdadeira origem, varrendo da história as consequências de seu posicionamento anticlerical em 1935, interpretadas ali a partir de estereótipos que não lhe cabiam, tais como "o ateísmo militante" ou ação na "propaganda revolucionária".

Ver-se-á de maneira detalhada que "O fator econômico", juntamente a "Norte e sul", também publicado logo que Graciliano deixa o cárcere, é resposta a um embate que teve origem em dezembro de 1934, com um artigo de Augusto Frederico Schmidt, e em 1935, aprofundado por dois artigos escritos sobre *São Bernardo*, um de Jayme de Barros, que o acusou de plagiar Machado de Assis, e outro de Oscar Mendes, que, de modo sutil, sugeria ter Graciliano Ramos escrito o romance a serviço da propaganda revolucionária soviética. A tese dessa suposta "atividade subversiva" do autor teve sua exposição em um artigo de Octávio de Faria, que se posicionou a favor de Schmidt em 30 de junho de 1935: "Uma explicação: a propósito de Salgueiro".

A propósito, Faria não diz nada sobre *Salgueiro*, romance de Lúcio Cardoso lançado também em 1935. No artigo, ele apenas explica as razões de não ter dado qualquer resposta ao artigo de Jorge Amado, "*São Bernardo* e a política literária", em que o autor baiano diz que (entre as razões de Schmidt ter avaliado o romance de Graciliano com má vontade) um informante lhe havia dito que Octávio de Faria orientava os críticos católicos na escrita de textos contra os autores do (à época) norte. Ver-se-á que o artigo "Norte e sul" de Graciliano irritaria profundamente Faria, que em resposta escreve "O defunto se levanta", fazendo referências ao estado físico do autor após sua libertação.

---

9   Valentim A. Facioli, "Dettera: Ilusão e verdade: sobre a (im)propriedade em alguns narradores de Graciliano Ramos", *Revista do Instituto de Estudos Brasileiros*, n. 35, São Paulo: IEB-USP, 1993.

10   Ver: Thiago Mio Salla, "Graciliano Ramos *versus* Octávio de Faria: o confronto entre autores 'sociais' e 'intimistas' nos anos 1930", *Opiniães*, FFLCH-USP: São Paulo, v. 1, n. 3, 2011, p. 15-29, nota 24.

Naquele momento, a situação de Graciliano era a de um estreante, que não gozava do prestígio que viria a ter na década seguinte, mas que ocupava o importante cargo de diretor da Instrução Pública de Alagoas. A ocupação do cargo naquele contexto, visibilíssimo, dava-lhe destaque maior do que a publicação de um romance. A posição política o tornava o alvo favorito dos católicos em geral.

Ainda em 1935, Graciliano escreve em resposta a dois críticos mineiros (Jayme de Barros e Oscar Mendes), aparentemente concordando que o romance não deveria se prestar a proselitismos políticos. De modo sutil, o autor alagoano concordava para cobrar exatamente o fato de Barros e Mendes terem abandonado a análise literária para desferirem acusações, o que não disfarçava as finalidades políticas de fazer da crítica literária um jogo deliberadamente difamatório. Dênis de Moraes, lendo apenas a carta do autor alagoano, sem citar a crítica de Oscar Mendes, fala do episódio em termos que dão aparência de ter havido ali um diálogo amigável e cordial:

> Um documento significativo sobre a visão de Graciliano nesse período é a carta enviada a Oscar Mendes, em 5 de abril de 1935. A pretexto de agradecer a resenha sobre *São Bernardo* publicada na *Folha de Minas*, discorreria sobre as relações entre literatura e política, criticando os novelistas russos modernos que transformavam "a literatura em cartaz, em instrumento de propaganda política". Os ficcionistas brasileiros, ao seu ver, também deveriam combater o proselitismo[11].

Falta, nesse entendimento, saber que tanto Oscar Mendes quanto Jayme de Barros eram militantes católicos, o que muda o sentido de "criticando os novelistas russos" e ressignifica o dever dos ficcionistas brasileiros de "combater o proselitismo". O artigo de Oscar Mendes sobre *São Bernardo* aderia ao ponto de vista católico de então, como veremos nas análises adiante. Àquela altura, todo um aparato legal-judicial-policial havia se erguido para encarcerar a oposição ao governo Vargas e à Igreja. Em 4 de abril 1935, um dia antes de a carta de Graciliano ser publicada, a Câmara dos Deputados aprovaria a Lei de Segurança Nacional, pondo na clandestinidade partidos, fechando jornais, silenciando toda e qualquer oposição ao governo; em suma, a apelidada "Lei Monstro" justificaria prisões, exoneração de funcionários públicos, uma proliferação de pequenos golpes, que passaram, então, da substituição de governadores eleitos

---

11 Dênis de Moraes, *O velho Graça*: uma biografia de Graciliano Ramos, Rio de Janeiro: José Olympio, 1992, p. 104.

por interventores a prisões de oposicionistas, fossem eles quem fossem: senadores, juízes, funcionários públicos ou trabalhadores comuns.

Dava-se ali um verdadeiro período de inquisição, e Graciliano sabia dos riscos vinculados ao que parecesse propaganda comunista, ainda que não tivesse calculado a dimensão que tomariam os enfrentamentos. Dez anos depois da prisão, ao escrever *Memórias do cárcere*, a lembrança desse ano é primorosa: "Quais seriam os meus crimes? Não havia reparado nos enxertos em 1935 arrumados na Constituição"[12]. A pergunta que se fazia naquela época não era se era comunista ou não, se filiado ao PC ou não, mas sim qual seria a religião do indivíduo e a temática de suas ações. E, no caso de Graciliano Ramos, na direção da Educação no Estado de Alagoas, uma longa série de decisões administrativas o deixava completamente exposto, sobretudo a inclusão de negros – alunos e professores – em posição de destaque no ensino daquele Estado.

Em uma carta dirigida a Getúlio Vargas, logo que deixa o presídio no Rio de Janeiro, Graciliano exige explicações de sua prisão, que, não tendo um objeto de acusação formal, o faz deduzir que ela decorria de sua gestão do ensino em Alagoas: "[...] lá cometi um erro: encontrei 20 mil crianças nas escolas e em três anos coloquei nelas 50 mil, o que produziu celeuma. Os professores ficaram descontentes, creio eu. E o pior é que se matricularam nos grupos da capital muitos negrinhos"[13].

12 Graciliano Ramos, *Memórias do cárcere*, Rio de Janeiro: Record; São Paulo: Altya, 1996, p. 60.

13 Fabio Cesar Alves, *Armas de papel*: Graciliano Ramos, as *Memórias do cárcere* e o Partido Comunista Brasileiro, São Paulo: Editora 34, 2016, p. 313.

Grupo Escolar de Quebrangulo

Graciliano havia assumido uma política inclusiva em sua administração, contrária às sugestões eugenistas incluídas na Constituição de 1934 pela direita. Eliminou os cargos "de amizade", instaurou o concurso público, proibiu o castigo físico, forneceu material escolar, merenda e uniformes às crianças pobres etc. (logicamente, em sua maioria, negras). Naquele momento, iniciativas progressistas eram comparadas às "estratégias de Moscou".

No caso da moralidade da obra de ficção, escrevendo a Heloísa a respeito das interpretações distorcidas dos aspectos relacionados ao comunismo à época, no período de escrita de *São Bernardo*, diz:

> [...] há umas frases cabeludíssimas que não podem ser lidas por meninas educadas em convento. Cada palavrão do tamanho de um bonde. Desconfio que o padre Macedo vai falar mal de mim, na igreja, se o livro for publicado. É um caso sério. Faz receio[14].

Embora debochasse naquele momento, de fato seria preso em 1936, poucos meses depois das polêmicas geradas por sua administração da Educação em Alagoas e por *São Bernardo*, sob acusação nos jornais de ter exatamente perseguido professoras que não obedeciam ao "credo vermelho", "tolerado os comunistas na administração do ensino" e escrito um livro que não poderia ser lido por moças de família, "educadas em convento", segundo ele, que era mais ou menos a ideia de escola pública defendida pela ala católica. Em 1937, portanto, quando escreveu "Norte e sul" e "O fator econômico no romance brasileiro", Graciliano reafirmava sua posição diante de críticos como Alceu Amoroso Lima (Tristão de Athayde), Oscar Mendes, Jayme de Barros e, sobretudo, Octávio de Faria, cuja polêmica é analisada por Mio Salla no artigo "Graciliano Ramos *versus* Octávio de Faria: o confronto entre autores 'sociais' e 'intimistas' nos anos 1930".

← Grupo escolar localizado onde nasceu o autor em 27 de outubro de 1892. Escola inaugurada na gestão de Graciliano na Educação. Fonte: Arquivo Público de Alagoas.

Para o grupo de intelectuais vinculado à Igreja, a literatura regionalista era identificada como "catecismo dos incrédulos", "ateísmo militante", "doutrina vermelha", "credo comunista", promotora dos aspectos da vida da população negra brasileira como meio de "desagregar" a unidade nacional (simbolizada pelo catolicismo), em suma, uma literatura que resultava da propaganda revolucionária articulada pela "Liga dos sem-Deus", responsável pelo agravamento das condições já precárias da

---

14 Graciliano Ramos, *Cartas*, Rio de Janeiro: Record, 1992, p. 128.

nação. Os militantes ateus, literatos comunistas, protestantes, segundo os católicos, aproveitando-se da ingenuidade do brasileiro e de sua vocação à boa-fé cristã e sua suposta propensão à democracia, disseminavam o "ódio de classe e o ódio religioso", que se tornariam crimes com a promulgação da Lei de Segurança Nacional de 1935:

> **Art. 16.** Incitar luta religiosa pela violência.
> **Pena** – De 6 meses a 2 anos de prisão celular.
> **Art. 17.** Incitar ou preparar atentado contra pessoa ou bens, por motivos doutrinários, políticos ou religiosos.
> **Pena** – De 1 a 3 anos de prisão celular.
> **Parágrafo único.** Se o atentado se verificar, a pena será a do crime incitado, ou preparado[15].

A figuração da cultura religiosa afrodescendente no romance, por exemplo, era entendida como forma de promover a luta religiosa. De fato, em 1935,

> [...] pela analogia direta entre escravidão e capitalismo, era como se as insurreições e os quilombos promovidos pelos negros escravos ainda estivessem em curso na sociedade moderna, ecoando como o "grito" de uma liberdade não consumada de fato. A antiga "voz das senzalas" seria, no capitalismo, a "voz das fábricas"[16].

O regionalismo se tornava caso de polícia, enquanto para Graciliano só a literatura que produzisse oportunidade de debate em torno da realidade produtiva, material e existencial do povo brasileiro permitiria o entendimento da sua real condição. Daí certo traço de "chefe do Executivo", "secretário do Ensino", agregar-se à sua concepção literária. Ao sair da prisão, Graciliano escreveria "O fator econômico no romance brasileiro", que, segundo Mio Salla, significava que

---

15 Brasil, Casa Civil, *Lei n. 38, de 4 de abril de 1935* (Lei de Segurança Nacional, revogada pela Lei n. 1802, de 1953), Brasília, DF: 1935, disponível em: www.planalto.gov.br/ccivil_03/leis/1930-1949/L0038impressao.htm, acesso em: 1º jun. 2016.

16 Gustavo Rossi, "Na trilha do negro: política, romance e estudos afro-brasileiros na década de 1930", em: Flávio Gonçalves dos Santos, Inara de Oliveira Rodrigues e Laila Brichta (org.), *Colóquio Internacional 100 anos de Jorge Amado*: história, literatura e cultura, Ilhéus, BA: Editus, 2013, p. 196-7.

Graciliano julgava que "números" e "estatísticas", ao lado de dados sociológicos, consubstanciavam a própria "realidade" [...] Nesse sentido, o romance, enquanto gênero que visava à redescoberta e ao estudo do país, não poderia deixar de lado a "objetividade" [...] para fiar-se tão somente em abordagens de cunho introspectivo ou pessoal. O autor exemplifica: "Quando um negociante toca fogo na casa, devemos procurar o motivo desse lamentável acontecimento, não contá-lo como se ele fosse um arranjo indispensável para o desenvolvimento da história que narramos"[17].

Tal frieza caracteriza o administrador das coisas públicas, que não pode explicar pelos dramas pessoais ou aspectos introspectivos de uma personalidade os impactos das crises políticas ou econômicas em um país (problemas objetivos das sociedades burguesas capitalistas), o que levava a conciliar intimismo e objetividade. Graciliano propõe investigar um motivo lamentável, um crime, um suicídio, um episódio particular qualquer como drama possível de milhares, e não isolar os indivíduos e dissecá-los na busca de erros com que se pudesse isentar de culpa a sociedade como um todo. É o que faz de *Angústia*, por exemplo, objetivação de uma subjetividade em que inúmeros traços apontam no crime de Luís da Silva uma ampla rede de relações externas a ele e que configurariam as trocas interpessoais, portanto compartilhadas coletivamente como regulamento, regime de verdade, de organização de grupos, não resultando o crime, de modo algum, de sua abstinência sexual, ou de seu recalque, de sua incapacidade de relacionar-se com mulheres, em suma, reduzido ao ponto de vista freudiano.

O dinheiro, um desses aspectos externos ao eu em *Angústia*, determina uma relação social imposta pela convenção que Luís internaliza para constituir seu modo de agir e pensar, em mediações metafóricas ou simbólicas, não literais, que apenas figuram na sua mentalidade os gêneros, porém não os substituem: o dinheiro continua sendo o dinheiro ali. Evidentemente, ele não pode ser inocentado do crime; entretanto, a sociedade não pode se esquivar da coparticipação nele.

Mesmo ao modificar o foco, com um narrador em 3ª pessoa, em *Vidas secas*, o intimismo não desaparece para dar lugar a certo objetivismo absoluto. A qualidade literária, segundo o autor, não era produzida nos extremos intimismo e objetividade, mas sim na articulação das extremidades pela metáfora e pela alegoria. Escrevendo em 1935 o artigo "O romance de Jorge Amado", quando da publicação de *Suor*, Graciliano diz:

---

[17] Thiago Mio Salla, "Graciliano Ramos *versus* Octávio de Faria: o confronto entre autores 'sociais' e 'intimistas' nos anos 1930", *op. cit.*, p. 20.

O Sr. Jorge Amado é um desses escritores inimigos da *convenção* e da *metáfora* [...] tem dito várias vezes que o romance moderno vai suprimir o personagem, matar o indivíduo. O que interessa é o grupo – uma cidade inteira, um colégio, uma fábrica, um engenho de açúcar. Se isso fosse verdade, os romancistas ficariam em grande atrapalhação. Toda análise introspectiva desapareceria. A obra ganharia em *superfície*, perderia em *profundidade*[18].

Note-se que, embora o autor rejeitasse a ideia de que a profundidade ou a introspecção fossem a base fundamental da produção literária sozinha, por outro, não as recusava. Segundo ele, é a partir do mundo objetivo que o indivíduo formula as imagens que, trabalhadas literariamente/metaforicamente, revelariam sua organização mental. É nesse sentido que, escrevendo seus três primeiros romances em 1ª pessoa, não isola os tipos em dramas apenas subjetivos ou particulares de uma suposta sina ou destino. Os caminhos percorridos por sua escrita vão da superfície ou de uma estrutura geral ao particular, a profundidade, organizada dialeticamente segundo a convenção literária. Portanto, de maneira diferente de Jorge Amado, Graciliano não é inimigo da metáfora, da alegoria, da convenção literária, das poéticas ou da retórica, que muitas vezes se confundirão com sua aversão ao modernismo paulista.

A origem dessa concepção conciliadora dos polos subjetivo e objetivo do romance, sem perder de vista as fontes do propriamente poético/literário, encontra-se na necessidade de, por exemplo, como chefe do Executivo ou diretor de ensino, chamado inúmeras vezes a investigar casos particulares – como o espancamento de uma criança numa das escolas sob sua responsabilidade –, ouvindo histórias íntimas, intrigas, mexericos, obrigar-se à frieza da audição para identificar as razões objetivas: orçamento, infraestrutura, condições materiais tanto para o ensino quanto para a aprendizagem.

As estatísticas lhe foram caras inclusive para determinar o crescimento ou a retração das condições de aprendizagem dos alunos em Alagoas segundo as inovações implantadas: a distribuição de calçados e uniformes para alunos carentes, a merenda escolar, a proibição de castigos físicos, a contratação de professores, a aplicação de concursos públicos para os cargos, a campanha de matrícula de crianças carentes etc. sinalizavam, pelos levantamentos anuais da Seção de Estatísticas criada em sua gestão, erros ou acertos quanto à real condição de desenvolvimento da aprendizagem. Assim, ao escrever "O fator econômico no

---

18   Graciliano Ramos, *Linhas tortas, op. cit.*, p. 93-5 (grifos meus).

romance brasileiro", sua referência prática dos trabalhos naquele estado vai-se evidenciando – inclusive porque o artigo foi encomendado por uma revista de economia, e não de crítica literária.

Assim postas as coisas, uma problemática se interpõe no campo da crítica: como foi possível ao autor conciliar convenções literárias cujas hipóteses eram diametralmente opostas? Se de um lado Graciliano adere ao conceito de obra orgânica (em termos lukacsianos, realista, objetivista), indiscutivelmente a metáfora/alegoria, convencionalmente vanguardista, está presente na construção dos seus romances, conforme será visto nas análises, e significa para ele o elo artístico que articularia o particular/introspectivo e o universal/objetivo.

Não é preciso lembrar as indisposições de Graciliano com os modernistas. Mas não se pode, porém, ignorar o fato de que

> A obra de arte orgânica [segundo Lukács] procura tornar *irreconhecível* seu caráter de objeto produzido. O contrário vale para a obra de arte vanguardista [alegórica], que se oferece como produto artificial, *a ser reconhecido* como artefato. Nessa medida, a montagem pode ser considerada como o princípio básico da arte vanguardista. A obra "montada" aponta para o fato de ter sido composta a partir de fragmentos da realidade[19].

Nas análises, identificaram-se em *Caetés*, *São Bernardo* e *Angústia*, respectivamente, as seguintes alegorias: Palmeira dos Índios como "o tabuleiro de xadrez de Adrião"; a figuração da Igreja Católica como religião do Estado no "pio da coruja em cima da torre da Igreja em que Madalena foi enterrada"; e a cidade/capital de Alagoas como "chiqueiro de porcos no cio do velho Trajano enforcado por uma serpente". Essas alegorias apresentam estruturas que obedecem a eixos de desenvolvimento de sentido na narrativa, de montagem e desmontagem, fragmentação da realidade e composição de totalidades.

Veja-se um exemplo disso em *São Bernardo*. A seguinte alegoria é apresentada como núcleo de significação do romance quando Paulo Honório, lendo supostos capítulos de um livro que seria escrito contando sua vida, no alpendre da fazenda, ouve um pio da coruja, na torre da igreja, e estremece, lembrando-se de Madalena, enterrada debaixo do mosaico do altar-mor da capela. O que aparentemente seria apenas cenário vai revelar-se "desenho" de uma igreja com aves amaldiçoadas piando na torre, isto é, fazendo o protagonista tremer, pois sabe ele que

---

19 Peter Bürger, *Teoria da vanguarda*, São Paulo: Ubu, 2017, p. 163-4 (grifos meus).

não são pios (em sentido realista), mas prenúncio demoníaco. Essa cena, no início do romance, é o desfecho do livro. Tudo já aconteceu.

Tem-se então o seguinte artifício poético: na torre da igreja onde se encontra enterrada Madalena, corujas prenunciam a morte, conduzindo a atenção do leitor a decifrar de quem é o desfecho trágico. A alegoria vai ser, ao longo dos capítulos, (des)montada no eixo sintagmático/metonímico da narrativa: Paulo Honório compra a fazenda, constrói a igreja e nela se casa com Madalena, quando as corujas fazem ninho em sua torre e começam a piar, prenunciando a morte; em seguida, ocorre o suicídio e o sepultamento da esposa ali. Ao passo que o leitor conhece o sentido de cada um desses fragmentos linearmente, ao chegar ao último capítulo, junta-os na volta aos primeiros dois capítulos, deparando-se com o edifício poético/literário completo: a alegoria do pio da coruja na torre da igreja como síntese imagética/figurativa da história contada por Paulo Honório.

A alegoria articula as passagens ou trânsitos de significação entre o mundo objetivo, da realidade política brasileira, e o mundo introspectivo do narrador, revelando sua mentalidade marcadamente supersticiosa/católica/atrasada (enquanto traço político, e não de fé/devoção propriamente). Esse modo de construção da narrativa lembra, de algum modo, as práticas de representação dos séculos XVI e XVII, do chamado barroco. Contudo, conforme Peter Bürger,

> Tal interpretação não pode ser transposta incondicionalmente do barroco para a vanguarda porque, com isso, estaríamos atribuindo ao procedimento um significado fixo e, consequentemente, negligenciando o fato de, ao longo da história de sua aplicação, um procedimento assumir significados muito diversos. No caso do procedimento alegórico, porém, parece possível inferir um tipo de atitude do produtor que o vanguardista tem em comum com o alegorista barroco[20].

É também necessário considerar que:

> O historicismo de Lukács, espécie de etapismo na arte, leva-o a teorizar a alegoria como temporalidade datada que ele generaliza transistoricamente para todos os tempos. Ora, generalizar para todos os tempos o conceito medieval de alegoria é um apagamento da própria história em nome de uma História orgânica[21].

20 *Ibidem*, p. 161.
21 João Adolfo Hansen, *Alegoria*: construção e interpretação da metáfora, São Paulo: Atual, 1986, p. 24.

É necessário observar na trajetória artística de Graciliano em que ponto ele incorpora à sua prática de romancista a noção de convenção literária como articulação da profundidade com a superfície. Pode-se inferir talvez que essa compreensão se tenha arraigado às suas práticas de escrita na adolescência, quando escreve poemas parnasianos/neoclássicos e os publica com o nome de Feliciano de Olivença. Ver-se-á ao longo deste livro como essas questões atravessam a carreira do autor. Mas, sobretudo, como a metáfora da Igreja católica em *São Bernardo* se relacionava diretamente com os debates na Assembleia Constituinte durante 1932-1934 sobre reivindicações dos direitos femininos, como o voto e o divórcio por incompatibilidade dos casais. Aliás, revela o motivo de o crítico católico Oscar Mendes ter considerado a protagonista Madalena "figura inumana", tipo de construção maliciosa da condição feminina ligada à propaganda comunista.

Já em *Vidas secas* temos um caso especial de construção alegórica. Ela é notável na nomeação dos capítulos, que se caracteriza pela máxima objetividade: "Mudança", "Fabiano", "Cadeia", "Sinhá Vitória", "O menino mais novo", "O menino mais velho", "Inverno", "Festa", "Baleia"... Ora, um deles se destaca pela não literalidade: "O mundo coberto de penas", em que as relações entre "o todo (mundo) pela parte (caatinga)" e "a parte (pena) pelo todo (arribação = agente da morte)" são notáveis. Sinhá Vitória propõe a Fabiano o enigma da morte/seca (efeito/consequência) figurada na arribação (agente/causa), e Fabiano a decifra pela análise hermenêutica, lendo na natureza as partes que compõem o enigma/metáfora em relação sintagmática/metonímica, isto é, pela narrativa sequencial, de causa e consequência gradativa da morte das plantas e do gado que os leva ao último capítulo "Fuga". Contudo, a fuga final é da dívida com o patrão: "Não poderia nunca liquidar aquela dívida. Só lhe restava jogar-se ao mundo, como *negro fugido*"[22]. Assim, *Vidas secas* apresenta duas linhas isotópicas, ver-se-á no último capítulo deste livro: uma temática (seca); outra figurativa (configurada pelas relações escravistas inscritas na subjetividade de Fabiano).

Portanto, mesmo em *Vidas secas*, escrito em terceira pessoa, a metáfora funciona como elo entre a profundidade/introspecção de Fabiano, não abandonada pelo autor, e o mundo da convenção monetária,

---

22 Graciliano Ramos, *Vidas secas*, Rio de Janeiro: Record, 2015, p. 117 (grifo meu). Chamo a atenção aqui para a figura do escravo fugitivo. Essa expressão é parte do que na análise configura a isotopia figurativa do romance. O conceito de isotopia vai ser explanado e aplicado na análise desse romance, significando, *grosso modo*, *iso* = mesmo + *topos* = lugar, incidência das mesmas figuras ao longo de um texto.

objetivo, econômico, controlado por um agente de carne e osso, e não por aves de arribação ou "prenúncios de azares realizados por corujas", como pensa Paulo Honório em *São Bernardo* para justificar a crise de 1929.

A trajetória profissional-administrativa de Graciliano, nos cargos eletivos e não eletivos ocupados em seu estado natal, é a raiz de suas noções de "objetividade estatística", ou "o fator econômico no romance", enquanto projeção na "superfície da escrita", revelada pela metáfora como mecanismo articulador entre os níveis de significação; explica os romances, a autocrítica e a mescla de modelos e convenções: "porque qualquer um só pode escrever o que sente, e não o que os outros estão sentindo ou poderiam sentir"[23]. Zenir Campos Reis, inclusive, se detém nesse debate e cita um trecho de carta de Graciliano a Haroldo Bruno, de 1946, em que o autor alagoano "explicita o vínculo entre técnica literária e intenção política":

> Sem dúvida pretendiam anular o fator econômico – e em consequência apresentaram-nos fantasmas. Ora, essas divagações arbitrárias não me despertavam interesse. Achei que só realizaríamos introspecção direita examinando a coisa externa, pois o mundo subjetivo não elimina o objetivo: baseia-se nele. Quem fugia à observação tinha evidentemente um fim político, mas as mofinas contra as reportagens eram de fato razoáveis. Conseguiríamos, evitando a parolagem chinfrim dos comícios, ferir os nossos inimigos com as suas próprias armas[24].

O empreendimento na terra natal fracassa quando de sua prisão. Toda questão ali seria reduzida à ideia de conspiração dos autores regionalistas contra a pátria. Mas, ao ser liberado da prisão, Graciliano ganhava uma causa: a de que, em vez de dar explicações, deviam-lhe explicações sobre sua prisão. A acusação indireta de propaganda revolucionária em sua obra era improvável, o que o leva ao reposicionamento quanto ao elo entre mundo coletivo e vida privada: a liberdade. E a figuração desse conceito, em termos cultural e histórico, não podia ser outra senão a produzida pelos estigmas do sistema escravista na cultura brasileira. O negro ou suas figurações no romance seriam o ponto fundamental do processo de reivindicação de liberdade.

Em 1937 ainda, Octávio de Faria escreve, em resposta a "Norte e sul", o artigo nomeado "O defunto se levanta", com indicações muito

---

23   *Idem, Conversas*, Rio de Janeiro: Record, 2014, p. 140.

24   Zenir Campos Reis, "Tempos futuros", *Revista do Instituto de Estudos Brasileiros*, São Paulo: IEB, n. 35, 1993, p. 72.

claras de que as prisões ocorridas em 1936 tinham como meta "enterrar autores e sua literatura panfletária":

> Ingênuos, certamente muito ingênuos, os que, como eu, já julgavam definitivamente encerrada a questão dos "romancistas do norte" que há algum tempo atrás tantos equívocos produziu e a tantas e *tão hábeis pequenas explorações se prestou*, graças à pouca compreensão de uns, à desonestidade literária de outros e ao enorme potencial de regionalismo nordestino, que havia no ar sem que ninguém mesmo suspeitasse de sua existência. Ao toque de alarme responderam logo todas as sensitivas do norte, desde as mais respeitáveis celebridades a caminho das festas de coroação até os mais tolos articulistas de revistas proletarizantes do momento. Depois, como, verdadeiramente, a matéria não se prestava a mais confusões e deturpações, calaram-se os pequenos Don Quixotes do norte ofendidos e *os providenciais canhões do 3° Regimento* ensurdeceram, junto com os tímidos vagidos da nossa absurda literatura proletária, a infeliz e tendenciosa questãozinha literária: norte e sul[25].

O texto de Faria narra a trajetória dos romancistas nordestinos pela sugestão de que o desfecho final da literatura proletária seria produzir a sublevação do 3° Regimento em novembro de 1935, conhecida como Intentona Comunista, que justificaria a prisão de Graciliano Ramos, segundo a LSN definira sete meses antes: "Se o atentado se verificar, a pena será a do crime incitado, ou preparado", confirmado no prontuário do autor no Departamento de Ordem Política e Social (Deops) como "exercer atividade subversiva". Graciliano exercia então duas atividades: romancista e diretor da Instrução Pública de Alagoas.

A sublevação de um quartel em Natal seria a prova da "desonestidade" daquela produção segundo Octávio de Faria. O período em que se calaram "os pequenos Don Quixotes e os providenciais canhões" foi o ano de 1936, que Graciliano menciona em *Memórias do cárcere*: "O levante do 3° Regimento e a revolução de Natal haviam desencadeado uma perseguição feroz. Tudo se desarticulava, sombrio pessimismo anuviava as almas, tínhamos a impressão de viver numa bárbara colônia alemã"[26]. Esse é o contexto da polêmica do artigo de 1937, não de 1945, desvio que levou muitos críticos a acreditar ter sido "O fator econômico do romance

---

25 Octávio de Faria, "O defunto se levanta" *apud* Thiago Mio Salla, "Graciliano Ramos *versus* Octávio de Faria", *op. cit.*, p. 22 (grifos meus).

26 Graciliano Ramos, *Memórias do cárcere, op. cit.*, p. 51.

brasileiro" uma discordância de Graciliano do modelo zhdanovista debatido no interior do PC em 1945.

Escrito em 1937, o artigo foi na realidade a retomada de um debate que Faria e o grupo católico acreditavam que estivesse morto pelo fracasso dos "supostos insurgentes" em Natal. Ao fato de Graciliano deixar a prisão em 1937 e imediatamente escrever "O fator econômico" e "Norte e sul", Octávio de Faria responderia em tom irônico: "O defunto se levanta". Em 1938, *Vidas secas* seria síntese da trajetória, da autocrítica e, de certo modo, resposta artística à polêmica "chinfrim"; mas também aceitação do fracasso da obra em Alagoas, o que o levaria a defendê-la pela construção da obra autobiográfica/memorialista a partir da década de 1940.

Talvez induzido por datas genéricas e pela redução da importância da carreira política-administrativa do autor em Alagoas, Zenir Campos Reis parte da hipótese de que "A prisão foi uma experiência fundamental na vida adulta de Graciliano Ramos"[27]. Partindo da análise das mesmas colocações do romancista acerca do debate entre objetivismo e introspecção, Reis conclui que *Vidas secas* adviria das experiências cruéis a que Graciliano foi submetido na Colônia Correcional de Dois Rios. Da perspectiva adotada neste livro, a prisão não é ponto de partida, mas de chegada ou conclusão de uma trajetória conceitual que vinha sendo construída desde *Caetés* em termos literários.

Reis escreve seu artigo na década de 1990, e a hipótese que defende talvez decorra de a investigação da recepção crítica surgida no contexto dos anos 1930 pouco ou quase nada ter sido estudada. Ao longo da apresentação dos recortes, pressupostos, hipóteses e metodologia e das análises dos textos, vamos reconstituir o contexto político e ideológico da época das publicações como parte da potencialidade da escrita de Graciliano adquirida no convívio direto com a intelectualidade e participando ativamente da política alagoana. Diferentemente disso, Leticia Malard propõe que "Ele não parecia acreditar ter realizado o que pregava. Afastado do convívio social por temperamento ou modéstia, era avesso ao diálogo [...]"[28]. O afastamento do convívio social se dá pela mudança forçada, depois da prisão, para o Rio de Janeiro, onde de fato desenvolve o comportamento que o caracterizaria pessimista, recluso, mas que não pode ser estendido para os momentos que antecedem o cárcere. O efeito dessa prisão o levou à perspectiva do fracasso da obra

---

27 Zenir Campos Reis, *op. cit.*, p. 73.

28 Leticia Malard, *Ensaio de literatura brasileira*: ideologia e realidade em Graciliano Ramos, Belo Horizonte: Itatiaia Limitada, 1976, p. 12.

em Alagoas em termos políticos, mas não em termos conceituais, já que o cárcere confirmava a importância de efetivá-la no plano concreto das ações.

> Alagoas não me fizera mal nenhum, mas, responsabilizando-a pelos meus desastres, devo ter-me involuntariamente considerado autor de qualquer obra de vulto, não reconhecida. Moderei a explosão de vaidade besta: impossível contrapor-me a homens e terra, a todos os homens e a toda terra, vinte e oito mil quilômetros quadrados e um milhão de habitantes[29].

Evidentemente, em termos literários a obra triunfa. Mas, aparentemente, para Graciliano, ela só seria efetiva caso produzisse mudanças em nível existencial ou cotidiano. O fracasso humano e institucional do país como democracia não lhe permitia triunfar como escritor; significava, pelo contrário, sua própria derrota. É preciso, por isso, entender a trajetória de Graciliano em Alagoas, e não ao passo que fixa residência no Rio de Janeiro, ponto do qual parte a maioria da crítica. No ensaio "Graciliano Ramos and Politcs in Alagoas", Randal Johnson assinala a necessidade de estudo desse período; confrontando as mesmas contradições aqui levantadas, considera que

> Este foi o período em que ele escreveu e publicou seus três romances e começou a ser reconhecido nacionalmente como escritor. Foi também um período de plena instabilidade política e polarizado, que o levaria à prisão e subsequentemente à radicalização[30].

Em sua terra natal, Graciliano teve seu nome mencionado na Câmara dos Deputados de Alagoas como administrador exemplar, sem qualquer ligação com o PC. Foi mencionado com outros prefeitos na abertura dos trabalhos legislativos na Mensagem do Presidente do Estado quanto aos desafios que se enfrentariam na efetivação do seu Plano Político. A leitura dos relatórios de Prefeitura do autor, publicados em

---

29 Graciliano Ramos, *Memórias do cárcere, op. cit.*, p. 41.

30 *"This was the period in which he wrote or published his first three novels and began to gain national recognition as a writer. It is also a period fraught with political instability and polarization, which would ultimately lead to Graciliano's imprisonment and radicalization".* Randal Johnson, "Graciliano Ramos and Politcs in Alagoas", em: Sara Brandellero, Lucia Villares (eds.), *Graciliano Ramos and the Making of Modern Brazil*: Memory, Politics and Identities, Cardiff: University of Wales Press, 2017, p. 25 (tradução minha).

1929-1930, e do relatório do então governador do estado Álvaro Correa Paes mostra a troca, a negociação, o diálogo e o debate de um projeto político para a região que, mais tarde, viriam a receber por meio do talento de Graciliano Ramos *status* de representação artística.

Em suma, as questões apresentadas nos romances não têm origem em uma posição ou visão particular do autor apenas, assinalada pela crítica principalmente segundo a análise da sua trajetória biográfica. Havia naquele momento, em Alagoas, muitas questões de caráter coletivo, de ideias compartilhadas, e enfrentamento de problemas localizados, atacados desde sua gestão da Prefeitura de Palmeira dos Índios, e que se conectam com um plano de política pública para o Estado. Este é reconhecível principalmente com base no cotejo do relatório de governo com os demais escritos da época.

O que seria, por exemplo, meramente uma espécie de "maneirismo" de Graciliano da perspectiva biográfica/psicanalítica, como seu "ateísmo", sua aversão à religião, naquele ambiente, era antes uma postura política, com consequências práticas e diretas no modo de execução das suas atividades tanto na Prefeitura quanto na Secretaria de Educação. O ateísmo aproximava-o, de um lado, das ligas pela educação laica e, de outro, dos movimentos anticlericais dos anos 1930 contra a Igreja Católica. As ligas anticlericais, o movimento operário, o socialismo, o comunismo e, ainda que muito enfraquecido, o então anarquismo, tinham uma pauta em comum: a defesa do Estado laico.

Em termos poético-literários, por exemplo, a acusação de seu "ateísmo militante" liga-se à construção da alegoria do pio da coruja na torre da igreja, em *São Bernardo*. A decifração de sua imagem-síntese metafórica permite significar o efeito nefasto da "indissolubilidade da família", do casamento católico, exigido pela Liga Eleitoral Católica (LEC) na Assembleia Nacional Constituinte de 1934. A alegoria dialoga com uma polaridade político-ideológica específica: a divisão do protagonismo em duas alas, direita e esquerda. A crítica do casamento católico no segundo romance era ponto de convergência de movimentos que dialogavam naquele momento, portanto pauta de direita também, já que as ligas protestantes de modo algum se associavam ao comunismo.

A relação a que Madalena é submetida na ficção alimentava a discussão de que, para a mulher, do ponto de vista católico, apenas seria possível libertar-se do marido pela apresentação de uma prova de adultério. Dada, porém, sua condição de "santa católica", subsumida à radicalidade da expressão dos princípios religiosos "até que a morte os separe", prenunciada pelo pio da coruja, seu destino era mortificar-se pelo marido. O debate do "destino" sempre renovado na obra de Graciliano mostra que, longe da ideia de que a alegoria é fria, ali ela fervilhava nos debates. Estava relacionada discretamente ao argumento de pastores evangélicos, como o deputado e constituinte Guaracy da Silveira, a favor do casamento civil, celebrado por um juiz de paz, e não por um padre (que daria atestados de nascimento/batizado ou casamento/estado civil etc., ocupando a função de Estado).

Por isso, o ateísmo do autor, tomado como condição suficiente, isolado pela perspectiva da análise biográfica, seria apenas pressuposto de seu comunismo confirmado com sua entrada no PC em 1945. Contudo, a ligação da concepção ateia do autor estabelece contato com os movimentos evangélicos pró-democráticos e liberais que, embora não apareçam com tanta frequência em suas obras, são um grupo bastante coeso e significativo no contexto dos anos 1930: o pastor evangélico e dentista Esdras Gueiros era amigo pessoal de Graciliano e foi um dos investigados a respeito de um suposto levante comunista em Maceió em 1935, por exemplo, e a quem se atribuía a liderança da Aliança Nacional Libertadora (ANL) em Alagoas.

Os cultos na casa do dentista – pois evidentemente os evangélicos não tinham igreja em praça pública – eram interpretados como encontros conspiratórios. Havia certa guerra religiosa travada no palco da política à época que remete ao embate entre reforma protestante e contrarreforma católica do período colonial, sob uma nova roupagem, em que a "República laica", à semelhança do calvinismo, é o inimigo a ser combatido e alijado do país, por meio do monopólio do ensino público ou, como se dizia na época, "catequese dos nossos indígenas".

Segundo a pesquisadora Marta Maria Chagas de Carvalho, estudando a história da Associação Brasileira de Educação (ABE) a partir de sua origem, em 1924, e os anais das conferências nacionais organizadas pela entidade, em 1931 o Ministério da Educação era fundado. Analisando a Quarta Conferência, realizada naquele mesmo ano em São Paulo, Carvalho aponta exatamente como o governo Vargas vai interferir de modo geral nos sentidos de organização da educação nacional segundo o conchavo político com grupos católicos:

> Não é possível subestimar o fato de que este Governo vinha sendo sensibilizado pelas manifestações organizadas por d. Leme. Nem tampouco – fato pouco registrado – que Fernando Magalhães foi orador oficial do laicato católico na inauguração do Cristo Redentor e que ele foi indicado para a reitoria da Universidade do Rio de Janeiro[31].

31 Marta Maria Chagas de Carvalho, *Molde nacional e fôrma cívica, op. cit.*, p. 380-1.

Segundo a pesquisadora, na Quarta Conferência, em que diversas teses haviam sido encaminhadas ao parecer e à votação dos conferencistas, a tese de Fernando Magalhães, nas palavras de um parecerista do Congresso, teria produzido o seguinte efeito:

[...] "encantou, como sempre, o seleto auditório com uma verdadeira peça de oratória lantejoulada de imagens peregrinas e transbordante entusiasmo [...]. O seu pensamento, exposto com tanta elegância de gesto e tanta fulguração verbal, pode ser interpretado como a fórmula de uma sugestão destinada a encaminhar a assembleia em linha reta para o ensino religioso, pois, querendo esboçar o quadro da evolução brasileira, estabeleceu como ponto inicial da nossa formação de povo a obra da Catequese e a Cruz como único marco para finalidade dos nossos destinos nacionais."

A parte mais importante do discurso de Magalhães foi, para Nóbrega da Cunha, o "paralelo que traçou em pinceladas incisivas entre o bolchevismo e o cristianismo"[32].

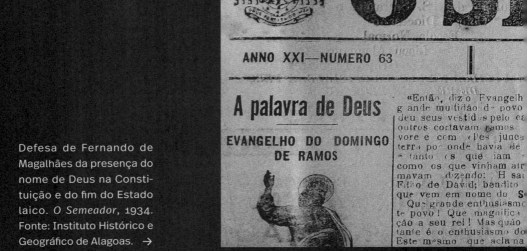

Defesa de Fernando de Magalhães da presença do nome de Deus na Constituição e do fim do Estado laico. *O Semeador*, 1934. Fonte: Instituto Histórico e Geográfico de Alagoas. →

O diretor da Instrução Pública, professor no período, segundo esses grupos, equivalia a um tipo de Anchieta. Daí a mais importante aliança de Vargas no Governo Provisório ter-se efetivado com a Igreja Católica, restabelecida como religião oficial inconstitucionalmente em 1931: construção da imagem de Anchieta-pedagogo, tão popular na educação; instalação de um enorme Cristo na então capital federal; imposição do símbolo da cruz fixado em tribunais, escolas, repartições públicas etc.; institucionalização do ensino religioso nas escolas públicas por decreto-lei presidencial; fundação da Pontifícia Universidade Católica etc. Em suma, articulava-se entre Brasil e Vaticano uma enorme rede de representação simbólica católico-nacionalista, por via diplomática, sintetizada na canonização de uma santa negra pelo papa Pio XI como "padroeira" do Estado brasileiro naquele mesmo ano de 1931. Não foi à toa que "A primeira grande concentração católica sob o governo Vargas deu-se justamente com a

32 Marta Maria Chagas de Carvalho, *Molde nacional e fôrma cívica*, op. cit., p. 392-3.

chegada da imagem da Virgem [Aparecida] ao Rio de Janeiro, momento em que dom Leme reclamou o fim do laicismo da República"[33].

A crítica pouco observou as consequências do ateísmo de Graciliano, geralmente mais preocupada em demonstrar que o autor era comunista. Sua postura ligava-se a organizações amplas da sociedade, pela aliança de grupos divergentes entre si, unidos pela democratização do país contra a imposição de uma religião oficial, repressora dos direitos liberais e do indivíduo. Seu ateísmo era, para além de anedota mal contada, coerente. Três dias depois de sua prisão em Maceió, o padre alagoano Medeiros Netto escreveu em *O Semeador*: "A Constituição [de 1934], que correspondeu ao nosso justo direito, não foi atendida, pois foi a educação mesma que continuou leiga, tendo à frente, aqui [em Maceió] como no Rio de Janeiro, homens hoje presos por comunistas"[34].

No Rio, estava à frente da Educação o prestigiado Anísio Teixeira, afastado do cargo, mas não preso, tendo sido acusado de ligações com a Aliança Nacional Libertadora (ANL). Tanto Teixeira quanto Graciliano Ramos recusavam a implantação do catecismo nas escolas, portanto eram identificados entre aqueles "comunistas" não só inimigos da nação mas da Igreja, ligados ao seu imediato rival calvinista, reformista social, protestante, liberal, invasor, estrangeiro. Impunha-se como nacionalista a figura da colonização católica simbolizada pelos jesuítas, sua cultura e seus mártires: "Temos tradições sagradas que a consciência nos obriga guardá-las. Não podemos deixar de acreditar no Deus, que revelou o catecismo de Anchieta à alma nascente da pátria brasileira"[35], justificava assim o padre Medeiros Netto a prisão do diretor de ensino alagoano, em função de não ter atendido aos apelos na época da "implantação do ensino religioso" em Alagoas, desrespeitando a Constituição.

No período em que esteve no comando da Instrução Pública de Alagoas, a ideia de educação religiosa nas escolas, denominada "ensino completivo", era exigida, por meio do jornal católico *O Semeador*, em uma ampla campanha de propaganda encabeçada principalmente pelo clero, mas também por intelectuais como Alceu Amoroso Lima (Tristão de Athayde). Era pela "catequese dos indígenas" que a Igreja reivindicava, como tradição nacionalista autêntica, a primazia dos valores literários e de ensino, segundo o exame das letras coloniais, muito similar à sugestão dada por Antonio Candido de que

33 Eduardo Góes de Castro, *Os "quebra-santos"*: anticlericalismo e repressão pelo Deops-SP, São Paulo: Humanitas, 2007, p. 20.

34 Medeiros Netto, "Instrução pública", *O Semeador*, Maceió, 6 mar. 1936, fonte: Instituto Histórico e Geográfico de Alagoas, acervo: periódicos.

35 *Ibidem.*

[...] são descrições do país e de seus naturais, relatórios administrativos ou poemas de fundo religioso, destinados ao trabalho de pregação e conversão dos índios. Dessa massa de escritos destacam-se os dos jesuítas, que vieram a partir de 1549, e sobretudo os de um natural das Ilhas Canárias, parente de Santo Inácio de Loiola, que veio muito jovem e poderia ser considerado uma espécie de patriarca da nossa literatura: José de Anchieta[36].

Considerando, conforme Julia Kristeva, a unidade mínima de significação na estrutura dos textos, na leitura de falas de *São Bernardo*, os sentidos da religião católica associada à Revolução de 1930 orientam, aquém da fé, que religião e posição política eram sinônimas. Era identificando a fé do sujeito que se inferia sua posição política ou ideológica. Veja-se a cena de um jantar, em *São Bernardo*, em que se reúnem os aliados do latifundiário Paulo Honório:

Durante o jantar, estiveram todos muito animados [narra Paulo Honório]. E até eu, que ignoro os assuntos que eles debatiam, entrei na dança. [...]

— Um abismo, repetiu padre Silvestre.
— Que abismo? Perguntou Azevedo Gondim. [...]
Passei-lhe uma garrafa e informei-me:
— Que foi que aconteceu para o senhor ter essas ideias? Desgostos? Cá no meu fraco entender, a gente só fala assim quando a receita não cobre a despesa. Suponho que os seus negócios vão bem.
— Não se trata de mim [diz padre Silvestre]. São as finanças do Estado que vão mal. As finanças e o resto. Mas não se iludam. Há de haver uma revolução. [...]
— O que admira é padre Silvestre desejar a revolução, disse Nogueira. Que vantagem lhe traria ela?
— Nenhuma, respondeu o vigário. A mim não traria vantagem. Mas a coletividade ganharia muito.
— Esperem por isso, atalhou Azevedo Gondim. Os senhores estão preparando uma fogueira e vão assar nela. [...] Se rebentar a encrenca, há de sair boa coisa, hem, Nogueira?
— O fascismo.
— Era o que vocês queriam. Teremos o comunismo. [...]

---

36 Antonio Candido, *Iniciação à literatura brasileira*: resumo para principiantes, São Paulo: Humanitas, 1999, p. 17-8.

— Deus nos livre.

— Tem medo, seu Ribeiro? perguntou Madalena sorrindo. [...]

Levantamo-nos e fomos tomar café no salão.

— Sim senhor, comunista! [resmunga consigo Paulo Honório em suspeita]

— É a corrupção, a dissolução da família, teimava padre Silvestre.

Ninguém respondeu.

Qual seria a religião de Madalena?[37]

A percepção de Paulo Honório do comunismo de Madalena pela "não declaração da devoção religiosa" estava ligada à contrapropaganda revolucionária e ao apelo de alistamento eleitoral da Liga Eleitoral Católica (LEC), nas igrejas, sob a ameaça de, não se declarando oficialmente católico, não se conceder a absolvição sacramental:

> Atendendo à gravidade do momento político-social do mundo, notadamente do Brasil, afirmou o reitor dos jesuítas, com a responsabilidade do seu alto cargo sacerdotal e como intérprete dos seus pares, ser de tal relevância o dever dos católicos de ambos os sexos, no momento atual, de se alistar e votar, que aos apáticos, aos abstencionistas recalcitrantes ser-lhe-á negada, no confessionário, a absolvição sacramental, pois se tornarão impenitentes de culpa grave[38].

Não há em *São Bernardo* nada comparável – em termos de desobediência, de inverossimilhança, em seu tempo – ao lugar em que Madalena, após o suicídio, é sepultada: "Enterrou-se debaixo do mosaico da capela-mor"[39] da Igreja. A absolvição sacramental negada pela Igreja seria concedida por Graciliano pela representação artística, enterrada como santa na capela-mor de *São Bernardo*. O ateísmo de Graciliano, para além de uma "mania pessoal", no âmbito da ação pública, revela o protesto e a reivindicação coletiva de um direito social, de uma demanda humanitária, que iam muito além da anedota biográfica.

37 Graciliano Ramos, *São Bernardo*, Rio de Janeiro: Record, 1984, p. 125-31.

38 *Diário Carioca*, "As próximas eleições constituintes. Uma sensacional declaração do diretor da Federação das Congregações Marianas", Rio de Janeiro, 15 out. 1932, fonte: Biblioteca Nacional do Rio de Janeiro, Hemeroteca Digital.

39 Graciliano Ramos, *São Bernardo*, op. cit., p. 166.

DIFERENÇAS ENTRE
CONDIÇÕES NECESSÁRIAS
E *CONDIÇÕES SUFICIENTES*

E aí já tínhamos uma pequena amostra do que nos ofereceria o *absolutismo novo*, sem disfarces, dentes arreganhados, brutal: o rebaixamento da produção literária.

(GRACILIANO RAMOS,
Memórias do cárcere, grifo meu)

Em fins dos anos 1930, Graciliano Ramos se impõe como romancista de fato reconhecido. Seu nome se populariza juntamente com os traços de sua personalidade e de sua escrita. Mas os principais questionamentos aqui feitos se desdobram do momento em que a produção dos romances ocorria, antes de fixar residência no Rio de Janeiro. A partir de 1937, efetivamente, ele vai travar contato com a maior parte dos críticos que o estabeleceram como canônico, introduzindo-o no sistema da Literatura Brasileira tal como hoje ele é reconhecido.

Mas, conforme verificamos durante a pesquisa, a base de sustentação desse reconhecimento – ao se concretizar no Rio de Janeiro, quando o autor inicia a escrita autobiográfica, falando mais de si, tanto nas crônicas quanto nas entrevistas dadas à imprensa – parece ter reduzido seus dez anos de vida pública em Alagoas a mero detalhe, quando não passagens pitorescas de sua vida privada. É preciso, por isso, voltar às suas crônicas nos anos 1910-1920, em que se encontra uma incógnita autoral que praticamente define o uso de um de seus pseudônimos – X – para avançar, em seguida, à década de 1930, em que se encontram as publicações dos romances, e em que se estabelece o *acontecimento*-chave norteador das premissas, hipóteses e pressupostos que dão conta de um antes e de um depois na carreira de Graciliano.

A ocorrência de um acontecimento de tipo específico pode ser deduzida de duas premissas. A primeira descreve as condições iniciais: acontecimentos anteriores, condições prevalentes etc. A segunda enuncia uma regularidade qualquer, isto é, uma hipótese de forma universal que, caso se confirme, merece ser chamada de lei[40].

Como condições iniciais (isto é, acontecimentos preliminares da publicação dos romances), vamos examinar os eventos mais relevantes da trajetória literária do autor entre as décadas de 1910-1920, quando ele escrevia no anonimato (avaliando se, naquela condição, tais textos, bem como o uso de pseudônimos, indicam a verve do escritor talentoso e combativo que viria a ser). Dar-se-á ênfase, aqui, ao pressuposto de que não se devem avaliar os textos publicados antes de 1933, data de publicação de *Caetés*, segundo os juízos de reavaliação que o autor impõe a seus textos após sua fixação no Rio de Janeiro. Estudando *Memórias do cárcere*, Hermenegildo Bastos assinala como o autor se desdobra ao identificar "[...] o problema da identidade entre Graciliano-autor [que escreve] e Graciliano-leitor [que lê a própria obra], uma vez que, para rever sua obra, ele se desdobra, avaliando-a, muitas vezes, de maneira extremamente impiedosa"[41]. É sabido que, quando constrói os romances, nenhum dos textos que viriam a ser publicados após sua morte "existiam". Portanto, quando Graciliano se volta para a obra, sua referência são os romances, com exceção de *Vidas secas*, escrito no Rio de Janeiro, embora sob total influência do semiárido alagoano.

Praticamente todos os escritos que antecedem 1930 só vieram a público pela iniciativa de editores, parentes do autor ou pesquisadores, não por sua vontade. Esses textos estavam longe de sua expectativa em termos de uma recepção futura. Disso resulta a obediência ao fluxo de sua produção, não em sentido evolutivo, que culminaria no que viria a ser o principal autor dos anos 1930, mas conforme o critério de prática literária adotada, muitas vezes contraditório com os valores defendidos pelo próprio autor anos mais tarde.

Estabeleceu-se como traço do autor dos anos 1920 a construção de simulacros (pseudônimos), cujas marcas de discurso permitem vincular o texto a algum público específico, mas não exatamente definir tal experiência como condição suficiente da produção dos romances na década seguinte.

---

40 Paul Ricoeur, *Tempo e narrativa*: a intriga e a narrativa histórica, v. 1, São Paulo: WMF Martins Fontes, 2016, p. 187.

41 Hermenegildo Bastos, *Memórias do cárcere*: literatura e testemunho, Brasília, DF: Editora da UnB, 1998, p. 31.

Os simulacros são objetos imaginários, que não têm fundamento intersubjetivo, mas, mesmo assim, determinam as relações intersubjetivas. O sujeito do estado [um narrador ou personagem] estabelece uma relação fiduciária – de confiança, de /crer/ – com o simulacro que constrói[42].

Especificamente, esse recurso está na base das crônicas assinadas com pseudônimos. Por exemplo, quando X, simulacro autoral do cronista, numa campanha para a alfabetização promovida pelo jornal *O Índio*, descreve "certo cidadão da roda" que não corresponde à sua expectativa como leitor (rompendo o contrato fiduciário), uma série de artigos, nos números seguintes, é produzida com a finalidade de desmascarar o que se reconhece facilmente, pelos traços da composição, ser a pequena burguesia palmeirense. X a descreve segundo um tal "cidadão da roda", atirando no chão a edição anterior do jornal *O Índio*, em que o cronista havia iniciado a campanha de construção de escolas no município. Segundo X, tal leitor teria esbravejado lendo aquela edição:

> — Isto é jornal! Eu bem disse logo que aqui não há assunto para fazer-se um jornal. Um artigo deste tamanho, misericórdia! Está-se vendo logo que é falta de assunto. Pode-se lá ler uma porcaria dessas!? Uns anúncios insignificantes, que a gente nem pode ler, tão pequenos são. Isso é jornal! Leio lá essa porcaria![43]

Nem X nem tal indivíduo têm fundamento intersubjetivo. As marcas de discurso, contudo, remetem a valores que indiciam o enunciatário pela construção de "um leitor imaginário": um "escritor-cronista"/eu dotado de competência relacionada ao problema da pouca efetividade da educação na década de 1920 acena a certa gama de valores de época ancorada historicamente. Não se pode equivaler X a Graciliano Ramos. Tampouco atribuir o texto de X ao público leitor dos anos 1930-1940. A princípio, na correlação dos níveis discursivos, depara-se aí com o problema da enunciação-enunciada: "Na enunciação-enunciada, o sujeito que diz eu denomina-se narrador, e o tu, por ele instalado, narratário, simulacros discursivos do enunciador e do enunciatário implícitos"[44].

---

42 Diana Luz Pessoa de Barros, *Teoria do discurso*: fundamentos semióticos, São Paulo: Humanitas, 2001, p. 64.

43 Graciliano Ramos, *Garranchos*, Rio de Janeiro: Record, 2012, p. 63.

44 Diana Luz Pessoa de Barros, *op. cit.*, p. 75.

Compreendido assim, X é simulacro de um enunciador que, em hipótese, é Graciliano Ramos – mas não o autor dos romances, o que levaria ao falso problema de que X é autor de *Vidas secas*. Ou seja, um evento futuro, a publicação de um romance em 1938, modificaria o *status* autoral do autor no passado, funcionando como causa:

> Se um acontecimento é significativo à luz de acontecimentos futuros, a caracterização de um acontecimento como causa de um outro pode advir após o próprio acontecimento. Poderia parecer, então, que um acontecimento ulterior transforma um acontecimento anterior em causa, portanto que uma condição suficiente do acontecimento anterior se produza depois do próprio acontecimento. Mas isso é um sofisma, pois o que é determinado *a posteriori* não é algo do acontecimento, mas o predicado "ser causa de..."[45].

Daí estabelecer o cronista X, J. Calisto, Anastácio Anacleto, R. O. como simulacros discursivos inicialmente para que apenas os traços literários desenvolvidos neles e que porventura se encontrem no autor Graciliano Ramos sejam analisados, lembrando sempre que o autor, em vida, pouco ou nada falou desses textos.

> Graciliano-leitor prevê a recepção da obra, prepara-a, responde a possíveis questionamentos, etc. Ao lado disso, um outro problema de identidade é caracterizado, é o conflito de classe vivido pelo leitor-autor, dividido entre dominantes e dominados, situando-se de modo ambíguo como intelectual em uma não posição, em um terreno movediço[46].

É isso que vai ocorrer depois de 1937, não antes. Por isso, quando analisados aqui os textos não assinados, ter-se-á o cuidado de compreendê-los no contexto e no suporte em que foram impressos e publicados inicialmente – uma vez que tal "terreno movediço" não compreende os anos 1910-1920. Pelo contrário, verifica-se facilmente que X se posiciona ao lado dos dominadores: eis aí os riscos de avaliar a escrita do autor em função do nome.

Não representando exatamente a opinião do autor que viria a se consagrar, as crônicas de X expressam um ideal patriótico, baseado na preparação de elites, diferente do que se observa nos anos 1930: a in-

---

45 Paul Ricoeur, *Tempo e narrativa*: a intriga e a narrativa histórica, *op. cit.*, p. 242.

46 Hermenegildo Bastos, *Memórias do cárcere*, *op. cit.*, p. 31-2.

clusão social de crianças pobres e negras no sistema de ensino. Apenas para exemplificar, sem pormenorização por ora, nos anos 1920, o cronista X atribui como causa da criminalidade o analfabetismo do povo. Nas décadas seguintes, Graciliano Ramos vai questionar essa pretensão de superioridade das classes letradas. Trata-se, portanto, de problema de identidade semelhante ao apontado por Hermenegildo Bastos, contudo num outro espaço/tempo.

Assim, a simples assinatura produz contradições históricas quando aquelas "crônicas avulsas" se incorporam à sua obra geral postumamente. Não é papel da crítica literária, a nosso ver, produzir a legitimação da história canônica, mas sim a problematização dos institutos históricos e literários. Não é objetivo da crítica levantar verdades contra não verdades, mas sim produzir conhecimento identificando-as. Graciliano vai situar-se em uma espécie de espaço neutro, entre dominantes e dominados, como lembra Hermenegildo Bastos, em um terreno movediço, após a prisão em 1937, e não difere muito de outros autores naquele período em relação à ditadura de Vargas:

> [...] cooptar indivíduos de diferentes segmentos sociais e destinar-lhes um lugar na burocracia estatal em expansão tornou-se estratégia do governo Vargas: participantes do integralismo, membros da Igreja católica, intelectuais de esquerda e de direita, psiquiatras, médicos etc. foram "convidados" a participar com o intuito de silenciar e amenizar as diferenças e camuflar a luta de ideias. Na gênese desse grupo, encontramos disposições intelectuais de cunho autoritário e paternalista que se prestavam para impor, de cima para baixo, uma cultura oficial e "verdadeira" para toda a nação[47].

Por essa razão, não incluímos aqui como parte da carreira pública do autor o cargo de Inspetor Federal de Ensino no Rio de Janeiro, em 1939, nomeado pelo mesmo governo que o aprisionara arbitrariamente. Disso resulta que, se tomados como base de análise crítica os textos do autor publicados a partir de sua fixação definitiva no Rio de Janeiro, em que viria a assumir o cargo de inspetor federal da Instrução Pública, outra dinâmica de forças estaria implicada em seu posicionamento[48].

47　Álvaro Gonçalves Antunes Andreucci, *O risco das ideias*: intelectuais e a polícia política (1930-1945), São Paulo: Humanitas/Fapesp, 2006, p. 67.

48　Para uma compreensão mais adequada dos embates ocorridos dos anos 1940 em diante, ver: Thiago Mio Salla, *Graciliano Ramos e a cultura política*: mediação editorial e construção do sentido, São Paulo: Edusp/Fapesp, 2016.

Assim, o período anterior à sua aparição no cenário literário nos anos 1930 se caracteriza pela privacidade, e "não publicidade", expressada até com certo horror ao ser perguntado por Homero Senna se desejaria revelar alguns dos seus pseudônimos. Em perspectiva geral de observação, da publicidade ou da reserva resultam outras dinâmicas de relação entre o autor e seus textos.

Especificamente quando publicou os relatórios da própria administração do município de Palmeira dos Índios, juntamente com seus efeitos subsequentes de recepção, foi que o sentido do nome próprio, no âmbito da publicidade, ganhou contornos históricos de transformação. O estilo de escrita desses textos publicado no Diário Oficial de Alagoas produziu variações de leituras que vão do desprezo à euforia (vai de "Mark Twain de chinelas", em 1929, a "Dostoiévski dos trópicos", em 1935, com a publicação de *São Bernardo*). O levantamento historiográfico pretende,

> [...] com efeito, mostrar que os acontecimentos não se devem ao acaso, mas que acontecem em conformidade com a previsão que deveria poder ser feita, uma vez conhecidos certos antecedentes ou certas condições simultâneas e uma vez enunciadas e confirmadas certas hipóteses que formam a premissa maior da dedução do acontecimento. É só a esse preço que a previsão se distingue da profecia[49].

Investigaram-se nos eventos as condições necessárias do processo final do acontecimento-chave. Nesse sentido, a pergunta que se faz não é "por quê", mas sim "como" determinado evento chegou ao ponto de ser reconhecidamente "histórico" e outros foram relegados ao anedótico ou pitoresco. Uma explicação das relações entre causa e efeito possível é distinguir que:

> A análise causal é uma atividade que percorre os sistemas em forma de árvores topológicas. Considerando o estado final, ela se interroga sobre as "causas" do advento e da composição deste estado final em termos de condições necessárias e suficientes[50].

O sistema topológico, já antecipado, está nas condições apresentadas nas relações produzidas pelo "pseudônimo/anônimo/privado" e pela "autoria/nome próprio/publicidade".

---

49 Paul Ricoeur, *Tempo e narrativa*: a intriga e a narrativa histórica, *op. cit.*, p. 189.

50 *Ibidem*, p. 223.

O início da trajetória de Graciliano Ramos é o anonimato; após a publicação em 1929 do primeiro relatório de prefeitura de Palmeira dos Índios, assina, e não o poderia fazer de outra forma, como político, chefe do Executivo, na Imprensa Oficial do Estado de Alagoas (e não numa revista literária como romancista). Esse evento redunda em certa circunstância que vincula sua aparição como escritor, aos 41 anos, a um documento formal público em que o registro linguístico informal não deve ser entendido como mero acaso: "[...] como a linguagem não era habitualmente usada em trabalhos dessa natureza, e porque neles eu dava às coisas seus verdadeiros nomes, causaram um escarcéu medonho"[51].

O prestígio conquistado inicialmente não foi literário, mas determinado por certa clareza ou publicidade do ato do governante Graciliano Ramos. Não se tratava de publicação de um escritor e de uma recepção do público especializado em crítica literária. A maior parte das matérias sobre o relatório tinha caráter de desprezo da linguagem, provocando escarcéu, trazendo à tona longos anos de experiência prática de escrita que permitiu a distinção entre ele e os escritores que também naqueles anos iniciavam suas carreiras, casos de José Lins do Rego, Rachel de Queiroz, Lúcia Miguel-Pereira, Jorge Amado, Aurélio Buarque de Holanda, Lúcio Cardoso, entre os mais importantes desse período, que se achavam ali na casa dos 20 anos: "Vinte anos mais velho do que a maioria dos rapazes, já nessa época era chamado de velho Graça"[52].

Essa diferença notável de experiência se deve à sua trajetória ao longo dos anos 1910-1920, acrescentada à perspectiva atual de observação das publicações póstumas, que resgatam parte dos primeiros registros de seu pensamento crítico no cenário literário depois dos 18 anos. Tendo transitado entre as décadas de 1910 e de 1920 no anonimato, pelo uso dos diversos pseudônimos com que assinava seus poemas, contos e crônicas jornalísticas (excluem-se, nessa perspectiva, as cartas, de ordem estritamente pessoal), o autor acumulou um elevado conhecimento de uma época inteira.Daquele período, contudo, não se tem registro efetivo da recepção dos textos publicados, tampouco qualquer desdobramento deles no que se vai constituir sua obra[53].

Além disso, aqueles escritos apresentam muito mais aspectos de recepção de outros textos: crônicas de notícias publicadas, comentários sobre telegramas etc. É um período completamente marcado pelo

---

51   Homero Senna, *op. cit.*, p. 52.

52   Dênis de Moraes, *op. cit.*, p. 67.

53   Não foram considerados aqui juízos externados em trocas de cartas pessoais, entre o autor e seus amigos, como um dado de recepção em sentido de debate público.

aspecto privado/biográfico. O próprio autor, ao escrever *Infância*, para na adolescência, aos 11 anos, quando diz:

> [...] experimentei grande desarranjo. Atravessando uma porta, choquei no batente, senti dor aguda. Examinei-me, supus que tinha no peito dois tumores. Nasceram-me pelos, emagreci – e nos banhos coletivos do Paraíba envergonhei-me da nudez. [...] Percebi nele [no corpo] vagas exigências, alarmei-me, pela primeira vez me comparei aos homens que se lavavam no rio[54].

Graciliano quase nada diz do período que se segue ao sair da infância/adolescência. Octávio de Faria levantou, de passagem, traçando as relações entre a autobiografia e a literatura de Graciliano, a hipótese de a origem dos personagens de *Angústia* situar-se nas recordações do autor na adolescência:

> [...] há inúmeros casos mistos, como o desse Trajano Pereira de Aquino Cavalcante e Silva, o avô (no romance *Angústia*) [...] seu Ivo, seu Evaristo, Cirilo de Engrácia, confusos, às vezes disformes, e que é bem possível que pertençam ao mundo de uma "provável" "Adolescência" [...] sobre a qual Graciliano Ramos silenciou...[55]

Essa adolescência de que os críticos dos anos 1930-1940 não tiveram notícia corresponde ao que atualmente se pode compreender como registros publicados com pseudônimo dos 18 anos do autor até praticamente os 40, quando escreve pela primeira vez textos assinados com o nome Graciliano Ramos. O fato é que, durante sua vida, nada do que foi produzido entre os anos 1910-1929 foi publicado por ele em livros. Ver-se-á que, perto do fim de sua trajetória, orientou Ricardo Ramos, o filho, a respeito do que poderia ou não ser publicado do que escreveu naquela época e recomendou que nada escrito com pseudônimo viesse a público.

Em síntese, ao se atribuir valor àqueles "escritos do autor anônimo" por meio do nome Graciliano Ramos consagrado, fato consumado nos anos 1930-1940, de modo retroativo, compreende-se haver na operação o embaraço de dois momentos enunciativos distintos na constituição histórica da literatura brasileira, afetando a leitura daquela produção; em particular, modificando o *status* da sua autoria e a histo-

---

54 Graciliano Ramos, *Infância*, Rio de Janeiro: Record, 1995, p. 241.

55 Octávio de Faria, "Graciliano Ramos e o sentido do humano", em: Sônia Brayner (org.), *op. cit.*, p. 184.

ricidade daqueles escritos. Essa perspectiva crítica adotada pela maior parte de sua recepção sugere uma espécie de prescrição involuntária da noção de condição suficiente, isto é, a suposição de que um traço pinçado do passado que se encontre presente no evento final seria suficiente para determiná-lo como causa e não efeito.

A perspectiva teleológica, por isso, deve ser descartada. É no âmbito das análises e explicações causais que a maior parte dos estudos sobre o autor está fundada de antemão, segundo um estado final dado, produzindo uma inflexão no passado para explicá-lo em termos de condições suficientes. Isto é, desse ponto de vista, parte-se do pressuposto de que para as explicações de um evento acabado bastaria a presença de um aspecto no passado, baseando-se na pergunta "por quê?", e não em "como" aconteceu. Esse modo de responder às questões levantadas por uma investigação permite a "predição", o que foi afastado neste livro – o qual se pautou pelo critério de "previsão/ previsível", ou seja, pela adoção da noção analítica de condições necessárias, o que impede predizer e exige o reconhecimento dos sistemas em que se produziu a condição necessária possível, e não suficiente, do evento:

> A diferença entre os dois tipos de condições é ilustrada pela dissimetria dos percursos no sentido regressivo e progressivo [...], inferimos, voltando no tempo, que a condição antecedente necessária deve ter-se produzido e procuramos seus vestígios no presente[56].

A adoção desta linha de pesquisa/análise leva em conta, portanto, o ato enunciativo (grafia da história) como também passível de reflexão, já que os vestígios devem ser encontrados na atualidade, da qual participa o pesquisador, estando ou não vinculado a um instituto, seja público, seja privado. Essa percepção do *corpus* expandido que a obra de Graciliano Ramos atinge na atualidade inclui também o momento da enunciação crítica como parte do escopo investigatório, e, inevitavelmente, nota-se que, mais que interferir no fenômeno observado, a grafia da história torna-se parte da própria história da observação. A abordagem que se propõe aqui ancora-se na "[...] articulação temporal de passado/presente como correlação", que João Adolfo Hansen aplica em seus estudos das práticas de representação dos séculos XVI, XVII e XVIII. O pesquisador explica que a correlação

> [...] é uma dramatização que põe em cena duas estruturas verossímeis de ação discursiva, a do *presente da enunciação do intérprete*, como atos de fala de um trabalho *parcial* que pressupõe a divisão

---

56 Paul Ricoeur, *Tempo e narrativa*: a intriga e a narrativa histórica, op. cit., p. 223.

intelectual do trabalho e o trabalho intelectual da divisão condicionado pela *particularidade* do lugar institucional onde se realiza [...].[57]

Essa perspectivação das articulações do discurso crítico na narrativa historiográfica exige o entendimento dos métodos e instrumentos teóricos aos quais se recorrerá nas análises para que estes não se confundam com os do passado nem se perca de vista que elas são em si mesmas históricas; ou seja, exige que não se transistoricizem os elementos da observação (tornando-os completamente parciais), desarticulando-os dos sistemas em que eles estão fundamentados e nos quais foram produzidos nos discursos; mas, sobretudo, exige evidenciar estratégias e ferramentas de investigação em vez de ocultá-las, pois são elas o conhecimento resultante do trabalho crítico, que se concretiza como "grafia da história" correlacionada à "história da grafia" enquanto legado/relíquia.

É muito mais neste escopo da investigação que residem as inovações nas pesquisas; mais que desvendar o passado, visa à compreensão dele pelo incremento teórico de escritas possíveis/verossímeis e passíveis de desenvolvimento crítico. Daí o entendimento de que os relatórios do então prefeito de Palmeira dos Índios, com efeito, pela repercussão na imprensa, tornam seu nome público e são antecedentes de uma adoção de prática escrita cuja consequência na sua vida privada, na sua trajetória artística e na sua trajetória pública será a criminalização. A publicidade "literária" alcançada na esfera do executivo, graças ao emprego da informalidade da "língua oral", legitimava a representação dos marginalizados do processo de decisão no destino do país – o que não agradou.

Era nas instâncias da opinião pública que era possível tanto legitimar quanto condenar, marginalizar, punir, vigiar, delatar grupos ou indivíduos. Não coube a esses relatórios apenas a peculiaridade de terem revelado o nome Graciliano Ramos no cenário político e cultural brasileiro; a materialidade da escrita, enquanto ato político, trouxe para o âmbito do direito a representação pública, pela linguagem simples, clara e objetiva, dos seus falantes, inclusivamente. Estabeleciam-se os termos de um debate acerca da função das normas linguístico-institucionais de representação e as que estavam vetadas pelo instituto tanto literário quanto simbólico-político. Mais tarde, em 1934, com a criação do Departamento de Imprensa e Propaganda (DIP), o poder estatal vai exercer certo controle dessas formas de expressão incorporando-as ao

---

57 João Adolfo Hansen, "Romantismo e Barroco", *Teresa*: revista de literatura brasileira, São Paulo: Editora 34, 2013, n. 12-13, p. 62 (grifos meus).

sistema de representação cultural de modo controlado e reduzido. Antes elas estavam sujeitas à apropriação deliberada dos escritores.

Esses relatórios, como se sabe, destinavam-se ao governo do Estado e foram publicados no Diário Oficial de Alagoas nos anos subsequentes aos períodos de administração: o primeiro, da gestão de 1928, foi publicado em 1929; o relatório do segundo ano, em 1930. O primeiro repercute de tal modo que, no segundo, o próprio prefeito vai se referir à recepção da imprensa nacional com surpresa: "[...] O balanço que remeto a V. Ex.a mostra bem de que modo foi gasto em 1929 o dinheiro da Prefeitura de Palmeira dos Índios. E nas contas regularmente publicadas, há pormenores abundantes, minudências que excitaram o espanto benévolo da imprensa". Leia-se em "espanto benévolo" o tom de ironia e a contradição. O espanto foi bem pouco benévolo. Ainda que, segundo Dênis de Moraes:

> Pelo estilo inusitado, a prestação de contas do prefeito, publicada no *Diário Oficial*, causaria sensação. Para o Jornal de Alagoas, tratava-se de "documento dos mais expressivos e interessantes". Numa reação em cadeia, outros periódicos alagoanos – *O Semeador* e o *Correio da Pedra* – o transcreveriam. Até no Rio de Janeiro haveria eco. *O Jornal do Brasil* e *A Esquerda*, dirigido por Pedro Motta Lima, publicariam trechos[58].

Observe-se que nenhum desses jornais ou artigos foi produzido por críticos literários, mas sim por observadores políticos, ligados aos fatos decorrentes da administração pública. Ao que parece, Moraes não compreendeu bem o caráter depreciativo das tratativas por entendê-las como recepção crítica do "escritor Graciliano Ramos", que então não passava segundo um dos jornais de um prefeito metido a "Mark Twain de chinelas".

O *Jornal do Brasil*, em 1929, destacava: "Onde foi se aninhar um grande humorista". Não se está falando do escritor, o que basta para caracterizar o chefe do Executivo pelo "descrédito", rebaixando-o a palhaço, tornando suas denúncias dignas de riso. *O Estado*, jornal de Santa Catarina, no mesmo ano, por sua vez, diz: "Relatório curioso – pitadas de humor em cada página". As denúncias do relatório são minimizadas, lidas com descrédito, portanto parodiadas, não sendo abordadas pela seriedade que elas contêm. O jornal *A Manhã*, do Rio de Janeiro, importante periódico à época, diz "Alegre – o riso higieniza o espírito", apresenta

58 Dênis de Moraes, *op. cit.*, p. 63.

alguns trechos do relatório, concluindo a matéria com o seguinte destaque: "Em gênero de bom humor não se pode desejar melhor... Eis Mark Twain metido num chinelo"[59].

Fica assim evidenciado como a "grafia da história" participa da "história da grafia" por correlação. Caracterizado como "risível" por um grande número de jornais, esse juízo depreciativo vai se ligar à justificativa que, mais tarde, em 1934, Augusto Frederico Schmidt aplicaria a *São Bernardo* para desqualificar seu autor pelo "cacoete de fazer humor". Para o poeta, o defeito do romance teria origem aí, explicando que ele seria "prejudicado de raro em raro pelo cacoete de fazer humor"[60]. Destaque-se: "prejudicado", o que, aliás, seria o motivo da polêmica entre o dono da editora Schmidt e Jorge Amado, que exporia num artigo os prejuízos causados pela Schmidt na publicação tardia de *Caetés*.

A ideia de atribuir ao "ridículo" aquele modo de expressão não provinha apenas do preconceito contra nordestinos, na caracterização "Mark Twain de chinelas", mas também do privilégio da expressão institucionalizada que a linguagem tinha para a classe dominante. Daí *Caetés* parecer um "estranho no ninho" – título usado por Lêdo Ivo em artigo sobre o romance – entre os relatórios de prefeitura e *São Bernardo*. Ou, como caracterizou Graciliano em carta enviada a seu tradutor na Argentina, o seu *Caetés* "é todo escrito em português"[61].

Nesse sentido, a publicação dos famosos relatórios que vão despertar a atenção do então editor e dono da editora Schmidt inaugura o uso do nome Graciliano Ramos, que vai inserir-se definitivamente no sistema público, político e literário à época, eliminando o caráter privado (desconhecido) da sua trajetória até então para inaugurar a institucionalidade do nome de maneira publicitária. Aliás, quando passa a assinar suas crônicas em 1931 com o nome próprio, já não tinham mais o menor sentido os pseudônimos: embora ainda não fosse romancista, ele já era figura pública. O fato confirma, conforme Luiz Costa Lima, que "O público é, portanto, o meio pelo qual os *Privatleute* [indivíduos] se despem de sua privacidade e se apresentam como um corpo homogêneo, dotado de

---

59 Fonte: Hemeroteca Digital da Biblioteca Nacional do Rio de Janeiro.

60 Augusto Frederico Schmidt, "Crítica, romances", *Diário de Notícias*, Rio de Janeiro, 16 dez. 1934, em: Edilson Dias de Moura, *As ilusões do romance*: estrutura e percepção em *São Bernardo* de Graciliano Ramos, dissertação (mestrado em Literatura Brasileira) – Universidade de São Paulo, São Paulo, 2011, p. 228.

61 Pedro Moacir Maia (org.), *Cartas inéditas de Graciliano Ramos a seus tradutores argentinos Benjamín de Gary e Raúl Navarro*, Salvador, BA: Edufba, 2008, p. 23.

aspirações políticas"[62]. Essa distinção permitirá o exame dos motivos da prisão de Graciliano em 1936, como será visto, pelo desembaraço dos atos privados e dos atos públicos, mais visíveis à época, porque do indivíduo particular ninguém sabia nada, senão parentes e amigos.

As ações do homem público Graciliano Ramos passam, a partir de 1931, quando assume o nome próprio, a integrar um amplo conjunto de estratégias com as quais se identificam outros atores sociais, inaugurando outro tipo de prática de escrita no universo político e cultural de sua época. Contudo, ele apaga os rastros pessoais de seu passado. Assim, compreende-se que os relatórios já apresentam, da perspectiva da publicidade, inúmeras inovações. Não se trata apenas de um "episódio pitoresco", como viu Lêdo Ivo, tampouco, como afirmava Dênis de Moraes, de um "estilo inusitado". Trata-se, pelo contrário, de documento formal e concreto cuja principal característica foi revelar o efeito de publicidade dos atos administrativos do governante em relação aos cidadãos pobres, associados à linguagem informal ou à transparência da escrita.

A prática de escrita dos relatórios seria, na atualidade, vinculada com muita facilidade ao conceito moderno de "transparência da administração pública" – isso sim o tornava "inusitado" àquela época, já que incluía num suporte formal de divulgação dos atos políticos um modo de expressão popular (ainda que inventado, e não exatamente a fala do povo), legitimando as reivindicações de participação dos excluídos, exigindo do Poder Público sua efetividade. Em síntese, era senso comum em 1930, com a revolução dos tenentes, que haveria o fim das oligarquias e a democratização do país. Aqui se pode notar com mais facilidade que a história da grafia (língua escrita, documental, do objeto relatório) se relaciona com a grafia da história segundo o embate entre autoritarismo e democracia, que viria a redundar em São Paulo na Revolução Constitucionalista de 1932. Eis o vínculo estabelecido entre objeto de pesquisa e compromisso de escrita do pesquisador, de preservação dos valores de liberdade e dos direitos humanos, constitucionalmente, pelo instituto literatura brasileira, valendo criticá-lo se falta a esse compromisso.

Ao passo que não se examina a prisão do autor – chegando a sugerir que ela pudesse ter sido vantajosa à sua produção literária –, ferem-se de morte os direitos humanos. Não se trata, pois, de "Constatar que um caráter empenhado impregna nossa tradição literária", conforme discute Luís Bueno em *Uma história do romance de 30*, que para uma parte da crítica significaria "postular a superioridade da literatura empenhada

---

[62] Luiz Costa Lima, *Mímesis e modernidade*: formas das sombras, São Paulo: Paz & Terra, 2003, p. 113.

sobre uma outra, não empenhada ou desinteressada"[63], mas sim que dificilmente se possa fazer literatura ou crítica sem vínculos com compromissos ideológicos. O critério a ser avaliado deve ser quais compromissos estão na base de compreensão deste ou daquele tipo de produção, se legítimos ou não. E, ao que parece,

> A incorporação dos pobres pela ficção é um fenômeno bem visível nesse período. De elemento folclórico, distante do narrador até pela linguagem, como se vê na moda regionalista do início do século [XX], o pobre, chamado agora de proletário, transforma-se em protagonista privilegiado nos romances de 30, cujos narradores procuram atravessar o abismo que separa o intelectual das camadas mais baixas da população, escrevendo uma língua mais próxima da fala. Junto com os proletários, outros marginalizados entrariam pela porta da frente na ficção brasileira [...][64]

Os relatórios do prefeito podem ser vinculados a um anseio coletivo de participação ativa no destino do país, não encerrando apenas característica de um estilo pessoal/individual preservado pelo instituto histórico como relíquia/ruína. Tinha a ver com a legitimação de uma representatividade no âmbito das decisões políticas da época. Esse efeito vai ser aplicado nos romances publicados logo após os relatórios não como incorporação das conquistas do Modernismo de 1922, mas pelo efeito da linguagem informal empregada no que só aceitava o tradicional.

63 Luís Bueno, *Uma história do romance de 30*, op. cit., p. 17.
64 *Ibidem*, p. 23.

QUASE ANÔNIMA: UMA ESCRITA DO SÉCULO PASSADO

> A crítica policial era tão estúpida que julgava a produção artística não pelo conteúdo, mas pelo nome do autor. Eu vivera numa sombra razoável, quase anônimo: dois livros de fôlego curto haviam despertado fraco interesse e alguma condescendência desdenhosa. Era um rabiscador provinciano, detestado na província, ignorado na metrópole.
>
> (GRACILIANO RAMOS, *Memórias do cárcere*)

A publicação dos textos de Graciliano em coletâneas póstumas e os textos de sua recepção crítica alargam o tempo de sua trajetória artística, mas não aumentam nem diminuem a qualidade ou o valor daqueles trabalhos publicados em vida e que definiram o *status* de sua autoria. Mas os textos postumamente publicados passam também a ser entendidos pela crítica como "esboços"/"causas" de suas concepções artísticas postas em prática após os anos 1930 e aprimoradas segundo depoimentos do próprio Graciliano, principalmente, a partir da leitura de *Infância* e, sobretudo, de *Memórias do cárcere*. Daí, para Valentim Facioli, por exemplo, a tendência realista/objetivista do autor ter-se originado aos 18 anos, segundo a entrevista publicada em 1910, na qual "Graciliano declara que escreve versos parnasianos por se sentir incapaz de escrever prosa segundo as exigências do Realismo", afirmando que, desde então: "[...] sua posição permaneceu a mesma. Escrevendo em 1945 'O fator econômico no romance brasileiro', reafirma sua posição"[65].

Acompanhe-se a orientação de Facioli conforme a data que ele supõe correta, apresentada em *Linhas tortas*, ainda que atualmente se saiba de sua imprecisão. Importa notar que a linha das concepções e do

---

65 Valentim A. Facioli, *op. cit.*, p. 45.

raciocínio que Graciliano apresenta no ensaio de 1937 não dispõe de um objeto textual em 1910 que permita verificar a aplicabilidade delas; não há obra entre os anos 1910 e 1920 para que se verifique essa hipótese. Mesmo atualmente o conto "O ladrão", de 1915, publicado pela primeira vez em 2012, em *Garranchos*, se aproximaria das noções que em 1937 Graciliano consideraria importantes para a arte, seja em linhas gerais, seja a partir de categorias econômicas.

Sem um objeto textual determinado que permita demonstrar as relações entre as ideias do autor, na juventude, e sua concretização escrita, comparando-as, resta apenas dessa hipótese o critério historiográfico pelo qual se orientou o crítico: tomar, retroativamente, a entrevista de 1910 como a condição suficiente do texto de 1937 (ou 1945). Contudo, Graciliano Ramos diz em 1910 apenas duas expressões para caracterizar a escola literária a que se diz propenso: "sincera", "a que for mais sincera"[66], o que significa dizer que, fosse o naturalismo, fosse o realismo, esse seria o critério de "literatura do futuro" mencionada em 1910. Já em 1937, diz o autor alagoano:

> Lendo certas novelas, temos o desejo de perguntar de que vivem suas personagens. [...] Um cidadão é capitalista. Muito bem. Ficamos sem saber donde lhe veio o capital e de que maneira o utiliza. Outro é agricultor. Não visita as plantações, ignoramos como se entende com os moradores se a safra lhe deu lucro. O terceiro é operário. Nunca o vemos na fábrica, sabemos que trabalha porque nos afirmam que isto acontece, mas os seus músculos nos aparecem ordinariamente em repouso[67].

Essa crítica atinge impiedosamente *Caetés*: raramente João Valério será visto atrás dos balcões do armazém do Teixeira. Duas vezes, para ser preciso, é apresentado trabalhando: no início do romance e depois de denunciado pela carta anônima enviada a Adrião Teixeira delatando o adultério. O enredo é construído em meio a festas, jogos de xadrez, de pôquer, de bilhar, nos bares, parques de diversão, missas e procissões. Ademais, dona Engrácia se enquadra exatamente nessas características da crítica de 1937: jamais é vista na fazenda, só se sabe que é rica e viúva e que acumula riqueza indo à missa e rezando o terço.

> Ali estava aquela viúva antipática, podre de rica, morando numa casa grande como um convento, só se ocupando em ouvir missa, comungar e rezar o terço, *aumentando a fortuna* com avareza para a filha

---

66 Graciliano Ramos, *Conversas, op. cit.*, p. 55.

67 *Idem, Linhas tortas, op. cit.*, p. 254.

de Nicolau Varejão. E eu, em mangas de camisa, a estragar-me no escritório dos Teixeira, eu, moço, que sabia metrificação, vantajosa prenda [...][68].

E o que se poderia dizer das colocações feitas em 1910? Graciliano "o poeta" (a entrevista se dera por causa da produção poética) apresenta enorme desconfiança quanto aos românticos e ao idealismo, acredita na "evolução" da sociedade brasileira etc.[69] Assim, embora os textos iniciais deem sinais do estilo correto do autor, consagrado pela ironia e pela depuração e concisão da escrita, eles também evidenciam valores epocais de uma literatura vinculada à passagem do século XIX para o XX, período literário em que ainda na atualidade a crítica encontra sérias dificuldades de definição.

Não será empreendida aqui a árdua tarefa de reavaliar o que se costumou chamar "pré-modernismo" ou *Belle Époque*, mas apenas situar aí o início da trajetória de maturação das concepções literárias de Graciliano como leitor e, mais adiante, seus primeiros passos como autor de poemas, contos e crônicas. Tome-se um pequeno trecho da crônica "Coisas do Rio", de 1915, em que o cronista R. O. descreve um suposto leitor de notícias sobre a Primeira Grande Guerra:

> [...] o negociante rico da rua da Quitanda não sente, ao montar seus óculos no nariz e ao desdobrar seu diário matutino, aquelas apreensões que há cinco meses sentia, quando julgava que a conflagração lhe podia prejudicar o comércio. Ingratos... Como vos esquecestes tão depressa daquilo em que ocupáveis todos os vossos cuidados, todos os vossos pensamentos? Não sois patriotas, "franceses" que rebentáveis a cara de vossos antagonistas quando estes ousaram afirmar que o cerco de Paris era um fato... Não tendes amor a vossa terra, "alemães" que combatíeis pacificamente na Avenida e na rua do Ouvidor [...][70].

A figura caricata do negociante, representação que inclusive custou a Lima Barreto a pecha de desleixado na construção de personagens, não passa despercebida: é claramente estereótipo literário cuja circulação à época tipificaria um leitor. E esse leitor privilegia a norma-padrão da língua portuguesa europeia – vide o uso do pretérito perfeito

---

68 *Idem, Caetés, op. cit.*, p. 32 (grifo meu).

69 A entrevista pode ser lida na íntegra em *Conversas*, de 2014, coletânea de entrevistas.

70 Graciliano Ramos, *Garranchos, op. cit.*, p. 32.

do indicativo em segunda pessoa do plural realizado pelo empréstimo de um recurso literário: o discurso indireto livre[71]. À época, como se sabe, autores como Monteiro Lobato e Lima Barreto já teciam largas críticas ao fato de a escrita no Brasil ainda ser submetida às normas europeias e propugnavam por uma maior aproximação à sintaxe local – o que Machado de Assis defendia já no século XIX:

> Não há dúvida que as línguas se aumentam e alteram com o tempo e as necessidades dos usos e costumes. Querer que a nossa pare no século de quinhentos é um erro igual ao de afirmar que a sua transplantação para a América não lhe inseriu riquezas novas. A este respeito a influência do povo é decisiva. Há, portanto, certos modos de dizer, locuções novas, que de força entram no domínio do estilo e ganham direito de cidade[72].

Nesse sentido, R. O. tende a conceder aos preceitos parnasianos a prevalência da escrita-padrão, embora se possa argumentar que os comerciantes, em geral, de fato fossem portugueses em sua maioria. Contudo, adiante, nota-se que a crônica não tem como objetivo representar os tipos da rua do Ouvidor, mas sim desenvolver a então corrente tese de que o povo brasileiro "é muito volúvel", expressão usada, diga-se, pelo cronista R. O., acrescentando: "Grande verdade, que não passaria despercebida ao espírito arguto do conselheiro Acácio"[73]. Logo, os franceses e os alemães que discutem os telegramas publicados nos jornais vindos da Europa, dando notícias dos conflitos, são brasileiros afrancesados,

---

71 Nesta pesquisa, o gênero crônica não é tomado como tipo de texto narrativo, e sim dissertativo. Portanto, não equivale a conto, que apresenta recursos próprios do processo narrativo e do gênero literário. Não há personagens em crônicas, tampouco "ficção", já que esse gênero se combina com o processo argumentativo, não com a narrativa. Nesse sentido, não há em crônicas enredo. Em vez de cenas, temos *ilustrações hipotéticas* mescladas a fatos e outros tipos de argumentos. Com isso, assinalamos que não se está analisando nos textos escritos com pseudônimos a *qualidade artística*, mas sim os recursos literários empregados por empréstimos pelo autor e que, mais tarde, vão integrar os romances.

72 Machado de Assis, "Notícia da atual literatura brasileira. Instinto de nacionalidade", em: Machado de Assis, *Obra completa*, v. 3, Rio de Janeiro: Nova Aguilar, 1994, disponível em: http://machado.mec.gov.br/obra-completa-lista/item/download/95_a034209a67594696a9b556534ff73116, acesso em: 20 nov. 2019.

73 Graciliano Ramos, *Garranchos, op. cit.*, p. 33.

germanizados; e a revolta do comerciante português com o desinteresse pelo desenrolar do conflito configura-se mesquinha, já que do abandono do interesse pelo conflito resulta a perda de clientela.

Ao cronista, contudo, importa conceituar o povo. Importa a ele essa "grande verdade": "Decididamente somos um povo extremamente falto de memória" ou que "A indiferença com que olhamos as coisas da Europa tem muitas causas – a crise, a ambiguidade sobre o presidente do E. do Rio, o carnaval..."[74]. Note-se o preconceito contra o popular, a percepção do carnaval como fator da indiferença com que se observa o que se caracterizaria por civilização. R. O. é uma contradição de Graciliano Ramos. R. O. não chega a inovar, trazendo algo de próprio na sua crítica ou na sua escrita, pois apenas reproduz a noção de povo que circulava desde a Proclamação da República, em suma, a de que no Brasil não havia povo de fato, comparado à noção europeia de civilização servilmente. É preciso entender como, nos escritos desse período, não Graciliano, mas seus diversos pseudônimos/simulacros discursivos caracterizavam o povo para avaliar a mudança de perspectiva ocorrida dos anos 1930 em diante. Nesse período, sua concepção muda radicalmente:

> Na literatura do século passado os pretos surgiam bonzinhos, bem-comportados, as mucamas queriam ser agradáveis às sinhás, as mães pretas deixavam que os filhos morressem por falta de alimentação e viviam exclusivamente para amamentar o menino branco. Agora é diferente. Moleque Ricardo e Antônio Balduíno querem viver, metem-se em greves, acabam nas prisões. São os pretos atuais, refletidos, inimigos dos brancos, não porque estes tenham cor diferente da deles, mas porque os podem agarrar e mandar para Fernando de Noronha[75].

Há, nessa crônica, dois modos de caracterização literária da representação popular que devem ser bem compreendidos; os dois atribuem papéis de participação do brasileiro preto e pobre, no romance, contraditórios: o primeiro é passivo da ação, "pretos bonzinhos"; e outros, que assumem determinado protagonismo, ativos, "metem-se em greves". Observe-se, contudo, que a referência a "Fernando de Noronha" nessa crônica, escrita em fins de 1930, é bastante pontual e deixa apreender, por trás da representação literária de "pretos bem-comportados" do fim do século XIX e início do XX, uma realidade histórica diferente: a referência

74 *Ibidem.*
75 *Ibidem*, p. 170-1.

à Colônia Correcional de Fernando de Noronha revela que a população negra só era bem-comportada na representação literária.

Sabe-se que, logo após a Proclamação da República, com o Rio povoado pelos ex-escravizados, uma das formas de o Governo se livrar do perigo que representavam os "capoeiras", como eram então conhecidas as comunidades afrodescendentes, era prendê-los sob acusação de conspirarem contra a República, por serem monarquistas, e enviá-los ao presídio de Fernando de Noronha. "Talvez o único setor da população a ter sua atuação comprimida pela República tenha sido a dos capoeiras. Logo no início do governo provisório foram perseguidos pelo chefe de polícia, presos e deportados em grande número para Fernando de Noronha"[76].

Graciliano sabia, ainda que assinando com pseudônimos, que a representação de povo era totalmente literária: Fernando de Noronha decorre da mesma referência temporal nas duas pontas da crítica (de R. O. a Graciliano Ramos), o que torna a ideia de um "povo volúvel", sem interesses, completamente inválida, visto que foi necessário encarcerá-lo numa prisão isolada do continente. Daí R. O. obedecer à convenção de uma época, não propriamente à verdade ou "sinceridade" alegada aos 18 anos. R. O. obedece ao pacto colonialista da literatura, adotando a noção de povo conforme o modelo europeu e dando inexistência tanto àquela parcela ligada ao Carnaval quanto àquela que era mandada para Fernando de Noronha quando diz que o povo brasileiro "é muito volúvel".

Ora, se a literatura do início do século xx representa aquele setor da sociedade de modo "inativo", o autor sabe, mesmo escrevendo a partir de um simulacro discursivo, que aqueles que se organizaram de algum modo sofreram a repressão de seus direitos, indício de que lutaram e de que procuraram garantia de sua participação política. R. O. é aí simulacro discursivo do homem de um tempo sem relação com o que virá a ser Graciliano Ramos. Nesse sentido, ao longo da trajetória desse autor, evidenciam-se duas formas de representações literárias epocais que se chocam nos anos 1930.

O autor já consagrado pode fazer o contrapeso dessas representações, tendo sido a referência sociológica/antropológica repensada segundo sua função artística e política. Demonstra-se aqui, portanto, que Graciliano tinha noção muito clara dos princípios literários com que devia jogar na década de 1930, ligados à sua prática escrita de meados da década de 1910 ao fim da década de 1920. Não entrava *ex nihilo* na década

---

76 José Murilo de Carvalho, *Os bestializados*: o Rio de Janeiro e a República que não foi, São Paulo: Companhia das Letras, 2016, p. 23.

seguinte, na esteira da transformação histórica deflagrada pela Revolução de 1930, para a produção literária.

Dadas as duas noções de povo que aparecem nos escritos de Graciliano (um que se organiza e promove greves; outro, em geral sob pseudônimo, "apático", "volúvel", "desinteressado", representação literária, não de fato o que era o povo), cabe perguntar, acompanhando o que propõe José Murilo de Carvalho "[...] se a percebida inexistência de povo [durante a República Velha] não era antes consequência do tipo de povo ou de cidadão que se buscava"[77]. Sobretudo, como a literatura procurou legitimá-lo? Segundo R. O., povo era o europeu, já que os "germanizados e afrancesados daqui", em sua representação superficial discutindo o conflito na Europa, perderiam o interesse pela guerra em função de costumes culturais de origem bárbara ou não civilizada como o Carnaval.

Nesse período, a ideia de "ausência de povo" é confirmada na "Pequena história da República" de Graciliano Ramos, ainda que escrita em 1940, destinada a um concurso público de literatura infantojuvenil. As revoltas populares, inúmeras durante o período republicano, foram tratadas à época como "badernas", e para Graciliano não é diferente. Ainda assim vale observar, conforme Osman Lins, que

> O objetivo de apresentar, da República, um quadro realista e, se necessário, ridículo, exigiria também uma linguagem enérgica e incisiva, uma linguagem eficiente, bem longe dos clichês convencionais. Vemos, assim, a Câmara e o Senado "em turras" com o marechal Deodoro; arder no Rio Grande do Sul "uma horrível bagunça" [...][78].

No quadro geral das agitações na República Velha, as mesmas expressões foram largamente usadas para caracterizar o despropósito das revoltas e sua aparente falta de objetivo e organização. E na "Pequena República" de Graciliano, na melhor das hipóteses, tudo, greves, sublevações, saques ao comércio etc. era "indisciplina": "[...] E a revolta, meio indefinida, tomando aqui uma forma, ali outra, manifestava-se contra o oficial, que exige a continência, e contra o mestre-escola, que impõe a regra. A autoridade perigava"[79]. Inevitável, a contradição fica exposta, já que pinta a República Velha como se no Estado Novo não existissem as

---

77 Idem, *Os bestializados, op. cit.*, p. 69.

78 Osman Lins, "O mundo recusado, o mundo aceito e o mundo enfrentado", em: *Graciliano Ramos, Alexandre e outros heróis*, Rio de Janeiro: Record, 1982, p. 197.

79 Graciliano Ramos, *Alexandre e outros heróis, op. cit.*

colônias correcionais de Fernando de Noronha, Dois Rios, como se não se exercesse o mesmo poder de violência, arbítrio e desprezo pelas revoltas populares motivadas pela insatisfação com os governos etc.

Em suma, o Estado Novo foi o governo que caracterizaria em sua legislação a insatisfação e a reivindicação como crimes contra a nação pela Lei de Segurança Nacional de 1935 (LSN). É espantosa a comparação implícita aí já que o próprio Graciliano sofreu na pele os arbítrios do governo Vargas por empreender um projeto inclusivo de administração pública, à frente da prefeitura de Palmeira dos Índios e da Diretoria de Instrução Pública de Alagoas, tendo cumprido pena de quase um ano por um "crime desconhecido", segundo a crítica – episódio que marcará a história brasileira como um dos mais cruéis. Viu-se nesse período com muita clareza a humilhação pública a que fora exposto o autor em 1936, além de o tipo de punição a ele aplicada assemelhar-se às torturas impostas pelos campos de concentração nazistas[80].

Voltando à linha de compreensão em que se situam as crônicas assinadas por pseudônimos, em nenhum daqueles escritos menciona-se o movimento de 1922, enquanto na "Pequena República" se alude a ele pela noção de "indisciplina" contra o oficial, o mestre-escola ou a regra, o que

---

80 R. S. Rose, *Uma das coisas esquecidas*: Getúlio Vargas e o controle social no Brasil (1930-1954), São Paulo: Companhia das Letras, 2001. Segundo Rose, um dos poucos historiadores estrangeiros que obtiveram acesso aos arquivos do Deops, foram aproximadamente 3.250 detenções. Com base na documentação acessada, o historiador detalha a minúcia e a organização dos processos de prisão, tortura, mortes sistemáticas da polícia de Vargas, descreve um *modus operandi* de repressão exatamente igual ao do período pós-64, com ocultação de cadáveres e o mesmo modo de uso da imprensa para apagar os rastros dos assassinatos, noticiados como suicídio. A tortura era praticada segundo um sistema de prisão que ia desde "geladeiras" em delegacias (cubículos em que só cabia um homem em pé e em que policiais de hora em hora despejavam água gelada) a navios fora de uso ancorados na baía de Guanabara. Não indicamos páginas específicas dos diversos equipamentos e estruturas construídos pelo Estado Novo, qualificação dos presos e destinos a que teriam conforme o grau de punição aplicada, já que o autor as descreve ao longo de toda obra. Para se ter uma ideia, contudo, do grau de crueldade, ver no subcapítulo "Revolta em São Paulo", p. 48-53, os castigos aplicados aos constitucionalistas paulistas; ou o grau de animalidade da polícia na aplicação das diversas modalidades de tortura do casal Berger: "[...] enfiaram-lhe parte de um arame de 66 centímetros pelo pênis, fazendo-o chegar à bexiga. Depois, o arame foi lentamente aquecido. Mais tarde, através de cabos ligados a geradores e enrolados a seus órgãos sexuais ou enfiados em seus ânus, ele recebeu choques" (p. 96).

parece apontar que sua insatisfação com o Modernismo, de fato, se situa nos anos 1930. Só nesse momento os modernistas se tornarão objeto de suas críticas. Aparentemente, Graciliano não tivera conhecimento da proposta paulista na década de sua aparição, já que em Alagoas, "[...] confundido com o Futurismo do italiano Filippo Tommaso Marinetti, levaria estocadas de vozes conservadoras, como a de Lima Junior, para quem a 'poesia futurista' era 'anêmica, clorótica, desordenada e fútil'"[81]. É com essa mesma disposição que Graciliano, em carta datada de 18 de agosto de 1926 endereçada a Pinto da Mota Lima Filho, comenta um poema de Mário de Andrade assinalando seu desconhecimento a respeito da estética modernista: "[...] manda-me dizer se é absolutamente indispensável escrever sem vírgulas", traçando paralelos entre o poema e as cartinhas que seu filho vinha pedir que revisasse: "[...] a literatura epistolar dele é um tanto futurista"[82].

Disso resulta que, segundo as hipóteses desta pesquisa, *Caetés* apresente todas as evidências de ter sido composto com base nos valores da literatura praticada naquele período anterior ao Movimento de 1922, independentemente de o próprio romancista remeter sua escrita para 1924 e 1925. Esse é um dos motivos de esta pesquisa concordar com Lêdo Ivo em que o primeiro romance de Graciliano Ramos não tem relação com o romance regionalista de 1930, menos ainda com o movimento vanguardista:

> [...] deve ser incluído na linhagem dos ficcionistas que, como Lima Barreto, Monteiro Lobato de *Urupês* (1919) e o esquecido Godofredo Rangel de *Vida ociosa* (1920), transitam pelo espaço literário que vai da morte de Machado de Assis, em 1908, até a publicação de *Menino de engenho*, de José Lins do Rego, em 1932, este, cronológica e esteticamente, o primeiro e fulgente marco da renovação literária que deflagrou a modernidade do nosso romance[83].

Graciliano encontrava-se muito distante dos manifestos modernistas paulista e carioca no período em que se dedicava à redação d'*O Índio* em 1922. E os textos escritos nesse período não dão indícios de que tivera notícias da Semana de 22. No mais, vale observar que, na entrevista concedida a Osório Nunes na revista *Dom Casmurro*, em 1942, Graciliano afirma que, quando do movimento em 1922, estava atrás do balcão da loja de seu pai em Palmeira dos Índios, lia tudo e apenas aplaudiu[84].

81 Dênis de Moraes, *op. cit.*, p. 45.

82 Graciliano Ramos, *Cartas, op. cit.*, p. 84.

83 Lêdo Ivo, "Um estranho no ninho: a propósito do cinquentenário de *Caetés* de Graciliano Ramos", *Revista Colóquio Letras*, n. 77, Lisboa, 1984, p. 37.

E não se deve iludir com o tema de *Caetés* – aparentemente romance histórico sobre a captura do bispo Pero Vaz Sardinha, em 1556, submetido ao ritual da antropofagia –, que poderia facilmente sugerir uma correlação com as propostas do movimento lançado por Oswald de Andrade, como propõe José Aderaldo Castello:

> [...] pretendendo delinear traços do característico nacional, Graciliano Ramos participava voluntária ou involuntariamente de um momento de investigação generalizada de nossa identidade nacional. É a "brasilidade" propugnada por escritores dos anos [19]20, embora ele mesmo não se reconhecesse como um seguidor, teórico ou não, dos modernistas[85].

De fato, participava, em sentido amplo, voluntariamente dessa pretensão de delinear os traços característicos do nacional. Mas o tema é de origem romântica, como é sabido, do século XIX e, numa via de crítica ao nacionalismo ingênuo, torna-se assunto recorrente no início do século XX, a partir da releitura de cronistas do Descobrimento, como Gabriel Soares de Souza – *Tratado descritivo do Brasil* (1597) – e Jean de Léry – *Viagem à terra do Brasil* (1578), entre outros, que o próprio jovem Graciliano cita na entrevista de 1910 quando responde à pergunta sobre qual teria sido o primeiro autor lido: "[...] a primeira obra que li foi *O guarani*, de José de Alencar".

Diz que à época tinha dez anos e que naquele momento não compreendia que os sentimentos de Peri eram impossíveis, caracterizando os indígenas como "[...] desconfiados e lúbricos, segundo a opinião de Southey, Léry etc. 'São muito afeiçoados ao pecado nefando', afirma Gabriel Soares"[86]. Os mesmos autores são mencionados, por exemplo, no romance de Lima Barreto, de 1915, *Triste fim de Policarpo Quaresma*: figuram na estante de Quaresma e são fontes de sua ambição de uma nação destinada à grandeza e à emancipação. O contraste entre Quaresma e Valério inclusive apresenta-se pela aplicação com que cada um se propõe ao exame desses fatos históricos. Enquanto o primeiro dispõe de uma biblioteca toda organizada por seu interesse das questões brasileiras, Valério confessa: "fabricar um romance histórico sem conhecer história", indo enfim consultar padre Atanásio:

---

84 Graciliano Ramos, *Conversas, op. cit.*, p. 134.

85 José Aderaldo Castello, "Lusos e *Caetés*", *Revista do Instituto de Estudos Brasileiros*, n. 35, São Paulo: IEB, 1993, p. 42.

86 Graciliano Ramos, *Conversas, op. cit.*, p. 52.

72

— Ó padre Atanásio, diga-me cá. O senhor conhece Cururipe da Praia?

— Conheço. É uma boa cidade. Muito sal, muito coqueiro. E então o povo... Você tem algum negócio em Cururipe da Praia?

— Não, é outra coisa, a novela que estou escrevendo, o romance dos índios. Preciso dos baixios de d. Rodrigo. O senhor conhece os baixios de d. Rodrigo?

— Não, onde fica isso?

— Era o que eu queria saber. Fica por essas bandas, em Cururipe, em São Miguel, não sei onde. O senhor nunca ouviu falar? Vem na história. Cururipe... Julgo que foi em Cururipe que mataram o bispo.

Padre Atanásio soltou a agulha, assombrado, e esbugalhou os olhos:

— O Bispo? Que Bispo?

— O Sardinha, padre Atanásio. Aquele dos caetés, um sujeito célebre. O d. Pêro. Vem nos livros.

O diretor da Semana retomou a agulha, a linha e o botão:

— Ah! sim! Pensei que fosse o d. Jonas. Ou o d. Santino. Que susto! O d. Pêro! Nem me lembrava[87].

A questão da origem nacional e da emancipação cultural e política no início do século XX não é local. Em *A ilustre casa de Ramires*, de Eça de Queiroz, publicada em 1900, o autor associa a atração pelas aventuras além-mar e toda a trajetória do protagonista às origens históricas de Portugal. Contudo, o romancista português aplica ao sentido de volta ao passado valor de retrocesso: abdicaria Ramires, figuração nacionalista, da posição privilegiada europeia para ser explorador de recursos primários, deixando o mundo desenvolvido, abandonando a Europa para lançar-se a uma aventura na África (alusão ao que sucedera a dom Sebastião como um movimento de suicídio). *A ilustre casa* é, nesse sentido, crítica ao nacionalismo ingênuo dos que procuram um motivo glorioso no passado para dar sentido a um presente caracterizado por tendências decadentes.

O mesmo se dá em *Caetés*. O efeito irônico é explorado pela associação da suposta origem nacional brasileira aos atrasos, à decadência e às ambições econômicas da burguesia retratadas na trajetória do

87 Graciliano Ramos, *Caetés, op. cit.*, p. 38; p. 62-3.

protagonista João Valério. O romance é crítico à falta de preparo da elite palmeirense, ligado a uma reivindicação de política pública de educação, a saber, de preparo da classe rica para dirigir o pobre alfabetizando-o. O mérito do romance é não permitir a trajetória de Valério escapar do efeito irônico: o romance associa os percalços da busca com as características étnicas que, naquele momento, eram tidas como traço de brasilidade, negativas do ponto de vista evolucionista, especificamente as dos indígenas, considerados gérmen nacional.

O romance mostra o herói justificando seus defeitos – "ser um animal lúbrico", vagabundear, lançar-se obstinadamente a uma tarefa e abandoná-la sem explicação, sujeito a diversas intempéries do humor etc. – como se fossem características de toda a nação, observando a população de Palmeira dos Índios como microcosmo de um comportamento mais amplo. O ponto de vista do leitor permite vê-lo dissimulado: sua falta de caráter do ponto de vista moral se escancara no momento em que, "[...] morto aquele a quem interessava derrotar pela juventude, [...] já não faz mais sentido a conquista [de Luísa], assim como não fazia mais sentido a literatura [interesse pela origem nacional] depois da elevação econômica e social"[88]. A literatura para ele tem função de legitimar ou esconder sua decadência moral.

No que tange a alguma inovação, ver-se-á mais adiante, Valério resulta em parte da leitura de Graciliano, à época, das teorias do filósofo positivista italiano Cesare Lombroso, fundador da antropologia criminal, bem como da escola positivista de direito penal. Embora o conto "O ladrão", de 1915, pudesse indicar já naquele momento sua obstinada busca pela origem da criminalidade e dos fundamentos da psicologia dos delinquentes, vai ser durante meados de 1920 que tomará contato com a obra do criminologista italiano.

O personagem João Valério se encaixa exatamente na noção de "demente moral" teorizada por Lombroso, caracterizado pela insensibilidade em termos atávicos, juntamente com outro personagem, o doutor Castro. Conforme o autor italiano, "Uma das razões pela qual tantos são levados a acreditar que esteja intacta a inteligência do demente moral é porque todos são astutos, habilíssimos nas práticas dos delitos e na justificativa deles"[89]. Em *Caetés*, veremos mais adiante, há um triângulo de relações que, de um lado, opõe João Valério a doutor Castro, promotor público, tendo como ponto de divergência Manuel Tavares, matador de aluguel absolvido com ajuda do advogado. Manuel Tavares é o único criminoso do romance que

---

88 Luís Bueno, *Uma história do romance de 30, op. cit.*, p. 604-5.

89 Cesare Lombroso, *O homem delinquente*, São Paulo: Ícone, 2016, p. 206.

"suja as mãos" com o crime, sendo "delinquentes" os que o ajudam na prática do delito. A tese do crime da sociedade está nessa relação.

Evidentemente há inúmeras falhas nas ideias positivistas. Mas não se pode ignorar o enorme grau de penetração da filosofia na mentalidade da época. Em alguns casos, foi até responsável por algum tipo de melhoria em determinados setores da sociedade: "É conhecida a íntima conexão de Rondon com a Igreja positivista à qual se manteve sempre fiel, e que o inspirou no seu trabalho junto ao Serviço de Proteção aos Índios"[90].

No caso de Graciliano Ramos, por exemplo, a aversão à violência contra a criança mencionada por seu simulacro J. Calisto encontra alguma relação nas teses de Lombroso. Para este, a criminalidade é desenvolvida nos indivíduos a partir dos estímulos violentos do meio. A questão do inatismo do criminoso decorre de uma espécie de dispositivo que o teórico conceitua como insensibilidade, atingindo o indivíduo em termos de desenvolvimento cognitivo e que chegaria a produzir a analgesia fisiologicamente. Assim, submetida a um castigo físico, da analgesia à dor adviria a insensibilidade moral. Esta não permitiria, portanto, o desenvolvimento da ética, já que a compreensão dos valores ocorreria, segundo o pensador italiano, pela capacidade de sensibilidade, deduzida pelo mal-estar produzido pela dor alheia. Da insensibilidade à própria dor adviria a delinquência e, em vez de sentimentos, o indivíduo desenvolveria o senso a partir de determinadas paixões.

Conforme essa teoria, o delinquente moral assimila os valores substituindo a sensibilidade pela paixão, o que o torna cínico, propenso à criminalidade. Nesse caso, os castigos, em vez de corrigirem a tendência criminosa, estimulam a criminalidade. A crítica evidente à teoria é sua exclusão do livre-arbítrio e inclusão do determinismo irreversível da hereditariedade, ou o atavismo, o que levou, no Brasil, sob as influências dessas ideias, à criação das colônias correcionais do menor infrator, origem da Funabem, da Febem e, atualmente, da Casa do Menor.

Valério, nesse sentido, teria sido estimulado pela ambição de possuir as heranças alheias exatamente quando ficou órfão e uma parente vendeu a propriedade de seu pai e não lhe deixou nada, sendo ele depois acolhido pela família de Adrião Teixeira e considerado filho:

> Que estupidez capacitar-me de que a construção de um livro era empreitada para mim! Iniciei a coisa depois que fiquei órfão, quando

---

90 Alfredo Bosi, "O positivismo no Brasil: uma ideologia de longa duração", em: Leyla Perrone-Moisés (org.), *Do positivismo à desconstrução*: ideias francesas na América, São Paulo: Edusp, 2004, p. 28.

a Felícia me levou o dinheiro da herança, precisei vender a casa, vender o gado, e Adrião me empregou no escritório como guarda-livros. Folha hoje, folha amanhã, largos intervalos de embrutecimento e preguiça – um capítulo desde aquele tempo. [...] Nada. Paciência. Quem esperou cinco anos pode esperar mais um dia. Atirei os papéis na gaveta[91].

Sua insensibilidade e frieza, ao tomar posse da firma de Adrião após o suicídio, sem remorsos e sem se sentir ingrato, enquadra-o exatamente no tipo de "demente moral", diferente de Paulo Honório, "delinquente nato" e que, ao efetivar o delito, enquadra-se na categoria de "criminoso". A tese da insensibilidade é descartada em *Angústia*, como se verá, à medida que tal princípio foi apropriado pelos defensores do racismo nos anos 1930. Assim, aquelas distinções dos indígenas (marcados pela paixão em detrimento da sensibilidade) encontradas na entrevista de 1910 aparecem também em *Caetés*, no início do romance, quando Valério dá dois beijos na nuca de Luísa, que irrompe em pranto e o manda embora. Vê-se de imediato que suas justificativas para o ato é dizer de si mesmo o que o jovem Graciliano, segundo suas leituras de Gabriel Soares e Léry, diz na pesquisa a respeito dos indígenas: "Como fiz aquilo? Deus do céu! Lançar em tamanha perturbação uma criaturinha delicada e sensível! Tive raiva de mim mesmo. *Animal estúpido e lúbrico*"[92].

No fim do romance, vê em toda a sua trajetória a razão de sua tibieza: "O hábito de vagabundear [...] Que semelhança não haverá entre mim e eles! Por que procurei os brutos de 1556 para personagens da novela que nunca pude acabar? [...] Um caeté"[93]. E não só ele. Toda Palmeira dos Índios é caeté como ele, atribuindo aos indígenas (que não existem no romance) o que seriam exclusivamente seus hábitos.

Ora, a tese do romance não é uma busca pela unidade nacional conforme uma tradição etnolinguística, caso dos modernistas, nem a invenção de uma tradição, caso de românticos, mas sim a de evidenciar os interesses mesquinhos dessa literatice defendida por uma tipificação moral do autor "não sincero" como criminoso. Também o filósofo italiano classifica entre os dementes morais grandes mestres da literatura, já que o crime, ele acreditava, não estava condicionado à estrutura social ou econômica das sociedades, mas sim à hereditariedade, isto é, à sua origem doentia. Diz:

---

91 Graciliano Ramos, *Caetés, op. cit.,* p. 38-9.

92 *Ibidem*, p. 25-6 (grifo meu).

93 *Ibidem*, p. 238-9.

Em muitos destes as paixões, prevalecendo bem mais, porque entram entre os mais potentes fatores da inspiração, são menos freadas pelos critérios de verdade e pelas severas deduções lógicas. Devemos incluir entre os delinquentes Bonfadio, Rousseau, Aretino, Ceresa, Fóscolo e talvez Byron[94].

Portanto, não é um romance sequer "pré-modernista", como poderia sugerir o tema. Apesar de responder a muito do que diz o jovem Graciliano na pesquisa, apresenta uma perspectiva pessimista quanto ao suposto progresso do Brasil. Romance realista-naturalista do início do século XX, *Caetés* é crítico dos valores nacionais da tradição romântica que legitimaria uma elite despreparada para tratar dos assuntos do Brasil, uma elite caeté em que predominaria a *insensibilidade*. Muito diferente do otimismo com que Mário de Andrade trabalha *Macunaíma*, o herói sem nenhum caráter, a falta de caráter de Valério não apresenta em hipótese alguma um ponto de vista louvável: tudo se dissimula quando morre Adrião, e ele passa a ocupar o lugar do patrão. O aparente amor por Luísa de repente desaparece, fruto da origem caeté que lhe emprestou características de uma espécie *estúpida* e *lúbrica*, incapaz de apresentar traços da fidelidade como os que Alencar atribui a seu herói. Lembre-se de que Graciliano caracterizou Peri como "estrangeiro", considerando apenas a poesia indianista digna da tradição nacional. Assim, Valério seria o herói nacional que se coletivizava pelo traço da insensibilidade predominante na sociedade palmeirense. Um romance nada animador exatamente por sua "brasilidade", sua falta de educação e sua preguiça. Mais ou menos, corresponde ao que R. O. atribui à falta de interesse do povo pelas coisas da Europa. É um romance da década de 1920.

Isso não significa, entretanto, que ele não obteve êxito. O romance impressiona pelo fato de Graciliano, fazendo girar em torno do protagonista uma enorme constelação de estereótipos, ter dado a ele a capacidade de significar-se pela dinâmica dialógica: "Nessas páginas horríveis, onde nada se aproveita, um fato me surpreendeu: as personagens começaram a falar. Até então as minhas infelizes criaturas, abandonadas, incompletas, tinham sido quase mudas [...]"[95].

Sabe-se que as inclinações de Graciliano Ramos pela literatura se dão muito cedo, na passagem da infância à adolescência, no início do século XX. Escreve poemas. E essa participação inicial na vida literária afasta qualquer hipótese de uma produção modesta quando se sabe que

94 Cesare Lombroso, *op. cit.*, p. 148-9.
95 Graciliano Ramos, *Linhas tortas*, *op. cit.*, p. 195.

foram 41 sonetos[96] publicados só em *O Malho*, revista carioca fundada em 1902 com colaboração, entre os mais renomados poetas do período, de Olavo Bilac e Guimarães Passos. Não surpreende o *Jornal de Alagoas* tê-lo incluído na entrevista realizada em 1910 acerca da arte e da literatura alagoanas. Isso ajuda a explicar como Graciliano fora capaz de construções alegóricas em seus romances, como a metaforização, em *Caetés*, de Palmeira dos Índios como tabuleiro de xadrez ou, em *São Bernardo*, a metaforização dos conflitos entre a Igreja católica, entre 1931 e 1934, e o anticlericalismo, pela construção alegórica do "pio da coruja na torre da igreja".

Na entrevista, à pergunta "Para que ramo da beletrística [...] propende seu espírito?", o autor responde "à prosa", mas também "os versos verdadeiramente artísticos de Olavo Bilac, Alberto de Oliveira, Guimarães Passos [...]"[97]. E à pergunta "Há uma arte nacional no Brasil?", responde "a poesia", com ressalva de que a poesia aqui praticada deve-se restringir àquela livre de influências estrangeiras: "Penso que não é verdadeiramente indígena uma escola que sofre *influências exteriores*. Assim, considero *nacional* a poesia indianista"[98]. Entenda-se, portanto, que o jovem poeta não considera nacional a produção que aqui se constitui como Arcadismo, protótipo da ideia romântica do "bom selvagem". Atente-se sobretudo ao idealismo do poeta quanto à nacionalidade literária brasileira como continuidade do romantismo. Quanto ao realismo, que para alguns críticos seria o mesmo dos anos 1930, geralmente, as referências principais do autor são Aluísio Azevedo e Eça de Queiroz. A escola do futuro será a que "for mais sincera", segundo o jovem Graciliano, e não a realista (tomada como "neorrealista nas leituras", em suma, antifascista).

Há motivos para dizer que o autor teria inicialmente uma concepção parnasiana de arte, nacionalista, naturalista, positivista, indianista, antirromântica, conservadora, pessimista (no sentido de origem étnico-nacionalista) etc. É desnecessário afastar dos olhos suas citações em língua francesa, muito em voga na *Belle Époque*, tampouco seus argumentos evolucionistas para refutar o suposto atraso do Brasil em relação às nações desenvolvidas: "Não estamos *de cócoras*, andamos já de pé e devemos ir a caminho do futuro sem desfalecimentos nem covardias"[99]. Veem-se, assim, em *Caetés*, na composição da "consciência de Valério", aqueles traços negativos do brasileiro introduzidos pelo positivismo

---

96 Thiago Mio Salla, *Graciliano Ramos e a cultura política, op. cit.*, p. 70.

97 Graciliano Ramos, *Conversas, op. cit.*, p. 52.

98 *Ibidem*, p. 54 (grifos meus).

99 *Ibidem*, p. 56.

lombrosiano, comtiano e tainiano: "[...] a indolência, a labilidade nervosa, a exaltação súbita mas efêmera, presentes, segundo ele [Capistrano de Abreu], nos vários momentos da nossa poesia"[100]. Alfredo Bosi identifica tais traços como clichês, disseminados aqui pela teoria da literatura nacional de Capistrano de Abreu:

> [...] o nosso erudito cearense introjetava, sem o perceber, uma série de clichês em relação aos homens dos trópicos que o colonialismo europeu disseminara na cultura ocidental, invertendo o mito do bom selvagem, outrora caro e útil aos pré-românticos na luta contra as hierarquias do *Ancien Régime*. Essa visão negativa do homem tropical [...] passava por *científica* e *realista* e permaneceu na abordagem do caráter brasileiro até o quartel de entrada do século XX, transmitindo-se quase incólume nas obras de Sílvio Romero, José Veríssimo, Nina Rodrigues, Euclides da Cunha, Oliveira Viana e Paulo Prado.[101]

Esse seria, portanto, o "realismo" concebido por Graciliano Ramos nas décadas de 1910-1920. E principalmente deve-se considerar haver naquele período o que aqui se designará como "pacto social colonialista da literatura brasileira", eurocêntrico, cujo fim era tornar latino-americanos, orientais, africanos e asiáticos existências inadequadas segundo os princípios civilizatórios desse pacto.

Toda a América Latina esteve nesse período envolvida por teorias e correntes ideológicas importadas que jamais se adequaram às condições materiais dos países latinos: "*Para que esta América pudiese incorporarse al mundo de la civilización tendría que hacer, antes que nada, su propia amputación. Amputación de la propia identidad, esto es, renunciar a una parte de si misma para afirmar otra*"[102]. Ou seja: renunciar àquela que Valério, civilizado, branco de olhos azuis, atribui aos indígenas como defeito moral, civilizando-se. O advento da República brasileira e os resultados nefastos do programa positivista adotado por ela não foram um problema exclusivo do Brasil, mas em todas as repúblicas latinas. O filósofo mexicano Leopoldo Zea diz a esse respeito que

> Al terminar el siglo XIX, en América Latina y con ella México, se va tomando consciencia del equívoco papel del reformismo liberal

---

100 Alfredo Bosi, *História concisa da literatura brasileira*, São Paulo: Cultrix, 2015, p. 263.

101 *Ibidem.*

102 Leopoldo Zea, *Fin de milenio*: emergencia de los marginados, México: Fondo de Cultura Económica, 2000, p. 75.

y positivista que trató de cambiar la ineludible y propia identidad que la historia había forjado para adoptar artificialmente otra que le era ajena histórica y culturalmente. [...] En México la educación positivista no había dado origen a un orden social y político capaz de hacerle participar activamente en la ineludible marcha del progreso. [...] La libertad dentro del orden y para el progreso sólo había originado dictaduras y oligarquías que se seguían manteniendo formas de explotación que poco se distinguían de las impuestas por el colonialismo ibero sobre esta América[103].

Esse fato foi muito bem observado por José Veríssimo em fins de 1910 também, embora não ataque a filosofia positivista diretamente, quando diz que o historiador do futuro, abordando a República, não "descobrirá senão a baixa disputa das ambições", e que, "dada a constituição das oligarquias políticas, verdadeiras tiranias no sentido clássico, [...] nada me parece mais legítimo do que esses levantes dos oprimidos"[104], referindo-se às revoltas populares que marcaram o período e que eram caracterizadas como "vandalismos". Aliás, por um momento,

De uma afirmação inicial de apatia, de inexistência de povo, passa-se então para outra, que afirma a presença de elementos da população politicamente ativos, mas que não se enquadram no conceito de povo que os observadores tinham em vista. Não eram cidadão. Era a "mob" ou "dregs" ("escória") para o representante inglês; a "foule" para o francês; a "canalha", a "escuma social" para o português, quando não eram bandos de negros e mestiços[105].

É sempre importante ter em mente o conceito de povo ou cidadania nessa época: "[...] não incluía os direitos políticos, assim como não aceitava os partidos e a própria democracia representativa". Portanto, continua Carvalho, "os direitos sociais não poderiam ser conquistados pela pressão dos interessados, mas deveriam ser concedidos paternalisticamente pelos governantes"[106]. Ainda merece destaque aqui que a pretensão da Revolução de 1930 era trazer a população para a tomada de decisões, o que vai, por fim, configurar a razão de se instaurar o Estado

---

103 *Ibidem*, p. 81.
104 José Veríssimo, *Últimos estudos de Literatura Brasileira*: 7ª série, Belo Horizonte: Itatiaia; São Paulo: Edusp, 1979, p. 247.
105 José Murilo de Carvalho, *Os bestializados, op. cit.*, p. 72.
106 *Ibidem*, p. 54.

Novo, repressivo, autoritário, violento, acabando por resgatar os mesmos princípios do Positivismo caracterizados pelo "paternalismo" da República, frustrando a euforia democratizante daquela geração. Sobretudo, o Estado Novo representa a sistematização "legal" do poder de exercer as mesmas violências que se observaram na República:

> [...] é também consenso na historiografia contemporânea brasileira identificar a persistência de práticas políticas autoritárias na primeira República (1889-1930) e que estas sofreram poucas transformações após a Revolução de 1930. Abandona-se assim a ideia de uma "ruptura" na história que demarcaria o "antes" e o "depois"[107].

Ainda no fim do século XIX, o filósofo político e poeta cubano José Martí denunciava as distorções causadas pela importação da filosofia liberal positivista, cujo propósito era, impondo o modelo europeu de civilização às nações não europeias, produzir nelas a sensação de inadequação e atraso: "Não há batalha entre a civilização e a barbárie, mas sim entre a falsa erudição e a natureza"[108]. Lima Barreto, ao despertar para o retrocesso da filosofia positivista, teria dito que "o fardo do homem branco é surrar os negros a fim de que trabalhem para ele", explicitando o sentido racista do poema "O fardo do homem branco" de Rudyard Kipling publicado em 1899.

Esses são os motivos de *Caetés* obedecer mais aos parâmetros do que pensa o autor nos anos iniciais – considerando nacional a produção cujo núcleo tinha como fundamento o evolucionismo cientificista-positivista, o privilégio do ponto de vista de cima para baixo na caracterização da sociedade de modo geral e o indianismo sem ilusões e intromissões estrangeiras, no sentido etno-histórico, antropológico, sociológico, político, evolucionista, que considerava a miscigenação fator de atraso. Observe-se, porém, que em *Caetés* ele aborda esses aspectos por um juízo crítico, pautado pela ironia, mas não deixa de reproduzi-los na construção da obra. Marta Maria Chagas de Carvalho, tratando especificamente do debate do papel da educação nesse período, lembra que

> [...] a figura de um brasileiro doente e indolente, apático e degenerado, perdido na imensidão do território nacional [...] representa, alegoricamente, a realidade lastimada. [...] Tratava-se de introduzir, mediado pela ação de "elites esclarecidas" pela campanha educacional, um novo tipo de fator determinante no que é pensado como

107 Álvaro Gonçalves Antunes Andreucci, *op. cit.*, p. 95.
108 José Martí, *Nossa América*, São Paulo: Hucitec, 1991, p. 196.

processo necessário de constituição do "povo" brasileiro: a educação. [...] Referidas às populações brasileiras, imagens da doença e do vício operam sua desqualificação: não se trata de atribuir-lhes qualidades negativas – "povo sem saúde e sem virtude" – mas de negar-lhes a existência[109].

Esses aspectos serão aprofundados na análise de *Caetés* e nas crônicas publicadas em *O Índio*, sobretudo a partir do debate em torno da proposta de Evaristo Barroca, de "esclarecimento das massas, governadas por uma elite de gênio", a que Adrião responde com sarcasmo: "O roceiro que soletra tem vergonha de pegar na enxada". Ou, conforme o pseudônimo X, "O grave mal que ameaça derruir a moral do povo: o analfabetismo. A ignorância arrasta, a passos gigantescos, a multidão sertaneja ao abismo tenebroso do crime"[110].

Mais à frente trataremos os fatores que modificam o entendimento de Graciliano ou os aspectos que ainda teriam permanecido durante um tempo. Não há necessidade de salvaguardar o autor de juízos e valores negativos próprios de um período inteiro. Seria uma tentativa canhestra, pois a sua própria história e a sua importância para os estudos culturais já o elevaram a um patamar literário e artístico irretocável. Mas, como qualquer humano de seu tempo, passou por transformações, reconhecendo acertos e suprimindo os enganos.

Assim entendido, será com base na noção de *contradição* com esse período inicial que se definirá na história literária Graciliano Ramos, ligado a um projeto literário distinto daquele fundado sobre as bases turbulentas do início do século XX, podendo-se compreender melhor e aprofundar a investigação de *Caetés* enquanto expressão artística que nada deve às obras de maior interesse do autor. Diz Graciliano: "Publiquei-o oito anos depois de escrito", isto é, escreveu-o por volta de 1924 ou 1925; e, passados esses oito anos de sua escrita, por volta de 1931, inicia *São Bernardo*. E é marcante o que diz de seu segundo romance: "Talvez fosse útil afirmar que escritores importantes, naturalmente estrangeiros, me haviam induzido a fabricar a novela. Seria mentira: as minhas leituras insuficientes *iam deixando o século passado*"[111].

---

109 Marta Maria Chagas de Carvalho, *Molde nacional e fôrma cívica*, op. cit., p. 141-7.

110 Graciliano Ramos, *Garranchos*, op. cit., p. 65.

111 *Idem, Linhas tortas*, op. cit., p. 195 (grifo meu).

A CONVENÇÃO LITERÁRIA
E A NARRATIVA HISTÓRICA

> – Não tenho nenhuma prevenção contra você – disse o sacerdote.
>
> – Eu lhe agradeço – disse K. – Mas todos que participam do processo têm prevenção contra mim. Transmitem-na até àqueles que não participam dele. Minha situação fica cada vez mais difícil.
>
> – Você se equivoca quanto aos fatos – disse o sacerdote. – A sentença não vem de uma vez, é o processo que se converte aos poucos em veredicto.
>
> (FRANZ KAFKA, *O processo*)

Para compreender em Graciliano Ramos as contradições dos projetos literários que a perspectiva atual proporciona, devem-se abordar inicialmente certas problemáticas ligadas ao romance moderno:

> O romance de hoje, adaptando-se às condições de nossa vida e ao caos moderno, questiona a nossa posição perante a realidade, e a maneira como se realiza o processo criador vem a ser mais importante do que a realidade visível [...][112].

Muito embora, na obra de Graciliano, o efeito estético realista da ficção não se enfraqueça, vê-se constantemente que, nela, o ponto de observação, segundo a elaboração do foco narrativo, é sempre posto em um jogo de contínua desconfiança com a exposição do modo *como* a convenção literária se dá efetivamente em termos de modelo de representação. Assim, é a função representativa do imaginário histórico que é posta em questão. A realidade passa a apresentar o caráter aparente da suposição, duvidosa antes mesmo da sua concretização na escrita ficcional, o que leva o escritor à elaboração estratégica dos sentidos superpostos da

---

112 Erwin Theodor Rosenthal, *O universo fragmentário*, São Paulo: Edusp, 1975, p. 70.

objetividade, da articulação literária e da introspecção dos personagens. Seu processo narrativo põe em cena a memória, o momento enunciativo e a escrita em uma cadeia de eventos simétricos e contraditórios.

São Bernardo é o romance mais característico desse processo, por se tratar de uma representação verossímil do processo de escrita de um romance (*São Bernardo* da memória do narrador, e não a escrita em si de Paulo Honório, em simetria oposta ao romance *São Bernardo*). O processo é repetido em *Angústia*, atenuado pela intencionalidade de um narrador-escritor que de fato escreve, tingindo-o nas análises de um caráter surreal através das metáforas que a consciência de Luís da Silva objetiva. Quanto a *São Bernardo*, as análises tradicionais têm, de modo geral, insistido na ideia de que o protagonista escreve literalmente o romance, não percebendo no limiar do processo de composição da obra a figuração do imaginário do narrador-personagem em relação a *como* deveria escrever, deslocando a atenção do leitor do *fato* da escrita para *as múltiplas possibilidades de elaboração escrita do fato* a fim de que o discurso adquira plausibilidade.

As dúvidas de Paulo Honório se apresentam entre a unidade dos acontecimentos e as possibilidades de escrita dos fatos memorialísticos. Já para Luís da Silva, haveria uma só possibilidade de escrita para múltiplas dimensões da memória, que ele sabe terem caráter literário mesclado a fragmentos da experiência vivida: "A minha linguagem é baixa, acanalhada. Às vezes sapeco palavrões obscenos. *Não os adoto escrevendo* por falta de hábito e porque os jornais não os publicariam, mas é a *minha maneira ordinária de falar* quando não estou na presença de chefes"[113].

O mesmo ocorre em *São Bernardo*. Embora Paulo Honório diga que excluiu das lembranças a paisagem, assim como Luís da Silva nega escrever palavrões, o procedimento de negação se dá pela presença da paisagem. Ora, tanto em um como em outro romance, a questão não é a quem se devem atribuir "os palavrões obscenos" ou "a paisagem descrita", mas sim a que se deve a contradição. Ela lança o leitor no terreno da compreensão de duas estruturas de discurso simetricamente opostas: a do narrador é inversa à do romancista. Assim, a enunciação de Luís da Silva (como a de Paulo Honório) se torna enunciado de uma outra enunciação, o que a semiótica conceitua de *enunciação-enunciada*.

Sabedor do processo que dissimula as conexões (articulações convencionais, como a metáfora ou a alegoria) entre a ficção e a verdade

---

113 Graciliano Ramos, *Angústia*, Rio de Janeiro: *O Globo*; São Paulo: *Folha de S.Paulo*, 2003, p. 46 (grifos meus).

numa sociedade cuja tradição oral se impõe à tradição letrada, Graciliano opta pelas formas do *dizer* enquanto juízo verdadeiro, para o público, em detrimento *do fato* do qual se diz algo, o que o torna verossímil, segundo o vínculo social de uma tradição, para produzir as contradições entre o que é dito e o que é visto. Assim, são as intencionalidades da narrativa histórica tradicional e a função da representatividade da consciência histórica como poética que, na correlação dos níveis enunciativos, permitem ao leitor questionar as operações que convertem o "ter sido" puro dos eventos na dúvida "poderia ser de outro modo" se *escrito* de outro modo, relativizando a realidade pelos ângulos e graus da construção poética que, como lentes próprias à observação de determinado objeto, se torna objeto questionável, mas que não pode ser corrigido.

Portanto, quando Graciliano questiona, por meio da ficção, as operações de escrita que já trazem em si um significado à mercê "do que foi visto", do "ter sido", não só tendências, práticas ou escolas literárias são postas em dúvida, mas também aquelas destinadas a dar conta dos eventos que cobrem a vida política, cultural, filosófica, ideológica e econômica de uma sociedade, já que também o historiador, por sua vez, recorre ao mesmo sistema de representações.

> Ora, esses empréstimos que a história faz da literatura não poderiam ser confinados ao plano da composição, ou seja, ao momento de configuração. O empréstimo concerne também à função representativa da imaginação histórica: aprendemos a ver *como* trágico, *como* cômico etc. determinado encadeamento de eventos[114].

Esse processo, posto em dúvida na obra do autor alagoano, traz para o interior da ficção, problematizando-o, o empréstimo das intencionalidades da narrativa histórica, documental, como método de compreensão da realidade. Daí o contrário também exercer o mesmo efeito: o empréstimo de artifícios literários por um historiador que procurasse nas técnicas de representação literária de Graciliano um recurso narrativo realista comprometeria a história e a tornaria empreendimento de um verdadeiro desastre. Pois, tanto nos romances modernos do autor (não incluindo *Caetés* nessa perspectiva) quanto em alguns contos, Graciliano pontua as narrativas com um questionamento metaliterário sempre que o problema de indefinição no mundo das trocas simbólicas, sociais e culturais aparece no enredar dos fatos (encadeamento dos eventos nar-

---

114 Paul Ricoeur, *Tempo e narrativa*: o tempo narrado, v. 3, São Paulo: WMF Martins Fontes, 2010, p. 318.

rativos), rompendo completamente o feitiço da verdade para o leitor. Foi talvez por esse motivo que em 1934 Agrippino Grieco caracterizou seu método da seguinte maneira:

> Quase se chega a concluir que no sr. Graciliano Ramos, acima de um ficcionista, há um grande ensaísta, um grande intelectual, antes destinado a criticar os criadores que a criar por conta própria. Seu tinteiro aparece sempre, sua caixa de títeres está muito à mostra[115].

Essa percepção aproxima-se atualmente do que Hermenegildo Bastos identifica como "[...] um caso raro entre nós de escritor cuja literatura é crítica da realidade e, ao mesmo tempo, da própria literatura", visto que "A literatura como instituição é parte do mundo questionado"; assim seu objetivo é "[...] evitar que o leitor veja as suas obras como 'criações imaginárias', neutralizadas pela instituição literária"[116]. Pois é notável nos romances que os efeitos inovadores da construção revelem a convenção pelo diálogo aparentemente despretensioso do narrador a respeito de sua fraqueza diante do real ou da escrita. Quando, por exemplo, Gondim se propõe a convencer Madalena, em *São Bernardo*, a assumir a direção da escola da fazenda, sua estratégia de persuasão revela a consciência da professora pela convenção literária: "Arrumo-lhe a paisagem, a poesia do campo, a simplicidade das almas. E se ela não se convencer, sapeco-lhe um bocado de patriotismo por cima"[117]. Gondim aqui não somente se caracteriza como antirromântico pelo seu próprio discurso como, por contraste, revela a professora Madalena pelos traços literários que configuram sua consciência do real, definindo-a segundo o idealismo convencional da poesia arcádica e da romântica do século XIX

Segue-se, por isso, que o autor alagoano tem plena consciência das relações entre imaginário histórico e as convenções literárias como fonte de permutas. Pois esse traço da compreensão da vida no campo da professora Madalena (completamente inadequado, pois o que vai encontrar na fazenda é, antes, a exploração, a fome, a violência, o vício, a falta de higiene etc.) fazia parte do imaginário histórico da época desenvolvido entre os anos 1920-1930 entre os educadores: "A nostalgia romântica da sociedade agrária veiculada nas propostas de ruralização da escola tinha seu contraponto em representações da cidade como reduto da doença e

---

115 Agrippino Grieco, "Um romance", *Diário de Pernambuco*, Recife, 1934, em: Edilson Dias de Moura, *op. cit.*, p. 232.

116 Hermenegildo Bastos, *Memórias do cárcere, op. cit.*, p. 48-9.

117 Graciliano Ramos, *São Bernardo, op. cit.*, p. 86.

do vício"[118]. Note-se, portanto, que a crítica do romance, configurando o mundo da relação do trabalho semiescravo no campo (o visto/testemunhado), recai sobre o modo de representá-lo (o dito) idilicamente na cidade.

Não se tratava apenas de documentar e revelar a verdade, mas também de questionar os sistemas de representação da verdade. Em *Insônia*, por exemplo, o conto "A testemunha" propõe certa problematização do que supostamente seria um acontecimento real, pois se apresenta incompleto, preenchido pela escrita que conteria na origem a ficção jurídica da vida antes de seu emprego na corte ou na arte como ficção, penetrando no que, segundo Ricoeur, está na função representativa da imaginação histórica. Na narrativa moderna de Graciliano, o caráter flutuante do real é observado pelas imperfeições do objeto, compreendido como um vestígio[119] na memória, e não mera deformação expressionista. Quando ausentes objeto e vestígio, opera-se na consciência humana uma verdadeira "alucinação de presença", em que o sonho e o cotidiano se aproximam paradoxalmente – o título da coletânea, *Insônia*, funciona já como um indício de que os contos entremeiam esses limites da linha da consciência do real e do sonho, o que em *Angústia*, inclusive, poria em xeque a existência do crime cometido por Luís da Silva.

É pela ausência de sentidos, de uma simbologia e de um ritual que lhes deem *status* de acontecimentos que os vestígios ou fatos se apresentariam inicialmente a um observador (tome-se "observador" doravante por leitor, pois é intencionalidade da construção, no conto, ocultar o que estaria na base das ficções realistas, pseudo-objetivas). O conto "A testemunha" é uma pequena narrativa de certo crime "não visto" nem pelo narrador nem pelo personagem – portanto o leitor também o desconhece (não há criminoso). Nele, toda orientação do sentido se dá pelos fragmentos do contexto do assassinato (significantes de um sentido lacunar a ser preenchido por uma escrita que passa pela autorização do

---

118 Marta Maria Chagas de Carvalho, *Molde nacional e fôrma cívica*, op. cit., p. 169.

119 "Narrativa, diremos, implica memória, e previsão implica expectativa. Porém, o que é lembrar-se? É ter uma imagem do passado. Como isso é possível? Porque essa imagem é um vestígio deixado pelos acontecimentos que permanece fixado na mente" (Paul Ricoeur, *Tempo e narrativa*: a intriga e a narrativa histórica, op. cit., p. 22). Ou, melhor ainda, para compreender essa concepção de "vestígio", Ricoeur nos remete ao texto de Agostinho: "[...] quando se narram coisas verídicas, mas passadas, é da memória que se tiram, não as próprias coisas, que passaram, mas as palavras concebidas a partir das imagens que elas [as coisas] gravaram no espírito, como vestígios, ao passar pelos sentidos" (Santo Agostinho, *Confissões apud* Paul Ricoeur, *Tempo e narrativa*: a intriga e a narrativa histórica, op. cit., p. 22).

tribunal). E o personagem central, Gouveia, apresenta-se como testemunha desse crime. No momento do assassinato, ele redige um artigo de jornal e é alertado pela esposa de que um homem morreu na vizinhança: "Interrompera o período, alheio à novidade. Como ela repetisse, erguera-se, chegara à janela, *vira* ajuntamento na calçada, um carro e a cabeça do chefe de polícia. [...] no dia seguinte *lera* o crime nos jornais"[120]. Note-se na correlação do verbo "ver" e "ler" a síntese "ver e dito". Pode-se dizer, como o sacerdote d'*O processo*, de Kafka, que a sentença vai se converter aos poucos ao longo do processo em uma condenação.

Intimado a se apresentar ao tribunal como testemunha por algo que ele acredita ter sido "Uma indiscrição no café", estaria ali "à espera da justiça, mastigando frases do depoimento cacete que ia prestar"[121]. A razão, portanto, de sua intimação não é exatamente ter presenciado o crime, mas sim ter cometido uma "indiscrição". Inicialmente, apenas se aborrece ("Mas que diabo tenho eu a ver com isso?"); para, posteriormente, no desenrolar do ritual de julgamento, passar do aborrecimento à desconfiança do que dizer, e não do que viu ou sabia, embaraçado pela expectativa dos membros do tribunal sobre o que deveria responder:

> O que *vira* nos jornais não combinava com as observações da mulher, havia na história incongruências e passagens obscuras. Quebrava a cabeça procurando harmonizar as duas versões; como isso não era possível, resolvera sapecar uma delas. Doeu-lhe a consciência. E o julgamento? [...] Besteira amolar-se, diria meia dúzia de palavras inúteis, o julgamento não ganharia nem perderia nada (p. 112).

Note-se que seu depoimento se baseia na leitura do jornal e nas observações da mulher, dilatando o sentido de "testemunhar" para "o modo de dizer algo", mais importante que "aquilo" de que se fala. O dilema de Gouveia, embora jornalista, é tão familiar ao historiador quanto ao ficcionista cuja premissa se prenda ao realismo tradicional, qual seja: a figuração do fazer "ver como foi visto", cuja característica principal de efeito de verdade são as soluções de continuidade temporal encontradas na tradição poética e na narrativa histórica, um "figurar a coisa" tal como se deu no passado, garantido por padrões, convenções e modelos em circulação no período pela atividade mimética e que asseguram ao leitor determinada perspectiva familiar. Isso se confirma exatamente pelo fato de o conto ter sido escrito em 1936 com base em um inquérito

---

120 Graciliano Ramos, *Insônia*, Rio de Janeiro: Record, (s.d.), p. 111 (grifos meus).

121 *Ibidem*. Doravante indicaremos apenas a página no corpo do texto.

policial-militar de Alagoas, que investigava uma possível sublevação, semelhante à que ocorrera em Natal, *sem ter acontecido*.

Intitulado "Inquérito policial-militar sobre a conspiração de um movimento subversivo no 20º BC", tramitou entre 24 de dezembro de 1935 e foi encerrado em 28 de fevereiro de 1936 por falta de provas. Duas pessoas ligadas diretamente ao autor estavam na mesma situação do personagem Gouveia: Esdras Gueiros, amigo pessoal de Graciliano, e Sebastião Hora, diretor da Escola Normal em Maceió à época e contratado na gestão de Graciliano por meio de concurso público. Com a decisão de arquivamento do inquérito por Alpheu Rosas Martins, juiz do processo, o caso vai parar nos ouvidos das autoridades militares na capital federal. Então, o general Newton Cavalcanti vai pessoalmente a Maceió para "revogar a inocência dos réus" e mandar prender absolutamente todos os envolvidos, incluindo o advogado de defesa – no caso, Nunes Leite – e Graciliano Ramos, que não havia sido arrolado no processo. Por essa razão, a prisão do autor não foi a sublevação em Natal, e sim um inquérito sobre uma sublevação que nunca aconteceu.

Semelhante ao conto, no "processo real" pessoas do seu convívio foram intimadas por "alguma indiscrição". Durante o traslado, após sua prisão em Maceió, Graciliano encontrou Nunes Leite e Sebastião Hora no quartel de Recife, referindo-se a eles em *Memórias do cárcere*, e não só indiretamente no conto "A testemunha". Veja-se: a prisão do advogado se deu pelo simples fato de ter defendido os réus e vencido a causa. Graciliano o vê aos prantos atravessando o pátio do quartel em Recife e imagina sua confusão: "Como admitir o desrespeito a uma sentença? Quebra dos valores mais altos, cataclismo [...]" supunha Graciliano Ramos fossem esses os pensamentos do advogado Nunes Leite ao vê-lo passar em prantos, complementando: "Todos os caminhos fechados. E o infeliz [Nunes Leite] soluçava, no desabamento de sua profissão. Impossível defender o direito de alguém"[122]. Nunes Leite e Sebastião Hora atravessavam o pátio do quartel para dar o seu testemunho sobre uma sublevação que não aconteceu. Graciliano sabia que teria de dar tal depoimento e o imagina na noite anterior, transferindo o visto para como devia portar-se diante de "tais autoridades":

> Na presença de um oficial superior, derrear-me-ia, uma perna bamba, a outra a aguentar o corpo todo, pregaria o cotovelo num peitoril. Envergonhar-me-ia ao notar o desconchavo, encolher-me-ia, largaria sandices comprometedoras. Em horas de perturbação era-me impos-

---

122 Graciliano Ramos, *Memórias do cárcere, op. cit.*, p. 102.

sível dominar a língua: dizia coisas impensadas, às vezes contrárias ao que era preciso dizer. Receava prejudicar alguém. Iria qualquer informação doida transformar-me em delator, levar à cadeia rapazes inofensivos que tencionavam eliminar a burguesia distribuindo às escondidas nos cafés papéis mimeografados?[123]

O conto "A testemunha" baseia-se nesse episódio. E parece ter-lhe ocorrido poucos dias antes de assistir ao advogado atravessar o pátio do quartel para ser talvez interrogado. O próprio Graciliano se preparava para isso ao chegar ao quartel de Recife:

> Como iria comportar-me? Se me dessem tempo suficiente para refletir, ser-me-ia possível juntar ideias, dominar emoções, ter alguma lógica nos atos e nas palavras, exibir a aparência de um sujeito civilizado. Mas na situação nova que me impunham, fervilhavam as surpresas, e diante delas ia decerto confundir-me, disparatar, meter os pés pelas mãos. [...]

> A atenção embotada saltava frequentemente de um assunto para outro, sem conseguir estabelecer a mais simples relação entre eles, e às vezes ficava a doidejar, a rodear pormenores, como peru, tentando decifrar insignificâncias[124].

Vejam-se as semelhanças entre a "A testemunha" e esta passagem de *Memórias do cárcere*. O conto foi publicado pela primeira vez na Argentina, mas escrito em Recife:

> Escrevi a lápis uma carta a minha mulher, renovando o pedido que lhe havia feito de enviar um conto a Buenos Aires. Permitiria o correio, obediente à censura, a exportação dessas letras? Era uma história repisada, com voltas infinitas no mesmo ponto, literatura de peru[125].

---

123 *Ibidem*, p. 68.

124 *Ibidem*, p. 67-9.

125 *Ibidem*, p. 97. "Em junho de 1936, o conto 'A testemunha', prometido por carta a [Benjamín de] Garay, saiu na revista *El Hogar*, de Buenos Aires. Ainda preso, Graciliano escreveu os contos 'O relógio no hospital' e 'Dois dedos', ambos logo enviados para tradução na Argentina, aos cuidados de Garay, que prometia articular na América Latina um movimento pela libertação de Graciliano." Marcelo Ridente, *"Memórias*

Note-se nessa "história repisada, com voltas infinitas no mesmo ponto" o fato de "o ponto" ser exatamente "o processo", sem testemunhas, sem acusação, mas que se converte em sentença aos poucos, afinal o autor acaba cumprindo quase um ano de prisão. O próprio Graciliano supunha já ter acontecido o processo com todos os presos: "Não davam mostras de querer submeter-nos a julgamento. E era possível que já nos tivessem julgado e cumpríssemos pena, sem saber. [...] Possivelmente operava nisso uma cabeça apenas: a do general"[126]. Como contar, nesse sentido, a História senão do ponto de vista da ficção? Motivo de Graciliano, inclusive, dizer na abertura de *Memórias do cárcere* que "Essas coisas verdadeiras podem não ser verossímeis"[127].

Segundo Costa Lima, as representações/figurações constituem o "estoque cultural" de uma época, e "[...] é este estoque prévio que leva à aceitação da obra"; ou "[...] a inserção em um agrupamento social [...] se realiza, de imediato, pelo acesso a uma rede de símbolos. Esta rede funciona como uma atmosfera. A ela chamamos representação"[128]. A narrativa "representa" e é a qualidade da representação que efetiva, pelos efeitos de verossimilhança, o aceitar ou rejeitar um fato ou uma ideia. A partir da década de 1930, esse estoque ou rede de símbolos de que se abastecia a literatura tradicional vai ser examinado pelos romancistas como algo que não estaria isento de preconceitos e distorções já na própria concepção de realidade estabelecida pelo horizonte de expectativas: "Os escritores atuais foram estudar o subúrbio, a fábrica, o engenho, a prisão da roça, o colégio do professor cambembe. Para isso resignaram-se a abandonar o asfalto e o café", e Graciliano conclui dizendo que puseram tudo isso nos seus livros[129]. Essa atividade testemunhal ou de pesquisa de campo apresentada por ele, até certo ponto, seria uma etapa de trabalho do historiador. Mas o que o leva a escrever "A testemunha" em vez de relatar o processo promovido em Maceió que terminara por encarcerar testemunhas, advogados, acusados e mesmo quem nem arrolado nos autos estava? É que também a verossimilhança pressupõe os sistemas de verdade de uma determinada

---

do cárcere: Graciliano Ramos no meio do caminho", em: Sergio Miceli; Jorge Myers (org.), *Retratos latino-americanos*: a recordação letrada de intelectuais e artistas do século XX, São Paulo: Edições Sesc, 2019, p. 456. Cf. também: Pedro Moacir Maia (org.), *Cartas inéditas de Graciliano Ramos a seus tradutores argentinos Benjamín de Garay e Raúl Navarro, op. cit.*, p. 33.

126 *Ibidem*, p. 88.

127 *Ibidem*, p. 36.

128 Luiz Costa Lima, *Mímesis e modernidade, op. cit.*, p. 70 e 87.

129 Graciliano Ramos, *Linhas tortas, op. cit.*, p. 93.

formação histórica. Na vida das sociedades, a todo momento ocorrem eventos que são verdadeiros no sentido de serem eventos que acontecem efetivamente, mas eles não têm representação porque não estão incluídos em regimes de verdade e, por isso, não há discursos semelhantes a eles que possam ser entendidos como discursos verossímeis.

Em "A testemunha", não é à toa a construção de um personagem-escritor, jornalista, imerso em seu ofício durante um acontecimento do qual nada sabia. Gouveia presencia as circunstâncias que apontariam a um criminoso e, decidido por uma das narrativas que lhe parecia mais congruente, é surpreendido pela reação do juiz, da recepção, da opinião pública (o promotor, o advogado, o juiz principalmente), nos primeiros instantes do depoimento, que, pela ausência do fato e de seu agente, dão indícios de que o dilema não estava na simples escolha de uma ou outra fórmula narrativa: "Assustou-se, resolveu bridar a língua. Provavelmente dissera não quando era preciso dizer sim, e por isso lhe avivavam a atenção". Não se sabe qual foi a pergunta, mas da resposta supõe-se que a condenação ou absolvição já estaria decidida pelo estabelecimento de um único ponto de vista.

A previsibilidade do que deveria dizer é dada de antemão pelas perguntas, e a reação do tribunal às respostas indica que a figuração da testemunha pode ser substituída pela de cúmplice ou mesmo de criminoso. Aos vestígios do fato, às observações da mulher e ao que lera no jornal, em sua memória, se impõem os nexos de um sentido que preexistem ao crime e à circunstância em que ele é ou foi cometido. Esse processo estaria na base do que se fixou no imaginário histórico, nos anos 1930, pela coerção e cooptação de intelectuais, fossem reconhecidos ou anônimos, como Gouveia, para a fixação do comportamento criminoso:

> Resgatando a velha tradição inquisitorial, o Deops tinha como procedimento acumular uma miríade de informações sobre pessoas e setores potencialmente "perigosas" para, posteriormente, comprovar os crimes políticos por elas cometidos. Prioritariamente, não se buscava o criminoso a partir do crime cometido, mas o crime por meio do (suposto) criminoso[130].

O objeto que se encontra na mira da perspectiva histórica da escrita literária de Graciliano não é outro senão o arbítrio, no sistema autoritário brasileiro, cuja tradição punitivista foi perpetuada pela cons-

---

130 Eduardo Góes de Castro, *op. cit.*, p. 29.

trução estereotipada da figura do criminoso pela coerção, cooptação, tortura e colaboração passiva na atividade intelectual:

> É importante perceber que o sistema punitivo de uma sociedade, mais acentuado naquelas de governo autoritário, tem na polícia um dos agentes que compõem o sistema penal. Juízes, desembargadores e funcionários desse sistema, entre outros, também atuam no mesmo sistema "penalizante"[131].

É a função representativa do imaginário histórico ou o que se pode chamar também de "representação" que se antepõe aos vestígios ou mesmo ao fato:

> Se o vestígio é um fenômeno mais radical que o do documento ou do arquivo, é, em contraposição, o tratamento dos arquivos e dos documentos que faz do vestígio um operador efetivo do tempo histórico. O caráter imaginário das atividades que medeiam e esquematizam o vestígio se comprova no trabalho de pensamento que acompanha a interpretação de um resto, de um fóssil, de uma ruína, de uma peça de museu, de um monumento: só se lhes atribui valor de vestígio, ou seja, de efeito-signo, figurando o contexto de vida, o ambiente social e cultural, em suma, [...] o mundo que, hoje, falta, por assim dizer, em torno da relíquia[132].

Assim, o testemunho de Gouveia, retificado pela reação da audiência, toma contornos esquemáticos pela autoridade do tribunal estabelecido como operador dos arquivos e documentos: está ele lá apenas para dar "vida" ou figurar os entornos do fato em uma narrativa que vai ser construída pela verossimilhança, e não pela verdade, diferentemente do que se presumia depender o seu testemunho. E o personagem passa a disputar com o advogado a interpretação de fatos não presenciados nem por um nem por outro, o que se vai concretizando em escrita na máquina do escrivão: "Não é precisamente isso, murmurou Gouveia"; "[...] Sabia que tudo era inútil, que as declarações se modificavam, se redigiam em língua desconhecida, mas tinha escorregado e não podia deter-se. Um boneco nas mãos de dr. Pinheiro" (p. 115). Ora, do seu depoimento incompleto, da observação parcial dos fragmentos observados, passa-se a presumir um resultado, convencional para o tribunal, mas perturbador para o prota-

---

131 Álvaro Gonçalves Antunes Andreucci, *op. cit.*, p. 37.
132 Paul Ricoeur, *Tempo e narrativa*: a intriga e a narrativa histórica, *op. cit.*, p. 315-6.

gonista, já que tal tipo de condenação pelo criminoso e não pelo crime revela o risco de ele enquadrar-se naquele constructo.

O conto tem como núcleo a insegurança jurídica, em função de que a verdade migra do acontecimento para fixar-se em uma narrativa engendrada e escrita ali pelo escrivão, previsível até mesmo por função dos próprios papéis que cada indivíduo em cena representaria, o que leva Gouveia à percepção de estar vivendo uma irrealidade:

> [...] Tudo isso estava nos autos, mas era como história velha, truncada, escrita em língua morta. [...] um crime vago, criaturas indefinidas, incompletas, ali *paradas* em torno da mesa. Provavelmente iam separar-se. O homem gordo seria absolvido e receberia telegramas de felicitações. [...] O preto seria condenado a alguns anos de prisão (p. 118).

Note-se que, do que viu, Gouveia passa a presumir o que virá a acontecer pelo uso do pretérito do futuro. Isto é, as componentes "incompletas" inicialmente começam a ser animadas por significados de uma convenção que as penetram e encaminham para o que desde Aristóteles se entende por poético: o que *poderia ter sido* ou *poderá vir a ser,* em direção oposta à história, *o que foi*, garantido pelo testemunho ou pelo documento. Se antes Gouveia se preocupava com as versões do que *foi visto*, agora o surpreende um desenlace completamente inesperado, tornando-o cúmplice de uma trama de que não pode abster-se nem pode dominar.

É evidente no conto a centralidade do leitor enquanto testemunha do *dicto* (o contado) e não do *de re* (da coisa vista). A *ausência* do que se pode chamar enredo tradicional, em que os coadjuvantes desempenham ações criminosas ou de testemunhas, é o *objeto do conto*. Essa ausência metamorfoseia a realidade a ponto de ela atingir o surreal:

> Ia jurar que lhe tinham dito uma porção de asneiras, mas as carrancas sérias desnortearam-no. Achou-as duras como pau, sentiu um arrepio e deu para tremer. [...] estava simulando atenção, procurando nas caras, no teto, nos móveis, no forro da mesa, alguma ideia. Certificou-se de que em roda o achavam imbecil, teve um medo terrível do advogado, viu-o sob a forma de animal feroz, bicho primitivo, qualquer coisa semelhante a um caranguejo monstruoso (p. 114).

Aí principia a metamorfose do advogado, dr. Pinheiro. Gouveia pede permissão para fumar, obtém-na e percebe que "[...] a figura de dr. Pinheiro crescia e arredondava-se. [...] Nesse ponto o caranguejo levantou a pata e largou a pergunta pela terceira vez. – Perfeitamente, balbuciou Gouveia. E despejou uma resposta ambígua, que o Juiz complicou dando-lhe redação extraordinária" (p. 115). A realidade ou o sentido já não importam, regidos pela convenção cuja forma assumida é o exercício do arbítrio do poder. A realidade é monstruosa, como a figurou Kafka.

Nada mais familiar à ficção que a própria prisão de Graciliano Ramos em 1936. Em torno dessa ausência de crime, de julgamento ou de processo judicial, está apenas um fato: o *processo histórico*, e como *testemunha* a escrita, e não o processo formal/convencional, que pode ser fraudado pela redação extraordinária de um juiz. Graciliano perseguia já havia tempos a noção de liberdade burguesa do indivíduo, na sociedade brasileira, sustentada pelo direito de exercer o poder despótico da violência. Eis sua procura obstinada de representar os processos e desmascará-los literariamente, já que estes se sustentavam pela codificação escrita da norma como privilégio de um determinado setor desde a publicação dos relatórios de Prefeitura.

Portanto, o conto é metaliterário e remete a um tipo de realismo que não parece coadunar-se ao realismo enunciado por Graciliano aos 18 anos, cuja centralidade estaria na proposta de "sinceridade" dessa escola literária no final do século XIX e início do XX. Pelo contrário, a rede de prática simbólica do romance moderno de Graciliano Ramos desloca a observação do objeto para a formulação discursiva de seus sentidos possíveis, em termos de uma consciência histórica, já que ele pode não existir. A partir dos anos 1930, Graciliano se debruça sobre essa questão das conversões operadas pela própria linguagem e a persegue sistematicamente nos seus escritos. Pode-se inclusive dizer que, para o autor, a função do romance nada teria a ver com os idealismos dos primeiros anos de escrita, e que os procedimentos metaliterários adotados a partir da publicação de *São Bernardo*, em 1934, apontam para o que Maria Celina Novaes Marinho entende ser a função da literatura:

> [...] na tessitura dialogizada do discurso romanesco, o reconhecimento de uma linguagem realiza-se por outra linguagem, o reconhecimento de uma concepção de mundo é feito por outra concepção de mundo. E é essa, segundo Bakhtin, a tarefa do romance: o desmascaramento das linguagens sociais e das ideologias[133].

Os efeitos realistas "tal como foi visto, sentido, percebido etc." no século XIX, em sua formulação, são pano de fundo na obra de Graciliano

---

133 Maria Celina Novaes Marinho, *A imagem da linguagem na obra de Graciliano Ramos*: uma análise da heterogeneidade discursiva nos romances *Angústia* e *Vidas secas*, São Paulo: Humanitas, 2000, p. 40.

a partir dos anos 1930, uma vez que esses efeitos são interceptados pelo processo metalinguístico (ou metaliterário), descrevendo o artifício da representação, articulado a partir de uma rede simbólica ou convencional, pela *enunciação-enunciada*. A chave da decodificação da prática literária do autor alagoano está exatamente na capacidade de superposição de mais de um modelo ou convenção escrita em níveis opostos, ainda que simétricos, articulados pelas alegorias. A intromissão realizada pelo autor – não neutralizado em seu direito de criticar – pelo processo descritivo da operação escrita antecipa-se e impõe-se em plano frontal na construção literária como uma espécie de procedimento didático, ensinando à recepção como deve ler, revelando a ela como determinada história poderia ser lida ou contada.

Graciliano inverte as posições do que se depreende do real, pondo em cena as tramas e os efeitos que operam sobre as formas de figurar neutralizadas no espaço da circulação social pelo sentido de "verdade", que alteram as supostas alternativas de escolha, revelando-as condicionadas a algum tipo de compromisso pré-orientado por convenções. Daí advêm os efeitos produzidos pelos romances na sua recepção quando se fala em pessimismo, desde Otto Maria Carpeaux, passando pelo "pessimismo vigoroso" ou "realismo desencantado" de Antonio Candido, até o "pessimismo radical" atribuído ao autor por Milton Hatoum. As estratégias discursivas de Graciliano explicitam a contradição.

Da não indignação ante a exposição dos artifícios vem a atribuição de falta de generosidade do escritor, algo que desrespeita sua liberdade de escolha e o faz estranho por não obedecer a convenções ou optar por modelos aparentemente opostos. Não se observam no seu inconformismo princípios de uma libertação ou o ponto de onde partiu para grandes transformações. O otimismo ingênuo esbarra em tipos convencionais como Valério, Paulo Honório e Luís da Silva, constantemente. É contra as narrativas acomodadas que sua obra apresenta as armas, e elas não poderiam ser outras senão literárias, evidenciando o fracasso da escrita realista como tradição crítica e literária quando dela se exclui a subjetividade. Concordamos, portanto, com Luís Bueno, que,

> Recusando essa divisão ["romance social" *vs.* "romance intimista"], podemos ir mais adiante e apontar, entre os mais bem-sucedidos dos que são considerados "sociais" ou mesmo "regionalistas", autores que escapam a esse círculo fechado e se aproximam, em muitos momentos, desse sistema [o romance intimista]: Graciliano Ramos, Dyonélio Machado, Érico Veríssimo ou Rachel de Queiroz[134].

---

134 Luís Bueno, *Uma história do romance de 30, op. cit.*, p. 22.

Assim, ainda que da perspectiva de uma terceira pessoa, a consciência de Gouveia luta contra o escrivão (escritor) que redige a história passivamente ou coagido por sistemas de representação fechados. Efetivamente, excluindo aquele universo de possibilidades da existência material, tal escrivão vai se limitando a um ponto de vista determinado. Daí não se saber de fato, em momento algum, na narrativa, o que aconteceu, quem matou, quem viu etc., lançando-se uma pá de cal sobre os verdadeiros crimes e ocultando-se os criminosos pela naturalização de modelos de realidade. O próprio leitor aí é dimensão dessa construção de sentido, ao passo que em nenhum momento acessa, como o quer Antonio Candido, "um momento significativo e literariamente depurado" do qual seria juiz. É o que leva Candido, numa breve passagem a respeito dos contos de Graciliano, a sentenciá-los: "[...] são, no geral, medíocres. Constrangidos e dúbios, mais parecem fragmentos"[135].

Embora Graciliano não atenda às expectativas do crítico paulista, isso não significa que no conto não haja de fato "dualidade, fragmentação do real, hiatos etc." Esses mesmos aspectos, recusados por Candido, na perspectiva de Carpeaux supõem que "[...] os romances de Graciliano Ramos se passam no sonho", e mais além: "Os hiatos nas recordações, a carga de acontecimentos insignificantes com fortes afetos inexplicáveis, eis a própria 'técnica do sonho', no dizer de Freud"[136]. Essa percepção, mais apropriada que a de Candido, é justificável, mas não limita a produção artística do autor alagoano à perspectiva da psicanálise, exatamente porque, como visto, a escrita/convenção é sempre o eixo de transição dos níveis de significado do texto.

Nesse sentido, a escrita, como produto do trabalho do pensamento, não se concretiza exatamente à semelhança de sua produção. É na produção do pensamento que ocorrem os hiatos, fragmentos, lembranças insignificantes mimetizadas pela escrita do autor real dos livros. O que Graciliano objetiva são os processos de produção que antecedem a escrita. Nesse sentido, partindo da hipótese de Otto Maria Carpeaux, mas divergindo em termos de "para onde se encaminha o problema", pode-se dizer que os romances de Graciliano Ramos se passam, antes, no "Trabalho do sonho", que, segundo Julia Kristeva,

> vem a ser um conceito teórico que desencadeia uma nova pesquisa: a que toca à produção pré-representativa, à elaboração do "pensar"

---

135 Antonio Candido, "Ficção e confissão", em: Graciliano Ramos, *São Bernardo, op. cit.*, p. 35-6.

136 Otto Maria Carpeaux, "Visão de Graciliano Ramos", em: Sônia Brayner (org.), *op. cit.*, p. 31.

antes do pensamento. Para essa nova pesquisa, um corte radical separa o trabalho do sonho do trabalho do pensamento acordado[137].

Conforme a semioticista, "Freud [...] foi o primeiro a pensar o trabalho constitutivo da significação anterior ao sentido produzido e/ou ao discurso representativo: o mecanismo do sonho"; e adiante: "Freud revela a própria produção enquanto processo, não de troca (ou de uso) de um sentido (de um valor), mas de jogo permutativo modelando a própria produção"[138]. É, portanto, chave de investigação o processo que dá origem ao trabalho e à escrita, enquanto produtos reificados pelo valor da troca. Deslocando-se do universo do produto reificado e de seu valor virtual nas trocas simbólicas capitalistas para o lugar de estudo da semiótica, passa-se à investigação dos procedimentos intelectuais que antecedem ao trabalho e produto. Por isso Kristeva denomina narrativa de processo e romance de produto, como um duplo estatuto semiótico:

> Todo texto "literário" pode ser encarado como produtividade. Ora, a história literária, desde o fim do século XIX, oferece textos modernos que, nas suas estruturas, se pensam como produção irredutível à representação (Joyce, Mallarmé, Lautréamont, Roussel). Assim, uma semiótica da produção deverá abordar esses textos, justamente para juntar uma prática escritural voltada para a sua produção a um pensamento científico em busca da produção[139].

Procuramos aqui, especificamente, investigar "a prática escritural voltada para a produção", caso da obra de Graciliano, por meio de "um pensamento crítico da produção". E os indícios dessa "busca pela prática de uma escrita verossímil" do autor têm seu marco em *São Bernardo*, que vai predominantemente ser qualificado como inverossímil nos anos 1930-1940, segundo aquele "estoque cultural" de representações da verdade de que fala Costa Lima. A noção de verossimilhança do autor escapava das rédeas do realismo ou do neorrealismo, das representações da escrita literária e da figuração do escritor na obra literária. Graciliano, na crônica "Justificação de voto", em que deu parecer crítico favorável a uma obra literária, *Neblina*, de José Carlos Cavalcanti Borges, conta ter sido questionado por alguns críticos e justifica seu voto pelo parâmetro da verossimilhança:

137 Julia Kristeva, *op. cit.*, p. 32.

138 *Ibidem*, p. 31-2.

139 *Ibidem*, p. 35.

Descrevendo-nos uma alma simples, vulgar, que se apresenta em cartas, o autor correu o risco de tornar-se vulgar também. Escapando a isso, mostra-se um técnico. [...] Conhece perfeitamente sua personagem, mas não se confunde em nenhuma passagem com ela. [...] D. Iaiá é matuta, honesta, duma honestidade rigorosa e de pedra. O sr. José Carlos Borges compreende-lhe a moral e a dureza. E fixa-as em *cartas que d. Iaiá faria se soubesse escrever*. Se ele nos exibisse os bilhetes dessa criatura, com a sua ortografia e a sua pontuação, a história seria horrorosa. A redação não é da velha, mas parece-nos que é. A correspondência tem, portanto, verossimilhança, uma verossimilhança obtida à custa de repetições oportunas e dum vocabulário pequeno[140].

Neste ponto é que se encontra o duplo estatuto semiótico do texto literário de Kristeva: 1) a narrativa como produção; e 2) o romance, produto; respectivamente 1-enunciação, 2-enunciada: "A enunciação-enunciada, além dos laços metonímicos, estabelece também ligação metafórica que se funda na similaridade, na equivalência que o simulacro mantém com a enunciação pressuposta"[141]. Nas palavras de Graciliano Ramos a respeito do autor José Carlos Borges, a "similaridade" entre as escritas de d. Iaiá e a do escritor se correlacionam por simetria inversa. A simetria simples faria da escrita de d. Iaiá, na narrativa, a escrita do autor, vulgarizando-a.

Ora, nem é preciso ler o conto de José Carlos Cavalcanti Borges; basta observar nos romances de Graciliano, ou em seus contos, que o processo de construção do efeito de verossimilhança, a partir de *São Bernardo*, é exatamente o mesmo. Pode-se dizer que, se Graciliano tivesse dado à redação dessa obra a mesma escrita de Paulo Honório, o livro seria horroroso. Paulo Honório, debruçado no dilema de como escrever sua história e refletindo sobre o modo como expõe fatos desenrolados numa viagem de trem a Maceió, por exemplo, aponta ao mesmo processo de simetria produzida pela enunciação-enunciada. O narrador fala de "uma conversa" que teve, no vagão de um trem, com dona Glória, tia de Madalena, do seguinte modo:

[...] é claro [que a conversa], não saiu de cabo a rabo como está no papel. [...] Houve suspensões, repetições, malentendidos, incongruências, naturais quando a gente fala sem pensar que aquilo vai ser

---

140 Graciliano Ramos, *Linhas tortas, op. cit.*, p. 150-1 (grifo meu).
141 Diana Luz Pessoa de Barros, *op. cit.*, p. 75.

lido. [...] Uma coisa que *omiti* e que produziria bom *efeito* foi a paisagem. [...] via de relance, pelas outras janelas, pedaços de estações, pedaços de mata, usinas e canaviais. [...] Vi também novilhos zebus, gado que, na minha opinião, está acabando de escangalhar nossos rebanhos. Hoje isso forma para mim um todo confuso, e se eu tentasse uma descrição, arriscava-me a misturar os coqueiros da lagoa, que apareceram às três e quinze, com as mangueiras e os cajueiros, que vieram depois[142].

Se Paulo Honório omite a paisagem, não se pode dizer o mesmo de Graciliano: "Não obstante essa afirmação categórica do narrador, a omissão da paisagem não é absoluta em todo o romance. A ação pode ser perfeitamente localizada, e o meio ambiente se corporifica à proporção que surge a necessidade[143]. Note-se, pois, que a escrita do autor do romance (enunciação) transforma a enunciação de Paulo Honório em enunciado, isto é, revela o labor do pensamento antes da escrita/produto por uma outra escrita, produzindo um constante movimento de contradição cujo fim é chamar a atenção do leitor para as "escritas prováveis"/trabalho do pensamento.

A hipótese, nesse sentido, é a de que Graciliano Ramos dá início a um projeto literário nos anos 1930 que se pode descrever como "distanciamento do pacto social literário colonialista". Ao que parece, do naturalismo-realismo cientificista do começo do século o autor passa ao ataque deles, mostrando-os como artifícios colonizadores da consciência, produzindo obras cujo objetivo é provocar indignação e levar o leitor ao inconformismo com a realidade pelas suas múltiplas possibilidades de configuração.

Quando Carlos Lacerda escreve, em 1935, após ler *São Bernardo*, que "Os homens têm esbarrado constantemente num dilema excessivamente literário, por isso artificioso"[144], relacionando a "literários" os problemas do país, suas definições de pátria, de povo, nação etc., parece ter reconhecido na obra as figurações literárias legitimadoras das representações do real. Ali tinha origem a recusa da inverossimilhança do narrador com que Schmidt avaliava a obra. Escrevendo sobre o romance em 1935, Olívio Montenegro estabelece para a análise dessa questão a noção de "paradoxo" produzido pelo romance contra o "lugar-comum":

---

142 Graciliano Ramos, *São Bernardo, op. cit.*, p. 77-8 (grifos meus).

143 Rolando Morel Pinto, *Graciliano Ramos*: autor e ator, Assis, SP: Ed. da Faculdade de Filosofia, Ciências e Letras de Assis, 1962, p. 60.

144 Carlos Lacerda, "*São Bernardo* e o cabo da faca", *Revista Academica*, 1935, em: Edilson Dias de Moura, *op. cit.*, p. 240.

O paradoxo, por menos viável que isso pareça, tem o seu ponto humilde de contato com o lugar-comum, o que é mais um sinal de que os extremos se tocam – e este ponto de contato vem do fato de usarmos passivamente de um e do outro; de eles se imporem a nosso campo de consciência, assaltando os nossos direitos de crítica", [e conclui que] "a arte não é lacaia da vida"[145].

Isto é, a invenção de Paulo Honório como escritor não tinha como lastro os sistemas de representação da verdade. O crítico defende o livro das críticas de que o protagonista seria incapaz de escrever o romance exatamente por ter sido concebido por Graciliano no campo artístico das possibilidades, e não no campo dos sistemas realistas ou de regimes de verdade. Como se viu até aqui, o romance joga com a plausibilidade de ele escrever, e não sua capacidade de escrever, contestada pelas perspectivas positivistas. Mas, naquele momento, era impensável para o público indivíduos marcados pela "insensibilidade" desenvolver-se intelectualmente, o que revela a figuração de escritor e de escrita no romance como universo exclusivamente burguês.

Conforme Lacerda, a noção de "sentimento de nação brasileira" que caracterizava a classe burguesa letrada, cuja representação se dava pela figuração de "guia" do povo, apresentava-se no romance como "sensibilidade que soa como moeda falsa": "devíamos todos saber que o dilema é outro, que não se espreme nessa estreiteza, e vê mais longe: do lado dos exploradores, embotamento da sensibilidade – do lado dos explorados, expansão dessa sensibilidade"[146].

Graciliano atacou de forma contundente e incisiva os estereótipos, ver-se-á com mais detalhe nos capítulos das análises, exatamente por ter uma compreensão clara das teses positivistas que vigorariam ainda na década de 1930 como forma de legitimação comprovada cientificamente dos que dispunham do arbítrio do poder político e policial como garantia de liberdade. O fato é que de imediato essa nova produção do autor, impondo-se pela qualidade indiscutível de sua arquitetura de escrita e de qualidade estética, exigiu uma explicação sobre como os artifícios se impunham "ao campo de consciência, assaltando os direitos de criticá-los", conforme Montenegro. A reação a esse método de conhecimento do real a partir da literatura evidentemente vai levar os conservadores,

---

145 Olívio Montenegro, "À margem do *São Bernardo*", *Diário de Pernambuco*, Recife, 1935, em: Edilson Dias de Moura, *op. cit.*, p. 238.

146 Carlos Lacerda, "*São Bernardo* e o cabo da faca", *Revista Academica*, 1935, em: Edilson Dias de Moura, *op. cit.*, p. 240.

guardiões do verossímil, do realismo etc., a caracterizar o movimento que aí se inicia como "antinacional".

Nas palavras de um crítico da época: "Em tais malsinados ensaios perdem-se motivos não raro excelentes, desconceituam-se valores essencialmente dignos de apreço e, pior que tudo, desprimora-se o conceito da literatura nacional de uma época", e "*S. Bernardo* é um exemplo desse mal-entendido apreço à independência mental"[147]. Entenda-se: insubordinação aos sentidos figurativos da representação do nacional até ali dominantes. Marcava-se, portanto, o fim do pacto literário colonialista do projeto modernizador romântico, civilizatório, positivista, nacionalista e subordinado, o que explica Graciliano ter dito que desse romance em diante vinha "deixando o século passado" e que nenhum estrangeiro o teria influenciado.

---

147 G. P., *São Bernardo* – Graciliano Ramos, *A Noite*, 1935, em: Edilson Dias de Moura, *op. cit.*, p. 237.

A NOÇÃO POLÍTICO-CONCEITUAL DE "BRASILEIRO" NA LITERATURA

> A noção de periferia não é precisa. Ela envolve um europeu-centrismo e um norte-americanismo evidentes (como se só a história da civilização capitalista contasse). [...] O fato é que as civilizações preexistentes à formação e à consolidação do capitalismo na Europa – por "grandes", "médias" ou "pequenas" e por "atrasadas" ou "avançadas" que fossem – caíram nas malhas da "conquista", do "domínio colonial" (direto e indireto) e do "imperialismo". Na verdade, tal expansão aparece como um cataclismo social para os demais povos da terra, sem exceção. [...] Porém, temos de procurar a parte dessa periferia que penetra, na era atual, nas estruturas, nos dinamismos e na história do capitalismo monopolista. Pois o desenvolvimento capitalista monopolista – o capitalismo recente – desaba na periferia e realiza-se dentro dela [...].
>
> (FLORESTAN FERNANDES,
> *Apontamentos sobre a "teoria do autoritarismo"*)

A Literatura Brasileira, mais que espaço da cultura e da arte no Brasil, é o instituto pelo qual se dá autenticidade a todo e qualquer conhecimento e reconhecimento de eventos e características que fundamentam a constituição histórica do país, da Colônia à última República. Aqui, não se pensa instituição apenas como estabelecimento físico, material ou orgânico, público ou privado, destinado ao ensino e à difusão de saberes de interesse da língua portuguesa, literatura, do espectro social, econômico e político de uma nação, como foi o caso da fundação do Instituto Histórico e Geográfico Brasileiro em 1838. Pensa-se também aquela fundada nas práticas e nos costumes, consuetudinariamente, de um povo ou sociedade. Sua abrangência e penetração no tecido social obedecem a uma dinâmica bastante complexa, por força de ter como proposta propugnar um ideal x. Isso determina que a condição de particularidade dos indivíduos não se reduza a seu isolamento e que, da condição de isolamento, se reivindique um lugar a ser ocupado no amplo universo social para defesa de seus interesses – uma ideia, em suma, graças à qual possam tornar pública sua opinião por meio de sistemas coletivos de divulgação e conservação. Conforme Costa Lima,

> [...] tomar a voz do público como o pressuposto legitimante do poder significa explicitar a capilaridade do poder e reivindicar a sua

realização efetiva. Sem dúvida, poder algum é apenas estatal, mas o poder não fundado na publicidade, por ter de declarar diretamente o caráter simbólico de sua fonte – é Deus que assim o exige, é o rei que assim ordena, são os representantes dos bons costumes etc. –, tende a se tornar uma abstração [...][148].

Essa é a razão pela qual a literatura no Brasil apresenta, antes de uma preocupação iminentemente escritural, fundamentos de um projeto político específico. E por dois motivos. O primeiro porque

O processo de independência do Brasil *não* foi acompanhado das grandes campanhas militares que marcam o surgimento dos países da América hispânica. O país não produziu qualquer herói militar da independência, nenhum libertador, em vivo contraste com os que povoam, em forma de monumentos, as praças das cidades hispano-americanas[149].

Pode-se dizer que, diametralmente oposto ao que se observa nos países de colonização espanhola, os monumentos dos heróis da Independência e da República brasileiras povoam o espaço literário.

O segundo motivo ocorre pela centralidade fixada de governo pelas figuras dos imperadores d. Pedro I e II, cuja função legitimante do poder assumida pela literatura (opinião pública) inicialmente justifica a emancipação política da antiga Colônia como "predestinação":

As atitudes ideológicas e críticas que se rastreiam durante as quatro décadas do Romantismo têm como fator comum a ênfase dada à *autonomia do país*. [...] De Magalhães e Varnhagen a Castro Alves e Sousândrade, [...] transmite-se o mito da terra-mãe, orgulhosa de seus filhos, esperançosa do futuro[150].

Devido à ausência de mobilização popular e da efetiva participação do povo no processo, a função heroica da independência política é relacionada a características do passado, a serem descobertas enquanto gênese da predestinação da grande nação, livre, sufragada não pela Coroa

---

148 Luiz Costa Lima, *Mímesis e modernidade, op. cit.*, p. 114.

149 José Murilo de Carvalho, "A vida política", em: Lilia Moritz Schwarcz (dir.); José Murilo de Carvalho (coord.), *A construção nacional*: 1830-1889, v. 2, Rio de Janeiro: Objetiva, 2012, p. 107 (grifo meu).

150 Alfredo Bosi, *História concisa da literatura brasileira, op. cit.*, p. 163 (grifo meu).

que a representa, mas pelos indícios no passado que a antecipam pelas "manifestações de seus valores" nos povos originários e colonos, agregados no território pelo "sentimento de brasilidade". Vale lembrar que essa transferência do heroico para a natureza, a flora, a fauna, o geográfico ou o nativo não é algo em absoluto diferente de outras nações latino-americanas, embora particularmente distintas. José Martí, poeta romântico e mártir da independência cubana no século XIX, ainda adolescente já identificava o artifício de alijar os homens do processo emancipatório por meio do procedimento literário que antropomorfiza a "terra-mãe" como pedestal de representantes alheios aos interesses coletivos da própria nação: "O amor, mãe, à pátria. / Não é o amor ridículo à terra / Nem à erva que pisam nossos pés; / É o ódio invencível a quem a oprime, / É o rancor eterno a quem a ataca..."[151].

Nas primeiras décadas da independência da Colônia, de fato, não havia, fora da literatura, outro aspecto de nacionalidade senão um "[...] forte sentimento antilusitano [...] presente em várias revoltas, sobretudo as urbanas, [...] como disputa de empregos e como reação aos altos preços"[152]. José Veríssimo, comparando o processo de proclamação da República ao da Independência, pondera que "Não só portugueses, numerosos e influentes em todas as províncias, mas muitíssimos brasileiros, por motivos diversos e nem todos indignos, não aceitaram de boa cara a independência"[153]. Somente após a Guerra do Paraguai (1864-1870), pela dimensão do conflito e mobilização do país, surge algum tipo de orgulho nacional mais abrangente, mas não sem sua vinculação às primeiras décadas do Romantismo:

> Neste último caso, o imperador com frequência se fazia presente, tornando-se, ele também, símbolo da nação. Os cartunistas passaram a representá-lo como chefe indígena, marca de brasilidade criada pelo romantismo. A valorização do hino tornou-se evidente quando, em 1869, o pianista e compositor norte-americano Louis Moreau Gottschalk, então no Rio de Janeiro, o incluiu na *Marcha solene brasileira*, cuja execução despertou enorme entusiasmo cívico[154].

O fato mais importante da Independência foi o reconhecimento da emancipação política por outras nações por meio da diplomacia.

---

151 *Apud* Roberto Fernández Retamar, "Introdução a José Martí", em: José Martí, *Nossa América*, São Paulo: Hucitec, 1991, p. 15.
152 José Murilo de Carvalho, "A vida política", *op. cit.*, p. 109.
153 José Veríssimo, *op. cit.*, p. 248.
154 José Murilo de Carvalho, "A vida política", *op. cit.*, p. 109.

A apresentação aparentemente banal de uma execução do hino no piano por um estrangeiro explicita a carência de sua aprovação pelas nações e de o sentido de independência ter-se produzido mais pela adequação ao exterior que por necessidades internas. Isto é, o Brasil continuava sendo colônia de certo modo. O processo de legitimação dos sentidos de nação, portanto, depende de seu elo exterior, que ocupa a centralidade deixada pela "não participação popular", presumindo-se a sua ausência (hoje estudadas principalmente a partir das inúmeras revoltas conduzidas pelas populações afrodescendentes).

Tinha-se naquele momento a necessidade de construir, em termos simbólicos, literariamente, um "sentimento de povo". Não à toa acontecimentos posteriores, como a Guerra do Paraguai, forneceriam subsídios a essa construção. E como "sentimento" não é um dado sólido ou documentável, ele vai sofrer variações desde o romantismo, no século XIX, e se transmutar no século XX em "sensibilidade" positivista, isto é, noção científica.

A relação exterior teve mais peso que qualquer movimento interno no processo de transformação da emancipação. Não à toa todas as revoltas contra a Independência foram debeladas pelas forças imperiais. Em outras palavras, por mais paradoxal que pareça, a Independência aqui representa resistência e vitória sobre o processo emancipatório. Assim posto, ainda antes da fundação da Literatura Brasileira, os trâmites do processo de emancipação política transcorrem nitidamente nos gabinetes de governos, por meio da chancelaria e dos ministérios das Relações Exteriores ou Negócios Estrangeiros:

> [...] a assinatura de um tratado comercial com o Brasil recém-independente significaria, na prática, um reconhecimento britânico de facto. [...] Mas a Inglaterra também tinha interesses econômicos e estratégicos em Portugal e estava obrigada pelas cláusulas do tratado a manter a integridade do Império português. Assim, Canning [ministro britânico das Relações Exteriores] julgava preferível, embora não indispensável, que fosse Portugal o primeiro a reconhecer a independência do Brasil. O governo português foi persuadido a permitir que o mais alto diplomata britânico, *sir* Charles Stuart, embaixador em Paris desde o final da guerra com a França, negociasse o tratado assinado no Rio de Janeiro em agosto de 1825 e ratificado em Lisboa em novembro, pelo qual d. João reconhecia d. Pedro imperador do Brasil independente[155].

---

155 Leslie Bethell, "O Brasil no mundo", em: Lilia Moritz Schwarcz (dir.); José Murilo de Carvalho (coord.), *op. cit.*, p. 136.

Ainda que pareça assunto distante do objeto de pesquisa, o processo de dependência externa de legitimidade, no Brasil, sempre terá como janela de entrada e saída das resoluções de problemas o Ministério das Relações Exteriores, como se verá na década de 1930, e ele será também fundamental para a permanência da colônia tanto no Império quanto na República. Bem entendido, é preciso considerar o projeto de instituição da Literatura "Brasileira" no contexto de uma dependência, em que fatores econômicos e políticos da antiga Colônia são preservados, o que significa o estabelecimento de relações contraditórias no processo de composição do nome "independência do Brasil", que permanecem no imaginário nacional e na instituição dos símbolos que justificam o poder centralizado na figura do monarca (que pouco muda com a República, combinando "absolutismo" e "totalitarismo"): "As burguesias nativas detinham o controle da sociedade política. Contudo, eram burguesias relativamente fracas. [...] Em consequência, como sucedia com as elites coloniais, convertiam-se no elo interno da dominação imperialista externa"[156].

A literatura seria um dos meios (elos) mais penetrantes e abrangentes para tal discriminação do domínio, o que se cristalizou de certo modo, tornando-a um fértil campo de pesquisa das condições iniciais do país recém-independente e de compreensão da atualidade. Daí a literatura no Brasil exercer ora papel historiográfico, ora propriamente estético, atendendo a demandas de determinada política, embaralhando os campos dos diversos saberes em função da falta ou da aparição tardia de uma tradição científica ou acadêmica ao longo do desenvolvimento da Colônia, indicando que tudo aqui teve função provisória, fazendo "[...] as melhores expressões do pensamento e da sensibilidade [terem] quase sempre assumido, no Brasil, forma literária"[157]. Com bastante razão Alfredo Bosi considera, por exemplo, que "[...] a historiografia de Varnhagen, aliás pioneira pela riqueza de documentos, estava marcada pelos valores do passadismo: nada lhe era mais antipático do que o levante popular ou o intelectual 'frondeur'"[158]. E por isso mesmo:

> Embora, a rigor, caia Varnhagen fora da literatura, creio que se deva insistir no exame de seu complexo ideológico, pois também se reconhecerá em autores da melhor água como Gonçalves Dias e Alencar. O índio, fonte da nobreza nacional, seria, em princípio,

---

156 Florestan Fernandes, *op. cit.*, p. 83.

157 Antonio Candido, *Literatura e sociedade*: estudos de teoria e história literária, São Paulo: Companhia Editora Nacional, 1976, p. 130.

158 Alfredo Bosi, *História concisa da literatura brasileira, op. cit.*, p. 105.

análogo do "bárbaro", que se impusera no Medievo e constituíra o mundo feudal: eis a tese que vincula o passadista da América ao da Europa. O Romantismo refez à sua semelhança a imagem da Idade Média, conferindo-lhe caracteres "romanescos" de que se nutriu largamente a fantasia de poetas, narradores e eruditos durante quase meio século[159].

A Literatura seria, pois, o meio de legitimar a História e vice-versa. Portanto, a natureza do projeto patriótico encabeçado pela intelectualidade a partir da emancipação política da Colônia dependia dos "[...] escritores, de Gonçalves de Magalhães a Alencar", os quais "incumbiram-se dessa tarefa"[160]. Não só os romancistas e poetas, mas também historiadores, ao longo do desenvolvimento do Brasil imperial, como Manuel de Oliveira Lima e Francisco Adolfo de Varnhagen, propugnavam por uma história em que as hipóteses e os pressupostos da *formação* partem do *lugar*, do *modo* e *para quem* se enunciava o discurso literário e histórico: à semelhança do povo europeu. Assim, em *Aspectos da literatura colonial brasileira*, bem antes de Antonio Candido, Oliveira Lima entende que "Até meados do século XVIII, a literatura brasileira, isto é, a *manifestação dos sentimentos de nação brasileira* considerada como um *agregado moral*, uma família espiritual ligada por tradições e aspirações comuns, não existe"[161].

Partindo dessa formulação e tendo por pressuposto uma nação definida em termos de manifestações de sentimentos que a antecedem, procurava-se por meio da investigação "arqueológica/antropológica" da vida cultural na Colônia o fato não hipotético da emancipação política: "[...] a literatura brasileira seria brasileira antes de ser literatura"[162]. Isso determinou, desde o Romantismo, a dispersão e o esforço dos escritores e pesquisadores em diversas áreas, em geral, em busca dos "sentimentos nacionais" que sufragassem a Independência (liberdade), condenando o que havia de mais ameaçador e repugnante ao Império na origem colonial, mas conservando-o pela dependência da sua força de produção de riquezas (não liberdade). A saída foi, sabe-se, a eleição do indígena como base dessa hipótese de sentimentos, que passa longe da mera idealização

---

159 *Ibidem*, p. 105.

160 Abel Barros Baptista, *O livro agreste*: ensaio de curso de Literatura Brasileira, Campinas, SP: Editora da Unicamp, 2005, p. 27.

161 Manuel de Oliveira Lima, *Aspectos da literatura colonial brasileira*, Rio de Janeiro: Francisco Alves, 1984, p. 57 (grifos meus).

162 Abel Barros Baptista, *op. cit.*, p. 27.

ou cópia grosseira do Romantismo europeu e de seus heróis bárbaros (rebeldes feudais). As populações indígenas já vinham sendo reduzidas pelas missões jesuíticas, isoladas, mantidas sob controle em reservas (reduções); enquanto os afrodescendentes, base da estrutura produtiva e econômica colonial, eram "propriedade privada" a ser mantida no seu estado de "mão de obra estrangeira" nas senzalas.

Transferiam-se os direitos de dominação dos povos originários e africanos de portugueses para "brasileiros" (que do dia para a noite se tornaram brasileiros): os que detinham direito à nação (livres) separavam-se dos que não tinham pela construção de uma nacionalidade totalmente literária, suporte alegórico retórico em que se enxertam, num passado mítico, valores de uma nova cidadania, substituta da portuguesa. Mas os índios só seriam índios, a partir de então, se, e somente se, estivessem no mato, ali seriam "os bom-selvagens", enquanto para tornarem-se brasileiros deviam amputar a própria identidade.

Os afrodescendentes, porém, eram um caso à parte, já que, destituídos de sentimentos, não poderiam figurar literariamente senão esvaziados de qualquer vestígio de independência mental que lhes desse algum direito de emancipação política/jurídica, o que predeterminava sua figuração, segundo a legislação, de "não proprietário" por determinação natural[163]. Quando livres, deviam submeter-se às condições de apresentar comportamento predefinidos pela sociedade como "lealdade", "obediência" e "submissão à ordem" por escrito nas cartas de alforria. Ou seja, a noção de liberdade, sob as exigências do sistema escravista, condiciona toda perspectiva da constituição dos mitos da literatura brasileira à carta

---

163 Essa análise se baseia na "história oficial", portanto dos símbolos construídos, e não do processo histórico. Um exemplo de luta contra "essa história oficial" vem sendo amplamente reconhecido pela saga do escritor, poeta e advogado Luiz Gama, ex-escravizado e militante político contra o crime da escravidão e que libertou mais de 500 pessoas negras com base na Lei de 7 de novembro de 1931. Essa lei ficou engavetada durante quarenta anos até Luiz Gama evocá-la em suas defesas. Conhecida como "lei para inglês ver", fora promulgada a partir do acordo com a Inglaterra durante os trâmites da Independência. A obra da pesquisadora e historiadora Ligia Fonseca Ferreira tem restituído a importância desse personagem histórico, colaborando com uma compreensão de fatos antes conformados à perspectiva de autores brancos. Cf.: Ligia Fonseca Ferreira, *Lições de resistência*: artigos de Luiz Gama na imprensa de São Paulo e do Rio de Janeiro, São Paulo: Edições Sesc, 2020; *Idem, Com a palavra, Luiz Gama*, São Paulo: Imprensa Oficial, 2011; *Idem*, "Luiz Gama, autor, leitor, editor: revisitando as Primeiras Trovas Burlescas de 1859 e 1861", em: *Revista Estudos Avançados*, v. 33, n. 96, maio/ago. 2019, p. 109-35.

de manumissão concedidas e só válidas nesses termos: "leal", "obediente" e "ordeiro", não sendo, em hipótese alguma, coincidência o que diz Graciliano Ramos quanto a sua figuração na literatura do século XIX.

Conforme a perspectiva de Leopoldo Zea sobre o processo latino-americano, para ter direito à cidadania brasileira era antes necessário amputar a própria brasilidade. Portanto, o selo "brasileira" em "literatura brasileira" corresponde a um vasto e complexo campo de conceitos e noções não só literárias, mas políticas, cuja origem se estabelece pela contradição provocada pela permanência da escravidão e pela negação do direito à autodeterminação dos povos americanos. Seria "brasileiro", portanto, aquele que se distingue do "não livre". Embora o Brasil tenha permanecido monárquico e católico (singularizando-se colonial) numa América de repúblicas laicas, o processo não é particularidade. De modo geral, na América espanhola, o dilema foi o mesmo: "A colônia continuou vivendo na república"[164].

Especificamente, a "escravidão" continuou sendo o sistema produtivo ativo. Eis o ponto a que chegamos em termos contínuos quanto ao pacto literário colonialista eurocêntrico. Ele permanecerá, pelo instituto, o mesmo, embora possa ser historicizado periodicamente em movimentos tingidos aqui e lá por autores que o puseram em contradição, sobretudo Machado de Assis e Lima Barreto. A questão que nos importa é o que vai ser mantido, não o que avulta isolado. Consideram-se, portanto, como regra as constantes/continuidades no processo, e não as exceções. Mantidas, portanto, as estruturas ou os modelos de socialização existentes antes da Independência, a legislação do Império não rompe com o sentido das demandas e transações coloniais, não permitindo, por exemplo, quaisquer que fossem as hipóteses de que os escravizados fossem dotados de sentimentos, já que esse aspecto era princípio do direito à época, que classificava, desde o direito romano, homens e "coisas":

> Assim como podemos identificar matrizes do sistema penal brasileiro em sua origem ibérica (a ideia apontada por Nilo Batista da diferenciação penal é fundamental), em virtude do amálgama de práticas visigóticas, romanas e germânicas na formação do direito português que foi transplantado para o Brasil, é também consenso na historiografia contemporânea brasileira identificar a persistência de práticas políticas autoritárias na Primeira República (1889-1930) e que estas sofreram poucas transformações após a Revolução de 1930[165].

164 José Martí, *op. cit.*, p. 198.
165 Álvaro Gonçalves Antunes Andreucci, *op. cit.*, p. 95.

Eis uma das heranças contínuas que vão gerar enorme dificuldade para a democratização do país em termos de direito de representação simbólica (fosse política ou cultural). Ela tem como origem o direito a uma cidadania brasileira. A emancipação parcial da Colônia, caso não fosse provisória, exigiria elevar negros e indígenas à categoria de homem e, em consequência, à participação política, econômica, social e cultural. Em especial o indígena, ao passo que saísse do isolamento da floresta, deixaria de sê-lo, constituindo uma degeneração ou perda do sentimento romântico que o purificaria. A ausência de sentimentos substitui aí a "ausência de alma" discutida ao longo do período colonial pelos cristãos e propiciou a permanência do direito escravista imperial:

> O princípio fundamental do direito escravista é a classificação dos homens em duas grandes categorias: a dos seres dotados de vontade subjetiva (pessoas) e a dos seres carentes de vontade subjetiva (coisas), estando estes sujeitos à vontade daqueles e constituindo-se em propriedade dos mesmos. Aos primeiros reconhece-se a capacidade de praticar atos; aos segundos atribui-se a condição de objetos de tais atos. [...] Ou seja: quem é qualificado como coisa (direito privado) não pode ter acesso às tarefas do Estado ou escolher os funcionários que vão desempenhá-las (Constituição)[166].

O conceito de liberdade do indivíduo liberal burguês, neste caso, note-se, deriva da noção escravista colonial de "não livre", coisa desprovida de alma, romanticamente despojado de sentimentos próprios e, finalmente, no século XX positivista, predeterminado ao fracasso e ao crime pela insensibilidade inata, segundo a fração hereditária de sua ancestralidade inferior (negros, indígenas e mestiços). É livre, ou indivíduo, com direito à cidadania, o proprietário, seja de escravos, de sentimentos ou da sensibilidade (herança ancestral da raça superior branca). O conceito de nação, ora independente, para quem se enuncia, subordina o projeto literário ao objetivo de domínio político-econômico desde sua origem, e devemos nele procurar os vestígios de seus efeitos sobre autores e literatura ao longo da história do Brasil.

Não é possível falar de uma "história da literatura" sem que se defina o que significa ser "brasileira". Em "Literatura Brasileira", o substantivo parece mais acessório que substância. Contudo, é "[...] preciso,

---

166 Décio Saes, *A formação do Estado burguês no Brasil (1888-1891)*, Rio de Janeiro: Paz & Terra, 1985, p. 103.

para não sairmos dos fatos, não confundir a *literatura* com a *arte*"[167] nem *sentimentos de nação brasileira* (conforme enunciado por Oliveira Lima) com a comunicação de uma emoção desinteressada: sabendo que possuir sentimentos, "vontade própria", definia o *direito à propriedade* e quem poderia ou não participar da vida política e cultural do país (cidadania). Assim, tais indícios de sentimentos residem naquele suporte alegórico do indígena brasileiro, mas não quando este é socializado, posto em contato com o mundo civilizado cristão.

A ideia de "sentimento", portanto, tem sua razão de ser também no que Décio Saes, estudando a legislação no Império, verifica como "capacidade de praticar atos" e de escolher/eleger; distinguindo-se de "coisas" desprovidas de sentimento, objeto das ações dos que a possuem. No século XX, essa noção vai se desdobrar na de "insensibilidade" e caracterizar as chamadas populações "inferiores" (negros, indígenas e mestiços) como "classe perigosa" segundo a noção de atavismo desenvolvida pela escola positivista do direito penal, fundada pelo filósofo italiano Cesare Lombroso, sugerindo assim o estímulo à educação eugênica. Daí o fato de a busca desse sentimento de nação, desde o século XIX, ter natureza político-jurídica, embora não impedisse que se produzissem verdadeiras obras de arte. O importante, portanto, é assinalar aqui o processo de caracterização do valor nacional na fundação da Literatura Brasileira:

> O negro, liberto ou escravo, não ocupou o centro das narrativas em nossa literatura romântica. Além da escrava Isaura – que era branca, como todos sabem – e dos negros que protagonizaram as novelas de Macedo, outros personagens que poderiam ser lembrados só desempenharam papéis secundários. [...] Se o romance romântico não fez do negro e da escravidão assuntos centrais, preferindo o índio, os costumes urbanos da burguesia, os costumes do interior do país e o passado histórico, o teatro não se fez de rogado. Lembremos, para começar, que não há nenhum herói negro nos romances de Alencar, mas o escravo protagoniza duas de suas peças teatrais [...][168].

No artigo "Teatro romântico e escravidão", João Roberto Faria retoma a crítica de Magalhães Júnior sobre a peça *Demônio familiar*, que, segundo ele, era apenas uma defesa da separação dos negros da casa-grande e da família branca patriarcal. Faria traz um trecho da defesa

---

167 José Veríssimo, *op. cit.*, p. 34 (grifos meus).

168 João Roberto Faria, "Teatro romântico e escravidão", em: *Teresa*: revista de literatura brasileira, n. 12-13, São Paulo: Editora 34, 2013, p. 95-6.

que Alencar publica a essa crítica, à época, argumentando "[...] que jamais havia aplaudido a escravidão em seus discursos ou escritos, e que a respeitara enquanto lei do país [...]"[169]. Note-se que Alencar remete ao que o historiador Décio Saes analisa em termos de "direito escravista" vigente no Império, o que, portanto, assegura o princípio de que a Literatura Brasileira ali fundada se subordina ao projeto político e legislativo em que a nacionalização da Colônia é base fundamental, isto é, transforma o que era monopólio da Metrópole em "brasileiro".

Em sua pesquisa da formação do Estado burguês brasileiro, Décio Saes propõe que "[...] tal processo consiste na transformação burguesa do Estado escravista moderno, que se forma no Brasil durante o período político colonial e que sobrevive em pleno período pós-colonial (iniciado em 1831)"[170]. Antecipe-se que essa noção arcaica de brasileiro ou de Brasil é aquela com a qual Graciliano vai dialogar na tradição literária, no século XX, sobretudo pela hipótese da elevação do negro, sua participação na vida cultural, social e econômica a partir de uma tese conhecida como a "brecha camponesa", teorizada após os anos 1970-1980:

> [...] os escravos eram bens, pela lei não podiam possuir bens, mas, na prática, a posse de bens era amplamente reconhecida porque proporcionava tranquilidade à administração do sistema escravista e, conforme salientou Koster, "acho que não existe registro de senhor que tenha tentado privar o escravo de ganhos tão suados"[171].

Render-se às revoltas do escravizado e aceitar a cultura de uma roça de subsistência, bem como o comércio dessa produção, foi uma forma de estímulo à cooperação do escravizado. Essa "brecha" no sistema escravista permitiu ao afrodescendente alguma participação na vida social e econômica cujo resultado deu origem à possibilidade de compra da liberdade parcial. As cartas de alforria não davam liberdade plena, pois tinham como contrapartida a apresentação de "comportamentos esperados", tais como obediência, lealdade e ordem. Assim, o negro figurado na literatura do século XIX não escapava desses pré-requisitos de "liberdade condicionada".

A legislação revela-se pela astúcia de Machado de Assis quando este, em *Memórias póstumas de Brás Cubas*, põe em cena o ex-escravi-

---

169 João Roberto Faria, *op. cit.*, p. 98.

170 Décio Saes, *op. cit.*, p. 57.

171 Stuart B. Schwartz, *Escravos, roceiros e rebeldes*, Bauru, SP: Edusc, 2001, p. 101. Obs.: Henry Koster foi um viajante inglês que morou no Brasil entre 1809 e 1815, tendo administrado um engenho de açúcar em Pernambuco.

zado Prudêncio exercendo as exigências da sua liberdade condicional: compra um escravo e o pune em praça pública a fim de manifestar sua "lealdade", "obediência" e "respeito à ordem" estabelecidas pela sociedade escravista para que lhe fosse permitido transitar em liberdade. Diga-se o mesmo da escolha de Bernardo Guimarães por figurar os sentimentos do escravizado na pele de uma mulher branca. Lembre-se, ainda, que os litígios entre "proprietário" e "Estado" não foram poucos durante o período imperial após a Inglaterra extinguir o tráfico negreiro em 1850[172]. Era necessária uma legislação que protegesse o país das perdas de mão de obra escravizada, e frequentemente proprietários eram levados ao tribunal pela morte ou por danos físicos irreparáveis ao escravizado.

Portanto, sendo a emancipação política do Brasil parcial e incompleta, deriva desse caráter o sentido *provisório* também da literatura, exigindo o que se pode chamar *modernização conservadora*: veremos que a noção de liberdade dada por Saes vai se adaptar à do positivismo republicano e, no Estado Novo, restringir-se às condições ou valores daqueles que dispunham de sensibilidade, tornando o negro, que não aparecia mais segundo a "liberdade condicional" da carta de alforria, rebelde, desleal e desordeiro, estratégia de "dissolução da alma brasileira", de "descaracterização da nacionalidade", em suma, estratégia comunista de "degeneração

---

172 Sugerimos o *podcast* "Luiz Gama no campo de batalha": "O professor e jurista Silvio Almeida e a professora de literatura Ligia Fonseca Ferreira, organizadora de novo livro que recupera mais de quarenta artigos inéditos de Gama, debatem a atualidade desse advogado autodidata que se libertou da escravidão e defendeu os desvalidos com as armas do direito e do jornalismo". Disponível em: https://www. quatrocincoum.com.br/br/podcasts/r/luiz-gama-no-campo-de-batalha, acesso em: 7 ago. 2020. Sugerimos também a leitura de *O abolicionismo*, de Joaquim Nabuco. Tome-se como um dos inumeráveis casos e processo de transformação dos litígios a seguinte nota: "Em 1852 o Conselho de Estado teve de considerar os meios de proteger o escravo contra a barbaridade do senhor. Diversos escravos do Rio Grande do Sul denunciaram seu senhor comum pela morte de um dos escravos da casa. O senhor fora preso e estava sendo processado, e tratava-se de garantir os informantes contra qualquer vingança futura da família. A seção de justiça propôs que se pedisse ao Poder Legislativo uma medida para que a ação do escravo, em caso de sevícias, para obrigar o senhor a vendê-lo, fosse intentada *ex officio*". A proposta foi recusada pela maioria, dentre os quais "Holanda Cavalcanti sugeriu a desapropriação do escravo seviciado, pelo governo e o Conselho de Estado". Na época, como é sabido, o Poder Moderador detinha o poder de veto ou de aprovação, tendo naquele momento o Imperador votado com a maioria. (Joaquim Nabuco, *O abolicionismo*, Rio de Janeiro: Nova Fronteira; São Paulo: Publifolha, 2000, p. 95-6.)

do ambiente" saudável da pátria a fim de promover a ditadura do proletariado. A noção de indivíduo no Brasil era necessária apenas como um verniz modernizador, que sinalizasse à Europa certa adequação civilizatória num sentido muito diplomático ou formal. Mas, no geral,

> A coabitação de liberalismo e escravidão em colônias e ex-colônias não foi triste ou farsesco apanágio do Brasil Império, sendo equivocada a tese de que aqui, e só aqui, as ideias liberais estavam fora de lugar. As ideias conseguiram suster-se no seu lugar, que era o do poder, tanto em países do centro quanto na periferia do capitalismo[173].

Segundo Roberto Fernández Retamar, "Estar 'atrasado' ou estar 'em dia' supõem referência a um tempo outro: 'qualquer uma das duas atitudes é servil e colonial'"[174]. E o Brasil sempre esteve muito em dia com os ideais estrangeiros, mesmo à frente deles por vezes. Queira-se ou não, esse percurso de raciocínio indica quanto o atraso é um dispositivo de manutenção da "dependência" colonial; e que os modelos "não coloniais"/ modernizantes que propõem superar o atraso têm como objetivo preservá-lo. A Colônia apenas deixou de abastecer os armazéns da Metrópole portuguesa, que detinha o monopólio da produção aqui, para, pelo tratado com a Inglaterra, abrir os portos brasileiros às "nações amigas" pelo interesse que estas tinham de que o país se libertasse de Portugal. As atenções do Imperador jamais deixaram de se orientar após a Independência a uma ou outra metrópole enquanto destino. A *transitoriedade* (entre a dependência e a emancipação, "lenta e segura") é um processo interminável: as novas exigências de produção e adequação ao "mundo civilizado" capitalista burguês, atendidas como *medida provisória*, se oferecem graças à conciliação mediada ainda no século XIX pela Inglaterra, preservando a

> [...] estrutura escravista de produção, continuidade da economia colonial, caracterizando a não ruptura com o atraso econômico social, assim como a debilidade de sua burguesia. A conciliação, dessa forma, direciona-se à subsunção. Concilia-se com o arcaísmo, como um todo, tanto nas relações de produção como nas relações sociais, [...] com a Inglaterra, a nova "metrópole", posta nos moldes modernos do capitalismo industrial[175].

173 Alfredo Bosi, "Cultura", em: Lilia Moritz Schwarcz (dir.); José Murilo de Carvalho (coord.), *op. cit.*, p. 226.

174 Roberto Fernández Retamar, *op. cit.*, p. 59.

175 Antonio Carlos Mazzeo, *Estado e burguesia no Brasil*: origem da autocracia burguesa, Belo Horizonte: Oficina de Livros, 1989, p. 128.

Portanto, os mecanismos produtivos da Colônia não são superados, apenas recebem o selo "brasileiro" de exportação como índice de modernidade. E a literatura efetivamente não apresenta independência nenhuma porque não pode ser outra coisa senão "brasileira", segundo a emancipação política parcial, mantendo parte da população (representação popular) sob os mesmos moldes do modelo anterior, o que a torna ação colonizadora. Nesse sentido, pode-se dizer que o projeto de literatura brasileira assume um "pacto colonialista" parcialmente liberal, só abalado no início do século XX pela concorrência que a antes soberana Inglaterra terá de enfrentar: Alemanha e Estados Unidos, de um lado, e de outro o surgimento de uma Rússia recém-emancipada na sua guerra de independência contra o tsarismo, em meio à Primeira Guerra Mundial, propiciarão um novo cenário histórico de transformação no mundo.

É comum atribuir ao movimento literário dos anos 1930 a ideia de que ele "[...] revela aos brasileiros um Brasil 'medieval', praticamente desconhecido da maioria"[176], quando em verdade o movimento incluiu na literatura o que havia permanecido como problema permanente a ser superado, adiando a liberdade desde o século XIX. Uma nova noção de povo vem à tona, figurando na literatura como "mundo esquecido" ou que até então não tinha consciência de si quando ele apenas constituía o dilema sempre renovado de um desejo de emancipação frustrado: notar-se-á que, em vez de fracasso, a noção de "periferia" ou "ideias fora do lugar" se revelam "eficientes" ao domínio na medida em que partem de um pressuposto de predeterminação ao fracasso em razão da degeneração inata da periferia.

O que se impõe, portanto, na configuração da Literatura de 1930 é a tentativa de sublevação contra o pacto literário colonialista. Aos esquecidos, ou bestializados, se abria uma nova possibilidade de compreensão. Seu mérito fora contestar a noção de liberdade burguesa do indivíduo e manter o desejo de superação do atraso segundo a exposição da única liberdade existente em todo o percurso histórico brasileiro: a liberdade do proprietário de escravos e de terras, segundo o principal traço de permanência histórica: o arbítrio da força e da violência. Quando Graciliano examina a literatura pela literatura, é seu predicado que interessa: "brasileira". Sobretudo o sentido da noção de "liberdade"/emancipação a que chegará em *Vidas secas* (1938), após a prisão entre 1936-1937.

---

176 Nelly Novaes Coelho, *Literatura e linguagem*: a obra literária e a expressão linguística, São Paulo: Edições Quíron, 1986, p. 259.

CAETÉS E O PACTO COM A MEDIOCRIDADE

[...] veio para a biblioteca, sentou-se em uma cadeira de balanço, descansado.

Estava num aposento vasto, com janelas para uma rua lateral, e todo ele era forrado de estantes de ferro. Havia perto de dez, com quatro prateleiras, fora as pequenas com livros de maior tomo. Quem examinasse vagarosamente aquela grande coleção de livros havia de espantar-se ao perceber o espírito que presidia a sua reunião.

[...] Podia-se afiançar que nenhum dos autores nacionais ou nacionalizados de oitenta pra lá faltava nas estantes do major.

Havia um ano a esta parte que se dedicava ao tupi-guarani. [...] tendo notícia desse estudo do idioma tupiniquim, deram não se sabe porque em chamá-lo – Ubirajara.

[...] como se vissem no portador da superioridade um traidor à mediocridade.

(LIMA BARRETO, *Triste fim de Policarpo Quaresma*)

AS IDEIAS NO PODER,
E NÃO FORA DELE

> O *ethos* comtiano levava ao ideal de uma socie-
> dade onde predominassem os valores de verda-
> de e transparência: viver às claras, *vivre au grand
> jour*. No campo ético-político, preconizava um
> regime de benemerência pelo qual os ricos, di-
> tos chefes industriais, zelassem, via administra-
> ção pública, pelo bem-estar dos pobres, ditos
> proletários. Os lemas propostos vinham nesta
> sequência: o Amor por princípio, a *Ordem* por
> base, o Progresso por fim. O dístico de nossa
> bandeira republicana, Ordem e *Progresso* [...]

> (ALFREDO BOSI, "O positivismo no Brasil: uma ideo-
> logia de longa duração")

Se houve, em termos de condições necessárias, ou seja, não suficientes, um setor específico das preocupações de Graciliano Ramos nos anos 1920, esse foi o da educação. Compreendido à época como instrução pública, em termos gerais se particularizava, discretamente, por um tipo de princípio civilizatório segundo o direito tradicional escravista à violência. Tal "princípio" fundamentou-se nas bases positivistas do direito penal das teses lombrosianas, de matriz naturalista-darwiniana, cuja ideologia definia, segundo os modelos de compreensão do mundo natural, a organização hierárquica da sociedade por meio dos setores da Saúde, da Segurança e da Educação e Cultura entre o fim do século XIX e o início do XX. No que toca à sua discussão na obra de Graciliano, é a partir dos seus primeiros escritos e de *Caetés* que se pode rastreá-lo, em termos de um desenvolvimento contínuo da transformação dos traços distintivos da teoria segundo a oposição entre "sensibilidade" e "insensibilidade".

Assim, tal transformação se apresenta, inicialmente, nos textos assinados com pseudônimos, a partir de 1921, nas edições do jornal *O Índio*, estabelecendo pontos de contato entre *Caetés*, a historiografia e o início da carreira público-administrativa do autor como professor de francês e presidente da Junta Escolar de Palmeira dos Índios. Merece certa consideração esse aspecto, ao passo que a oposição entre sensibilidade e insensibilidade tanto regula o modo de relação social dos personagens do primeiro romance quanto define as características da coletividade de que trata nas crônicas. No romance, Graciliano constrói os tipos expondo o que há em comum entre eles: o segredo, o blefe, o engodo, simbolizado pela escrita/leitura, que no plano coletivo se configura em uma espécie de pacto com a mediocridade com o fim de manutenção do *status* social que se constrói de cima (classe rica e média) para baixo (povo, prole, indígenas, responsabilizados pelos fracassos sociais), opondo nessa hierarquia a classe sensível/dirigente/letrada à insensível/bárbara/analfabeta. É na descrição da rede de relações interpessoais da classe dominante que, quase sempre, se vai revelando, por meio de sua "aparente superficialidade" de compreensão (seja da língua portuguesa, da história, da literatura, da filosofia, da medicina etc.), um tipo de inteligência reduzida pela conveniência do atraso, simbolizando-se na origem étnico-racial o fator de sua degeneração. Compondo um modo de relação interpessoal que se ridiculariza do ponto de vista da observação do leitor, tal modo permite, na imobilidade do cinismo, fazer da "máscara incoerente" um mecanismo de preservação de privilégios pela neutralização das ações positivas.

Assim, quando Valério descreve a compaixão/sensibilidade de Luísa, no início do livro, pela família do sapateiro, morador próximo da casa, cuja mulher é tísica e os filhos passam fome, ele nos remete à sua própria condição de insensibilidade como critério superior. Luísa comenta:

> — Ouço daqui as pancadas do martelo e a tosse da mulher. Vocês não ouvem?
>
> Ninguém ouvia.
>
> [...]
>
> Adrião erguia os ombros com enfado:
>
> — Que nos interessa, filha de Deus? [...]
>
> — Mas é que morre de fome. Vocês sabem lá o que é ter fome?
>
> Manifestei-lhe um dia a minha surpresa:
>
> — Não sabemos. Com efeito não sabemos. Mas a senhora também não sabe. [...]
>
> Levou as mãos ao estômago, deitou-me uns olhos que me espantaram, e julguei que até as dores físicas do desgraçado passavam para ela[177].

---

177 Graciliano Ramos, *Caetés*, op. cit., p. 77. Doravante, indicaremos apenas a página do romance.

Se os desvalidos não os sensibilizam, o contrário vem ao primeiro plano das relações quando Adrião adoece: toda a sua classe presta-lhe viva solidariedade. Essa sensibilização atinge o ápice quando Adrião descobre o adultério e dá um tiro no próprio peito. Em seguida, toda a sociedade palmeirense, revezando-se noites e dias, vai permanecer em torno do moribundo até seu último suspiro.

A cena da sensibilidade de Luísa com a dor alheia, nesse sentido, não é apenas um modo de contrastar o caráter dela (indivíduo) com o do restante daquela sociedade (os outros) em termos românticos ou sentimentais. A cena mostra a *conveniência da compaixão*, à medida que tal sentimento só adquire *valor superior* quando externado no interior de uma classe, sendo, por isso, relativizado com desprezo quando externado aos que não fazem parte dela, como a família do sapateiro. Eis o valor (desprezo) do nível profundo da narrativa cuja função dos gestos exteriores de compaixão é dar certa regularidade à superfície: está na base da relação o princípio civilizatório da insensibilidade à dor alheia, invertendo a tese lombrosiana: na face superior prevalece a simulação de "bons sentimentos" que não se efetivam, inação que o filósofo italiano atribuía à "paixão" enquanto simulação de valores.

As categorias "superfície" e "profundidade", no entender dos autores de 1930, abrangeriam a rede de relações sociais externas enquanto valores internalizados pelos indivíduos na sociedade. A generalidade dessa perspectiva advém da matriz determinista-naturalista, o que devemos evitar aqui pela análise discursiva de *Caetés*. Doravante, os níveis da superfície e da profundidade se definirão pela especificidade com que o texto foi construído em termos de um percurso gerativo de sentido, em que a sensibilidade de Luísa desempenha, na narrativa, função reveladora da *latência* (parecer) em relação à *subjacência* (ser) que define a autenticidade do valor "compaixão". Opondo-se aos valores manifestos pelos personagens Valério e Adrião, Luísa, desde o início, "parece" e "é" sensível, enquanto os demais transitam pelas posições de "parecer" e "não ser" (blefe, simulação). Em Valério, o blefe se personaliza como "ser" e "não parecer" (segredo), particularmente quando manifesta decepção com a compaixão de Luísa, identificando-a como "inferior" em relação à "mulher", em plano idealizado, que o deixou de "joelhos". Esta é a estrutura elementar do romance, resumida, a seguir, pelo quadrado semiótico como modelo lógico operacional:

Enquanto "organização estrutural mínima",

> [...] a estrutura elementar define-se, em primeiro lugar, como a relação que se estabelece entre dois termos-objetos – um só termo não significa –, devendo a relação manifestar sua dupla natureza de conjunção e de disjunção. Tal estrutura necessita, porém, ser precisada e interpretada por um modelo lógico que traduza bem suas relações em oposições de contradição, contrariedade e complementariedade, e que a torne operatória, no plano metodológico. O quadrado semiótico foi concebido como a representação lógica [...] da estrutura elementar[178].

Assim, *Caetés* é um romance cuja organização estrutural mínima de significação explora o valor social da "capacidade de sensibilização" em relação à "incapacidade de sensibilizar-se" que marcou a mentalidade do período. O autor trabalha com certa hipótese de deficiência da sociedade palmeirense fundada na ausência do valor positivo de "parecer" e "ser" de modo autêntico. Pela contradição estabelecida com o falso valor social "não parecer" e "não ser", internalizado pelos personagens como modo de relação absolutamente ingênuo, opera-se neles um tipo de externalização do modelo social que permite a revelação da "falsidade". Ver-se-á nos personagens do romance que certas confissões que, segundo Lombroso, fariam os sensíveis recuarem, não os detêm: "São indivíduos suscetíveis de uma superficial instrução intelectual, mas decididamente rebeldes a uma verdadeira educação moral, cuja base precípua é exatamente a do sentimento". Portanto, continua o filósofo italiano, "todos são egoístas e com deficiência absoluta de sentimentos afetivos"[179]. Esta seria

---

178 Diana Luz Pessoa de Barros, *op. cit.*, p. 21.
179 Cesare Lombroso, *op. cit.*, p. 201.

a base filosófica com que Graciliano teria trabalhado nesse livro, tendo-a abandonado na década seguinte em termos ideológicos, tratando-a como um modelo de pensamento do "século passado".

A pretensão da filosofia lombrosiana foi determinar a capacidade de desenvolvimento cognitivo, ou de aprendizagem em termos gerais, pelo dispositivo da sensibilidade, enquanto característica particular de uma "raça". E Graciliano parece tê-la explorado, no romance, pela ausência de sensibilidade da classe dominante. Esta, por sua vez, é descrita na obra pelo resultado de uma efetiva educação moral, o que permite a ela atribuir à classe dos pobres os vícios (só verificáveis nela própria, já que os desvalidos, alijados da participação na esfera das representações ou da participação social, funcionam aí como o negativo da face burguesa). Isso implica que pobres, *caetés*, negros desempenhem apenas um papel simbólico e marginal no romance, definindo-se pela "inatividade" ou "inércia" da burguesia. Entretanto, essa inatividade, ou inércia, não representa exatamente uma incapacidade de ação, mas sim um não agir em proveito próprio, que caracteriza toda rede de relação social, política e econômica da burguesia retratada no romance. Portanto, "classe pobre" é mera figuração ou idealização burguesa, repita-se, inventada e assumida pela burguesia como uma espécie de "herança maldita" que impede a boa vontade burguesa de se cumprir.

Um exemplo desse papel simbólico do outro/índio/insensível/ inativo pode ser observado na intervenção do personagem padre Atanásio em proveito próprio, e não do outro, em determinada passagem do romance. Ao longo da narrativa, o evangelista é caracterizado por uma compreensão limitada das *Escrituras*. Aparentemente incapaz de grandes generalizações e associações de saberes diversos, raras vezes concatena uma ideia simples. O leitor, ao longo do romance, habituado às múltiplas digressões do padre, que não chegam a lugar nenhum e que o identificam nas cenas, é surpreendido no capítulo 12. No jantar de comemoração do aniversário de Vitorino Teixeira, padre Atanásio desconcerta o deputado Evaristo Barroca, que fazia um discurso sobre alfabetização popular. Ao escutar do político a defesa do "esclarecimento das massas", "governada por uma elite de gênio", padre Atanásio revela extraordinária sutileza de compreensão ao interromper o deputado dizendo que o Governo nada fazia pela educação do povo:

> — Mas como é que o povo aprende, se os senhores não ensinam? perguntou o Reverendo com acrimônia.

> Andava indignado contra a ignorância depois que a tiragem da *Semana* baixara de mil e duzentos para oitocentos números. Evaristo

Barroca, modesto, retirou-se dentre os governantes, encolheu-se na cadeira, fez-se pequeno. (p. 100)

Por um momento, o leitor tem acesso a algo inscrito na estrutura elementar do romance entre os polos do "ser" e "parecer", isto é, ser verdade e parecer verdade, revelado pela "acrimônia" do reverendo: o *analfabetismo* da elite. Esse dado faz o padre ver no povo um possível leitor dos números do jornal. E a razão de o povo ser impedido de tal fruição se revela exatamente por a classe dirigente cruzar os braços e considerá-lo "classe perigosa", ver-se-á mais adiante. Assim, passada a irritação de padre Atanásio, que dirige um pequeno periódico com alguns colaboradores, entre eles João Valério, tudo volta à estaca zero: a "verdade revelada" não provoca uma modificação profunda.

Essa característica ficcional se relaciona com um dado específico, em termos historiográficos, que naquele momento é parte de um problema que Graciliano começaria a delinear em sua obra. Notamos a relação direta em um primeiro texto escrito por Graciliano, com pseudônimo de Anastácio Anacleto, antes da composição de *Caetés*, quando colaborou com o periódico *O Índio*, dirigido pelo padre Francisco Xavier de Macedo, de quem era grande amigo. *O Índio* e *Caetés* são congêneres, aliás, por assim dizer. A primeira edição do jornal data de 1921, e nela encontramos uma pequena seção, "Fatos e Fitas", com a seguinte nota:

> Começa hoje este jornal uma campanha contra o analfabetismo. É uma coisa lamentável, realmente, o grande atraso em que vivemos. Mas não pensem que a atitude dessa folha seja motivada por patriotismo. Qual! História! O que a direção deseja é aumentar o número de assinantes[180].

A compreensão de padre Atanásio, no romance, é semelhante à campanha iniciada, em tonalidade bem-humorada, por Anastácio Anacleto, que muito importa nesse estudo preservar, pois não se trata daquele Graciliano consagrado pela Literatura Brasileira. Além disso, a campanha pela alfabetização terá continuidade nos textos de outros dois pseudônimos: X e J. Calisto. Graciliano dá a esses dois *simulacros discursivos* características bastante diversas das identificadas em Anastácio Anacleto. X apresenta ideias de um radical de direita, enquanto J. Calisto é cético, moderado, ou, pelo menos, bem precavido nas observações. Eles, com Anastácio Anacleto, fornecem dados que se direcionam para o que viria a ser o primeiro romance de Graciliano

---

180 Graciliano Ramos, *Garranchos, op. cit.*, p. 85.

e parte da carreira pública do autor, mais precisamente no campo da educação, em princípio em Palmeira dos Índios. É provavelmente a partir dessas críticas que Graciliano chega à presidência da Junta Escolar do município.

Escrevendo com pseudônimos, Graciliano foi se envolvendo gradualmente com o problema do programa educacional brasileiro, que não só obstruía o desenvolvimento do jornal *O Índio* ou do município de Palmeira dos Índios, no que tocava a sua camada letrada. O problema era de âmbito nacional, o que implica um ponto de vista que parte das condições de vida da pequena burguesia em direção à base da pirâmide social. O recurso de assinar seus textos com outros nomes permitiu observar as reações dos leitores do jornal como um dado de recepção empírica. Lembremos antes, parcialmente, a situação do letramento nesse período.

Nos anos 1920, segundo o Instituto Brasileiro de Geografia e Estatística (IBGE), a taxa de analfabetismo era de 65% entre os jovens de 15 anos ou mais no país, a mesma do censo de 1900, com a diferença de que, no início do século XX, calculava-se aproximadamente que havia 6 milhões de analfabetos nessa faixa etária; em 1920, eles chegariam a quase o dobro, atingindo mais de 11 milhões de jovens[181]. Se pensarmos que em 1920 aquele primeiro grupo teria em torno de 45 anos, chegaremos a uma situação muitíssimo precária de alfabetização de crianças, jovens e adultos. As classes rica e média pareceriam, ironicamente, vítimas da sua própria inabilidade política, já que o acesso à educação dos pobres figurava no imaginário histórico do período como modo de contê-los, conferindo-lhes "cientificamente" *status* de "classe perigosa", definição desenvolvida segundo a filosofia positivista da escola penal lombrosiana.

Por outro lado, em *A escola e a República*, cujo objeto de estudo é a fundação da Escola Normal Caetano de Campos, em 1894, em São Paulo, Marta Maria Chagas de Carvalho analisa o projeto público da escolarização brasileira observando que

> É dominante na historiografia educacional o recurso à figura do transplante cultural como lugar-comum, que explica um abismo alegado entre os bons propósitos ilustrados de uma elite convencida do poder democratizador e liberalizador da educação e os resultados efetivos desses propósitos. Os projetos dessas ilustres elites não se teriam transformado em realidade porque inspirados em ideologia

---

181 Brasil, Ministério da Educação, Instituto Nacional de Estudos e Pesquisas Educacionais Anísio Teixeira (Inep), *O mapa do analfabetismo no Brasil* (s.d.), p. 6. Brasília, DF, disponível em: https://download.inep.gov.br/publicacoes/institucionais/estatisticas_e_indicadores/mapa_do_analfabetismo_do_brasil.pdf, acesso em: 23 maio 2018.

forjada no estrangeiro. Mimetismos inconsequentes atestariam a fragilidade das classes dominantes ou de fração delas na formulação e imposição de projetos políticos de seu interesse[182].

Atenta à ideia sedutora da explicação do "suposto fracasso" das políticas públicas para a educação segundo a "inépcia da elite" no implemento de projetos importados, espécie de cacoete forjado pelas "ideias fora do lugar", a autora propõe a perspectiva de "[...] pensar os limites deste projeto educacional republicano, referindo-o à sociedade fortemente excludente que se estrutura nas malhas da opção política que foi o recurso à grande imigração"[183]. Nesse sentido, Marta Maria Chagas de Carvalho lembra que, se por um lado a chegada dos imigrantes ao Brasil resolvia a questão da mão de obra assalariada, por outro alijava-se do direito à educação, e consequentemente do trabalho, um enorme contingente populacional constituído pela camada social negra, indígena e seus descendentes. Nesse sentido, "[...] a escola instituída se exibiria como demarcação de dois universos – o dos cidadãos e o dos sub-homens – funcionando como dispositivo de produção/reprodução da dominação social"[184]. A preocupação de fato que moveria a classe rica e média residia na associação do analfabetismo à criminalidade, ideia que se disseminava no Brasil através dos estudos de Cesare Lombroso:

> [...] as teorias lombrosianas fizeram, aqui, grande sucesso. Foi sob essa influência que Nina Rodrigues, em sua obra *Raças humanas e responsabilidade penal no Brasil* (1894), chegara a afirmar que "crianças, negros e loucos, em geral, não possuem o desenvolvimento físico e mental completos"; precisavam, portanto, de proteção e cuidados especiais, o que os tornava criminosos potenciais. [...] As crianças das "classes perigosas", dos muitos pobres, deveriam merecer atenção redobrada, instrução básica, cuidados com o corpo, higienização dos costumes, treinamento profissional e disciplina rigorosa. Essas são, de forma simplificada, as bases de uma filosofia filantrópico-liberal-científica que fundamentam o primeiro projeto nacional de política pública voltado para a criança pobre, desvalida e desviante[185].

---

182 Marta Maria Chagas Carvalho, *A escola e a República*, São Paulo: Brasiliense, 1989, p. 36.

183 *Ibidem*, p. 37.

184 *Ibidem*, p. 38.

185 Maria Luiza Marcílio, "O menor infrator e os direitos das crianças no século xx", em: Maria Cecília França Lourenço (org.), *Direitos Humanos em dissertações e teses da USP: 1934-1999*, São Paulo: Edusp, 2000, p. 40.

Assim surgiu o modelo escolar internato-prisão com a fundação, em 1903, da Colônia Correcional de Dois Rios, exatamente aquela em que Graciliano Ramos, anos mais tarde, vai ser encarcerado sob acusação de exercer "atividades subversivas" na direção da Instrução Pública de Alagoas. Não admira que tal problema se encontre no início de sua trajetória e no fim dela, isto é, nas extremidades da carreira do romancista, por motivo muito diferente daquele apontado por Antonio Candido em seu ensaio *Ficção e confissão,* quando relaciona a "fraternidade" de classe em *Caetés,* em torno do moribundo Adrião, à "coletividade-criminosa" na qual foi forçosamente inserido o autor em 1936. Se, por um lado, para Candido há na cena de *Caetés* um tipo de premonição do autor, por outro, é fato que o primeiro programa de educação da República se assentava em um princípio punitivista, fundando um tipo de escola que preconizava o cárcere e a criminalização de ideias antifascistas (especificamente contra a teoria positivista e seu racismo científico).

Não divergimos de Antonio Candido apenas; aqui se propõe um percurso contrário ao dos seus pressupostos. Nesta pesquisa consideramos como parte integrante da prática literária do autor sua experiência pública e coletiva nos assuntos ou problemas sociais. Não se encontra apenas em sua consciência isolada, idealmente, o setor das relações objetivas, pois é o setor das relações objetivas que configura sua compreensão, estabelecendo assim a *previsibilidade* de acontecimentos, e não *premonição/predição.* Partir do externo/público para o interno, nesta análise, significa exatamente não transformar em *condição suficiente* o que nos anos iniciais deve ser investigado como *condição necessária.*

Como vimos, o conceito de "classe perigosa", que justifica em termos institucionais uma política pública de educação, funda-se em uma percepção de risco a ser contido ou setor que deve ser controlado. Os *caetés,* nesse sentido, como parte da "classe perigosa", estavam destinados à prisão antes do crime. Diferentemente do que pensa Candido, quando diz:

> [...] pode-se sugerir que os caetés simbolizam a presença de um eu primário, adormecido pelo jogo socializado da vida de superfície [...] Esse impulso irrefletido, essa irritação com as regras sociais, mal pressagiam, aqui [em Caetés], o vulto que haverão de assumir nos livros posteriores. [...] E, quanto à fragilidade da vida convencional, há aqui um trecho realmente premonitório que parece conter em embrião algumas das experiências fundamentais de *Memórias do cárcere* [...] "à noite procurávamos com egoísmo os melhores lugares para repousar. Enfim, numa semana havíamos dado um salto de alguns mil anos para trás"[186].

A sugestão do crítico da "premonição", nesse pequeno parágrafo em *Caetés*, da prisão em 1936 advém da matriz analítica com que trabalha, a saber, a mesma com que Augusto Meyer e Lúcia Miguel Pereira procuram "dissecar" na escrita machadiana o "homem subterrâneo". Isolando no indivíduo um problema coletivo, psicologizam-se questões de caráter mais amplo e profundo da sociedade burguesa brasileira. A consciência do indivíduo isolado aí, no edifício do capitalismo, funciona como espécie de "cômodo" reservado para que se entulhe nele todo o fracasso da burguesia. Contudo, é esse fracasso a condição necessária que deve ser avaliada na investigação, e não o que poderia ter passado "pela alma" do escritor, a fim de que não se justifique sua prisão como algo aleatório/inusitado, lançando no terreno do misterioso o que foi desenvolvido efetivamente para aquele fim: as ideias não estavam fora do lugar. A fundação de um plano político de educação que predefine uma "coletividade criminosa", como foi o caso da classe pobre, tem de ter seu lastro objetivo/material/existencial investigado. E é nesse ponto que podemos propor, conforme Marta Maria Chagas de Carvalho, "não a inépcia", mas o êxito dessa classe. Tal êxito advém de sua estratégia de permanência no poder, definido pelo pacto com o atraso: prometendo superá-lo, aprofundam-no, alargando o abismo que separa "livres"/homens dos "não livres"/sub-homens. Nesse sentido, as ideias de superação do atraso estão exatamente no lugar em que elas deveriam estar segundo Bosi, "[...] que era o do poder, tanto em países do centro quanto na periferia do capitalismo"[187].

Com esse entendimento, pode-se compreender o lugar de padre Atanásio *no poder* e a razão da "inércia" do deputado Evaristo Barroca ao ser pego em meio à contradição de sua proposta. Retirar-se de entre os governantes é se recusar a reconhecer "as ideias em seu lugar". Afinal, no romance, não à toa Barroca põe o doutor Castro, representação da inépcia, exatamente na presidência da Junta Escolar de Palmeira dos Índios. Sua função é impedir que o povo seja ensinado, elegendo um representante da ignorância sobre pedagogia para administrar a educação do município. Não se pode atribuir a essa estratégia "nenhuma boa vontade", sobretudo inépcia na condução do setor.

Caetés não é um romance intimista dos anos 1930, tampouco a descrição dos percalços de um escritor patriótico. É um romance de costumes, mas nem por isso ingênuo. O que Candido trata como "eu profundo adormecido" tratamos como suporte alegórico em que atraves-

---

186 Antonio Candido, "Ficção e confissão", *op. cit.*, p. 16-7.

187 Alfredo Bosi, "Cultura", em: Lilia Moritz Schwarcz (dir.); José Murilo de Carvalho (coord.), *op. cit.*, p. 226.

sam significados de sentimento vindo do idealismo romântico do "bom selvagem" rousseauniano, do século XIX, transformado em sensibilidade segundo o pressuposto positivista, no século XX. Do sentimento de brasilidade à objetividade realista-naturalista negativa da origem nacional se chegaria à ideia de insensibilidade em termos atávicos, hereditários, que justificariam a correção dos vícios por meio de uma "vigorosa educação", compreendida no Brasil como "castigos rigorosos", a exemplo dos que se aplicavam aos escravizados negros e indígenas no desempenho da administração da senzala ou do governo do país. Logo, *Caetés* (ou a prática da literatura), apenas se tomado como romance intimista, conforme Candido, pode sugerir, pela suposta irritação de Graciliano com as regras sociais, uma forma de compensação afetiva, como supõe Meyer em relação a Machado de Assis:

> [...] o verdadeiro drama da "consciência doentia" não se resume apenas nisso, começa com o fato da consciência por amor à consciência, da análise por amor à análise, – então sim, nasce o "homem subterrâneo". [...] A impotência sentimental do sarcasta, por uma fatalidade da compensação afetiva, produz uma violenta paixão de análise. [...][188]

Na mesma linha, Candido supõe que o "pessimismo vigoroso" de Graciliano Ramos é "seu modo de compensar a decepção por não haver valores absolutos e assim aplacar a nostalgia de perfeição"[189]. A radicalização atribuída a Graciliano de uma "crença em valores absolutos" substitui ou apaga do raio de alcance da obra a base material/objetiva que configura sua compreensão, isto é, a representação idealizada dos *caetés*, onde se encontram exatamente as estreitas relações do setor coletivo e dos problemas que afetam toda sociedade: sua resistência ao abandono da tradição ou passado escravista, motivo do "seu fracasso". Note-se que o fracasso, ao que dá entender Candido, seria só uma cenografia das decepções íntimas do autor alagoano compensada pelo amor à escrita ou à análise.

Disso resulta não apenas nossa discordância, mas sobretudo o fato de que, ao passo que se reconstrói historiograficamente o trânsito da carreira do funcionário público Graciliano Ramos, identificamos como relação imediata dos romances, ainda que em plano de elaboração imposto de cima para baixo, o projeto público de educação daquele período que

---

188 Augusto Meyer, "O homem subterrâneo", em: João Alexandre Barbosa (org.), *Textos críticos*, São Paulo: Perspectiva, 1986, p. 197.

189 Antonio Candido, "Ficção e confissão", *op. cit.*, p. 41 e 51.

predefiniu o pobre, o negro, o indígena, em suma, a classe dominada, como "criminosa", o que portanto legitimaria não só seu domínio mas também o uso, contra ela, da força do Estado, do arbítrio e da violência para conter os problemas na realidade provocados pela exploração escravista (não à toa *São Bernardo* vai inverter essa relação entre criminosos, mostrando a "classe superior" em sua mais explícita promiscuidade em termos de poder).

Do ponto de vista autobiográfico, a percepção de Graciliano a respeito do direito ao recurso da violência aparece em *Infância*, nas descrições dos primeiros passos de aprendizagem em Buíque, Pernambuco, em 1898, entre cinco ou seis anos: "Achava-me empoleirado no balcão, abrindo caixas [...]. Demorei-me a atenção nuns cadernos de capa enfeitada por três faixas verticais, borrões, nódoas [...] Tive a *ideia infeliz* de abrir um desses folhetos"[190]. Sebastião Ramos, observando a curiosidade do filho, pergunta se ele não gostaria de se tornar uma pessoa sabida. Iniciava-se aí sua aprendizagem, conforme a metodologia empregada por Sebastião, copiada naturalmente das escolas, que se materializava em "um côvado": "Se não visse o côvado, eu ainda poderia dizer alguma coisa. Vendo-o, calava-me. Um pedaço de madeira, negro, pesado, da largura de quatro dedos"[191].

A leitura e a escrita se apresentariam como mundo de barreiras rígidas, de dor e de incompreensão, como método de socialização. Às portas de acesso ao letramento/civilização havia um côvado. Tal sistema educativo atravessara séculos, como se sabe, sendo abordado parcialmente no enredo das obras ou como núcleo dos dramas, desde Manoel Antônio de Almeida, Raul Pompeia, Machado de Assis, no século XIX, a José Lins do Rego, no século XX. A agressão fazia parte do modelo de ensino-aprendizagem estimulado pela noção positivista de insensibilidade à dor, o que contrariava os próprios ideais lombrosianos de "ensino rigoroso", *supostamente mal compreendido pelos brasileiros* como a aplicação de castigos semelhantes aos aplicados na senzala.

A representação do "côvado" às portas da alfabetização revela a compreensão de Graciliano da relação entre a escrita e o exercício do poder arbitrário e violento. A relação se encontra na "vida prisão" de que trata Hermenegildo Bastos: "porque a vida inteira fora vivida e entendida como prisão"[192]. Ou mais precisamente, conforme J. Calisto dirá em 1921, em *O Índio*: "Aí está o motivo por que, entre nós, de ordinário se odeia o

---

190 Graciliano Ramos, *Infância*, op. cit., p. 95 (grifo meu).

191 *Ibidem*, p. 96-7.

192 Hermenegildo Bastos, *Memórias do cárcere*, op. cit., p. 94.

livro. São reminiscências daqueles maus tempos em que nos habituaram a confundir a escola com o cárcere"[193].

Note-se que, nesse período em que escreve J. Calisto, a Colônia Correcional de Dois Rios é o principal modelo da referência "escola/cárcere". Não se está falando apenas metaforicamente, mas em termos de um instituto de ensino brasileiro que elege como método de sociabilidade práticas escravistas de correção/aprendizagem, inoculando nos indivíduos a noção de "obediência", como critério do poder, à revelia das leis, o que configura os Estados totalitários ou antidemocráticos com relação não a cidadãos, mas a súditos e servos. Matriculado na escola de Buíque depois, o menino Graciliano estabelecerá contato com o famoso "barão de Macaúbas", autor de uma cartilha que prescrevia como norma-padrão uma variação linguística estranha e distante da realidade da criança sertaneja. É ainda J. Calisto, muito antes de o episódio aparecer em *Infância*, quem vai dizer no jornal *O Índio*:

> [...] embasbaca-me que professores reproduzam fonograficamente aqueles textos indigestos; assombra-me ver aquilo adotado oficialmente. [...] cheirando a mofo, em uma língua desconhecida, falada há quatrocentos anos por gente de outra raça e de um país muito diferente do meu[194].

Escrevendo por meio desse pseudônimo, Graciliano apresentava posição bastante comum a outros autores dos anos 1920, principalmente Monteiro Lobato e Lima Barreto, que recusavam a norma-padrão europeia da língua portuguesa e buscavam implementar na escrita uma proximidade com o português falado no Brasil. Mas, se J. Calisto se aproxima mais desses autores, X e Anastácio Anacleto se distanciam radicalmente, apontando que a construção dos textos assinados por pseudônimos não era um meio de ocultar-se, mas um exercício de exposição de diferentes estilos, tipos e ideias, já que, publicados no mesmo periódico, eles dividiam as mesmas páginas.

Ao examinarmos os quatro artigos do autor em que aborda a educação, três deles assinados por X e outro por J. Calisto, além da nota com tons humorísticos de Anastácio Anacleto, notamos sérias divergências de compreensão que colocam em contradição a coerência costumeiramente identificada nas obras de Graciliano. Alberto Manguel, comentando as divergências entre a obra de Vargas Llosa e suas posições políticas, por

---

193 Graciliano Ramos, *Linhas tortas, op. cit.*, p. 67.

194 *Ibidem*, p. 66.

exemplo, nos lembra que "Esse comportamento dividido leva à questão que parece irrespondível (ou mesmo talvez inquestionável), relativa às obrigações do escritor como artista e como pessoa. [...]"[195]. Ou, mais especificamente no caso de Graciliano, conforme Randal Johnson observa:

> Muitas afirmações sobre a suposta posição política de Graciliano antes de sua prisão foram feitas, em grande parte, com base em sua prisão em 1936 e sua posterior filiação ao Partido Comunista. Na realidade, a documentação referente à transformação de seu pensamento antes de 1936 – e particularmente sua posição política – é escassa, e as biografias existentes, embora muito úteis, são em geral insuficientes[196].

É preciso insistir aqui nas razões de o próprio Graciliano ter orientado Ricardo Ramos quanto ao que poderia ou não ser publicado pelo critério fundado no nome próprio. Veremos que, de fato, X e J. Calisto apresentam posições políticas divergentes, contrariando o que o próprio Graciliano faz supor serem suas ideias ao observarmos suas práticas reais, na década de 1920, como professor de francês e depois como presidente da Junta Escolar de Palmeira dos Índios. Sobretudo na década de 1930, quando como diretor da Instrução Pública de Alagoas, radicaliza suas ações, ainda mais, com a inclusão de crianças negras e pobres no sistema de ensino, recusando completamente a Constituição de 1934 que propunha regulamentar a "educação eugênica" no país.

Nos anos 1920, o autor usava de um ou de outro pseudônimo na persecução do tom que pretendia dar ao texto, vinculando ao nome que o subscrevia, de acordo com a personalidade construída, um simulacro discursivo. Anastácio Anacleto, poeta satírico, escrevia pequenos parágrafos ou poemas humorísticos. Aparentemente cada um dos pseudônimos (não se pode alçar aqui a ideia de que sejam heterônimos) tem uma personalidade própria. Por isso, em *Linhas tortas*, os textos anteriores a 1930 encontram-se assinados por R. O. e J. Calisto; enquanto os assinados

---

195 Alberto Manguel, *No bosque do espelho*: ensaios sobre as palavras e o mundo, São Paulo: Companhia das Letras, 2000, p. 125.

196 Randal Johnson, "Graciliano Ramos and Politcs in Alagoas", *op. cit.*, p. 23. Tradução minha: *"Many claims and assumptions have been made about Graciliano's political stance prior to his arrest, largely based on his imprisonment and his later afiliation with the Communist Party. In reality, documentation concerning the evolution of his thought prior to 1936 – and particularly his political thought – is scarce, and the existing biographies, although very useful, are frequently undersourced".*

por X e Anastácio Anacleto estão em *Garranchos*, revelando o trabalho de edição, ao longo dos tempos, que tais inéditos exigiram para que constituíssem uma unidade mínima de coerência.

Há certa convergência entre os dois primeiros simulacros discursivos que não se verifica em X e Anastácio Anacleto. Nesse sentido é que a categoria de "pessoa" é imprecisa, sendo mais apropriada a noção de construções conformadas ao "gênero discursivo" segundo o critério de *não assinatura do nome próprio*, e não artifício para ocultar "facetas estranhas". Necessário reforçar que não se trata da análise do homem, mas dos artifícios ou procedimentos de escrita pelos quais dá às ideias certa configuração, segundo representações/estereótipos em circulação.

Assim, se J. Calisto é moderado, cético, cauteloso, X é altamente assertivo, dando às abordagens caráter definitivo. Interessa aqui a distinção dos simulacros porquanto sensivelmente atrelados a noções que vamos identificar em *Caetés*. É traço comum dos personagens do romance a característica que X define como "vaidade que têm os ignorantes de entenderem de tudo" e "que têm uma maneira muito original de julgar a obra pelo título e pelo nome que a subscreve, sem a ler entretanto"[197]. Contrapondo essa ideia, veremos que João Valério a aproveita. Ao contrário da denúncia, Valério recorre "à vaidade dos ignorantes" quando supõe que a reação dos que o lessem, sem compreendê-lo, seria atribuir ao seu nome um saber que ele revela não ter de maneira consciente. Isso o autoriza arbitrariamente a se apropriar das formas e lhes atribuir os sentidos que lhe convêm. Essa questão se inverte quando acompanhamos Graciliano da perspectiva autoral: ele preza a inteligência do seu leitor e cuida para que este tenha plena compreensão do que está escrito. Daí a narrativa de Valério ser simetricamente oposta à enunciação em termos autorais: não há clareza no que ele enuncia, o que o torna alvo da crítica do autor.

Segundo Dênis de Moraes, Graciliano Ramos havia aceitado lecionar francês no Colégio Sagrado Coração e passou a contribuir com o jornal *O Índio* no mesmo ano de 1921. E já nessa época surpreendia os alunos por não adotar os procedimentos violentos geralmente usados pelos professores, sobretudo fazendo uso da ironia em vez do côvado. Não à toa, em 1926 seria nomeado presidente da Junta Escolar de Palmeira dos Índios, coincidindo a data com o início de escrita de *Caetés*. Sabemos que, na ficção, o presidente da Junta Escolar é um promotor, o doutor Castro, que declara no capítulo 12 ter a felicidade de nunca ter pisado numa escola exatamente quando o deputado Evaristo Barroca propõe o "esclarecimento das massas". Diferentemente do promotor, personagem

---

197 Graciliano Ramos, *Garranchos*, *op. cit.*, p. 63.

que atinge seus objetivos favorecido por seu protetor político, Graciliano vai ser reconhecido no município pelos méritos do trabalho pedagógico, uma das razões da indicação de seu nome para a candidatura à prefeitura em 1927. A simetria entre ficção e carreira administrativa aí deixa bem claro que, se no romance efetivamente vale o favor, na vida pública valem o mérito e o compromisso, próprio de uma mentalidade democratizante, ainda que o sistema eleitoral se estabelecesse pelos vínculos coronelistas.

Assim, parece-nos que tal obstinação pelo problema da instrução pública tem seu registro historiográfico justamente em fevereiro de 1921. E principalmente que, se fez a crítica, tinha uma ação planejada de enfrentamento do problema que, mais tarde, o conduziria a determinado círculo político-intelectual. Os romances não seriam becos sem saída ou falta de generosidade com os seres, mas certo modo de explicitar os vícios a serem combatidos. Daí resulta que, em *Caetés,* quase tudo e todos se encontrem em posição reprovável, num sentido de exigência de superação do atraso a partir do desmascaramento da insensibilidade ou da falta de "sinceridade", inicialmente, dessa sociedade, e não daqueles que foram embargados de participar dela. Não existe nesse momento o que virá a se constituir um programa de "educação popular", como se verá. Reforce-se que essas são *condições necessárias*, não suficientes.

As crônicas assinadas por X nos primeiros números de janeiro foram caracterizadas inicialmente como "futilidades e coisas inúteis", anunciando, na edição número 4, que a seção "Garranchos", a partir de então, trataria "de um assunto imperioso e grave": "Se este artigo for bem recebido por aqueles aos quais se dirige, munirei o braço de forças e continuarei. Vai como uma súplica endereçar-se ao governo"[198]. Não importa aqui, como constata Dênis de Moraes, que todos soubessem tratar-se de crônicas escritas por Graciliano Ramos porque Palmeira dos Índios era um pequeno município. Importam as crônicas e os artigos na medida em que fundam uma plataforma de campanha/publicidade que revelam os simulacros construídos pelo autor relacionando-os a problemas coletivos. A súplica, em síntese, é de que se fundassem escolas e que professores, de fato, fossem contratados: "O governo, descurando a maior necessidade do povo, entrega a sua instrução a criaturas tão ineptas que mal pode-

---

198 Graciliano Ramos, *Garranchos, op. cit.*, p. 61. Nos primeiros números de *O Índio*, X tratou mais de si e suas impressões gerais do Carnaval. Desde a edição número 2 do jornal, entretanto, havia um clima de campanha contra o analfabetismo, com a seção "Fatos e Fitas" anunciando na escrita de Anastácio Anacleto e um artigo de capa intitulado "Liberdade e instrução" assinado por O. Duarte.

riam frequentar o primeiro ano de um estabelecimento de ensino"[199]. Tais criaturas vão ser a base de construção do promotor, doutor Castro, em *Caetés*, dando continuidade a uma ideia levantada, antes do romance, nessa campanha de *O Índio*.

Ainda que a reivindicação de X fosse legítima, os argumentos empregados são perturbadores, atribuindo à instrução, materializada no livro, clichês como "balsâmica e divina, a fonte do bem humano", "arrancando-nos a cegueira da alma", com um desfecho lamentável quando faz a relação entre analfabetismo e criminalidade: "a ignorância aumenta, e os crimes multiplicam-se" (p. 61). As ideias lombrosianas haviam se generalizado nesse tempo. X não sabia (aparentemente) que o filósofo italiano atribuía à criminalidade a ausência de sensibilidade ou a analgesia (ausência de dor física), e não o analfabetismo. Para ele, a cultura e a educação apresentariam mecanismos que poderiam estabilizar o impulso criminoso do indivíduo, mas não impedir o crime, já que este seria determinado geneticamente. O que de fato importa é o modo como as questões vão-se delineando de 1921 a 1933, quando *Caetés* é publicado, exatamente quando o autor ocupará o cargo de diretor da Instrução Pública de Alagoas. Sabemos que o livro levou oito anos para ser lançado e que o autor não o tinha na mesma conta que *São Bernardo*, já escrito naquele ano e pronto para a publicação, antes de *Caetés*.

Voltando a 1921, aparentemente adotando uma estratégia de persuasão, X constitui como causa da criminalidade, dos vícios sociais, da prostituição, do jogo de azar, do "aluvião de mendigos", entre outras "fatalidades", o analfabetismo, concluindo: "não falarão essas misérias bastante alto para penetrar os ouvidos do governo?". Combater o analfabetismo seria combater o crime. Na crônica do número seguinte, começa o artigo com: "Voltemos a encarar de novo o grave mal que ameaça derruir a moral do povo: o analfabetismo. A ignorância arrasta, a passos gigantescos, a multidão sertaneja ao abismo tenebroso do crime", finalizando o texto: "Não serão acaso tantos crimes o resultado da ignorância que caracteriza o povo?"[200].

Ora, o Graciliano de 1937, retomando a ideia de que não se trata do mesmo juízo, diria que todas essas mazelas resultam "do fator econômico", ausente nos romances que ele critica. Jamais o Graciliano institucional diria que esses problemas teriam origem "na brutalidade dos selvagens, dos ignorantes e analfabetos", mas sim na exploração capitalista. Diferentemente do autor de *Vidas secas*, X indica como caminho:

---

199 *Ibidem*, p. 61

200 Graciliano Ramos, *Garranchos, op. cit.*, p. 65-6.

"Abri escolas, senhores do governo, esses 'viveiros de esperança'" (p. 62), o que, contraditoriamente, J. Calisto chama de "cárcere", como vimos, e não "viveiro de esperança". Daí classificar esses "articulistas" como "simulacros", como construção de personalidades distintas. O analfabetismo era quase geral, como sabemos, atingindo a classe pobre, principalmente, mas também a rica. Mas era corrente na sociedade brasileira desse período a ideia de que a classe letrada, pelo seu relativo grau de conhecimento da escrita, apresentasse níveis superiores de sensibilidade, vinculando-se à superioridade dos ancestrais portugueses. Por outro lado, a analfabeta se distinguia pela incompetência, brutalidade, impetuosidade nervosa, insensibilidade, incapacidade de aprendizado e de coerência nas ações, sendo, pois, dirigida pela classe superior como espécie de "freio do ímpeto criminoso". O discurso de X, inicialmente, remete a esses preconceitos.

As ideias positivistas ali presentes e de longa vida no imaginário histórico do país, muito pelo sucesso obtido com a publicação, em 1902, da obra *Os sertões*, de Euclides da Cunha, eram gerais. Segundo o autor carioca, o sertanejo, em função do meio agreste (o isolamento no sertão), da miscigenação (mestiçagem) e do período histórico, era: "[...] um decaído, sem a energia física dos ancestrais selvagens, sem a altitude intelectual dos ancestrais superiores":

> E quando avulta – não são raros os casos – capaz das grandes generalizações ou de associar as mais complexas relações abstratas, todo esse vigor mental repousa [...] sobre uma moralidade rudimentar, em que se pressente o automatismo impulsivo das raças inferiores[201].

Euclides da Cunha diferencia racialmente o "sertanejo" do "mestiço" que vivia no litoral, dizendo que o primeiro "É um retrógrado, não um degenerado"[202], revelando o ponto de vista que se adequava às características históricas das oligarquias rurais que dominaram a República. Suas colocações lembram algumas passagens de *Caetés*, mas fiquemos aqui com aquela em que padre Atanásio interrompe o deputado Evaristo Barroca e observa que o governo nada fazia para ensinar o povo (no fundo motivado pela diminuição da tiragem do jornal que dirigia). Na mesma cena, o doutor Castro é apresentado como presidente da Junta Escolar e diz abertamente a todos os convidados que a função é um horror, expondo as obrigações do cargo e que, pelo menos, até então, não havia ainda tido o desprazer de visitar nenhuma escola pública pessoalmente.

201 Euclides da Cunha, *Os sertões*, Porto Alegre: L&PM, 2016, p. 136.

202 *Ibidem*, p. 139.

O dr. Castro confessou que estava na presidência, infelizmente, e que aquilo era uma espiga. Mapas todos os meses, atestados, um horror de professoras e inspetores rurais, informações à diretoria e obrigação de visitar as escolas. Ele, graças a Deus, nunca tinha entrado em nenhuma. (p. 102)

Doutor Castro é protegido de Evaristo Barroca, um fazendeiro da região eleito deputado graças ao modelo eleitoral coronelista. Ele distribui cargos públicos aos seus aliados, derrotando adversários em razão de sua posição política. A direção da educação é dada como prêmio ao promotor pelos méritos no tribunal, ao ter ajudado a inocentar o assassino Manoel Tavares, jagunço protegido pelo deputado. É nesse sentido que Graciliano descreve Palmeira dos Índios como uma população retrógrada. Embora não escape aos preconceitos positivistas e naturalistas, ele a liga a seus estudos sobre "a psicologia do criminoso". O naturalismo e o positivismo inicialmente não são propriamente uma falha, mas meios que permitem a produção da ironia na narrativa.

Caetés, orientado pelos preceitos naturalistas, tende a revelar, segundo a exterioridade das representações sociais, a inconsistência das ideias pelo recurso irônico, mas não a relaciona a outros níveis da vida social, como o econômico. Nesse período, explora a exposição das reações, dos trejeitos, da expressão facial, aproximando-se dos textos de X, em que o interesse é sempre examinar uma superficialidade revelada como hipócrita: "Ficaste otimamente pondo a máscara de papel pintado sobre a máscara moral com que cobres eternamente o rosto, meu pérfido! Ser bobo é *chic*, está na moda"[203], diz X observando o comportamento dos foliões nas festas do carnaval. Note-se na sobreposição das máscaras que a profundidade se revela como disfarce superficial, em camadas, e não pelas ações que dão lastro à consciência. É o que vemos no segundo artigo da campanha pela alfabetização, em que X vai lançar-se acidamente contra "certo cidadão da roda, que tem título de eleitor, que usa gravata e meias, que discute literatura", acentuando os traços exteriores. O artigo decorre da constatação de que o apelo à alfabetização, feito por causa da queda da tiragem d'*O Índio*, fora inútil:

Andamos, positivamente, a passos de tartarugas em questões de letras. Toda a gente, quase, aqui assina jornais, e quase ninguém aqui lê os jornais que assina. Se lê, não compreende. E, por não saberem ler e pela vaidade que têm os ignorantes de entenderem tudo, indivíduos

203 Graciliano Ramos, *Garranchos, op. cit.*, p. 61.

há que têm uma maneira muito original de julgar a obra pelo título e pelo nome que a subscreve, sem a ler entretanto[204].

Embora o pseudônimo X, de fato, não fosse uma boa escolha para tratar do assunto, tudo indica que a matéria fora julgada "pelo título e pelo nome que a subscrevia". Nesse sentido, fosse no romance, fosse no jornal, era na superfície da capa e do nome que se encontrava o embate entre "aparência" e "entendimento", motivo que o vincula ao naturalismo e que leva X a descrever a reação de determinado leitor, que ele chama de "certo cidadão da roda", encenado na crônica atirando um dos números d'*O Índio* no chão, indignado com a extensão do artigo e com o tamanho dos tipos usados nos anúncios:

> – Isto é jornal! Eu bem disse logo que aqui não há assunto para fazer--se um jornal. Um artigo deste tamanho, misericórdia! Está-se vendo logo que é falta de assunto. Pode-se lá ler uma porcaria dessas!? Uns anúncios insignificantes, que a gente nem pode ler, tão pequenos são. Isso é jornal! Leio lá esta porcaria![205]

X dá razão a esse cidadão: "habituado a ler na carta de *ABC* (único livro que mal conhece) que 'Paulinha mastigou pimenta' e que 'Delfina comprará araçás', não podia passear os olhos sobre um artigo de quatro colunas" (p. 63). Tal cidadão da roda descrito por X é protótipo dos personagens de *Caetés*, em que a palavra, o livro, a arte etc. seriam utensílios mais ou menos comparáveis a ternos, título de eleitor e gravatas. Embora não saibamos se de fato a descrição de X é verídica ou inventada, o certo é que tal cidadão da roda é exatamente o que figura nas projeções de João Valério: "O meu fito era empregar uma palavra de grande efeito: *tibicoara*. Se alguém me lesse, pensaria talvez que entendo de tupi, e isto me seria agradável" (p. 60). Isto é, "se alguém me lesse", o que significa *qualquer um que o lesse*; e não o romance, mas apenas a palavra *tibicoara*. E Valério está de tal modo confiante de que seu leitor não se interessa pelo que lê que, vacilando onde se usavam o enduape (tanga de penas usado pelos tupinambás) e o canitar (adorno de penas usado na cabeça), acaba pondo o enduape na cabeça do pajé e "o canitar entre aspas". Eis o leitor para Valério nas palavras de X: "Que imbecil! Julga que o valor disso está no tamanho do artigo e no formato dos anúncios!". Isto é, na superfície ou na forma. Do mesmo modo, podemos perguntar: o emprego de uma

---

204   *Ibidem*, p. 63.
205   *Ibidem*.

palavra de origem indígena significaria o conhecimento do idioma? Daí a reação de Nazaré ao discurso de letramento das massas do deputado Barroca ser imediatamente atirar-lhe na cara que:

> [...] quando o nosso matuto tem um filho opilado ou raquítico, manda domesticá-lo a palmatória e a murro. O animal aprende cartilha e fica sendo consultor lá no sítio. Torna-se mandrião, fala difícil, lê o *Lunário Perpétuo* e o *Carlos Magno*, à noite, na esteira, para família reunida em torno da candeia. Qual é o resultado? A primeira garatuja que o malandro tenta é uma carta falsa em nome do pai, pedindo dinheiro ao proprietário.
>
> Evaristo achou aquilo um exagero evidente, o outro jurou que era verdade.
>
> — Pois se é verdade, [comenta o médico] a culpa deve ser do ancilóstomo. Que mal pode fazer a leitura? (p. 102)

Note-se que "a garatuja" só pode ser identificada nas relações descritas entre eles e na própria narrativa de Valério, atribuindo a fraude, no entanto, aos pobres, que, quando alfabetizados, apenas se munem do letramento para efetuar uma trapaça. Sobretudo, como mais adiante o dirá Nazaré: "palmatória e murro" é o único modelo com que se governa o povo, a escrita e a leitura apenas lhe fornecem um ardil a mais. No desfecho, note-se que doutor Pascoal se vale de um termo desconhecido e reduz a questão ao seu saber específico ao atribuir à verminose a origem da falsificação da carta, e não ao letramento, já que ele é letrado. O uso de termo desconhecido é estratégico. Valério ouve de Evaristo Barroca que Fortunato Mesquita "era um cidadão de conduta irreprochável" e conta: "Gravei na memória esta palavra, para procurar a significação dela no dicionário"; mas antes do que supunha, quando dançavam ao piano, conta: "A um convite silencioso de Marta sorri constrangido, declarei que o jantar tinha sido irreprochável. E abandonei-a ao Pinheiro, fugi para o jardim, fazendo tensão de consultar, quando chegasse em casa, o dicionário" (p. 96-106).

Para Graciliano, segundo os pseudônimos, a origem desse superficialismo "utilitário" da literatura e da palavra estava no modelo de educação da época. Mas disso ele só terá uma compreensão apropriada ao administrar por dois anos o município de Palmeira dos Índios e, ao publicar os relatórios da sua gestão, provocar as reações de recepção que o levaram à publicidade, pela assinatura do nome, consequentemente a uma certa relação coletiva de debates a respeito desses problemas juntamente com o governador Álvaro Paes, como veremos, em razão de que todo ensino estava destinado a inculcar os valores urbanos.

Os textos dos pseudônimos nos dão noção de como Valério compreende as formas e os sentidos atribuíveis a elas. Há nele, como em alguns personagens do romance, uma espécie de certeza absoluta de que tudo é aparência, superfície, e que o êxito seria alcançado pelo abuso da incompreensão alheia: o engodo da carta atribuído aos matutos revela não só a ele como a todos de seu círculo. Ela é a característica da função de uso da literatura, em todos os seus níveis, desde a aprendizagem da escrita e da leitura até sua prática, revelada pela contradição explicitada por Miranda Nazaré ao atribuir à classe pobre o engodo. Naturalmente o engano e a fraude da escrita só podem ser observados exatamente na classe rica, concretizada na própria narrativa de Valério pela carta anônima que vai denunciar sua traição.

A APARÊNCIA DE CIVILIDADE
PELA PRESERVAÇÃO DA TRIBO

Que quereis dizer quando citais este provérbio
na terra de Israel: Os pais comeram uvas verdes,
e os dentes dos filhos é que se embotaram?

(EZEQUIEL, cap. 18, v. 2, *Velho Testamento*)

Segundo Carlos Nelson Coutinho, *Caetés*, no conjunto da obra de Graciliano, é um romance naturalista, cuja importância teria sido a de que: "[...] escrevendo-o, Graciliano se liberta do naturalismo, percebendo na prática as suas limitações para representar as determinações mais profundas da realidade humana do povo brasileiro"[206]. Entenda-se por "determinações mais profundas" as relações capitalistas do mundo burguês, que em 1937 configura o artigo "O fator econômico no romance brasileiro". Assim, concordamos em parte com Coutinho, pois a origem da compreensão e prática do autor nos anos 1930 também se modifica pelos cargos públicos assumidos e pela gestão dos orçamentos do município, da Imprensa Oficial e, depois, do orçamento do Estado para a Educação.

> Balanço financeiro da Imprensa Oficial, de 1931, feito a próprio punho por Graciliano, então seu diretor. Fonte: Arquivo Público de Alagoas. →

Diferentemente, nos anos 1920, a experiência estética de *Caetés* fora adquirida na prática cronista de construção dos "simulacros" empregados nos artigos assinados por pseudônimos. A avaliação de Coutinho põe fora da análise a experiência histórica do cronista,

---

206 Carlos Nelson Coutinho, *Cultura e sociedade no Brasil*: ensaios sobre ideias e formas, São Paulo: Expressão Popular, 2011, p. 142.

Imprensa Oficial
Balanço procedido em 30 de Novembro

Resultado do Exercicio a Diversos   180.028.552
a Custeio Industrial
    Saldo d/ titulo   134.357.624
a Materia Prima
    Idem idem   45.670.928   180.028.552

Diversos a Resultado do Exercicio   131.449.300
Publicações
    Saldo d/ titulo   32.412.100
Renda das Oficinas
    Idem idem   66.004.500
Ass. do Diario Oficial
    Idem idem   33.032.700   131.449.300

T°. do Estado 9/at a Diversos   124.544.100
a T°. do Estado 9/recolhimento
    Pelo que foi recolhido ao Tesouro   37.802.100
a T°. do Estado 9/cobrança
    Saldo dos fornecimentos   86.742.000   124.544.100

T°. do Estado 9/custeio   173.143.352
a T°. do Estado 9/patrimonio
    Saldo daquele titulo   173.143.352

T°. do Estado 9/patrimonio   48.579.252
a Resultado do Exercicio
    Diferença para menos   48.579.252

Resumo:

Ativo:		Passivo:	
Predio da Imprensa	150:000.000	Fornecedores	60.439.600
Maquinas 4 Ferramentas	173:544.500	T°. do Estado 9/at.	347.366.455
Moveis 4 Utencilios	6.017.500		
Almoxarifado	78.244.055		
	407:806.055		407:806.055

Visto
Maceió - 30 - Novembro - 1937
Graciliano Ramos

Maceió em 30 de Novembro de 1937
Erasmo de Oliveira Campello
Guarda-Livros

professor e presidente da Junta Escolar de Palmeira dos Índios. Além desse aspecto, o que a concepção realista (enquanto estética literária) determina como objetivo não é finalidade do naturalismo. Concordamos em que as perspectivas naturalistas se limitam "à descrição do mundo convencional e vazio, isto é, à reprodução superficial de ambientes e de indivíduos médios"[207]. Mas não seria esse o propósito em *Caetés*?

Segundo José Lins do Rego em artigo de 1934, *Caetés* "É o pungente livro da nossa pequena burguesia urbana do interior, desses ajuntamentos infelizes que têm um padre, um juiz e um promotor e a pacatez mais asfixiante que o turbilhão [urbano]. A gente ali é medíocre até na miséria"[208]. E o próprio Coutinho, evidentemente movido pela ideia de uma representação realista capaz de transcender, pela experiência estética, as aparências e a própria existência material, não percebe como próprio do naturalismo revelar a profundidade pelas relações de superfície, ainda que isso signifique uma limitação, importe seu êxito ou não. Tanto a experiência literária realista quanto a naturalista são virtualidades, não a própria realidade empírica experimentada. E, quando classifica os tipos de *Caetés* como "uma coleção de figuras inexpressivas, todas elas passivas e acomodadas em face da inércia do meio em que vivem",[209] expressa, na síntese, o êxito do romance, atingido por meio da "asfixia provocada pela mediocridade" com que José Lins do Rego o especifica. E esse já é um belíssimo resultado para um romance de estreia. Não se está compactuando com a mediocridade nessa obra, mas expondo-a.

Pode chamar atenção a limitação do romance em análise de problemas sociológicos e econômicos, já que ocupam lugar central no drama as categorias positivistas da sensibilidade/insensibilidade, mas não se pode atribuir a ele objetivo alheio a seus propósitos. O limite do romance naturalista é a superfície. A questão é saber se o grau de alcance da superficialidade com que Graciliano constrói seus personagens dá conta dos problemas que se propõe a examinar e se atinge certo nível de arte que poria *Caétes* entre as grandes obras. E foi o que ocorreu, pois a crítica do romance à época não se negou a reconhecer nele o que havia de antiquado, conforme diria em 1934 Valdemar Cavalcanti:

> Quando li *Caetés*, há três anos, senti uma impressão de caricatura: caricatura de massa, com a grandeza natural da boa caricatura, mas também com as desvantagens do seu sentido de deformação da reali-

---

207 *Ibidem*, p. 148.
208 José Lins do Rego, *"Caetés"*, em: Edilson Dias de Moura, *op. cit.*, p. 225.
209 Carlos Nelson Coutinho, *op. cit.*, p. 149.

dade [...] E nunca uma impressão foi mais falsa, nunca me traí tanto a mim mesmo. Todo o pessoal do *Caetés* [...] tem uma vida de carne e osso, intensa e infeliz no seu grotesco[210].

Caetés não atinge de fato a qualidade literária de um *Triste fim de Policarpo Quaresma*, mas é seguramente superior a muitos romances publicados nos anos 1930. Daí concordamos com Luís Bueno em que "[...] é insuficiente a leitura rebaixadora que prefere alinhar o romance de estreia do mestre alagoano com o naturalismo decadente a entendê-lo como parte integrante da obra que ele viria a construir nos anos seguintes"[211]. A questão é onde e como o romance se integra às obras seguintes como um primeiro passo de qualidade, e não como um fracasso que possibilitou o êxito dos romances seguintes.

O meio, em *Caetés*, mais efetivamente as formas de relacionamento entre os personagens, é conveniente, fundado num pacto burguês colonialista de relação social, sendo, pois, próprio dele a "inatividade" e a "inércia", apontadas por Coutinho como uma *intencionalidade*, e não um defeito. Coutinho identifica a inatividade e a inércia como falhas por não reconhecer nelas um modo de ação conveniente do poder (cruzar os braços é inércia, mas intencional). Não há em ponto algum do romance em boca de qualquer que seja o personagem, desejo de mudança: é a conveniência que faz os personagens inativos, já que a ação, como vimos, por exemplo, proposta pelo deputado Evaristo Barroca, poria fim a seus privilégios de classe dirigente e "governo": sua proposta é adorno de uma personalidade superficial, marcada pela insensibilidade aos dramas humanos. Daí seu desconcerto com a observação do padre e sua retirada estratégica de "entre os governantes".

O que integra *Caetés* aos romances seguintes é a exploração do contraste entre "conformismo" e "inconformidade" e entre "insensibilidade" e "sensibilidade", que em *São Bernardo*, *Angústia* e sobretudo em *Vidas secas* atinge um nível extraordinário de produtividade artística. Além disso, a metáfora/alegoria presente nesses romances não deixa de existir também em *Caetés* na correlação de níveis, como veremos a seguir.

No passeio em que se junta a dona Engrácia, à filha de Vitorino Teixeira, a Luísa (a amante), a Clementina e a Marta Varejão, Valério sobe em uma parte mais alta da cidade e, dando uma perspectiva geral desta, faz a seguinte projeção:

---

210 Valdemar Cavalcanti, "O romance *Caetés*", em: Edilson Dias de Moura, *op. cit.*, p. 222.

211 Luís Bueno, "Uma grande estreia", em: Graciliano Ramos, *Caetés*, Rio de Janeiro: Record, 2013, p. 271.

> Feliz e egoísta, vi o mundo transformado. [...] tudo minguou, reduziu-se às dimensões das figurinhas de Cassiano [artesão]. E a cidade, que divisei embaixo, [...] era como o tabuleiro de xadrez de Adrião, com algumas peças avultando sobre a mancha negra dos telhados (p. 169).

Ver-se-á curiosamente em *São Bernardo* a mesma projeção de dominação quando Paulo Honório sobe na torre da igreja com Marciano para matar corujas e vê o mundo a seus pés:

> E quando, assim, agigantados, vemos rebanhos numerosos a nossos pés, plantações estirando-se por terras largas, tudo nosso, [...] uma grande serenidade nos envolve. [...] Diante disso, uma boneca traçando linhas invisíveis num papel apenas visível merece pequena consideração. Desci, pois, as escadas em paz com Deus e com os homens [...][212]

Sabe-se que, ao passo que Paulo Honório "desce de sua altivez", encontra exatamente a carta que vai revelar sua fragilidade, nas linhas invisíveis de Madalena, a morte prenunciada pelos pios da coruja. Em *Caetés*, Valério também, ao descer de seu egoísmo, terá de enfrentar a revelação do seu segredo na carta anônima que o denuncia e chega às mãos de Adrião. A revelação da farsa social se dá pelo estremecimento das relações de superfície, provocado em uma partida de xadrez na casa de Miranda e que dará origem à carta. O xadrez/cidade metaforiza as relações sociais como jogo de aparências e paixões, propõe ao leitor, que reconhece suas regras, que o segredo, o blefe, o engodo são estratégias do personagem e também do narrador. O erro de Valério foi exatamente estar onde não devia para os outros: no alto. O blefe se desmascara aí, pois entre eles esse é o único elemento partilhável.

Em termos gerais, ninguém ali quebra regras. Devem-se mover sem que as intenções do jogo sejam percebidas. Sem a alegoria, resultaria que o cinismo seria algo "ingênuo", atribuído "à origem canalha", justificando os vícios sociais que caracterizam os personagens. Por isso, o objetivo também comum a eles é o xeque-mate/êxito. Apenas o leitor tem acesso ao que se passa na subjetividade de Valério. Quando lhe ocorre a semelhança entre a cidade, vista de cima, e as relações do jogo de xadrez, ele já mudou sua condição inicial, mas precisa manter a aparência de não ter saído do lugar, diminuindo-se, comovendo o leitor com sofrimento. Em nenhum momento suas atitudes devem representar perigo aos

---

212 Graciliano Ramos, *São Bernardo, op. cit.*, p. 156.

demais, fazendo do jogo do relacionamento algo mais importante que a coerência das suas ações. É o mundo que deve se transformar a seus propósitos, e não o seu modo de olhar o mundo, por ser – ele próprio o diz – egoísta. Não à toa, nesse momento de "felicidade e egoísmo", junto a Luísa, passa o Neves, farmacêutico, que tem fama de penetrar segredos e espalhá-los. Essa felicidade interna, sugerida de algum modo num gesto exterior e por ocupar a posição na parte mais alta da cidade, é percebida por Neves; é o que o escrivão Miranda Nazaré, no capítulo seguinte, dá a entender ter sido revelado por Valério. Seduzir Luísa não se constituiria o objetivo, mas passo necessário para, aí sim, aplicar o xeque-mate. Nazaré alude a essa estratégia ao convidá-lo para uma partida de xadrez, logo após o capítulo em que lhe ocorre a imagem de Palmeira dos Índios como tabuleiro:

> — Você até que joga muito bem, melhor que o Adrião. Branca? Sim senhor, é o que lhe digo, *substitui o* [Adrião] *Teixeira com vantagem.* Saia lá, seu *felizardo*.
>
> Embatuquei, tive a impressão de que me haviam tirado a roupa, deixado nu diante de Clementina e do Dr. Castro.
>
> — Xeque.
>
> Avancei um peão. *Ali estava o meu segredo babujado pela boca mole daquele velhaco.* Que imprudência tinha eu cometido? (p. 172, grifos meus)

É notável como, até então, as palavras não representavam nenhum outro valor senão superficial, esvaziado do seu conteúdo, e como, nesse caso, elas significam exatamente o que o leitor acompanhou desde o início do romance: "um jogo", uma estratégia. Assim, quando Valério beija a nuca de Luísa, dando início ao que se desenrolou como uma espécie de causas e consequências involuntárias, ele se movimentou como "um peão". Portanto, jogar "melhor que o Adrião", marido de Luísa, somado ao fato de que, no sorteio da partida, Valério tira a sorte de sair com as "brancas", isto é, ter o privilégio do primeiro movimento no jogo, coincide exatamente com o movimento do primeiro parágrafo do livro. Substituir o Adrião Teixeira "com vantagem" é o "segredo babujado pela boca mole daquele velhaco". Isto é, o jogo ou a estratégia de sedução, não só de Luísa, mas também narrativa, estava codificado na metáfora como *escrita* (garatuja, falta de habilidade para escrever um livro).

Como havíamos antecipado, Graciliano Ramos desenvolve aqui, no processo dialógico do jogo discursivo, o meio de fazer o próprio Valério confessar o objetivo de ocupar o lugar de Adrião pela boca de

Nazaré: "Ali estava o meu segredo babujado pela boca daquele velhaco". A alegoria desempenha a função de articular o nível externo (rede de relações sociais na superfície) ao introspectivo do narrador-personagem, permitindo que o significado venha à tona sem a intromissão do escritor. Valério confessa sozinho que, não o adultério em si, mas capturar a rainha, peça-chave da altivez de Adrião, seria golpeá-lo em seu ponto fraco. E Miranda Nazaré não faz isso sozinho, eles tinham companhia: "tive a impressão de que me haviam tirado a roupa, deixado nu diante de Clementina e do Dr. Castro".

Assim, no plano da nossa análise, Valério é icônico daquela sociedade: um saqueador de conteúdos, de tradições, apropriando-se das formas nas quais introduz significados alheios a elas. Seu cofre é a *Bíblia*, expulsando o sentido original do livro religioso para nele fazer a inserção dos valores que pretende manter afastados dos olhos cobiçosos: "Várias vezes peguei a *Bíblia* para tirar dinheiro, e o livro sempre se abriu no *Eclesiastes*, mostrando-me a frase de Salomão enjoado. Repetindo-a, senti uma atroz amargura. Uvas verdes. Que me importava Salomão?" (p. 155). Assim também é a estrela vermelha que vê no céu após conquistar Luísa, transformando-a em testemunha da sua conquista, para depois rejeitá-la dizendo que não passava de uma estrela qualquer. Ocorre o mesmo com Luísa: tendo nela projetado qualidades que dissimulassem suas ambições, ignorou a autenticidade própria da mulher que seduziu, reduzindo a sensibilidade dela à dor alheia a um trunfo: "Compreendi a razão por que Luísa não confessou ao marido minha temeridade. Uma criatura como ela não agravaria nunca o sentimento alheio" (p. 77). Isto é, ele se dá conta de que Luísa é íntegra e acreditou na sua simulação de "sentimento". Valério aproveita-se da descoberta da compaixão da esposa de Adrião pelos pobres em seu próprio favor no jogo da conquista, tomando a sensibilidade dela como um álibi, assinalando a insensibilidade dele como uma vantagem: jamais seria descoberto.

Ao tomar contato com o que de fato constituía a personalidade de Luísa, vê na imagem construída por ele uma superioridade que o leva a tratá-la com desdém, transformando o que nela era autêntico em algo desprezível: "Luísa me inspirou imensa piedade. [...] Não se assemelhava à mulher que me deixara aniquilado ao pé da manjedoura onde repousava um Jesus de *biscuit*, junto a um rio de vidro" (p. 160). Não à toa essa falsa imagem da mulher insensível à sua dor se projeta contígua à fabricação de "um Jesus de *biscuit*" e um "rio de vidro". O mesmo desprezo pela sensibilidade dela com a pobreza e a fome dos vizinhos ocorre com a história dos *caetés* enquanto artifício.

De fato, tudo se passa como se ele não fosse autor de nada. Após o drama, a morte lenta de Adrião, vê-se livre de Luísa, torna-se sócio de Vitorino e passa a planejar novas aventuras como se nada tivesse acontecido. Sem remorso, sem o menor escrúpulo, assumiu a posição de Adrião mesmo que toda a sociedade palmeirense soubesse do caso. A função descritiva da obra tem como princípio permitir a observação do caráter parasitário daquela sociedade, que vê na autenticidade de um povo ou de um indivíduo, segundo sua própria noção de superioridade, apenas fraqueza e inutilidade das quais se pode tirar algum proveito. Por isso, não há revolta. Não há crítica. Apenas a acomodação, motivada pela própria manutenção da posição conquistada na conveniência do jogo. O inconformismo teria aí papel apenas no âmbito da interpretação.

Exemplo máximo disso se dá quando Valério, sentindo-se ameaçado pelo doutor Castro (que partilhou da descoberta de Miranda Nazaré), se revolta contra a absolvição de um assassino que todos sabiam que ocorreria. A cena do bar em que repetidamente Isidoro Pinheiro bebe, fuma, joga bilhar, pede dinheiro emprestado, não paga as despesas e critica abertamente os produtos consumidos, revelando-o pela contradição de ser uma "alma caridosa", conforme o cinismo de Valério. É notável que o custo dessa caridade é repassado a terceiros. Uma caridade da qual apenas Pinheiro obtém crédito, e que Valério qualifica positivamente a fim de persuadir o leitor de sua própria inocência diante da malícia do amigo.

Após o noivado desfeito entre doutor Castro e Clementina, a menina é tomada por um surto psicótico e ataca o noivo a unhas. O pai dela, Miranda Nazaré, vai até a farmácia, onde encontra Isidoro Pinheiro, Valério e o médico, doutor Pascoal. Pede ao balconista uma mistura antidepressiva, mas o funcionário diz que não tem a fórmula naquele momento. Ao sair, o médico pergunta quais drogas faltavam para a composição:

> — Não senhor, é que ele não paga. Já levei a conta um bando de vezes. Não avio: acabou-se a valeriana. É melhor assim: não se gasta nada, e amanhã a moça está boa.

Isidoro indignou-se:

> — Que horror! Deixar uma pessoa sofrendo por causa de cinco mil-réis, dez mil-réis! Mande a garrafada. Espere, não me interrompa. Mande. E se ele não pagar, debite-me.

Desculpou-se:

> — Tenho negócios com o Miranda. Umas escrituras. Depois desconto.

Pusemo-nos a rir, sabíamos que era mentira.

[...]

> Censurei Isidoro com amizade. Que prazer extravagante! Deitar dinheiro fora! Nazaré não precisava daquilo, era rico. (p. 180-1)

É rico mas não paga o farmacêutico; e Isidoro Pinheiro é um cínico, assim como Valério, pela simulação de inocência, já que nenhum dinheiro saiu da carteira do amigo. O valor, segundo Lombroso, é apenas um: "[...] praticam atos virtuosos só por vaidade"[213]. Aliás, rastreando o dinheiro, que no fundo vai sair do bolso do Neves, o farmacêutico, compreende-se por que ele é desprezado como "fofoqueiro". Toda caridade tem seu custo repassada a terceiros. Tal prazer extravagante da caridade do Pinheiro, na boca de Valério, é ridículo. E a única razão de sua simulação de compaixão é que, com o fim do noivado de Clementina, sendo Nazaré um homem rico, Pinheiro poderia aproximar-se dela num momento de fragilidade, dissimulando suas intenções. Sua alma caridosa, quando se trata de fato dos necessitados, não existe. Despreza-os como o faz o próprio Nazaré, ao argumentar que os pobres comem às custas dos ricos e que seriam mais úteis à sociedade se estivessem todos mortos. Essa opinião é sustentada dentro da redação do jornal, no interior da igreja de padre Atanásio, e acaba tangenciada pelo médico em uma reflexão sem pé nem cabeça sobre a eutanásia. Ao ouvir a palavra, Isidoro Pinheiro a rabisca num papel e o guarda no bolso. No final do capítulo, conta o narrador: "Tirou do bolso um papel, chegou-o aos olhos. – Que diabo quer dizer eutanásia? Eu também ignorava" (p. 92).

Tudo é adorno, mas nem um pouco ingênuo. E os fatos vão todos aparecendo fragmentados na narrativa, surgindo e se apagando como se não tivessem solução alguma ou pouco importassem. É, portanto, por esse motivo que Carlos Nelson Coutinho falha ao dizer que o livro é apenas descrição superficial da inatividade e da inércia, pois representa uma intencionalidade explícita de "não agir", firmado no pacto com a mediocridade. Poder-se-ia até mesmo propor *Caetés* como satírico, mais que romance de costume.

Só em casos de grande ameaça o pacto se quebra, e os segredos, protegidos por meio do cinismo das considerações mútuas, são revelados. Numa discussão de bar, no capítulo 25, quando Valério expõe em público que o doutor Castro ajudou a absolver o criminoso Manuel Tavares por ordens e recebeu como favor a presidência da Junta Escolar da cidade, observamos um desses momentos. Pela quebra do pacto (revelação do segredo de Valério no xadrez que, por sua vez, mantém doutor Castro protegido), a rede de relações sociais sofre uma fratura, vindo à tona, no

---

213 *Ibidem*, p. 202.

capítulo seguinte, a carta anônima que delata Valério a Adrião Teixeira, indicando que todos são cúmplices uns dos outros até que haja algum risco real a um deles. Tudo se dá após Manuel Tavares ser absolvido pelo júri da acusação de ter matado uma pessoa e a enterrado em um quintal. O comparsa o delata depois de ter descoberto que o parceiro ficou com uma parte maior da recompensa na partilha. E qual seria o crime? Eles teriam eliminado um adversário político local. Segundo consta, pode-se rastrear a origem dessa ideia em 1926, quando Graciliano encontra, numa limpeza da estante, dois contos sobre dois tipos de criminosos, que teriam dado origem a *Caetés*:

> O mês passado abri o compartimento inferior da estante e encontrei lá um par de tamancos imprestáveis, uma coleção de selos e algumas resmas de manuscritos. Deitei fora os tamancos, dei os selos ao meu rapaz mais velho e queimei os papéis. Foi uma festa na cozinha. Os pequenos me ajudaram. [...] no domingo seguinte vieram perguntar-me se ainda havia papel para queimar. Não havia, que tive a fraqueza de poupar ao fogo umas coisas velhas que me trazem recordações agradáveis e dois contos que andei compondo ultimamente, porque tenho estado desocupado e me imaginei com força para fabricar dois tipos de criminosos.[214]

---

214 Carta de Graciliano Ramos ao amigo A. J. Pinto da Mota Lima Filho, em 1º de janeiro de 1926. Cf.: Graciliano Ramos, *Cartas, op. cit.*, p. 80.

ROMPIMENTO E CONCILIAÇÃO DE CLASSE: OS ELOS DO SEGREDO

Segundo Dênis de Moraes, após o assassínio do prefeito de Palmeira dos Índios, em 1926, a sucessão municipal estava aberta. E, em 1927, uma eficiente articulação política havia se convencido a lançar a candidatura de Graciliano, até então um culto comerciante da cidade, conhecido como homem austero e honesto em linhas gerais e que fora bem-sucedido como presidente da Junta Escolar do município[215]. O mesmo cargo que em *Caetés* ocupa o promotor, doutor Castro, depois de ajudar a inocentar Manuel Tavares, o suspeito protegido pelo deputado Evaristo Barroca. O episódio do assassinato é apresentado no começo do romance numa conversa entre Adrião, Nazaré e padre Atanásio:

> — Que há de novo sobre Manuel Tavares? perguntou Adrião depois de um longo suspiro. Parece que está provado que foi ele, heim?

> — Provadíssimo, confirmou Nazaré. Vão ver que ainda desta vez o júri manda para a rua aquele bandido.

> E pormenorizou a novidade de resistência: um sujeito assassinado

---

215 Dênis de Moraes, *op. cit.*, p. 52.

enquanto dormia, enterrado num quintal, exumado depois de um ano, por acaso.

— Que a polícia nunca teve intenção de prender Manuel Tavares. A polícia não tem intenção. Foi um parceiro do assassino que brigou com ele e veio denunciá-lo. O móvel do crime? Vinte mil réis falsos e uma roupa de mescla. Tem aí o padre Atanásio matéria para escangalhar no seu jornal a polícia, Manuel Tavares e o conselho de sentença que o absolver.

— Se o absolver, resmungou o vigário. Um caso tão monstruoso...

— Absolve, não há dúvida. Está na rua, é protegido do Evaristo. (p. 67)

Esse caso é decisivo no romance: as ligações entre o criminoso, o deputado Barroca, o júri e o promotor público são de conhecimento geral na cidade, mas apenas Valério, por sentir-se ameaçado pela descoberta de seu caso com Luísa, o expõe abertamente. Em termos sintagmáticos, a cena em que padre Atanásio, Miranda Nazaré, Adrião Teixeira e Valério discutem as circunstâncias do julgamento de Manuel Tavares só voltará a ser referida no capítulo 12, aparentemente como um assunto entre outros. Fica por conta do leitor, não contemporâneo da obra, rastreá-lo nas amarras da narrativa. O caso só reaparecerá após padre Atanásio ter posto o deputado Evaristo Barroca contra a parede depois do discurso do "esclarecimento das massas":

Padre Atanásio calou-se, fez uma carranca de rigor e desprezo ao adversário, tomando talvez aquele deplorável estado como prova de que tudo quanto o outro havia dito em sessenta anos era erro e iniquidade. Recebeu a xícara de café, esvaziou-a em discussão muda com uma figurinha de japonesa que tinha a cabeça crivada de palitos. E, arredondando os bugalhos:

— Então o julgamento do Manuel Tavares foi adiado, heim?

— Isso! confirmou Adrião em voz baixa, deitando uma olhadela de través ao Barroca. Protetores fortes. E indignação geral. Adiaram. Na sessão vindoura o homem é absolvido.

— Ora, muito bem, conversamos lindamente, exclamou o dr. Castro quando as senhoras se levantaram. Eu gosto destes assuntos...

Agitou a mão como se quisesse agarrar um adjetivo.

— Filosóficos, sugeriu Adrião.

— Exatamente, filosóficos, era o nome que eu tinha debaixo da língua. Um debate magnífico. (p. 104)

Embora possam ser rastreadas na narrativa, revelando os elos entre o crime, o poder político e a justiça, as amarras que dão significação ao julgamento de Manuel Tavares também têm sua correlação com o ambiente em que o romance foi produzido. Para o leitor contemporâneo da obra, este talvez fosse um dado mais ou menos evidente. Por outro lado, equivale também a dizer que

> O leitor não contemporâneo [da obra] é por isso obrigado não só a estabelecer uma relação com o texto, mas ao mesmo tempo a reconstruir os repertórios de que dispunha o receptor da comunicação original. No entanto, esta reconstrução nunca poderá restituir o horizonte original da experiência; ela não passa de relativa e particular, pois possibilitada por uma conceitualidade explícita[216].

Nesse sentido, *Caetés* pode ser compreendido também pelos artigos publicados no início da década de 1920 em *O Índio*, cuja menção ao assassinato cometido por alguém suposta ou inventivamente chamado Manuel Tavares havia sido mote de um artigo assinado por J. Calisto. E vale lembrar que, na crônica "Alguns tipos sem importância", de 1939, Graciliano conta que estariam na base de origem do romance três contos que ele pretendia redigir apenas para se "distrair": dois nos quais "se esboçaram uns criminosos que extinguiram" suas "apoquentações" e um que se estendeu mais do que o esperado e "desandou em romance".[217] Essa explicação da gênese é por vezes entendida como espécie de motivação inicial do autor em estudar a psicologia do criminoso que redundou na construção das características de cada um dos narradores em primeira pessoa. Entretanto, Valério não é um criminoso de fato, apenas um tipo de "delinquente moral", segundo as teses de Lombroso. O criminoso de fato em *Caetés* é Manuel Tavares, tendo ele aparecido pela primeira vez em *O Índio*.

Em 1921, usando o pseudônimo J. Calisto, o autor constrói a carta de um suposto candidato a promotor de defesa do assassino Manuel Tavares endereçada a determinado cavalheiro de importância, supostamente o juiz do caso, apresentando suas qualificações, às vésperas da

---

216 Karlheinz Stierle, "Que significa a recepção dos textos ficcionais?", em: H. R. Jauss *et al., A literatura e o leitor,* Rio de Janeiro: Paz e Terra, 1979, p. 173.

217 Graciliano Ramos, *Linhas tortas, op. cit.,* p. 194.

sessão de julgamento do acusado de matar um homem enquanto este dormia. Suas razões são simples. Escreve o remetente ao juiz: "Não ignoro que V. Sa. deseja, com a influência de que dispõe, aliviar a cadeia pública desta cidade de alguns pacíficos rapazes que ali se encontram [...]"[218]. E argumenta a seu favor que "não há notícias de que eu tenha contribuído para condenar-se um homem, salvo alguns casos secundários de presos desconhecidos". Contrapondo a ideia de "desconhecidos" à de réus/amigos, assevera: "lisura e honra dos compromissos assumidos para com os amigos" e que "confiando-me seus protegidos, saberei julgar com a imparcialidade e a justiça a que têm direito".

A suposta carta é um deboche. O artigo é um verdadeiro escracho da justiça e do direito, promovendo, de seu ridículo formalismo, uma base de relações fundada em valores clientelistas. O remetente da carta em poder de J. Calisto, o suposto promotor, não se contenta apenas em detalhar ao juiz do caso sua disposição de libertar o criminoso, mas de que modo o fará, o que, por mais jocoso que possa parecer, tem como ponto fundamental evidenciar que "culpa" ou "inocência" não derivam de provas (positivas), tampouco de leis que preservem os direitos dos indivíduos, mas dependem de quem as determina segundo o domínio do poder autoritário. Assim, expõe o candidato a defensor de Manuel Tavares sua estratégia de defesa com base em uma retórica chula, cheia de falsos silogismos. Evidentemente. J. Calisto constrói a crônica com fim de satirizar os processos judiciais e a capacidade dos leitores, como do júri, que depositam sua confiança em formalidades:

> Manuel Tavares assassinou um homem dormindo, segundo consta. É gravíssimo. Dirão. Pois não, senhor. Não vejo ali motivo para condenar-se uma criatura. Vejo apenas duas proposições duvidosas, que nada de positivo afirmam a respeito da culpabilidade do indigitado autor do homicídio em questão. [...] "Manuel Tavares assassinou um homem". Ficasse na incerteza sobre se foi Manuel Tavares o assassino ou o assassinado. Sendo o verbo "assassinar" um verbo transitivo, tanto lhe pode servir de agente Manuel Tavares como "um homem". Em casos assim ambíguos, a colocação das palavras em nada influi quanto ao sentido delas[219].

Embora dormindo e, depois, morto, adverte o autor da carta a possibilidade de o morto ter assassinado o sujeito ora vivo e atrás das

218 *Ibidem*, p. 63.
219 *Ibidem*, p. 64.

grades "sem provas". Em linhas gerais, J. Calisto não só debocharia do conhecimento superficial das normas gramaticais do público/júri como aponta a certeza do advogado de que as normas aplicadas na redação de textos, para o júri, determinariam os fatos/referências e os modificariam.

Como vimos, Graciliano inclui esse suposto caso escrito em 1921 por J. Calisto em *Caetés*, que complementa o caráter do promotor do romance. Corresponde à percepção generalizada no início da República da sátira, do deboche, desenvolvidos pelos escritores em face de uma legislação completamente desmoralizada pelo clientelismo e pelo coronelismo.

> A lei era então desmoralizada de todos os lados, em todos os domínios. Esta duplicidade de mundos, mais aguda no Rio, talvez tenha contribuído para a mentalidade de irreverência, de deboche, de malícia. De tribofe. Havia consciência clara de que o real se escondia sob o formal. Neste caso, os que se guiavam pelas aparências do formal estavam fora da realidade, eram ingênuos. Só podiam ser objeto de ironia e gozação[220].

Eis a razão de que, em *Caetés*, muitos dos efeitos se tenham perdido com a publicação tardia do romance, em 1933, dando a sensação de que quase tudo nele fosse confuso, desamarrado, além dos limites. Ao que parece, Graciliano titubeou, com a passagem do tempo, entre o uso da ironia e do deboche, na amarração dos episódios do romance, e o caráter de denúncia da literatura dos anos 1930. O humor em *Caetés* sobreviveu apenas no episódio em que Nicolau Varejão, adepto do espiritismo, conta se lembrar, através dos sonhos, de suas últimas encarnações e acaba produzindo uma incongruência ao asseverar que participara da Guerra do Paraguai na juventude. Dr. Pascoal, numa rápida soma das idades da vida anterior do suposto encarnado, o desmascara: "Caso o senhor tenha morrido e nascido logo que voltou da Itália, não pode ter mais de vinte e seis anos. [...] Se calcular isso direito, o senhor está morto, seu Varejão" (p. 36). O humor de Graciliano será, anos depois, apontado nos relatórios publicados no fim da década de 1920 pela Imprensa Oficial e, mais tarde, retomado por Augusto Frederico Schmidt como razão da inverossimilhança de Paulo Honório.

Foi durante o período em que escrevia *Caetés*, entre 1926-1927, que o prefeito do município foi morto e Graciliano teve sua candidatura lançada para o tal cargo "[...] por um triunvirato do qual faziam parte o jornalista e deputado federal Álvaro Paes e os irmãos Francisco e Otávio

---

220 José Murilo de Carvalho, *Os bestializados, op. cit.*, p. 159-60.

Cavalcanti [...] que dominavam a política palmeirense há quatro anos"[221]. Diz ainda Moraes, e o sobrenome Cavalcanti repercutirá na vida do autor, "como bons coronéis, se encarregavam de cabalar eleitores. Afinal, as eleições na República Velha eram a bico de pena – votos a descoberto e currais eleitorais mantidos a ferro e fogo, pela corrupção"[222]. Essa situação, como veremos, é idêntica aos processos ocorridos em *São Bernardo*. E, ainda que desenvolva os problemas de cima para baixo, como em *Caetés*, ao transformar Paulo Honório, cuja origem é a enxada, em coronel, as relações de base do processo se evidenciam e permitem à análise percorrer as extremidades de fundo e superfície num todo. Entretanto, em *Caetés* apenas se alude ao problema de modo superficial. Apesar disso, pode-se compreender o motivo de Graciliano na crônica "Uns tipos sem importância", ter dado como origem do romance contos a respeito de "uns criminosos", isto é, não exatamente "a psicologia dos criminosos", mas toda a rede de relações estabelecidas entre governantes, sociedade e criminosos. Daí ter qualificado na carta ao amigo em 1926 que eram "dois tipos de criminosos".

Portanto, o crime cometido por Manuel Tavares não se configura como um caso isolado. Ele está encadeado nas ligações políticas entre o criminoso, o deputado, o promotor e o júri e terá seu desfecho na carta anônima que chega às mãos de Adrião expondo à sociedade palmeirense um caso privado. Veja-se a cena:

— Sempre os senhores puseram na rua o Manuel Tavares, heim?

— Eu não! Exclamou o dr. Castro. Foi o júri. [...]

— O júri? estranhei. O senhor também. Está visto. O senhor apelou?

— Não, não apelei, disse o promotor. Não apelei porque o juiz de direito, os jurados... o senhor compreende. Um crime como aquele... Enfim não apelei.

— E então? Foi o senhor. Manuel Tavares, um assassino, um bandido da pior espécie. [...] Um criminoso que matou um hóspede adormecido... E para roubar!

— Estava no meu direito, urrou o promotor. Não preciso que ninguém me dê lições. [...] Não recebo ordens, não me submeto. Firme, entende como é? Escravo da lei, fique sabendo. Comigo é em cima

---

221 Dênis de Moraes, *op. cit.*, p. 52.

222 *Ibidem*, p. 53.

do direito, percebe? Desde pequeno. A minha vida é clara. Cabeça levantada, com desassombro, na trilha do dever, ali na linha reta, compreende? Ora, muito bem. Não ando seduzindo mulheres casadas. (p. 189-90)

O fator significativo desse episódio é que ele representa a quebra do pacto social com a mediocridade estabelecido pela classe dirigente ao passo que determinado episódio privado/pessoal é ameaçado. A revelação do segredo de Valério não se define apenas como denúncia de um caso corriqueiro de adultério; isto é, a cena expõe as razões políticas da fraternidade de classe. A ordem aí se encontra ameaçada e só será restabelecida após Adrião, ao receber a carta, dar um tiro no próprio peito, o que vai reunir a sociedade palmeirense num ato de conciliação. Nesse sentido, não se trata da fraternidade como a compreende Antonio Candido, em que o egoísmo pessoal de cada ente levaria à disputa das posições mais cômodas. O desenrolar da morte de Adrião tem muito de ritual político. É pelas palavras dele, no leito de morte, dirigidas a Valério, que o pacto social será restabelecido. Nos últimos instantes de vida do moribundo, reunida toda a sociedade palmeirense na casa,

> Clementina chegou-se como uma sombra.
>
> — Ele quer falar com o senhor.
>
> — Comigo, d. Clementina? Quem? exclamei.
>
> — Seu Adrião. Venha depressa.
>
> — Mau! fez dr. Liberato com arrebatamento. Digam que não está.
>
> — Mas ele quer, insistiu Clementina. E nós dissemos que estava. (p. 213)

Afinal, incentivado por Pinheiro, Valério atende ao pedido: "– Ânimo! Seja forte. O desejo de um moribundo...". Surpreendentemente, Adrião o perdoa. Mas não é um perdão qualquer, ele depende de um sacrifício: "Ouça. A história da carta foi tolice. Exaltei-me, perdi os estribos. Luísa está inocente, não é verdade?" (p. 214). Valério responde que sim, aceitando "a inocência" de Luísa como condição do perdão. Mais uma vez, ignorar a autenticidade daquela que seduziu pela invenção de uma outra mulher é a saída. A verdadeira Luísa, negada no leito de morte do marido, de algum modo é o preço da manutenção do pacto. Note-se que o encadeamento entre "adultério", "assassinato de Manuel Tavares" e "morte de Adrião" tem seu desfecho com a negação do direito de Luísa de ter feito uma escolha consciente e justificada por seus sentimentos.

Efetivamente Valério é incapaz de compreender o esmagamento de Luísa em tal sociedade. Ela própria diz que "O Valério não compreende. Nunca imaginou..." lembrando as cenas em que fugia para dentro de casa quando Valério se sentava a seu lado no banco do jardim: "A cena de novembro, ali no jardim, Valério, não percebeu?". Explicando: "Não estou arrependida, tenho até vergonha de precisar esconder-me" (p. 163). A confissão de Luísa não é de que o amava, mas de que tinha plena consciência de que o direito de um desejo ou de um afeto contradizia a representação social que devia sustentar nas relações sociais. Assim, a insensibilidade dessa consciência contrasta com a reflexão de Valério: "[...] por causa do mandamento de um bárbaro, que teve a desfaçatez de afirmar que aquilo vinha do Senhor, não iria eu, civilizado e guarda-livros, conservar-me em abstinência, amofinar-me no deserto". Luísa, desde o início, representa apenas "uma tentação de olhos azuis e cabelos louros, e depois de escorregarmos, nada valia ralar-me por uma coisa que a cidade ignorava, que Adrião não suspeitaria" (p. 163).

Nesse sentido, a reconciliação entre Adrião e Valério é o fator que reata o pacto que havia sido quebrado ali no bilhar, com o desentendimento entre Valério e o promotor, na superfície das relações de classe, indo na sequência assumir a posição do patrão. Isto é, tudo volta ao estágio do segredo e da conservação dos valores das relações superficiais. A única mudança que vai se produzir é a da condição de Valério, que passa de guarda-livros a sócio da firma, ocupando o lugar de Adrião. Luísa, com o que resta de sua dignidade, na aparição de Valério em sua casa dois meses depois da morte de Adrião, ouve-o dizer:

> — O que queria era declarar que me considero moralmente obrigado... moralmente obrigado...
>
> Ela estremeceu, encarou-me:
>
> — Obrigado a que, João Valério? A casar comigo?
>
> [...] Eu estava com algum escrúpulo, continuou Luísa... Talvez o Valério ainda fosse o mesmo. Estou agora tranquila. Nenhum de nós sente nada, e o Valério sente tristeza. Para que mentir? (p. 231-3)

Ao passo que ela diz adeus, ele, ao abrir a porta e olhar para trás, vê que "Luísa soluçava, caída por cima do piano", mas ele apenas vacila um instante e depois sai (p. 233): isso anula parte da sentença "Nenhum de nós sente nada". Apenas ele não sente.

O DESENCAIXE DE *CAETÉS* NO CENÁRIO POLÍTICO DOS ANOS 1930

> [...] soube que o único indivíduo que ainda usa guarda-chuva no Rio és tu.
>
> Mais interessante é te haveres tornado comunista. Ora aí está como a gente é. Antigamente, quando eu abria o livro de Karl Marx, tu tapavas os ouvidos e ias refugiar-te nos *Fatos do Espírito Humano* [...]
>
> (GRACILIANO RAMOS, carta a J. Pinto da Mota Lima Filho, de 1º de janeiro de 1926)

Ainda que avesso ao clientelismo/coronelismo, em 1927 Graciliano foi eleito com 433 votos, e, em seus dois anos de gestão, se empenhou como força política independente, em um primeiro momento, no saneamento das contas públicas para "estabelecer alguma ordem na administração"[223], compreender a legislação do município e obrigar os funcionários públicos a comparecerem ao trabalho, contrariando a tradição. Eis seus primeiros contatos de fato com problemas orçamentários e a aplicação dos recursos econômicos em obras propriamente ditas.

As reivindicações ora feitas como jornalista de *O Índio*, as súplicas de X ao governo, as "charges" de Anastácio Anacleto e a crítica ácida de J. Calisto, ideias que lhe passam pela cabeça durante a escrita de *Caetés*, ainda não publicado, levam-no à execução de um plano de governo voltado para a correção daqueles problemas. Aliás, aplicar as metas impostas pelos seus cronistas leva-o a confessar no primeiro relatório, dirigindo-se ao governador Álvaro Paes, que lhe "davam três meses para levar um tiro"[224]. No final desse primeiro relatório publicado em 1929, diz ainda: "Não favoreci ninguém. Devo ter cometido numerosos disparates.

---

223 Graciliano Ramos, *Viventes das Alagoas, op. cit.*, p. 167.

224 *Ibidem*, p. 168.

Todos os meus erros, porém, foram da inteligência, que é fraca. Perdi vários amigos, ou indivíduos que possam ter semelhante nome"[225]. O prefeito, portanto, contrariava as expectativas que o levaram à chefia do município, o que talvez pudesse explicar ter ele dito que sua candidatura tinha sido meramente aleatória, ao acaso:

> Valdemar de Souza Lima, contudo, sugere que o "acaso" teve pouco a ver com a decisão de Graciliano de concorrer às eleições. Pelo contrário, a candidatura expressaria a indicação de sua proximidade com a estrutura de poder local e estadual. A decisão tomada de ele concorrer a prefeito veio do acordo entre os chefes políticos locais, Francisco e Octávio Cavalcanti, e o então deputado federal Álvaro Paes, futuro governador do Estado[226].

Se no plano municipal a administração de Graciliano não atendia às expectativas, o mesmo não teria ocorrido em termos estaduais, conforme expressou-se Álvaro Paes no relatório de governo do Estado. A decepção, aliás, dos políticos locais com o prefeito aprofunda-se mais ainda em 1930. Conforme Dênis de Moraes, Graciliano: "[...] colocaria o dedo no formigueiro da sucessão presidencial"[227] ao permitir que a Aliança Liberal, partido de Getúlio Vargas, realizasse campanhas eleitorais no município. O *Jornal do Brasil* noticiaria o comício em Palmeira dos Índios: "O senador Costa Rego encontra-se nesta cidade, em excursão de propaganda política, e realizou hoje notável conferência sobre a candidatura de V. Ex. [Vargas] à presidência da República. Saudações respeitosas ao prefeito Graciliano Ramos"[228]. Segundo Moraes, Graciliano teria permitido o comício por ter sido este organizado por antigo amigo de infância, Pedro Mota Lima. Mas os Cavalcanti "julgaram uma insolência a intromissão dos seguidores de Vargas em seu reduto eleitoral": "Chamaram o Graciliano de tudo porque fizera aquilo sem consultar o Chico Cavalcanti, que afinal de contas era o

---

225 *Ibidem*, p. 176.

226 Randal Johnson, "Graciliano Ramos and Politcs in Alagoas", *op. cit.*, p. 25. Tradução minha: *"Valdemar de Souza Lima, however, suggests that "chance" had little to do with Graciliano's decision to run for election. Rather, it represents an indication of his proximity to the local and state power structure. The request for him to run for mayor came from local political bosses Francisco and Octávio Cavalcânti, in conjunction with federal legislator and future governor, Álvaro Paes"*.

227 Dênis de Moraes, *op. cit.*, p. 70.

228 *Jornal do Brasil*, "Cousas da política", Rio de Janeiro, 17 jan. 1930, p. 6, fonte: Hemeroteca Digital da Biblioteca Nacional do Rio de Janeiro.

chefe político da região"[229]. Embora nenhum historiador ou crítico, mesmo seu biógrafo, tenha mencionado, Graciliano será preso pelo general Newton Cavalcanti, cujos registros de origem atestam que também nasceu em Palmeira dos Índios: "Newton de Andrade Cavalcanti nasceu em Alagoas no dia 25 de outubro de 1885, filho de Balduíno Francisco Cavalcanti"[230], não sendo claro se apenas coincidência ou de fato parente de Chico Cavalcanti.

O segundo ano de sua gestão vai ficar marcado pela construção de estradas, açude, aterro sanitário, escolas etc. O fato, porém, é que tal esforço não tinha origem apenas em suas convicções. Segundo o relatório do governador do Estado, que também fora lido no Congresso alagoano, Graciliano era um dos prefeitos em ação, e não o único. Renuncia ao cargo de prefeito e, após uma viagem com o governador do Estado, numa caravana pelo interior de Alagoas, assume a direção da Imprensa Oficial com a missão estratégica de organizar, pela construção de escolas nos municípios, as leis orçamentárias. A competência da gestão das contas somava-se à posição estratégica: ocupando tal cargo, lia os relatórios de outros municípios. Assim, em agosto de 1930, o jornal *Diário de Notícias* do Rio de Janeiro emitiria uma pequena nota que destacaria:

> Acompanhado do dr. Jorge Lima, comandante Reginaldo Teixeira e o jornalista Graciliano Ramos, o governador Álvaro Paes viajou para o interior do estado inspecionando os serviços de construções das estradas de rodagens ligando o norte do estado com o rio S. Francisco, incidindo todas as capitais do estado. Esse plano rodoviário tem o objetivo de defender a evasão de produtos deste estado para Sergipe, Pernambuco e Bahia, contra a economia de Alagoas[231].

A partir dessa caravana, o governador o incumbe da missão de, por meio da leitura e publicação dos relatórios de prefeitura do Estado, acabar com as incongruências das contas públicas. Portanto, a nomeação na Imprensa Oficial ressignificava o sentido dos relatórios do prefeito Graciliano: para além de sua qualidade escrita, eles revelavam um problema de equalização de gastos que atingia outros municípios. Noticiaria o *Diário de Notícias* do Rio de Janeiro em 9 de setembro de 1930:

229 Dênis de Moraes, *op. cit.*, p. 70.

230 Robert Pechman, *"Newton de Andrade Cavalcanti"*, CPDOC-FGV, disponível em: https://www18.fgv.br/cpdoc/acervo/dicionarios/verbete-biografico/newton-de-andrade--cavalcanti, acesso em: 23 fev. 2023.

231 *Diário de Notícias*, "Excursão governamental", ago. 1930, fonte: Hemeroteca Digital da Biblioteca Nacional do Rio de Janeiro.

O governador Álvaro Paes encarregou o dr. Graciliano Ramos, diretor da Imprensa Oficial, e ex-prefeito de Palmeira dos Índios, de organizar o projeto de orçamento para todos os municípios do interior. [...] O projeto padrão consigna uma verba especial para a Instrução Popular, criando em cada município quatro escolas sob o controle do Departamento Geral de Instrução Pública[232].

Esses são, ora, os rastros que sugerem ter havido ao menos o esboço de um projeto político de administração pública, permitindo verificar na sua origem a experiência daqueles dois anos de Prefeitura, em termos políticos, econômicos e administrativos que, consequentemente, o levariam ao problema da Instrução Pública. O relatório do governador do estado de 1930 deixa perfeitamente clara a ideia de expansão das estradas de rodagem a partir de Palmeira dos Índios: "[...] o Sr. Álvaro Paes [...] concebeu o plano de fazer irradiar de Palmeira estradas para todos os pontos do sertão alagoano, do rio de São Francisco e do sertão pernambucano"[233]. Lido no Congresso Legislativo do Estado como mensagem do Governador, cita Graciliano Ramos três vezes como exemplo, além dos prefeitos das cidades vizinhas. Estava na base da compreensão do Governo atacar três questões: produção agrícola regional e escoamento; diminuição da dependência da exportação/portos; e expansão da educação infantil e capacitação profissional do sertanejo çomo meio de resolver o problema que se havia detectado: o êxodo rural produzido pela crise econômica de 1929.

Graciliano testemunhou essa obstinação do governador pelo sertão em dois artigos: "Álvaro Paes" ("Ele ama o sertão, está convencido de que existem ali recursos imensos")[234]; e "Álcool", no qual comenta a viagem experimental do governador num veículo movido "a cachaça", demonstrando que "um automóvel absorve quarenta litros de álcool e anda cento e trinta quilômetros sem se embriagar"[235]. De fato, o *Diário de Notícias* daria testemunho de certo evento realizado em Alagoas denominado "A semana do álcool-motor", destacando: "Álvaro Paes baixa taxas e impostos da cana para estimular o uso do álcool contra a

---

232 *Diário de Notícias*, "A organização do projeto de orçamento para todos [os] municípios alagoanos", 9 set. 1930, p. 6, fonte: Hemeroteca Digital da Biblioteca Nacional do Rio de Janeiro.

233 Álvaro Correa Paes, *Relatório dos presidentes de Estados Brasileiros (AL)*, Alagoas: Imprensa Oficial, 1930, p. 226.

234 Graciliano Ramos, *Linhas tortas, op. cit.*, p. 91.

235 *Idem, Garranchos, op. cit.*, p. 107.

gasolina"[236]. Tal experiência teria sido realizada em julho de 1930, enquanto a "excursão" promovida pelo governador, de qual participara Graciliano e Jorge de Lima, fora registrada em agosto, indício de que os eventos tenham sido um só. Para Paes, tudo dependia de iniciativas relacionadas a uma produção regional que pudesse diminuir a dependência do mercado exterior (petróleo).

Explicando os prejuízos da falta de proteção do trabalhador agrícola, a sazonalidade do principal produto, o algodão, juntamente com a supervalorização da cultura urbana na educação dos jovens, o governador indica a origem ou pelo menos a matriz do que virão a ser os três principais romances de Graciliano Ramos: *São Bernardo*, ocupado dos problemas da produção agrícola; *Angústia*, cujo personagem, frustrado na cidade, tendo sido de família importante no sertão e arruinada pela crise, vive de pequenos expedientes, propenso ao crime, amargo, tecendo vingança por seu vexame; e *Vidas secas*, exatamente aquele personagem que, com o fim do ciclo dos grandes produtos exportados e suas consequências na produção de subsistência, perambula pelo sertão, faminto, fixando-se com sua esposa e seus filhos ora num ponto ora em outro sem quaisquer garantias de prosperar.

Embora não seja fato desconhecido, vale sempre lembrar que o governador que visita *São Bernardo* se baseia em Álvaro Paes e que a referência da indignação de Paulo Honório com a ideia de educar o trabalhador rural se fundava em parte no plano de governo real: "[...] – Esses homens de governo têm um parafuso frouxo. Metam pessoal letrado na apanha da mamona. Hão de ver a colheita"[237]. Ao escrever *São Bernardo*, Graciliano abordava o problema de uma formação técnica rural segundo a incapacidade de o latifundiário distinguir "letramento" de ensino técnico. Passa longe da compreensão de Paulo Honório, no romance, que as máquinas se desgastavam, que os tratores quebravam e que o ensino técnico não significava formar bacharéis, mas sim mecânicos.

Publicado em 1934, *São Bernardo* aparece justamente no contexto em que seu autor não só já havia se envolvido politicamente com o município e o Estado, mas também vivido as decorrências da depressão econômica de 1929 e da crise política pela qual passou o Brasil após a Revolução de 1930. Entre as inúmeras questões apresentadas pelo romancista nesse livro, é nuclear o contraste, como

---

236 *Diário de Notícias*, "A semana do álcool-motor", 25 jul. 1930, p. 3, fonte: Hemeroteca Digital da Biblioteca Nacional do Rio de Janeiro.

237 Graciliano Ramos, *São Bernardo*, op. cit., p. 44. Doravante, indicaremos apenas a página dessa obra nas citações.

barreira, entre o fator econômico e a mentalidade atrasada/arcaica do produtor rural/latifundiário.

É importante ter em mente a situação política nesse momento das duas primeiras publicações artísticas de Graciliano; um ano depois, entre março e novembro de 1935, atinge-se o ápice das tensões sociais com a oficialização da Aliança Nacional Libertadora (ANL) e, em abril desse mesmo ano, a da Lei n. 38, primeira Lei de Segurança Nacional, pela Câmara dos Deputados (que à época exerceu papel de Assembleia Constituinte e função de Senado). Dois artigos da nova lei, apelidada de Lei Monstro, chamam atenção:

> Art. 14. Incitar diretamente o ódio entre as classes sociais.
>
> Pena de 6 meses a 2 anos de prisão celular.
>
> Art. 15. Instigar as classes sociais à luta pela violência.
>
> Pena de 6 meses a 2 anos de prisão celular[238].

Esses artigos não passavam de uma maliciosa interpretação das ações positivas de alguns governos, junto à população menos favorecida, como "estratégias de Moscou" para implantar no Brasil uma ditadura do proletariado e, consequentemente, extinguir a religião católica do país. Assim, o governo provisório de Getúlio Vargas, antes do golpe de Estado que o manteria no poder até 1945, pela lei aprovada no Congresso, tornava passíveis de processo penal: manifestações grevistas, paralisação de serviços públicos, sublevação de órgãos da polícia e do exército, filiação partidária a movimentos dissolventes (postos na clandestinidade pela aprovação da LSN), incitação da luta religiosa e publicações de livros, jornais ou panfletos considerados subversivos no sentido de luta de classes (fosse tal luta democratizante ou não). Impunha-se, ali, a criminalização de atos sindicalistas ou partidários, reivindicações democráticas e populares, publicações de jornais, revistas, livros etc. por representarem, "simulando a defesa da democracia", os interesses soviéticos de deflagrar a revolução mundial comunista. Nesse ambiente, quaisquer atitudes ou comportamentos meramente liberais, democráticos, desenvolvimentistas eram, para o setor dominante da burguesia católica, disfarce para a infiltração das "ideias dissolventes".

---

238 Brasil, Casa Civil, Lei n. 38, de 4 de abril de 1935 (Lei de Segurança Nacional, revogada pela Lei n. 1802, de 1953), Brasília, DF: 1935, disponível em: www.planalto.gov. br/ccivil_03/leis/1930-1949/L0038impressao.htm, acesso em: 1º jun. 2016.

Em 1933, nomeou-se interventor de Alagoas o capitão Afonso de Carvalho, cuja preocupação naquele instante era derrotar "os inimigos da revolução" na Assembleia Constituinte, fundando o Partido Nacional de Alagoas (PNA), obtendo do bispo de Penedo apoio imediato em razão de os planos políticos do novo partido coincidirem com o que vinha defendendo a Liga Eleitoral Católica (LEC). A curiosidade aí é que, não se sabe exatamente o motivo, esse interventor foi quem nomeou Graciliano Ramos o novo diretor da Instrução Pública de Alagoas. Graciliano conta a Homero Senna:

> Estava convalescendo, em janeiro de 33, quando tive notícia da minha nomeação para diretor da Instrução Pública. Não acreditei.

> — Qual interventor que o nomeou?

> Graciliano sorri e satisfaz a minha curiosidade:

> — O capitão Afonso de Carvalho, hoje coronel. Foi disparate.

> E depois de uma pausa:

> — Permaneci no cargo até 3 de março de 1936. Em 1933 Schmidt lançara *Caetés*, que eu trazia na gaveta desde muito tempo[239].

Graciliano conseguiu praticamente triplicar estudantes matriculados nas escolas – mesmo com o Estado quebrado, já que o novo interventor, o capitão Afonso de Carvalho, teria recorrido a empréstimos no exterior para equilibrar os gastos e fomentar os orçamentos. Repetia-se primordialmente uma via conciliatória de desenvolvimento aí, já vista no Brasil, que alguns historiadores classificam como *via prussiana* ou *via colonial*, o que muito provavelmente inspirou o movimento regionalista.

Se, no século XIX, a Inglaterra assumia a face nítida do papel dirigente no capitalismo mundial pelo controle do modelo de produção industrial e de comércio internacional – o que implicaria a posição característica de força de produção primária do Brasil na divisão internacional do trabalho –, após a Primeira Guerra Mundial, surge uma nova espécie de sujeição econômica (neocolonialista), cuja subsunção produzirá as faces indistintas dos diversos nacionalismos surgidos no mundo, destacando-se principalmente o nazismo alemão e o fascismo italiano. No Brasil, caracteristicamente, o modelo nacional alemão e o italiano serão

---

239 Homero Senna, *op. cit.*, p. 52-3.

a base estruturante da Ação Integralista Brasileira lançada por Plínio Salgado em 1932:

> Os simpatizantes do nazifascismo apoiavam internamente o movimento integralista, "um partido brasileiro", cujo "esforço de expansão deve ser respeitado", dizia o ministro da Guerra. [...] Segundo Levine, no final de 1934, havia 180 mil inscritos na AIB, entre eles os generais Pantaleão Pessoa e Meira de Vasconcelos e o coronel Newton Cavalcanti; na Escola Naval e nas tripulações dos submarinos a filiação teria chegado a 75%. Os números podem ser exagerados, mas a penetração integralista nas Forças Armadas era, sem dúvida, bastante grande[240].

É importante notar entre os notáveis da Ação Integralista o nome de Newton Cavalcanti, a quem os jornais atribuirão, com aplausos da sociedade alagoana, a iniciativa de prender Graciliano Ramos, Nunes Leite e Sebastião Hora depois de ter negociado com o então governador Osman Lins a exoneração dos cargos exercidos por eles no Estado até 1936.

O período é de alta complexidade e já deixava transparecer as nuanças do que viria a ser a Guerra Fria posteriormente. A Revolução Russa, em 1917, origem da União das Repúblicas Soviéticas, e seu modelo político-ideológico dividiriam o Brasil num embate sem precedentes na história. De um lado, as forças conservadoras, privilegiadas por sua posição histórica no poder, lançarão uma campanha de combate ao comunismo no Brasil que, embora pareça fruto da mais absoluta alucinação fanática, deve ser avaliada com cautela, pois triunfou por uma articulação inteligente para anular, no terreno moral-religioso da luta, os mais legítimos anseios de justiça social e de democracia no Brasil. Assim, a Ação Integralista será o disfarce patriótico com que o Estado burguês brasileiro, na década de 1930, vai se pintar – máscara aparentemente patética que levou Graciliano a denominá-la "nosso pequeno fascismo tupinambá". A riqueza de eventos de meados dos anos 1930 tem papel crucial enquanto pano de fundo histórico da produção ficcional de Graciliano Ramos. Conforme Georg Lukács propõe, verificaremos nesses primeiros anos:

> [...] como é rico e variado o modo pelo qual a dialética de universal e particular se manifesta na realidade histórico-social [...] A ciência autêntica extrai da própria realidade as *condições estruturais* e as

---

240 Marly de Almeida Gomes Vianna, *Revolucionários de 35*: sonho e realidade, São Paulo: Companhia das Letras, 1992, p. 107.

ACÇÃO INTEGRALISTA BRASILEIRA

Secretaria Nacional de Propaganda

MANIFESTO DE OUTUBRO DE

19 32

BRASILEIRO

Encontrarás, neste folheto, idéas novas para realisação no Brasil, de um novo Estado e nova ordem social que reflictam as nossas realidades nacionaes e ao mesmo tempo obedeçam ao rythmo universal de transformação dos antigos quadros ideologicos, que geraram a democracia liberal e o liberalismo economico, hoje inteiramente decadentes. Medita sobre essas idéas. Ellas te levarão a inscrever-te no nucleo mais proximo da Acção Integralista Brasileira. Procura-o. Dá o teu nome e tua residencia,

suas transformações históricas, e, se formula leis, estas abraçam a universalidade do processo, mas de modo tal que desse conjunto de leis pode-se sempre retornar [...] aos fatos singulares da vida. É precisamente esta a dialética concretamente realizada de universal, particular e singular[241].

As condições estruturais, singulares, que elevaram à condição de nacional os valores morais da burguesia brasileira, concretizam-se na LSN como processo de universalização, sistematização didática das ideias preconceituosas disseminadas pela filosofia positivista desde fins do século XIX, dando origem ao aparelhamento do Estado em termos de polícia política repressiva com a criação da Delegacia de Ordem Política e Social (Deops). Chefiada por Filinto Strubing Müller, era notável pela violenta, abusiva e indiscriminada prática coercitiva exercida contra quaisquer que fossem os cidadãos sob sua mirada patriótica, levada a cabo nos processos de tortura de presos políticos após a sublevação de 1935 em Natal. O aparelhamento policial contava com o já desenvolvido primado da educação eugênica positivista lombrosiana para justificar o combate científico ao crime: "Nos anos 1904 a 1910 foram realizadas extensas 'higienizações' das ruas do Rio de Janeiro, deportando todo tipo de indigentes aleatoriamente classificados como 'revolucionários' ou 'indesejáveis'"[242]. Essa classificação incorporaria na década de 1930 os que com a "classe perigosa" se solidarizassem. O governo Vargas nomearia o então renomado mestre em medicina legal Leonildo Ribeiro chefe do Laboratório de Antropologia Criminal em 1933, que "[...] se pôs a classificar os fora-da-lei segundo as teorias da biotipologia criminal de Cesare Lombroso. A equipe sob a direção de Ribeiro, exultante com esse exercício de bestialogia, recebeu o prêmio Lombroso em 1933, por seu trabalho que revelava as características físicas de possíveis infratores negros e homossexuais"[243]. Estes passam a caracterizar generalizadamente os "sem-Deus" ou os "comunistas" a quem não dariam trégua Newton Cavalcanti e o chefe da polícia política de Vargas, Filinto Strubing Müller. Não era, naturalmente, um Joseph Goebbels brasileiro, por mais que se tenha parecido com o nazista nas suas entrevistas ao

← Manifesto da AIB de 1932. Na capa, o documento chama a democracia e a economia liberal de decadentes. Fonte: Arquivo Público de Alagoas.

---

241 Georg Lukács, *Introdução a uma estética marxista*, Rio de Janeiro: Civilização Brasileira, 1968, p. 88 (grifos meus).

242 Álvaro Gonçalves Antunes Andreucci, *op. cit.*, p. 99-100.

243 R. S. Rose, *op. cit.*, p. 37.

jornal *O Globo*, dirigido pelo jovem Roberto Marinho, demonstrando todo seu "conhecimento de causa" sobre a Aliança Nacional Libertadora (ANL) e a Internacional Comunista. Seus conhecimentos eram obtidos, contudo, pela cooperação internacional, dentro do Itamaraty, sob a direção do então ministro das Relações Exteriores, Macedo de Soares, e sua secretária, porta-voz das ideias disseminadas no Brasil a respeito do comunismo, a senhorita Odette de Carvalho e Souza, primeira mulher da história no Itamaraty.

> *Revista Anauê*, da AIB, de agosto de 1935. Nela, há um informe sobre a Frente Única Espiritual fundada por sugestão do papa Pio XI, com anúncio de casamento de integralistas. Fonte: Arquivo Público de Alagoas. →

Segundo a pesquisadora Adrianna Setemy, a via de cooperação internacional de combate ao comunismo organizada na América Latina pelos diplomatas brasileiros era a fonte das operações de inteligência da polícia de Vargas. Ao examinar mais de 500 telegramas entre os consulados de Brasil, Uruguai e Argentina, em sua tese de doutorado *Sentinelas das fronteiras: o Itamaraty e a diplomacia brasileira na produção de informações para o combate ao inimigo comunista (1935-1966)*, fornece algumas peças do quebra-cabeça que foram os anos 1930. Por exemplo, a divulgação nos jornais do que eram denominados "planos de Moscou" ou o "Plano Cohen" para justificar o modo severo com que tratava adversários políticos, particularmente Prestes e Berger[244]; tais planos foram forjados no Ministério das Relações Exteriores e vinham sendo elaborados quatro anos antes por orientação de uma agência de propaganda estrangeira, a Entente Internacional Contra o Comunismo, sediada em Genebra.

Tal propaganda contrarrevolucionária produziu reação de vários setores, não só comunistas mas também liberais moderados, progressistas e protestantes, que desejavam as eleições diretas e o Estado democrático, reunidos em uma ampla frente popular de defesa dos direitos dos trabalhadores rurais e operários brasileiros do setor público e privado, de defesa nacional contra o imperialismo. Essa frente seria chamada de Aliança Nacional Libertadora (ANL), fundada em março de 1935 com o lema "Pão, terra e liberdade". O aspecto convergente das ações de defesa democrática era o combate ao fascismo representado pela Ação Integralista Brasileira (AIB), fundada por Plínio Salgado, com o lema "Deus, pátria e família". Segundo Vianna, "A ANL entusiasmou amplos

---

244 Arthur Ernst Ewert, nascido na Prússia Oriental em 1890, ficou conhecido no Brasil pelo pseudônimo de Harry Berger, tendo recebido a missão de orientar o Partido Comunista brasileiro em meados da década de 1930. Tornou-se amigo de Prestes ainda em Buenos Aires, vindo a ser preso em 1935 pela polícia de Vargas.

Frente Unica Espiritual

A photographia acima, tirada no Congresso de Petropolis, é um eloquente testemunho de um dos grandes milagres do Sigma: a Frente Unica Espiritual, preconizada pelo Papa Pio XI, em defensiva contra a avalanche materialista do seculo.

No centro do banco veem-se, assentados, lado a lado, dois sacerdotes de dois ramos catholicos que não se reconhecem officialmente: o Padre Antonio F. de Mello (catholico-romano) e o Rev. Gastão P. de Oliveira (catholico-anglicano); ainda ladeando o Padre Mello, vê-se, na extrema, o Pastor Euripedes C. Menezes (protestante-lutherano) e ao lado do sacerdote anglicano, o Rev. Gastão, vê-se o Dr. Dario Bittencourt, chefe da Provincia Gaucha, e catholico-romano.

A' retaguarda, de pé, estão tres espiritualistas; um theosophista e dois catholicos-romanos!

Vê-se ahi tambem a familia espirita do companheiro Thompson Filho.

E' a resposta unanime, que dá um povo profundamente espiritual, ao grito de alerta do seu grande chefe Plinio Salgado, o chefe suscitado por Deus para salvar o Brasil.

Enlace Zilda-Claudio de Albuquerque

setores da população. Nos meses de abril, maio e junho de 1935, ou se era aliancista ou se era integralista, [...] as simpatias nacionais estavam divididas e radicalizadas"[245].

Essa divisão, contudo, como todas as que procuraram sua definição numa polarização radical entre *direita* e *esquerda*, é pouco precisa. Seria desejável considerar o Estado Novo (ultradireita) pela aliança com a Igreja católica e pela criminalização do que não se encaixava nos princípios ou dogmas do Vaticano (isto é, liberais progressistas, socialistas, aliancistas, democratas etc.). Vários pactos burgueses de caráter liberal-democrático, como as ligas anticlericais, em combate à Liga Eleitoral Católica (LEC), à qual a AIB se havia unido, constituíam em geral o perfil revolucionário soviético segundo a propaganda contrarrevolucionária:

> Construíam-se, *a priori*, estereótipos sobre os cidadãos avaliados como tendencialmente criminosos, observando se estes combatiam a Igreja católica. Predominava certa lógica ao se relacionar anticlericalismo a comunismo e vice-versa. Dessa forma, excluem-se da categoria "anticlericalistas" todos os defensores da liberdade de consciência, do Estado leigo, mas também grupos religiosos protestantes e espíritas, que buscavam um Estado democrático no qual as crenças gozassem dos mesmos direitos. Incluem-se todos esses indivíduos em um único grupo, o dos "vermelhos", a despeito do paradoxo que isso pudesse representar[246].

De modo geral, não católicos, prostitutas, negros, mendigos, anarquistas, homossexuais, escritores modernistas, políticos liberais, em suma, todos que combatem os princípios católicos "Deus, pátria e família", institucionalizados com a Constituição de 1934, seriam comunistas ou, conforme a classificação cientificista do direito penal, "classe perigosa". Esse é o contexto da Constituição de 1934, quando *São Bernardo* é publicado, dando indícios, de fato, de que a organização popular era uma realidade e chegaria quase à primeira greve geral do país:

> Apesar de combativa, a representação operária contava muito pouco na ANC [Assembleia Nacional Constituinte], e foi na luta de rua que a pressão dos trabalhadores por suas reivindicações ganhou corpo: as greves se sucediam, se multiplicavam e se intensificavam. Mariza Saenz Leme chama atenção para o fato de essas greves ultrapassarem

245 Marly de Almeida Gomes Vianna, *op. cit.*, p. 124.
246 Eduardo Góes de Castro, *op. cit.*, p. 29.

o eixo Rio-São Paulo, atingindo os estados de Minas Gerais, Bahia, Espírito Santo, Paraíba, Pernambuco, Rio Grande do Norte, Santa Catarina e Rio Grande do Sul. E, pela primeira vez, os funcionários públicos aderiram a ela. [...] Desse grupo de oposição [na Assembleia Constituinte] faziam parte líderes que se destacaram na formação da ANL, como Abguar Bastos e Otávio da Silveira[247].

Também faziam parte da oposição grupos espíritas, evangélicos, candomblecistas etc., como o pastor metodista Guaracy da Silveira, eleito pelo Partido Socialista Brasileiro deputado federal, que defendia o casamento civil como direito do cidadão, já que o clero definia, segundo os dogmas católicos, não só sua validade, mas também quem poderia se casar ou se separar, com base nas teses eugênicas defendidas pela AIB. A Constituição de 1934 prevaleceu por apenas três anos – tendo sido a de menor duração da história brasileira –, mas ainda assim permitiu conquistas que só mais tarde, na Assembleia Constituinte de 1988, voltariam à pauta. Entre as mais importantes, destacam-se o direito do voto feminino (ainda que só das mulheres que ocupassem cargos públicos) e, na seguridade social, algo comparável ao dispositivo legal que deu origem ao programa Bolsa Família, guardadas as devidas proporções:

> Art. 138 — Incumbe à União, aos Estados e aos Municípios, nos termos das leis respectivas:
>
> a) assegurar amparo aos desvalidos, criando serviços especializados e animando os serviços sociais, cuja orientação procurarão coordenar;
>
> b) estimular a educação eugênica;
>
> c) amparar a maternidade e a infância;
>
> d) socorrer as famílias de prole numerosa; [...][248]

Evidentemente, em meio a avanços, havia enormes retrocessos, como a "educação eugênica", que Graciliano nunca adotou e que significava, como lhe sugeria uma das diretoras de escolas sob sua gestão, a não inclusão das crianças das classes pobres na rede de ensino:

---

247 Marly de Almeida Gomes Vianna, *op. cit.*, p. 102.

248 Brasil, Câmara dos Deputados, *Constituição da República dos Estados Unidos do Brasil de 1934*, Brasília, DF: 1934, p. 24-32, disponível em: http://www.planalto.gov.br/ccivil_03/constituicao/constituicao34.htm, acesso em: 27 abr. 2018.

Os competentes e os que podem ter influência nas nossas causas educacionais decerto procurarão [...] evitar males na nossa futura geração, porque não desconhecem certos estigmas físicos, indicativos de degeneração, dentre eles a parada do crescimento, o cretinismo, o imbecilismo[249].

Por "estigmas físicos" entendia-se a suposta degeneração de indígenas, negros, mestiços e crianças nordestinas famintas pelo semiárido. Para o diretor da Instrução Pública, "parada de crescimento" tinha a ver com "falta do que comer", o que o levou a implantar a merenda escolar de forma inédita no Brasil. E mais: Graciliano não só promoveu professoras negras a cargos importantes de direção, como dona Irene, mas trouxe para a escola crianças também negras, o que em *Memórias do cárcere* constitui uma das ações de que mais se orgulhava. Provava, contra os argumentos da AIB e da Igreja católica assumidos no artigo de Celeste de Pereira, que as teses racistas eram movidas pelo preconceito, ao constatar na escola dirigida por dona Irene que justamente as crianças da suposta "classe perigosa" haviam obtido as melhores notas dos últimos exames escolares no Estado: "Quatro dessas criaturinhas arrebanhadas nesse tempo, beiçudas e retintas, haviam obtido as melhores notas nos últimos exames. – Que nos dirão os racistas, d. Irene?"[250].

> Defesa do racismo na *Revista Anauê*, de agosto de 1935, com foto de Adolf Hitler. Fonte: Arquivo Público de Alagoas. →

Atitudes como essa, fossem na obra literária, fossem na vida prática, levaram à inclusão dos autores entre os "vermelhos", perseguidos, presos e que tiveram seus livros queimados em praça pública nos autos de fé católico-cristã da polícia de Vargas:

Esse foi o destino de 14 mil livros da Editora Pax, dirigida por Alexandre Wainstein, que, em seus escritórios, era responsável, segundo a polícia, por "tradução de livros soviéticos, distribuição de propaganda comunista e conferências sobre o comunismo." [...] O mesmo ocorreu com 1.821 livros de Jorge Amado e José Lins do Rego, que foram incendiados em praça pública em novembro de 1937, na Bahia, por determinação do interventor interino, sob a acusação de realizarem propaganda do credo vermelho[251].

---

249 Celeste de Pereira, "Instrução e Pedagogia", *O Semeador*, Maceió, 24 mar. 1934, capa, fonte: Instituto Histórico e Geográfico de Alagoas (IHGA), acervo: periódicos.

250 Graciliano Ramos, *Memórias do cárcere, op. cit.*, p. 47.

251 Álvaro Gonçalves Antunes Andreucci, *op. cit.*, p. 39-40.

O que toda mulher deve saber, (Moça, menina ou senhora) É QUE **GYNOSERUM** é o melhor regulador, na cura das molestias que a envelhecem prematuramente:

doenças dos orgãos genitaes, colicas, atrazos, hemorrhagias, magreza, corrimentos, etc., etc.

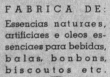

POLINDUSTRIA S. A.

FABRICA DE: Essencias naturaes, artificiaes e oleos essenciaes para bebidas, balas, bonbons, biscoutos etc.

CARAMELO NEGRO: Corante para cerveja e bebidas em geral.

CULTIVA E FABRICA AS SUAS MATERIAS PRIMAS

FABRICA: Rua José Vicente, 86
ESCRITORIO: R. da Quitanda, 199-2.º
TELEFONES: 23-1663—23-1664

Raça e politica

Quando alguns paizes tiraram as primeiras consequencias legislativas dos resultados da doutrina moderna de raças, este procedimento foi, por parte de alguns povos, mal entendido e mal interpretado. Levantaram-se, aqui e acolá, vozes que chamaram de contrario á civilisação qualquer introducção de idéas racistas na vida politica, ou declarando-a até politicamente perigosa.

Taes juizos, porém, já por si só, deviam provocar surpreza, porque grande parte dos povos civilisados sempre tem tido principios evidentes racistas, bastando a lembrar a posição e procedimento da Inglaterra e dos Estados Unidos da America do Norte.

A adversão contra a idéa racista só se explica pela habil e systematica diffamação que especialmente interessados promoveram contra as concepções racistas, e, visando sobretudo as da Nova Allemanha.

O pensamento racista não se identifica de forma alguma com o menosprezo de outras raças, nem pretende consideral-os de inferiores, mas accentua para todas as raças e povos do mundo, a necessidade de guardar e desenvolver as propriedades caracteristicas que o Creador lhes deu.

Assim, não se fala na Allemanha da "inferioridade" de quaesquer grupos humanos, mas tão sómente da sua "variedade", rejeitando o cruzamento quando considerado prejudicial para ambas as partes.

Com esta concepção, a Allemanha encontra-se no mesmo ponto de vista, em que se acham, ha muitos seculos, entre outros, os povos do Oriente, cujo conceito pronunciado de familia e culto dos antepassados lhes impõem o dever de zelar pela pureza das suas proles.

Assim, o conceito razista não conduz, absolutamente, á hostilidade e lutas mutuas, mas antes á consideração reciproca que é a unica base para crear relações pacificas entre homens e povos.

M. P.

174

O pobre, o negro, a mulher, como expressão de revolta, serão importantes componentes da composição dos personagens do romance de 30, problematizando ideias até então inimagináveis de serem proferidas. Veja-se, por exemplo, o personagem negro Marciano, de *São Bernardo*, na cena em que Paulo Honório encontra os cochos do gado vazios, argumentar, em vez de rezar, que era a exigência imposta a essa classe segundo a crítica conservadora:

> Ao passar pelo estábulo, notei que os animais não tinham ração. [...]
>
> — Marciano! [...] — Já para suas obrigações, safado.
>
> — Já acabei o serviço, seu Paulo, gaguejou Marciano perfilando-se.
>
> — Acabou nada!
>
> — Acabei, senhor sim. [...]
>
> — Mentiroso. Os animais estão morrendo de fome, roendo a madeira.
>
> Marciano teve um rompante:
>
> — Ainda agora os cochos estavam cheios. Nunca vi gado comer tanto. E ninguém aguenta mais viver nesta terra. Não se descansa.
>
> Era verdade, mas nenhum morador me havia ainda falado de semelhante modo[252].

Para críticos como Octávio de Faria, Marciano estaria entre os personagens negros repentinamente adaptados ao marxismo, uma distorção da noção tradicional de povo "obediente, leal e ordeiro". Além do caráter ordinário atribuído a essa classe de personagem, uma das principais críticas na época ao romance foi a falta de "higienização da linguagem", aí associada à eugenia: "O construtor de 'S. Bernardo', porém, não soube higienizar o seu livro"[253]. Pode-se dizer mesmo que admitir que o caboclo tinha razão era uma inovação na literatura que ainda não se havia experimentado, bem como "semelhante modo de falar", interpretado à época como inclusão do ignorante e incapaz de pensamentos complexos. Conforme escreveu Octávio de Faria: "em vez de romances começaram a nos impingir

---

252 Graciliano Ramos, *São Bernardo, op. cit.*, p. 107-8. Doravante mencionaremos apenas o número de página dessa edição.

253 Franz Martins, *S. Bernardo, O Povo*, Fortaleza, 6 mar. 1935, em: Edilson Dias de Moura, *op. cit.*, p. 250.

[...] indigestos e maçantes 'gestos' de *pobres negros* repentinamente marxistizados [*sic*]"[254].

A produção de Graciliano Ramos se destacaria nesse momento, tanto da perspectiva artística quanto em termos de história política, porque sua prisão em março de 1936 não foi mero engano nem fruto de vingança particular de desafetos ou de familiares. Ao se avaliarem as relações socioeconômicas e culturais figuradas em *Caetés*, por exemplo, vemos que elas se afastam diametralmente de *São Bernardo*, cujo efeito imediato revela a mentalidade brutal que antecede o Estado Novo e que nele se aprofundaria ainda mais. Escrevendo no início da década de 1940 sua *Formação do Brasil contemporâneo*, Caio Prado Jr. explicita essa característica, dizendo que ainda naquele momento:

> [...] sente-se a presença de uma realidade já muito antiga que até nos admira de aí achar e que não é senão aquele passado colonial. [...] No terreno econômico, por exemplo, pode-se dizer que *o trabalho livre não se organizou* ainda inteiramente em todo país. [...] que conserva traços bastante vivos do *regime escravista* que o precedeu. [...] produção extensiva para *mercados do exterior,* e da correlata falta de um largo *mercado interno* solidamente alicerçado e organizado. Donde a *subordinação* da economia brasileira a outras estranhas a ela [...]. Numa palavra, não completamos ainda hoje a nossa evolução da *economia colonial* para a *nacional*[255].

Destacam-se aí os aspectos que, em termos de representação artística, se tornarão notáveis na obra ficcional de Graciliano Ramos, bem como dos demais autores dessa geração, no sentido de, ao tratar desses temas, dar à literatura caráter de intervenção em assuntos que afetavam o país naquilo que se constituía como seu "imaginário histórico", expondo-o pelos sentidos do pacto colonialista da literatura. A característica que particulariza os regionalistas é, por isso, o rompimento, por exemplo, com teses racistas, cabendo assim à figuração de personagens negros, indígenas, pobres de modo geral, o papel de desmascarar a ideologia. A recepção das duas primeiras publicações de Graciliano, *Caetés* e *São Bernardo,* nos dá conta inclusive de quanto esses dois romances se afastam um do outro pela falta de contexto.

---

254 Octávio de Faria, "O defunto se levanta" *apud* Thiago Mio Salla, "Graciliano Ramos *versus* Octávio de Faria", *op. cit.* (grifo meu).

255 Caio Prado Jr., *Formação do Brasil contemporâneo*: colônia, São Paulo: Brasiliense/ Publifolha, 2000, p. 3 (grifos meus).

Este romance, "S. Bernardo", de Graciliano Ramos, autor de certo foro em nossa atualidade literária, exemplifica o descaso com que os novos valores lidam com a literatura, e por ela se desapreçam [sic] no conceito público. Seduzidos por um *princípio falso de independência mental*, tomam por espontaneidade o que não passa de desleixo, *estimam no erro deliberado uma manifestação de audácia* e creem que haja *expressão revolucionária em atitudes que, às vezes, enojam*, mas quase sempre apenas enfarfam o bom senso de letrados e não letrados. [...] e, pior que tudo, desprimora-se o conceito da literatura *nacional* de uma época[256].

Note-se nas expressões destacadas seu núcleo de significação: o "princípio falso de independência mental" corresponde à inversão das noções positivistas de *insensibilidade* e *sensibilidade* (negros, indígenas, mulheres e pobres em geral não tinham competência para agir por conta própria). Seria expressão revolucionária, por exemplo, a postura adotada por Madalena diante das agressões de Paulo Honório. Esse tema não seria, por isso, "nacional", portanto, "erro deliberado e proposital". Outro crítico assim se manifesta:

> [...] só se explica o caso crendo-se que os modernos literatos do Brasil acham originalidade digna de ser incluída em um volume que vai passar por centenas de mãos, concorrer para a formação de uma literatura – qualquer frase imbecil pronunciada por um matuto boçal e analfabeto. O livro do sr. Graciliano Ramos, não há dúvidas, é um volume que contém muitas páginas apreciáveis. O construtor de "S. Bernardo", porém, não soube higienizar o seu livro[257].

Tais veios moralizadores e preconceituosos constituíam à época – embora fiados à aparência de uma sociedade que debatia seus problemas cientificamente – uma trama tecida pacientemente, até que se tornasse bandeira de uma política policialesca, agressiva, em vigília, à espera da senha que legitimasse, como diria mais tarde Augusto Frederico Schmidt, a "necessária repressão". Ela atingiria em cheio Graciliano Ramos. Daí a necessidade de reavaliar o que de fato representaram os relatórios do período em que foi prefeito de Palmeira dos Índios, entre

---

256 G. P. [pseudônimo], "*S. Bernardo*", Graciliano Ramos, *A Noite*, 10 jan. 1935, em: Edilson Dias de Moura, *op. cit.*, p. 237 (grifos meus).

257 Franz Martins, "*S. Bernardo*", *O Povo*, Fortaleza, 6 mar. 1935, em: Edilson Dias de Moura, *op. cit.*, p. 250.

1928-1929; sua função como diretor da Imprensa Oficial do Estado de Alagoas, em 1930-1931, após renunciar à prefeitura; e sua nomeação em 1933, ao publicar *Caetés*, ao cargo de diretor da Instrução Pública, ocupado até março de 1936. Evidentemente, não seriam apenas seus dois romances a origem de sua prisão. Graciliano era mais conhecido pela atividade político-administrativa, sobretudo pela reforma que promoveu na Instrução Pública durante sua gestão até 1936.

SÃO BERNARDO E A PROPAGANDA CONTRARREVOLUCIONÁRIA

Madalena contava fatos da escola normal. [...] A escola normal! Na opinião do Silveira, as normalistas pintam o bode, e o Silveira conhece a instrução pública nas pontas dos dedos [...] Chamam-se intelectuais e são horríveis. [...] O Nogueira, de olho duro, gramando aquilo! Interesse. Começara a falar em política. Madalena levantara a cabeça, curiosa. Erguia-me, insultava-a mentalmente: – Perua!

Até com o Padilha! Como diabo tinha ela coragem de se achegar a uma lazeira como o Padilha? Questão social.

[...]

Aquela mulher foi a causa da minha desgraça.

[...] – Ó Padilha, por que foi que você disse que Madalena era a causa de sua desgraça?

– E o senhor quer negar? Se não fosse ela, eu não perdia o emprego. Foi ela. E, veja o senhor, eu não gostava daquilo. Muitas vezes opinei, sem rebuço: – "D. Madalena, seu Paulo embirra com o socialismo. É melhor a senhora deixar de novidade. Essas conversas não servem" [...]

– Que diabos discutiam vocês?

O meu ciúme tinha se tornado público. Padilha sorriu e respondeu, hipócrita:

– Literatura, política, artes, religião... Uma senhora inteligente, a d. Madalena. E instruída, é uma biblioteca.

(GRACILIANO RAMOS, *São Bernardo*)

DOIS PALMEIRENSES ILUSTRES

Em 20 de agosto de 1930, o jornal *Diário de Pernambuco*, em matéria intitulada "A princesa do sertão", dizia que Palmeira dos Índios vivia seu "momento de ouro" e que tudo que se desejasse naquelas brenhas seria atendido. Acentuando:

> Quis usufruir os proveitos da açudagem e, em breve, além do açude aberto na zona urbana, terá outros açudes escavados na caatinga, onde predomina a aridez. Quis ter facilidade de comunicação e hoje dispõe de magníficas estradas de rodagem feitas na administração atual em cuja frente se acha um palmeirense ilustre, ou na administração do prefeito Graciliano Ramos[258].

Ilustre sem ter ainda publicado seus romances, após a renúncia à prefeitura e ao curto período da Imprensa Oficial, Graciliano assume o cargo de diretor da Instrução Pública do estado e implanta no setor, talvez pela primeira vez na história de Alagoas, o concurso público e o diploma como critérios para o magistério, efetivando o emprego e garan-

---

258 *Diário de Pernambuco*, "A princesa do sertão", Recife, 20 ago. 1930, p. 3, fonte: Hemeroteca Digital da Biblioteca Nacional do Rio de Janeiro.

tindo ao professorado o que antes era provisório. Evidentemente, a implementação do mérito foi interpretada como meio de "espalhar o credo comunista" e método de perseguição das professoras que não obedeciam ao diretor. A publicação de *Caétes* em 1933 cumpre um importante papel simbólico nesse sentido. Era importante que o livro fosse lançado, pois, sendo Graciliano Ramos homem de letras e tendo atingido a notoriedade que lhe dera a publicação dos relatórios da Prefeitura durante as gestões de 1928-1929, o romance suavizaria as medidas tomadas que provocaram insatisfação, diluindo as críticas que pudessem ser feitas à sua gestão.

Caetés era anunciado pelos jornais desde 1931. E o autor figurava nos noticiários mais pelas suas obras na prefeitura e na educação do que como romancista. Foram três anos de espera até o livro ser publicado. Mais tarde, em 1935, lançada a segunda obra, Jorge Amado escreveria um artigo intitulado "*São Bernardo* e a política literária" expondo, segundo ele, as razões de o primeiro romance de Graciliano ter sido engavetado pela editora Schmidt durante três anos, indicando ainda o motivo de o poeta carioca ter escrito artigo pouco simpático a *São Bernardo*:

> [...] num rápido inquérito que fiz nos meios intelectuais colhi várias opiniões que para aqui transporto [...]. Disse-me a primeira pessoa com quem conversei: – "O Schmidt é um velho inimigo do Graciliano. Inimigo gratuito. Já com o primeiro livro do Graciliano o Schmidt pintou o diabo. Prendeu o livro quatro anos na sua casa editora. O livro saiu quando estava velho e não agradava ao Graciliano. O poeta pretendia fazer o mesmo com o *São Bernardo*. Matar o livro, envelhecendo-o nas suas gavetas. Mas o Graciliano não lhe deu o livro, e o Schmidt pensou que o destruiria com aquele artigo. Foi esta a razão"[259].

O *Diário de Pernambuco* anunciava em 1933, antes da publicação de *Caetés*, a realização do concurso público em Alagoas para os cargos de magistério (professoras que não passassem na prova seriam afastadas da Instrução Pública, sendo obrigatória a avaliação para todos os funcionários da rede de ensino). Evidentemente, o processo vitimou, sem injustiça, muitos professores, o que gerou forte reação contra o novo diretor. Segundo o artigo de 28 de junho de 1935 escrito para o *Diário de Pernambuco*, o próprio Graciliano traz dados importantíssimos da sua gestão coletados quando ocorreu a implantação da Seção de Estatística e Registros em 1933 por ele e sua equipe. Diz o diretor: "[...] só de 1933 para

---

259 Jorge Amado, "*São Bernardo* e a política literária", *Boletim de Ariel*, fev. 1935, em: Edilson Dias de Moura, *op. cit.*, p. 248.

cá existe o Serviço de Estatística. O que antes havia é bastante nebuloso". Segundo o relatório de governo de Álvaro Paes, os únicos dados do setor da educação em que se baseava eram os de 1872:

> Segundo o recenseamento de 1872, era a população escolar deste Estado, de 6 a 15 anos de idade, de 78.470 crianças de ambos os sexos, das quais frequentavam 116 escolas, que então existiam, 5.558, sendo 3.555 do sexo masculino e 2.003 do feminino, e 3.995 escolas particulares. Presentemente o número dos matriculados é superior, mas também é maior o número de escolas e maior deve ser a população escolar[260].

Esses números, ainda que do século XIX, revelariam em 1933 o total vazio de dados até aquele momento. Segundo as entrevistas dadas ao *Jornal de Pernambuco* em 1935, em 1932 havia nas escolas públicas 15.826 alunos; 22.982 em 1933; 25.840 em 1934, fixados pela Seção de Estatística implementada na gestão de Graciliano, apontando crescimento de pelo menos 10.000 alunos matriculados em dois anos de trabalho. Dois fatores favoreciam essa evolução dos números: primeiro, o novo interventor, embora tenha endividado o Estado com empréstimos no exterior, dispunha de caixa; segundo, as ações positivas do diretor da Instrução Pública, por exemplo, proibindo o castigo físico e distribuindo merenda escolar. Também passa a fornecer material escolar e uniformes ao descobrir que as salas estavam vazias por não se permitirem crianças sem sapatos nas escolas. Desse modo, não como gesto caridoso, mas amparado pelo projeto governamental e de acordo com a Constituição de 1934, aplicara todas as leis justas, ignorando as que permitiriam, por exemplo, a apropriação do ensino pela Igreja católica ou a construção de escolas reservadas para "crianças da classe perigosa".

Graciliano descobriu, por exemplo, que uma escola estava com portões abertos para que ali se fizesse a distribuição e o comércio de peixes[261]. No mais grave dos ocorridos, entretanto, recebeu a denúncia de que na escola Visconde de Sinimbu uma criança fora agredida por uma professora a ponto de ficar ensanguentada. Coincidentemente, a escola era dirigida por Celeste de Pereira, a mesma que sugeria a "educação eugênica"

Ofício n. 683, de 7 de agosto de 1935, solicitando ao setor de Saúde Pública que o fornecimento de peixe à escola Diegues Júnior seja feito de uma forma mais segura. Fonte: Arquivo Público de Alagoas. →

---

260 Álvaro Correa Paes, *Relatórios dos presidentes de estados brasileiros (AL)*, op. cit., p. 14.

261 Ver imagens a seguir. Ofícios do diretor da Instrução Pública de Maceió, fonte: Arquivo Público de Alagoas, pasta sem número.

ESTADO DE ALAGOAS

Directoria da Instrucção Publica

N. 683   Maceió, 2 de agosto de 1935

Exmo. Sr. Dr. Secretario Geral do Estado

    Enviando por copia o officio n. 142-35, do dr. Director do Serviço de Febre Amarella neste Estado, e endereçado a esta Directoria, cumpre-me apontar os inconvenientes que a utilização de um tanque existente no Grupo Escolar "Diegues Junior" e a distribuição de peixes nesse local, trazem incontestavelmente á bôa ordem dos trabalhos do mesmo Grupo. Facultando-se a todo momento, como se pretende, a entrada de pessôas estranhas em uma das dependencias de um Grupo que é diariamente frequentado por mais de 700 creanças, difficil será, senão mesmo impossivel, evitar que um alumno, illudindo a vigilancia dos professores, possa sahir precipitadamente pelo portão de livre accesso e venha a ser apanhado por um vehiculo. Reproduzir-se-ha assim a lamentavel scena de ha dois annos, que ainda está na lembrança dos que tiveram o infortunio de presencial-a.

    Creio que a recordação desse facto e o receio de sua possivel repetição foram os unicos motivos determinantes das suppostas difficuldades creadas pela Directora do estabelecimento, como insinua a communicação. Não se contestam os reaes beneficios que trazem á população os serviços a cargo do Departamento Nacional da Saude Publica; o que se contesta, porem, é que esses serviços só possam ter efficiencia e ser realizados com a desorganização de outros não menos importantes e de beneficios não pouco de estimar, e, o que é mais grave, com sacrificio talvez de vidas preciosas.

                                Paz e Prosperidade

                                (Graciliano Ramos)
                                   Director

em *O Semeador*. Ao não a encontrar, e tendo a professora acusada de espancamento confessado ter puxado a orelha da criança, Graciliano decide pedir o afastamento da diretora. No artigo de Celeste de Pereira em 1934, alusivamente reivindicava-se a implementação do ensino completivo (o catecismo, que Graciliano jamais implantou) e a eugenia (separação dos alunos segundo os estigmas físicos considerados indícios de degeneração para não afetar as futuras gerações). No ofício de afastamento de Celeste de Pereira, Graciliano menciona que desde 1933 não havia notícias de agressão de crianças nas escolas.

Páginas do ofício n. 896, de 4 de outubro de 1935, solicitando ao secretário-geral do Estado o afastamento da diretora da escola Visconde de Sinimbu, professora Celeste de Pereira, sob acusação de permitir castigos físicos e de abandonar a direção da escola. Fonte: Arquivo Público de Alagoas. →

Em 24 de janeiro de 1936, sai uma nova matéria sobre o ensino em Alagoas intitulada "Aspectos da instrução pública de Alagoas", em que se vão enumerando as conquistas na área, tanto para os professores quanto para os estudantes, desde as regulamentações propostas pela Seção de Estatísticas e Registros até a aplicação dos recursos que chegavam à Instrução Pública. O diretor lamenta não ter ainda os resultados da Seção de Estatísticas e Registros de 1935, mas, baseando-se nos de 1934, acredita que os números teriam melhorado. Assim, comenta que "Em 1933 foram demitidas 119 professoras interinas. Depois, mediante concurso, 50% dessas professoras tiveram sua nomeação em caráter efetivo". Fala das faculdades de magistério, à época denominadas escolas normais: "[...] a Escola Normal Oficial teve o seu corpo docente renovado, nele ingressando figuras brilhantes de técnicos como os drs. Théo Brandão, especialista em higiene e puericultura, Sebastião Hora, professor de psicologia e pedagogia [...]". Como visto nos capítulos anteriores, Sebastião Hora seria também preso em 1936.

Além dessas medidas, diz ter encontrado a Escola Profissional Feminina vazia e a põe em funcionamento, comunicando nessa reportagem a ampliação do Clube Agrícola de União de ensino técnico para outras cidades. Esse setor, de acordo com o relatório de 1930 do governador de Alagoas, Álvaro Correa Paes, era crucial para a reversão da crise econômica que atingira o setor têxtil e algodoeiro do Estado, tendo Viçosa como cidade principal da produção.

Álvaro Correa Paes, governador de Alagoas de 1928 até outubro de 1930, nasceu em Palmeira dos Índios. Foi jornalista, professor e político de grande importância. Admirado por Graciliano Ramos, partilhava com o escritor algumas ideias interessantes quanto ao enfrentamento dos problemas tanto dos municípios alagoanos quanto do Nordeste de modo geral. Em 1927, Paes era deputado federal, tendo no ano seguinte assumido o governo de Alagoas. No mesmo pleito, Graciliano era eleito prefeito

ESTADO DE ALAGÔAS

Directoria da Instrucção Publica

Nº 896 Maceió, 4 de Outubro de 1935

Exmo. Sr. Secretario de Estado dos Negocios do Interior, Educação e Saúde.

    Remettendo-lhe as peças dum inquerito ha dias realizado no grupo escolar "Visconde de Sinimbú", desta capital, tomo a liberdade de chamar a attenção de V.Excia. para a desordem que existe nesse estabelecimento, onde as crianças recebem castigos physicos. Lendo os papeis que lhe remetto, verá V.Excia. que D. Celeste Pereira ignora o que se passa na escola que dirige.

    Vieram dizer-me que um alumno do grupo "Visconde de Sinimbú" fôra esbofeteado por uma professora em plena classe. Mandei abrir inquerito. Uma criança confessou ao Inspector Geral do Ensino Primario que recebera castigo physico. A professora accusada disse haver puxado as orelhas do alumno. Duas testemunhas affirmaram que a roupa que a criança vestia tinha ficado suja de sangue.

    D. Celeste Pereira, directora, declarou que tudo era mentira e que sabe muito bem os acontecimentos da escola.

    Uma professora diz ter puxado as orelhas dum menino, D. Celeste Pereira affirma que as orelhas não foram puxadas.

    A 30 de Julho do corrente anno, reconhecendo que o grupo "Visconde de Sinimbú" estava sem direcção (visitei-o varias vezes sem ter a satisfação de encontrar a directora), pedi á Secretaria Geral que D. Celeste Pereira fosse substituida por D. Fernandina Malta de Souza. Chamo a attenção de V.Excia. para o meu officio de 30 de Julho.

    É conveniente dizer que, de Janeiro de 1933 até agora, é a primeira vez que me chega a noticia de ser uma criança maltratada

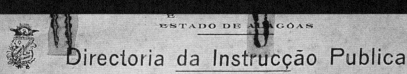

ESTADO DE ALAGÔAS

Directoria da Instrucção Publica

N._____   Maceió, 4 de Outubro de 193 5

(continuação)

physicamente em escola publica de Alagoas.
Repito que julgo indispensavel o acto que propuz ha dois mezes.

Paz e prosperidade

Graciliano Ramos
Director

Recebi as peças do inquerito
a que se refere o presente officio.
Maceió - 4-10-1935

de Palmeira dos Índios, o que faz a leitura dos relatórios de Prefeitura daquele município convergir para os de Estado, fornecendo elementos que se articulam no sentido de esboço de três eixos problemáticos para a gestão governamental que mais tarde vão configurar os romances *São Bernardo, Angústia* e *Vidas secas*. De imediato, veem-se entre Álvaro Paes e *São Bernardo* muitos pontos de contato:

> Empossado em 12 de junho de 1928, prosseguiu com a política dos governos anteriores, ampliando a rede de estradas de rodagem e expandindo as cooperativas de crédito agrícola, com a criação do Banco Central de Crédito Agrícola e do Banco Popular e Agrícola de Alagoas. Instalou um órgão de pesquisas e análises na área da agricultura e realizou a primeira exposição agrícola, visando à diversificação de culturas. Estabeleceu na cidade de Satuba uma estação de monta, com reprodutores das raças bovina, equina, asinina, caprina e suína, mas os criadores se mostraram indiferentes, não se interessando pelo cruzamento com raças mais nobres, a partir do qual se poderia iniciar a formação de uma aceitável mestiçagem[262].

Aqui se estabelece de pronto a ligação com a atmosfera ficcional do romance *São Bernardo*. Configura a mentalidade de Paulo Honório a conciliação do arcaico (mão de obra semiescravizada), de um lado, e, de outro, empreendedorismo e modernidade (meio de produção modernizado), ao passo que o personagem implementa uma mesma diversificação de cultura na fazenda. A referência histórica da ficção fora a experiência realizada na fazenda-modelo de Álvaro Paes, em Satuba, a poucos quilômetros de Maceió. A implementação de um projeto assim apenas se viabilizaria com os empréstimos bancários do Banco Popular e Agrícola de Alagoas. É assim que, na ficção, Paulo Honório compra equipamentos importados – prensa de algodão, descaroçador, tratores etc., bem como importa raças bovinas europeias, marrecos de Pequim etc. –, vinculados ao capital estrangeiro. No entendimento de Vander Melo Miranda, essa característica faz de Paulo Honório, em parte, um *self-made man,* um visionário insólito e solitário.

Em termos de historiografia, veremos que esse aspecto tem como relação imediata as ideias de Álvaro Paes. Seu plano de governo era altamente crítico das tendências urbanistas da época, com finalidade eleitoral, a que se contrapõe dando ênfase à necessidade de desenvolvimento do interior do Estado:

---

262 Reynaldo Barros, "PAIS, Álvaro Correia", CPDOC-FGV, disponível em: https://cpdoc. fgv.br/sites/default/files/verbetes/primeira-republica/PAIS,%20%C3%81lvaro%20 Correia.pdf, acesso em: 12 jun. 2023.

Visitando constantemente os municípios do interior e verificando que as suas necessidades mais prementes eram exatamente as que constavam do meu programa de governo [...] comecei meu trabalho voltado para o campo. [...] a mentalidade dominante é, em nosso tempo, profundamente urbanista; e é natural que os homens de governo, como os políticos, procurem ser populares, agradando as populações com as quais se achem em contato diário, isto é, os habitantes da capital [...][263].

Ao apresentar seus argumentos, que apontam os eixos de problemas enfrentados na região, tem-se um esboço do que viria a constituir os três fluxos dos romances de Graciliano Ramos posteriores a *Caetés* – e não custa lembrar que nesse tempo este já estava escrito, mantendo pouca relação com o caráter público e político dos livros publicados de 1934 em diante. Assim, argumenta o governador, abrindo o primeiro capítulo do relatório, sobre a impossibilidade de enfrentar os problemas do campo considerando as demandas da camada urbana do país. Nesse capítulo intitulado "O tantalismo urbanista", em posse de dados do século anterior sobre a crescente migração dos camponeses para as cidades no mundo por causa do desenvolvimento industrial, Paes discorre com preocupação sobre o destino de Alagoas, cujo fluxo migratório tem como ponto de chegada Maceió, pois a educação oferecida tanto no campo quanto nas cidades supervaloriza a vida urbana e, em consequência, estigmatiza o produtor rural e as populações do interior:

Ora, essa tendência do abandono das fazendas pelas cidades assim se acentua na Europa e nos Estados Unidos, onde o ensino profissional, os conhecimentos práticos de agronomia, zootecnia e veterinária estão muito espalhados, quase generalizados, e já constitui um grande mal e um grande perigo para nossa civilização, o que dizer em relação ao Brasil? Entre nós a educação do homem já é feita toda no sentido da urbanização e da burocratização do país. A criança quando frequenta as aulas de uma escola primária já sonha com um emprego público e com a felicidade ilusória da vida da cidade; e o rapaz que cursa as matérias dos estabelecimentos de ensino secundário não pensa em outra coisa que em ser doutor[264].

Seduzidos por oportunidades inexistentes nas zonas urbanas, poucos conquistariam um posto de trabalho; enquanto os demais "[...] naufragam e não têm coragem de voltar para o seu povoado sertanejo a

---

263 Álvaro Correa Paes, *Relatórios dos presidentes de estados brasileiros (AL)*, *op. cit.*, p. 5.
264 *Ibidem*, p. 7.

tentar a vida por outra forma"[265]. Alguns destes, pela sua origem senhorial, envergonhados de se sujeitarem às sobras da vida urbana – e aqui já se percebe o que move a mentalidade de Luís da Silva em *Angústia* –, segundo o governador apelam ao crime, à prostituição, às agitações patrióticas, envenenando a pequena burguesia contra os governos, provocando agitações operárias, açulados pelo ódio ao patronato etc. Essas ideias são o embrião da figuração do sertanejo na literatura regionalista e vinham ganhando terreno havia tempos. Segundo a pesquisadora Marta Carvalho, em fins dos anos 1920, a Associação Brasileira de Educação (ABE), fundada em 1924 como instituição nacional de pedagogia (e formada principalmente por engenheiros e médicos), promoveria as bases da reforma da política pública da educação que, entre muitos pontos de contato, convergem com o programa de educação regional defendido no governo de Álvaro Paes no seguinte aspecto:

> [...] a questão traduzia-se na valorização da chamada escola regional. Nessa acepção, o tema tinha conotações românticas de idealização utópica da vida campestre. Imagens como da honradez, da simplicidade, da saúde figuravam virtudes rurais, por oposição idílica a representações da cidade como vício, corrupção e insalubridade. A escola rural era uma espécie de antídoto largamente receitado contra o "congestionamento das cidades" e "o pauperismo urbano com seus perniciosos efeitos"[266].

Essas características serão largamente exploradas em *São Bernardo* na figuração da mentalidade de Madalena (a professora da cidade, "lugar de vício, corrupção e insalubridade"), que migra para o campo (idealizado como lugar de "virtude e felicidade"). Quando no romance o governador fictício do Estado visita a fazenda de Paulo Honório e pergunta onde se encontrava a escola, a reação do fazendeiro é pensar consigo que a construção da escola seria "um capital", isto é, algo básico para manter um bom relacionamento com o poder político a partir da constituição, dentro de seu território, de um pequeno curral eleitoral, conforme o voto de cabresto, já que para ele "letramento" significava formar bacharéis. E, aproveitando-se da ideia de fazer a escola, pede ao jornalista Gondim que convença a professora Madalena a administrá-la. E o fato curioso se dá exatamente pela estratégia com que Gondim pretende convencê-la. Diz ele: "Arrumo-lhe a paisagem, a poesia do campo, a simplicidade das almas. E se ela não se convencer, sapeco-lhe um bocado de patriotismo por cima" (p. 86).

---

265 *Ibidem*, p. 8.

266 Marta Maria Chagas Carvalho, *A escola e a República, op. cit.*, p. 65.

No relatório de Álvaro Paes, os problemas enfrentados por Paulo Honório com a falta de uma escola voltada para o desenvolvimento dos trabalhadores rurais e sua profissionalização é o ponto fundamental de toda a crise do Estado em termos econômicos. Paulo Honório representa, naquele ambiente, um obstáculo perturbador, descoberto por Graciliano na administração da prefeitura, cujos relatórios deixam claro ter sido o personagem imaginado a partir de lá, por exemplo, quando menciona no saneamento das contas públicas que "Não há vereda aberta pelos matutos, forçados pelos inspetores, que prefeitura do interior não ponha no arame, proclamando que a coisa foi feita por ela"[267]. Note-se que o estilo informal daria enorme abrangência de compreensão da transação financeira. Pôr no arame é transferir a conta de obras em fazendas para o município. Processo aproveitado em *São Bernardo* quando Paulo Honório, ao abrir estradas para escoamento da sua produção, esbraveja: "[...] estou fazendo obra pública e não cobro impostos. É uma vergonha. O município devia auxiliar-me. Fale com o prefeito, dr. Nogueira. Veja se ele me arranja umas barricas de cimento para os mata-burros" (p. 43).

Álvaro Paes destaca um programa desenvolvimentista regionalista cujo ponto de partida seriam obras, já iniciadas por alguns prefeitos – entre eles Graciliano Ramos –, que abriram estradas para o escoamento da produção. Sujeita aos ciclos climáticos, a maior parte das fazendas parava durante longos períodos. Assim, sugeria-se a ideia do plantio de mamona, pinha e pomicultura como alternativa para a contenção do fluxo migratório, além da formação, pelo ensino técnico nas fazendas, de mecânicos, veterinários etc. Essa diversificação da lavoura com produtos que não competiam com os mais importantes itens de exportação, gerando trabalho e renda nos períodos de estiagem, diminuiria as levas de retirantes. Essas alternativas serão implantadas por Paulo Honório, em parte, e claro está que Graciliano fez essas observações com base no posto ocupado na Prefeitura e em sua inserção no círculo político em torno do governador. *São Bernardo* mostra exatamente a crise que naquele momento atingia o Brasil de modo geral, reduzindo o consumo de algodão internamente pela falta de máquinas modernas e técnicos formados em mecânica, sofrendo com a concorrência de outros países produtores no mercado externo, constatação feita pelo governador no relatório.

Na ficção, Paulo Honório inicialmente interpreta a crise econômica como resultado das ideias revolucionárias de Madalena e, depois, pela

---

267 Graciliano Ramos, "Relatório ao Governo do Estado de Alagoas", em: Graciliano Ramos, *Viventes das Alagoas*: quadros e costumes do Nordeste, Rio de Janeiro: Record, 2002, p. 70.

superstição de que o pio da coruja prenunciaria azares. Em termos históricos, a perda de competitividade no mercado exterior devia-se à pouca qualidade do produto, consequência de uma mão de obra semiescravizada, sem nenhum tipo de qualificação. Na vida real, o governador lamentava: "Se, ao menos, o Estado dispusesse de recursos para organizar um corpo de mecânicos que levasse aos descaroçadores, espalhados pelo interior, a sua assistência técnica, o tipo apresentado ao comércio seria outro"[268].

O drama figurado no romance pelo dínamo emperrado em *São Bernardo* não podia, na época, suportar a explicação literária dada por João Luiz Lafetá nos anos 1970, isto é, de que se trataria de uma representação simbólica do desgaste narrativo provocado pelo mecanismo da força da violência que move Paulo Honório. A quebra das máquinas no romance relacionava-se com o emprego de mão de obra semiescrava, em turnos dobrados de trabalho, descritos com a maior nitidez possível nas cenas do livro. É só pelo afastamento da história, da qual restam apenas vestígios nas ruínas dos arquivos, que o leitor, alheio à instância enunciativa imediata do romance, pode ler nos elementos ou nas figuras tiradas da realidade representações literárias e articulá-las numa interpretação orientada para a referência dos sentidos, não do real. Só o leitor imediato à época podia ver os fatos elencados como crítica dos problemas ali vividos e experimentar o que era novidade no período a partir da ruptura com as práticas literárias anteriores.

A entrevista dada em 1936 ao jornal *Diário de Pernambuco*, em que fala dos planos de ampliação da escola técnica rural para outros municípios, seria o último ato de Graciliano no que se refere à tentativa de uma educação voltada para o campo. Em 3 de março seria preso sob acusação de ser "[...] autor de um livro inconveniente às meninas alagoanas, [que] já se vinha tornando intolerável pela perseguição às professoras que não seguiam o credo vermelho e pela liberdade com que agia a favor do comunismo", diria o jornal *A Nação*. As professoras que não seguiam o credo vermelho provavelmente eram as que acreditavam na eugenia e no "côvado", e que tinham então na figura notável de Celeste de Pereira um argumento sólido de perseguição pelo seu afastamento da direção da escola Visconde de Sinimbu. A trajetória pública e administrativa de Graciliano converge para a produção literária, em contraponto às hipóteses intimistas e biográficas cuja orientação analítica o reduz a figura isolada, contemplativa, acanhada etc. Pelo contrário, ao reconstituirmos a historiografia da sua produção literária o vemos transitar pelas diferentes esferas sociais existentes à época, impondo-se sobretudo a seu modo de escrever.

---

268 Álvaro Correa Paes, *Relatórios dos presidentes de estados brasileiros (AL)*, *op. cit.*, p. 36.

O FATOR ECONÔMICO EM *SÃO BERNARDO*: O CICLO DO ALGODÃO

O debate em torno da democratização do Brasil que antecede a Constituição de 1934, ano de publicação de *São Bernardo*, estrutura-se pelo clima de reivindicação e combates em torno das ideias que ali circulam. Assim, frases do romance como "Uma nação sem Deus", "É a corrupção, a dissolução da família", "A Igreja é um freio", proferidas por padre Silvestre; ou "mulher sem Deus é capaz de tudo", "Comunista, materialista. Bonito casamento!", atribuídas ao comportamento de Madalena, normalista, escritora de artigos jornalísticos e esposa do protagonista, tinham sentidos amplíssimos para o leitor contemporâneo, exatamente como o descrito em *A Nação*: "um livro inconveniente às meninas alagoanas". Graciliano previa, de algum modo, que *São Bernardo* produziria esse efeito:

> [...] há umas frases cabeludíssimas que não podem ser lidas por meninas educadas em convento. Cada palavrão do tamanho de um bonde. Desconfio que o padre Macedo vai falar mal de mim, na igreja, se o livro for publicado. É um caso sério. Faz receio[269].

---

269 Graciliano Ramos, *Cartas, op. cit.*, p. 128.

A justiça social, o direito ao voto feminino, a defesa da capacidade cognitiva de negros, indígenas e seus descendentes, a defesa da escola laica, do divórcio por incompatibilidade do casal: quaisquer que fossem as reivindicações democratizantes ou progressistas reduziam-se naquele momento a "ideias dissolventes", "dissolução da família", "corrupção", "dissimulação", "disfarce". Segundo a consulesa Odette de Carvalho e Souza à época: "Explorar os sentimentos democráticos naturais dos povos latino-americanos, e sua inata ideologia democrática, é tática altamente hábil e sabiamente praticada pelos chefes comunistas"[270]. A consulesa reduzia "reivindicações democráticas", juntamente com os diversos grupos sociais ligados a elas, ainda que contrários aos ideais comunistas, ao que denominava "Liga dos Sem-Deus". O argumento relacionava-se ao fato de que "[...] uma das formas de legitimação do governo de Getúlio Vargas residiu no pacto firmado entre Igreja católica e o Estado", conforme Eduardo Góes de Castro, e pela "presença nos cargos públicos de intelectuais católicos"[271]. Assim Odette de Carvalho e Souza torna-se uma das principais porta-vozes de uma intensa propaganda "pró-fascismo/Estado Novo/Igreja católica". De acordo com Castro, "[...] a Igreja colaborava para a construção de um imaginário coletivo em que o comunista se identificava com o demônio"[272]. Portanto, o Itamaraty agia sob orientação do Vaticano, pelo papa Pio XI, conforme confessaria o próprio ministro Macedo de Soares. É nessa e a partir dessa atmosfera que a mentalidade de Paulo Honório, em *São Bernardo*, vai ser construída por Graciliano. O protagonista de *São Bernardo* orienta-se por ideias católicas e conservadoras contra socialistas e comunistas, reduzindo-os a "dissimulados". O comportamento de Madalena, nesse sentido, era suspeito só pelo fato de ser normalista, escrever artigos para jornais, nunca ser vista rezando e, sobretudo, não aceitar violência, injustiças e a miséria.

A cena do jantar na fazenda *São Bernardo* em que padre Silvestre descreve a destruição das igrejas na Rússia em meio à Revolução de 1917 é altamente significativa: ao ouvi-lo, Padilha, professor da escola construída na fazenda, esclarece aos que ali participam do jantar que aquelas histórias eram invenções cuja origem estaria em uma "propaganda contrarrevolucionária", usando exatamente essa expressão. Sua finalidade era interferir na eleição da Assembleia Constituinte que votaria a Carta Magna de 1934. A oposição da Igreja àqueles que defendiam o Estado laico traduzia-se na intensa campanha da Liga Eleitoral Católica

---

270 Odette de Carvalho e Souza, *Komintern*, Rio de Janeiro: José Olympio, 1938, p. 14.

271 Eduardo Góes de Castro, *op. cit.*, p. 117.

272 *Ibidem*, p. 116.

(LEC) que orientava o eleitor a não votar em quem não se declarasse católico ou que apresentasse as características disseminadas por ela como "ateísmo militante". Entre os muitos aspectos do romance que dialogam com esse momento encontra-se o que leva Paulo Honório a enxergar em Madalena a dissimulação comunista, procurando assim o único meio de livrar-se do problema: a prova do adultério da esposa, único motivo aceito pela Igreja para o divórcio. O drama de Madalena, submetida à moral religiosa, dialoga alusivamente com as reivindicações do pastor metodista Guaracy da Silveira, eleito pelo Partido Socialista Brasileiro, do divórcio por incompatibilidade do casal ou da celebração do casamento por um juiz de paz. E a Constituição de 1934, ainda que introduzisse em seu texto vários avanços, como o contrato do casamento civil, mantivera a "indissolubilidade do casamento", entre outras pautas da LEC, que demonstra a reaproximação política entre Estado e Igreja que se fomentava desde meados de 1920:

> Foi a orientação católica que organizou e dirigiu algumas federações, imprimindo uma visão conciliadora entre as classes, geralmente ligada ao patronato e à Igreja católica. Eles eram contra o liberalismo burguês, contra o socialismo ou qualquer outro tipo de extremismo de esquerda, contra o voto, contra a participação em greves e contra a formação de um partido político [operário][273].

Em *São Bernardo*, a posição contrária à intromissão católica no âmbito dos direitos do indivíduo e do Estado é indireta, mas presumível pelas violências cometidas contra Madalena na busca alucinada do marido por provas de seu adultério, o que a leva ao suicídio. O preceito moral religioso se encontra na alegoria do pio da coruja na torre da igreja onde se casam. A metáfora da morte (do suicídio) prenunciada pelo pio da ave assemelha-se à sentença do sacerdote: "até que a morte os separe".

Graciliano escreveu *São Bernardo* a partir de um *simulacro*, em primeira pessoa, do que se passaria na mente de um proprietário rural arruinado por dois motivos: 1) a falência do modelo produtivo adotado em sua fazenda – fundado na precariedade da mão de obra e na produção algodoeira, que vai ruir após a crise de 1929 e a Revolução de 1930 pela fragilidade da indústria têxtil no Brasil; e 2) a crise conjugal, em que a esposa figura, na mentalidade de Paulo Honório, como o princípio de azares. As características democratizantes da esposa, seus comportamentos, levam o protagonista a vincular suas atitudes ao comunismo. Como já dito,

---

273 Álvaro Gonçalves Antunes Andreucci, *op. cit.*, p. 87.

naquele contexto o gênero feminino estava ligado, de certa maneira, ao grupo denominado "classe perigosa". Seriam sintomas de "comunismo" os seguintes aspectos de Madalena: ser normalista, escrever para os jornais, discutir questões sociais, desejar a participação na produção da fazenda, buscar a independência política e financeira e não declarar sua religião. Em 1937, o papa Pio XI escreveria:

> Em particular, para o *comunismo* não existe laço algum da mulher com a família e com o lar. De fato, proclamando o princípio da emancipação completa da mulher, de tal modo a retira da vida doméstica e do cuidado dos filhos que a atira para a agitação da vida pública e da produção coletiva, na mesma medida que o homem[274].

Nesse sentido, as qualidades de Madalena, ao igualar-se à "mesma medida que o homem", seriam teóricas, e não naturais, já que tais atividades ou comportamento eram, para a Igreja, parte do universo masculino, e não do feminino. Lembremos que Lúcia Miguel Pereira, escrevendo sobre o romance ainda em 1934, diria que havia "algo de intelectual na bondade de Madalena":

> É realmente o centro do livro, irradia a sua influência sobre todos os outros, mas fica na sombra. Sabe-se o que ela faz, mas não o que é, intimamente. Há um quê de misterioso nessa mulher que se casa por dinheiro e tem ideias socialistas, que se descuida do filho e vive preocupada em suavizar a miséria dos moradores de S. Bernardo. Parece haver muito de intelectual em suas teorias e na sua bondade, mas não se sabe ao certo[275].

Note-se: "saber o que ela faz, mas não o que ela pensa de fato" seria o ardil com que agiam os comunistas para explorar os "bons sentimentos democráticos do povo brasileiro". Entenda-se, nas palavras de Lúcia Miguel Pereira, a noção de "dissimulação" comunista. Embora pareça contraditória a posição da crítica, como mulher do período, para

---

274 Papa Pio XI, *Carta encíclica* Divinis Redemptoris *de Sua Santidade Papa Pio XI aos veneráveis irmãos, patriarcas, primazes, arcebispos, bispos e demais ordinários em paz e comunhão com a sé apostólica sobre o comunismo ateu*, Vaticano, 19 mar. 1937, disponível em: https://w2.vatican.va/content/pius-xi/pt/encyclicals/documents/hf_p--xi_enc_19370319_divini-redemptoris.html, acesso em: 26 abr. 2018 (grifos meus).

275 Lúcia Miguel Pereira, *A leitora e seus personagens*: seleta de textos publicados em periódicos (1931-1943), e em livros, Rio de Janeiro: Graphia Editorial, 1992, p. 84.

firmar-se nessa atividade certamente era necessário confirmar os campos em que atuava pelo tradicionalismo ou centralidade do gênero e valores predominantemente masculinos. Lúcia Miguel Pereira provavelmente não ignora que a história é narrada por Paulo Honório (o que, portanto, determina a indefinição ou o desconhecimento das razões íntimas de Madalena como mulher).

Revista *Anauê*, edição de agosto de 1935. Foto de um suposto saque a uma igreja russa. Fonte: Arquivo Público de Alagoas. →

Ele decide contar por conta própria sua história após uma espécie de "fala da natureza": "Na torre da igreja uma coruja piou. Estremeci, pensei em Madalena" (p. 9). A notação do pio de coruja e a reação de estremecimento, própria do universo supersticioso sertanejo, vêm ligadas ao fato da morte da esposa. Para Paulo Honório, esse será o limite de entendimento dos fracassos ocorridos. Sua compreensão, moldada no universo da superstição religiosa e do capitalismo escravista de exploração, limita-se à produção e ao lucro, revelando sua incapacidade de compreender os problemas enfrentados como próprios da condição humana e da limitação do Brasil no sistema internacional do trabalho.

Ao iniciar sua história, Paulo Honório conta ter 50 anos. Na adolescência, fora trabalhador do eito, recebendo um precário salário na fazenda que, no futuro, viria a adquirir pelo endividamento de seu antigo dono, o herdeiro Padilha. A primeira metade do livro, assim, conta a ascensão de Paulo Honório, observador astuto das mazelas produzidas pela dependência econômica característica no Brasil e das quais tira proveito. Faz um primeiro empréstimo para adentrar o comércio de redes, imagens, rosários, gado etc. Inicia sua trajetória após ter cumprido pena de três anos, nove meses e quinze dias na cadeia por ter esfaqueado um sujeito chamado João Fagundes:

> Numa sentinela, que acabou em furdunço, abrequei a Germana, cabritinha sarará danadamente assanhada, e arrochei-lhe um beliscão retorcido na popa da bunda. Ela ficou-se mijando de gosto. Depois botou os quartos de banda e enxeriu-se com o João Fagundes, um que mudou o nome para furtar cavalos. O resultado foi eu arrumar uns cocorotes na Germana e esfaquear João Fagundes. (p. 13)

Não à toa, Paulo Honório define esse esfaqueamento seu primeiro "ato digno de referência": eliminar seus adversários e perseguir os que lhe desobedecem será seu método de ascensão. Com o aprendizado da leitura na cadeia, ao sair da prisão, diz Paulo Honório: "[...] pensava em ganhar dinheiro. Tirei o título de eleitor, e seu Pereira, agiota e chefe-político, emprestou-me 100 mil-réis a juro de cinco por cento ao mês. Paguei os 100 mil-réis e obtive duzentos com o juro reduzido para três e meio por cento" (p. 13). A garantia do empréstimo é o título

"ANAUÊ!" — Agosto 1935　　　　　　　　　　　　　　　　　　　　　　　　　　　19

Matando A Alma De Um Povo

Expressiva photographia documental do saque das egrejas na Russia Sovietica, publicada pelo jornal "Grafic" por occasião do protesto do clero inglez, indignado e horrorizado, deante das sacrilegas depredações perpetradas pelos soldados do Exercito Vermelho... Mas não se mata a alma de um povo. Coberta pela sua immensa mortalha de neve a Russia prepara-se para o resurgimento. Novas idéas começam a agitar a sua mocidade, em quem o Materialismo não matou o Espirito, nem o Internacionalismo o Patriotismo, nem o Cynismo o Amor.

de eleitor (voto de cabresto), sendo o sistema de produção fundado na propriedade rural:

> Resolvi estabelecer-me aqui na minha terra, município de Viçosa, Alagoas, e longo planeei adquirir a propriedade S. Bernardo, onde trabalhei, no eito, com salário de cinco tostões. [...] procurei avistar-me com Padilha moço (Luís). Encontrei-o no bilhar [...]. Travei amizade com ele e em dois meses emprestei-lhe dois contos de réis, que ele sapecou depressa na orelha da sota e em folias de bacalhau e aguardente (p. 15-6).

Paulo Honório torna-se credor do Padilha; mas, sendo ainda devedor do chefe político local, passa a incentivar Padilha no implemento da produção da fazenda, evidentemente prevendo a inabilidade do antigo dono de São Bernardo, e lhe faz outros empréstimos. Estimulado pela ideia de produzir, Padilha comenta: "Tenho pensado numa plantação de mandioca e numa fábrica de farinha, moderna. Que diz?" (p. 17). A reação imediata do protagonista é pensar: "Burrice. Estragar terra tão fértil plantando mandioca!". Contudo, a resposta efetivamente dada é: "– É bom". Padilha acaba completamente envolvido nas dívidas com seu astuto credor e, tendo hipotecado a fazenda, acaba por perdê-la.

Graciliano Ramos vai abordar em *São Bernardo* o pequeno surto industrial que a Primeira Guerra Mundial propicia ao Brasil pelo deslocamento de fluxos de capitais estrangeiros e maquinaria da Europa e dos Estados Unidos, em especial para o setor têxtil, nos anos 1910 e 1920, tornando o algodão um insumo de grande valor na época. Podemos dizer, porém, que não é novidade que essa tenha sido a escolha de Paulo Honório: na Colônia, embora o algodão jamais tenha alcançado o mesmo prestígio da cana-de-açúcar e do ouro nas exportações, "[...] O Brasil terá sua parte, que a princípio não é pequena [...]"[276]. A respeito do algodão, conta-nos Caio Prado Jr.: "Os progressos técnicos do século XVIII permitirão o seu aproveitamento em medidas quase ilimitadas, e ele se tornará a principal matéria-prima industrial do momento, entrando para o comércio internacional [...]"[277]. Mesmo com concorrentes mais bem condicionados no período colonial, como os Estados Unidos e as colônias inglesas e francesas das Antilhas, esse produto ocuparia a segunda posição nas exportações. Logo após a Primeira Guerra Mundial, com a chegada de imigrantes ao país e a fuga de capitais e maquinário para zonas não atingidas no litígio, o setor têxtil experimenta um relativo crescimento em importância:

---

276 Caio Prado Jr., *Formação do Brasil contemporâneo, op. cit.*, p. 131.

277 *Ibidem*, p. 130.

[...] entre 1907 e 1920, o número de operários passou de 24.186 para 83.998, ao mesmo tempo em que o de firmas subiu de 326 para 4.154. [...] ao fim da Primeira Guerra Mundial, a indústria têxtil brasileira fornecia 75% a 85% dos tecidos de algodão consumidos no país. Essa industrialização teria sua continuidade em ritmo mais reduzido na década seguinte. Então ela foi marcada pela maior penetração de capital de risco estrangeiro, acompanhada de um aumento da idade e grau de obsolescência do equipamento usado[278].

É nesse ínterim que transcorre a ascensão de Paulo Honório como fazendeiro de relativa importância, mas a maquinaria que lhe vai permitir modernizar *São Bernardo* lhe chega de modo tardio, como veremos, e subsidiada por empréstimos bancários fixados em dólar. Assim que a propriedade passa a seu domínio, o protagonista põe em marcha a estruturação da fazenda como núcleo produtivo e conta:

> [...] Escrevi algumas cartas aos bancos da capital e ao governador do Estado. Aos bancos solicitei empréstimos, ao governador informei a instalação próxima de numerosas indústrias e pedi dispensa de impostos sobre os maquinismos que importasse. A verdade é que os empréstimos eram improváveis e eu não imaginava a maneira de pagar os maquinismos. (p. 33)

Lembremos que, concomitantemente ao romance, Graciliano e Álvaro Paes atacaram exatamente essa questão, que tudo indica fosse um plano de governo para o estado. E, mesmo quando o governador fictício visita a fazenda e nota a falta de uma escola, a reação do fazendeiro indica que, para ele, tal força de trabalho só é produtiva em condições precárias:

> [...] – Esses homens de governo têm um parafuso frouxo. Metam pessoal letrado na apanha da mamona. Hão de ver a colheita. [...]

> E fui mostrar ao ilustre hóspede a serraria, o descaroçador e o estábulo. Expliquei em resumo a prensa, o dínamo, as serras e o banheiro carrapaticida. De repente supus que a escola poderia trazer a benevolência do governador para certos favores que eu tencionava solicitar. (p. 44)

---

278 Benedicto Heloiz Nascimento, *A ordem nacionalista brasileira*: o nacionalismo como política de desenvolvimento durante o governo Vargas, São Paulo: Humanitas, FFLCH-USP/IEB-USP, 2002, p. 71.

Percebemos aí as particularidades herdadas da Colônia, como a concepção de que o trabalhador é apenas instrumento de produção, sem capacidade para pensar, autogerir-se e coordenar ações. Ao passo que apresenta toda a capacidade dos seus modernos equipamentos, não se dá conta de que eles são operados por homens capacitados tecnicamente por meio da educação. Caio Prado Jr., em sua *História econômica do Brasil*, descreve essa mentalidade literalmente quando diz que, no Brasil, "Para o enfardamento [do algodão] ainda se empregarão correntemente velhos processos manuais até princípios do século XIX, e só então se introduzem as prensas mecânicas"[279]. Assim, vemos na cena a introdução da prensa mecânica na fazenda, uma modernização tardia, acompanhada de um atraso técnico imemorial, evidenciada ao sabermos que Paulo Honório reluta quanto ao melhor nível de instrução do trabalhador, mantido nas mesmas condições em que se encontrava nos períodos colonial e imperial. Contudo, é importante notar que, dessa limitação,

> [...] não é só o trabalho escravo o responsável. De nível bastante superior eram a agricultura e a indústria anexas em outras colônias tropicais, contando com idêntica mão de obra. [...] A razão da diferença está, não pode haver outra, na natureza do colono português, e sobretudo no regime político e administrativo que a metrópole impôs à sua colônia. [...] de isolar o Brasil, mantê-lo afastado do mundo e impedindo, portanto, que aqui chegasse outra coisa qualquer que os reflexos do já baixo nível intelectual do Reino. [...] O nível cultural da colônia era da mais baixa e crassa ignorância[280].

Vemos, portanto, que Paulo Honório é continuador de uma mentalidade antiga, em que a força de produção é rebaixada tecnicamente ao nível mais dramático e precário possível, não acompanhando a modernização que ele introduz na fazenda com a importação de equipamentos. E o mesmo se pode dizer da sua ideia de pecuária quando, motivado pela interrupção do fornecimento de carne na Europa durante a Primeira Guerra Mundial, insere o gado limosino e o schwitz, mesmo estes sendo animais de climas e regiões muito distintos do Nordeste (de origem francesa e suíça, respectivamente). E o que revela a intenção exportadora dessa produção é que, para acalmar os ânimos na disputa com o fazendeiro vizinho, Mendonça, pelos limites das fazendas, Paulo Honório lhe oferece "gratuitamente" os cedros da sua propriedade: "[...] Recusou,

---

279 Caio Prado Jr., *História econômica do Brasil*, São Paulo: Brasiliense, 1972, p. 90.
280 *Ibidem*, p. 90-1.

propôs trocá-los por novilhas zebus. Declarei que não tencionava criar gado indiano, falei com entusiasmo do limosino e do schwitz. Mendonça desdenhava as raças finas, que comem demais e não aguentam carrapato: engordava garrotes para açougue" (p. 27).

Sabe-se que as espécies bovinas europeias introduzidas no Brasil não obtiveram inicialmente grande sucesso, tendo sido necessários cruzamentos com outras raças, como o zebu, para que adquirissem melhor resistência nos ambientes tropicais, principalmente quanto às pragas de carrapatos e o tipo de forragem para sua alimentação: no Brasil, desde a Colônia, o gado apresenta característica de pastagem livre, cujos cuidados Caio Prado Jr. descreve nas obras citadas aqui. Sabemos que nada se fazia senão marcá-lo para que não se misturasse com rebanhos alheios. Na cena, contudo, vemos que Paulo Honório mantém esse gado em currais e que mostra ao governador o banheiro carrapaticida, o que indicava um investimento; não se fala, porém, de um veterinário: tudo Paulo Honório consulta em seu manual de zootecnia, inclusive para se referir a humanos.

É notável que o endividamento do protagonista, decorrente das importações realizadas, constituía investimento de risco, sem qualquer garantia, por causa da transitoriedade característica de desenvolvimento econômico próprio do Brasil, apresentando assim "Uma evolução cíclica, tanto no tempo como no espaço, em que se assiste sucessivamente a fases de prosperidade estritamente localizadas, seguidas, depois de maior ou menor lapso de tempo, mas sempre curto, do aniquilamento total"[281]. Pode-se dizer que, embora Graciliano não desenvolva sua obra como José Lins do Rego, *São Bernardo* é parte de um romance em que o ciclo do algodão, como o do açúcar, é apresentado em seus últimos suspiros.

Nesse aspecto, a prosperidade de Paulo Honório advém do tipo de relação social que mantém com o poder político, por meio do domínio econômico fundado na exploração do trabalho semiescravo e na expansão do latifúndio, e não propriamente da produção. Após a morte em tocaia do fazendeiro Mendonça, que se articulava com o chefe político local, Pereira, a prosperidade lhe chega. Ele mesmo o confessa: "E decidi proteger as Mendonça [filhas do fazendeiro]. A minha prosperidade começou com a morte do pai delas" (p. 45). Veremos que, à medida que adentra os círculos de influência política, sua situação progride; mas, com a desarticulação dessa influência, vem também a derrocada.

---

281 *Ibidem*, p. 125.

Ofício n. 967, de 5 de novembro de 1935, solicitando o pagamento do aluguel de um imóvel privado onde funcionava a escola Fernandes Lima, em Maceió. Fonte: Arquivo Público de Alagoas. →

ESTADO DE ALAGÔAS

Directoria da Instrucção Publica

N° 967   Maceió, 5 de Novembro de 1935.

Faça-se o expediente
6/11/935

Exmº. Snr. Secretario do Interior, Educação e Saúde

    Faço chegar ás mãos de V. Excia., para os necessarios fins, o empenho desta Directoria sob nº 64, solicitando as devidas providencias no sentido de ser paga ao Snr. José Simons Trancoso a importancia de quatrocentos mil reis (400$000), proveniente ao aluguel do predio em que funcciona o Grupo Escolar Fernandes Lima", desta Capital.

                  Paz e Prosperidade

                  Graciliano Ramos
                  Director

SÃO BERNARDO E A CAMPANHA CONTRA OS "SEM-DEUS"

Paulo Honório apresenta uma mentalidade de produção capitalista fundada na concepção que o marxismo chama de subsunção formal do trabalho pelo capital. A impropriedade de tal concepção está em que a força de trabalho traz nuclearmente o resíduo da força de produção escrava e suas consequentes relações. Na implementação do modelo produtivo da fazenda, o protagonista vai optar por exploração da precariedade da mão de obra, insumos agrícolas e uma agropecuária tipicamente de exportação, com todos os riscos de investimento do capital estrangeiro: "Durante a Primeira Guerra Mundial, empresas americanas, após o término do conflito, [...] e europeias iniciarão penetração de caráter mais profundo no Brasil"[282]. É em uma produção subsidiada pelos bancos (sob a influência do capital estrangeiro), portanto, que ele se apoia, não escapando à subsunção no quadro da divisão do trabalho internacional, já que o próprio credor é o comprador final. Esse personagem corresponde a um padrão burguês brasileiro, e é na "órbita" do poder jurídico-político governamental que reside sua prosperidade: a produção, por si só, não lhe garante o privilégio, motivo pelo qual se vê cercado de inimigos dispostos a tirar-lhe a vida nas constantes tocaias que vão sendo descritas desde o início de sua instalação na fazenda:

282 Benedicto Heloiz Nascimento, *op. cit.*, p. 71.

Subi a colina. Tinham-se concluído os alicerces desta nossa casa, as paredes começavam a elevar-se. De repente um tiro. Estremeci. Era na pedreira, que mestre Caetano escavacava lentamente, com dois cavouqueiros. Outro tiro, ruim: pedra miúda voando. (p. 32)

Paulo Honório só vai resolver a situação com a morte de Mendonça e com o aliciamento de agentes públicos, pagamento de propinas e a compra do juiz da comarca. João Nogueira, advogado descrito no início do romance como um dos colaboradores da obra que pretendia escrever, numa relação clientelista-coronelista, é defensor de Paulo Honório nos tribunais e aquele que vai articular toda a rede financeira do fazendeiro – papel atualmente semelhante ao dos operadores de caixa dois. Assim caracteriza Paulo Honório as funções do bacharel João Nogueira, que ele confunde com o "pessoal letrado":

[...] Até certo ponto parecia-me que as habilidades dele mereciam desprezo. Mas eram úteis – e havia entre nós muita consideração. [...] Entramos no escritório. Estávamos em princípios do mês. Abri o cofre e entreguei ao advogado duas pelegas de duzentos. Seu Ribeiro tremeu no borrador um lançamento circunstanciado e afastou-se discretamente. João Nogueira sentou-se, passou o recibo, tirou papéis da pasta e explicou-me o estado de vários processos. Logo no início convenci-me de que os quatrocentos mil-réis tinham sido gastos com proveito. *Os outros* também iam em bom caminho. O tabelião é que não inspirava confiança. E o oficial de justiça. Arame.

— Claro. Faça promessas, dr. Nogueira. Não adiante um vintém. Prometa. O pagamento, no fim, se eles forem honestos (p. 46, grifos meus).

As alusões à propina – notavelmente ironizada: "se eles forem honestos" – aí referem a eleição municipal, em que Paulo Honório passa a investir contra os candidatos de Pereira, agiota e chefe político que lhe faz o primeiro empréstimo. Dessas manobras do protagonista na justiça advêm o revés de Pereira, que de credor de Paulo Honório passa a devedor após a derrota na eleição. Lembremos que se trata de domínios de currais eleitorais por latifundiários, e, com a morte de Mendonça, Paulo Honório passa a integrá-los a seu núcleo.

— Então os candidatos do Pereira são derrotados, hem? [...] – Pois, dr. Nogueira, murmurei abafando mais a voz, cuido que chegou a ocasião de liquidar os meus negócios com o Pereira. [...] Está aqui enrascado numa conta de cabelos brancos. Vou entregar-lhe a conta. Veja se me consegue uma hipoteca.

— Perfeitamente! concordou João Nogueira. E entusiasmou-se:

— Perfeitamente! Passe a procuração. O senhor vai *prestar ao partido* um grande serviço. (p. 53-5, grifos meus)

A trama, que também é um grande serviço ao partido, tem fim na casa do juiz da comarca, dr. Magalhães. É nessa reunião que Paulo Honório atinge o ápice de sua escalada. O juiz, num tribunal familiar, caseiro, garante a vitória do protagonista: "– Ele prometeu o despacho?", pergunta ao advogado, e "João Nogueira afirmou com um gesto" positivo (p. 70). É aí também que seu maior drama vai ser desencadeado: nessa ocasião conhece Madalena, passa a flertá-la e, ao final, é com quem se casa, contraditoriamente. Momento antes de saber que dr. Magalhães lhe daria vitória no tribunal, chega a cogitar casar-se com a filha do juiz. Mas lá estava Madalena:

Naquele momento, porém, como já disse, conservavam-se todos em silêncio. D. Marcela sorria para a senhora nova e loura, que sorria também, mostrando os dentinhos brancos. Comparei as duas, a importância da minha visita teve uma redução de cinquenta por cento. (p. 64)

Madalena é pobre, representando um gasto e reduzindo, portanto, cinquenta por cento do valor da hipoteca que a vitória contra Pereira no tribunal garantia com a visita pessoal ao juiz. Mas também a professora Madalena será o elo de disjunção entre Paulo Honório e a fonte de seu lucro: as condições extremamente precárias dos trabalhadores da fazenda e a corrupção dos agentes públicos, que passam a ser apontadas pela esposa, chegando a chamá-lo de assassino por ter lido no jornal de Maceió a denúncia, assinada por Costa Brito, quando o fazendeiro deixa de enviar propina para que o jornalista o elogiasse.

Dois dias depois do casamento, Madalena toma para si os problemas dos moradores: "[...] encontrei-a no descaroçador, conversando com o maquinista"; em seguida, ela diz ao marido: "A família de mestre Caetano está sofrendo privações". Oito dias depois, à mesa de jantar, Madalena dirige-se a seu Ribeiro e pergunta quanto ganha:

— Duzentos mil-réis.

Madalena desanimou:

— É pouco.

— Como? bradei estremecendo.

[...] — Não é preciso zangar-se. Todos nós temos as nossas opiniões.

— Sem dúvida. [diz Paulo Honório]. Mas é tolice querer uma pessoa ter opinião sobre assunto que desconhece. (p. 100)

Daí advém uma série de conflitos, cujo fim é a desconfiança, o ciúme, a sensação de estar sendo traído e de que os funcionários da fazenda começam a adquirir certa consciência das condições de produção que não deveriam ter, como visto na cena em que Marciano contesta ter relaxado no trabalho e atribui ao tipo de gado importado por Paulo Honório a razão de os cochos estarem sempre vazios:

Era verdade, mas nenhum morador me havia ainda falado de semelhante modo.

[...] Mandei-lhe o braço ao pé do ouvido e derrubei-o. Levantou-se zonzo, bambeando, recebeu mais uns cinco trompaços e levou outras tantas quedas. A última deixou-o esperneando na poeira. Enfim ergueu-se e saiu de cabeça baixa, trocando os passos e limpando com a manga o nariz, que escorria sangue. (p. 108, grifos meus)

A cena, de extrema selvageria, é acompanhada por Madalena do alpendre. Quando Paulo Honório se aproxima, ouve protestos: "É horrível! bradou Madalena. [...] Indignada, a voz trêmula. – Como tem coragem de espancar uma criatura daquela forma?" (p. 109). A explicação de Paulo Honório é crucial para o entendimento das condições do trabalhador e a origem desse entendimento: "Ah! sim! por causa do Marciano. Pensei que fosse coisa séria. Assustou-me". Madalena exclama: "– Bater assim num homem! Que horror!". Paulo Honório diz em seguida: "Marciano não é propriamente um homem. [...] É um molambo", e continua, "Essa gente faz o que se manda, mas não vai sem pancada". Em suma, ele é negro; e a explicação de Paulo Honório de que não é propriamente "homem" implica a ideia de que só trabalha se espancado. Paulo Honório externa a mesma compreensão do direito à propriedade das pesquisas de Décio Saes sobre o período imperial.

Mas o certo é que Marciano, nesse momento, pela sua caracterização ficcional de conhecedor dos rebanhos bovinos adaptados ao sertão, eleva-se com a especificação de inteligência que romperia o estereótipo do indivíduo simplório, incapaz de grandes relações de compreensão ou generalizações. Essa caracterização do sertanejo em 1930 é uma novidade e principalmente uma afronta ao direito do proprietário ao açoite, do direito externado pela punição violenta a qualquer tentativa de diálogo ou de participação dos que não têm direito de opinar nos rumos de um negócio ou do país por causa do preconceito racial. Enquanto Paulo Honório vê nos cochos vazios a preguiça do trabalhador, este identifica o verdadeiro problema, revelando na agressão gratuita, arbitrária, desumana, não apenas um método de fazer trabalhar, mas também a profunda ignorância e incapacidade da classe proprietária.

Desse episódio advêm todas as tentativas frustradas de Madalena de mostrar-lhe outra via de compreensão. Revelar uma opinião diferente da dele desperta a explicação, tanto das queixas dos trabalhadores quanto dos desgastes e quebras das máquinas, da ideia corrente na época de que "essas vozes" do outro são insufladas pela propaganda comunista: "Comunista! [...] tentando afastar os empregados sérios do bom caminho [...] Mulher sem religião é capaz de tudo" (p. 130).

Era do interesse das classes dirigentes substituir as noções de justiça, direito de participação da vida política e produtiva do país por noções católicas de dependência da caridade cristã ou de uma vida casta como forma de resolução da miséria. Segundo Castro, "Nesse contexto, por meio da pregação católica de que o caminho da salvação era o céu, desvia-se para a Igreja e seus santos a esperança da resolução das mazelas de grande parte da população excluída do regime"[283]. Qualquer outra solução, portanto, que não tivesse por base os princípios católicos de submissão, era compreendida como atitudes promovidas pela "propaganda comunista". A ideia de Paulo Honório a respeito da mulher não era particularmente exclusiva dele, e sim dos católicos, que se organizaram numa aliança com o governo provisório de Vargas:

> No ano de 1930, um primeiro acontecimento selou a reunião do povo católico num centro interno, quando o papa Pio XI, a pedido do episcopado brasileiro, declarou Nossa Senhora Aparecida como padroeira do Brasil. A primeira grande concentração católica sob o governo Vargas deu-se justamente com a chegada da imagem da Virgem ao Rio de Janeiro, momento em que dom Leme reclamou o fim do laicismo da República[284].

A cruzada cristã, nazifascista e antidemocrática do governo Vargas tem início especificamente com a nomeação de Odette de Carvalho e Souza como secretária do então ministro das Relações Exteriores, em 1931,

---

283 Eduardo Góes de Castro, *op. cit.*, p. 24.
284 *Ibidem*, p. 20.

embora os registros jornalísticos apontem sua chegada ao Itamaraty a partir de 15 de abril de 1932, quando o jornal carioca *Diário de Notícias* informa em pequena nota intitulada "Atos do Governo Provisório", que se havia:

> Nomeado Odette de Carvalho e Souza para exercer, sem ônus para o Tesouro Nacional, as funções de conselheiro técnico da Delegação Governamental do Brasil, à 16ª sessão da Conferência Internacional do Trabalho, a reunir-se em Genebra no corrente mês[285].

Genebra funcionava como a sede dos trabalhos diplomáticos, na verdade, secretos, noticiados sob o pretexto de "Conferências". A delegação brasileira chefiada por Macedo de Soares, então ministro, reuniu-se na Suíça, segundo os jornais, para uma conferência de desarmamento, e só mais tarde foi noticiada uma conferência religiosa mundial em 1936:

> A recente reunião, em Genebra, da Comissão Internacional Religiosa, para a luta contra a ação desmoronadora dos "sem-Deus" sugeriu à consulesa dona Odette de Carvalho e Souza, do Itamaraty, a elaboração de um meticuloso estudo, cujo fim essencial é demonstrar, de modo claro e irrefutável, como o ateísmo militante forma parte integrante da doutrina marxista, baseada sobre o materialismo dialético [...][286]

Note-se, pois, que as ações de Madalena no romance apontariam esse "ateísmo militante": a defesa dos trabalhadores da fazenda, mais tarde caracterizadas por Paulo Honório como indício de uma sabotagem realizada por uma "mulher sem Deus". Segundo o historiador Stanley Hilton, esses comportamentos fariam parte de uma estratégia de construção de estereótipos cujos detalhes se encontravam em um memorando escrito por Odette de Carvalho e Souza intitulado "'Os *soviets* e a América Latina' [...]", em que, comparando o caráter dos russos com o dos brasileiros, menciona que a estratégia bolchevista seria a "[...] dissolução das nossas instituições e das nossas leis, e destruir os sentimentos de 'Deus, Pátria e Família', tão fortemente arraigados à alma do nosso povo"[287]. A penetração dessas ideias no Brasil não poderia dar-se por outra via que não a de uma

---

285 *Diário de Notícias*, "Atos do governo provisório", 15 abr. 1932, fonte: Hemeroteca Digital da Biblioteca Nacional do Rio de Janeiro.

286 *Correio da Manhã*, "A propaganda antirreligiosa de Moscou procura infiltrar-se em todos os países", 10 abr. 1936, p. 3, fonte: Hemeroteca Digital da Biblioteca Nacional do Rio de Janeiro.

287 Stanley Eon Hilton, *A rebelião vermelha*, Rio de Janeiro: Record, 1986, p. 47-8.

cooperação internacional. Elas circulavam na Europa desde meados da década de 1920. Provinham de um movimento mundial pró-nazifascismo conhecido como Entente Internacional contra o Comunismo, fundado em 1922 em Genebra como uma agência de estudos e propaganda com fim de fundar em vários países seus núcleos de combate.

> La Entente internacional contra la Tercera Internacional, que reside en Ginebra, acaba de publicar un opúsculo, titulado *La lucha contra el bolchevismo*, del cual nos serviremos para exponer la organización comunista en el mundo. [...] La Komsomol (Internacional Comunista de la Juventud) prepara la educación comunista de los niños contra la religión, la moral, la Patria, la familia. Edita varios periódicos para los niños; uno lleva el título característico de *Sin Dios*, y tira 200.000 ejemplares. La Internacional roja de las mujeres, por su parte, trabaja en pro de "la emancipación de las mujeres del yugo de la familia, de la maternidad, de la religión y de la moral burguesa", predicando el amor libre más desvergonzado. [...][288]

A rigor, em meados de 1930, essa questão estava no palco da luta de classes, ficando evidente a participação de Graciliano no debate quando publica *São Bernardo* e evidencia as condições de produção e de trabalho no sertão brasileiro, bem como o modelo político que as possibilita. Afastada completamente do comportamento que se esperava da mulher submissa aos dogmas da religião, Madalena seria inclusive caracterizada pelo crítico mineiro Oscar Mendes, veremos mais adiante, como inumana.

Os conflitos entre Paulo Honório, cuja mentalidade se apresenta em parte nos traços da propaganda contrarrevolucionária, e Madalena só vão terminar com o suicídio desta. Mas não é o ativismo da esposa o fator da falência de Paulo Honório; ele advém do fracasso humano, da falência moral, sob os efeitos da crise econômica de 1929 que levam ao aniquilamento do pequeno surto de desenvolvimento econômico e industrial ocorrido nos anos 1910-1920. A quebra do dínamo do descaroçador de algodão em *São Bernardo* ou o volante emperrado de uma máquina, que o protagonista vai atribuir às "tentativas de Madalena de afastar os funcionários do bom caminho", ao azar e, em última análise, às sabotagens comunistas, eram antes efeitos da modernização tardia diretamente ligada à economia estadunidense: "A grande penetração de

---

288 ABC, "Entente Internacional contra la Tercera Internacional – constituida en Ginebra en 1924", Madrid, 20 dez. 1924, p. 25. *Filosofía en español*, disponível em: http://www.filosofia.org/ave/001/a368.htm, acesso em: 13 fev. 2023.

capital de risco estrangeiro no incipiente setor industrial brasileiro, a partir da Primeira Guerra Mundial, trouxe um aumento da dependência econômica, tecnológica e cultural"[289].

No momento da narração de Paulo Honório, as crises dos setores de bens de consumo, como o do vestuário (setor algodoeiro), que inundaram o mercado interno com seus produtos, foram se acentuando: "Portanto era natural que as importações dos gêneros fabricados pelas indústrias tradicionais [como a têxtil] tendessem a ser decrescentes"[290]. Os desgastes do maquinário eram naturais e nada tinham a ver com Madalena ou com o comunismo. Conta-nos Nascimento que na década de 1920 inclusive os industriários desse setor pediram a proibição de importação de maquinário, como forma de minar concorrentes, o que foi atendido em 1931, levando ao emprego dobrado da mão de obra e de seus turnos, "desgastando as máquinas e ferramentas de maneira excessiva e predatória"[291]. Esses foram os motivos de Madalena perceber, no descaroçador, as carências por que passava a família de Mestre Caetano; o motivo de Marciano observar que não havia descanso naquela terra e, sobretudo, o porquê do dínamo emperrado e da quebra dos volantes dos tratores. Por fim, conta Paulo Honório:

> [...] Entrei esse ano com o pé esquerdo. Vários fregueses que sempre tinham procedido bem quebraram de repente. Houve fugas, suicídios, o *Diário Oficial* se emprenhou com falências e concordatas. Tive de aceitar liquidações péssimas. [...] Uma infelicidade não vem só. As fábricas de tecidos, que adiantavam dinheiro para a compra de algodão, abandonaram de chofre esse bom costume e até deram para comprar fiado. [...] *Era necessário adquirir novas máquinas para o descaroçador e para a serraria*, mas na hora dos cálculos, vi que ia gastar uma fortuna: *o dólar estava pelas nuvens*. [...] Ainda por cima, os bancos me fecharam as portas. Não sei por que, mas fecharam. (p. 178, grifos meus)

Eis, portanto, em *São Bernardo*, o sentido da colonização e de uma economia subsumida ao capital internacional, com finalidade única de produção para desenvolvimento daquele centro e dele dependente. Daí deriva o caráter sempre conciliatório das políticas econômicas adotadas no Brasil, dependente do Exterior na medida em que toda a produção

---

289 Benedicto Heloiz Nascimento, *op. cit.*, p. 124.

290 *Ibidem*, p. 126.

291 *Ibidem*, p. 128.

é absorvida fora ou, quando estimula um mercado interno, o capital é remetido aos seus investidores externos por meio dos empréstimos bancários lastreados pelo dólar, fazendo que inexista o desenvolvimento de uma economia nacional. Resta assim a manutenção das mais precárias condições de trabalho como fonte de mais-valia, como dominação política, negando qualquer forma democratizante de participação do trabalhador na esfera produtiva ou política do país. Paulo Honório, subsumido pelo capital estrangeiro, é simples feitor: eis a condição da burguesia configurada nas ações do protagonista de *São Bernardo*.

O ITAMARATY COMO FORO PRIVILEGIADO: POLÍCIA POLÍTICA RELIGIOSA

> A historiografia brasileira ainda é carente de estudos que apontem as bases institucionais do combate ao comunismo ao longo do século XX no Brasil. Mais especificamente a respeito do Itamaraty, ainda prevalece o conhecimento obtido a partir das próprias memórias e produções institucionais "sacralizantes" que, em geral, enaltecem a instituição como guardiã da democracia e das tradições herdadas do seu patrono, o barão do Rio Branco.
>
> (ADRIANNA CRISTINA LOPES SETEMY, *Sentinelas das fronteiras*)

Odette de Carvalho e Souza, personalidade das mais importantes do período que ora analisamos, nasceu no Rio de Janeiro, em 1º de outubro de 1904. Filha do cônsul Carlos de Carvalho e Souza, "dona" Odette, tal como era tratada nos meios políticos e pela imprensa, foi educada praticamente fora do Brasil. Em particular, exerceu importante papel na ditadura Vargas e, de modo confidencial, foi porta-voz da propaganda internacional pró-nazifascismo, religiosa e anticomunista no Brasil, promovida pela Entente Internacional contra o Comunismo sediada em Genebra.

São Bernardo denunciava essa propaganda política ideológica de modo quase literal. Observemos, por exemplo, na cena em que padre Silvestre descreve o processo revolucionário na Rússia, como o escritor alagoano caracteriza a propaganda contrarrevolucionária empreendida pela direita, precisamente a Igreja católica. O episódio se dá em um jantar na casa de Paulo Honório, em que o padre é descrito do seguinte modo: "As opiniões dele são as opiniões dos jornais. Como, porém, essas opiniões variam, padre Silvestre, impossibilitado de admitir coisas contraditórias, lê apenas *as folhas da oposição*" (p. 127, grifos meus). Nesse sentido, ao longo da cena do jantar, padre Silvestre expressa os conteúdos de tais folhas, descrevendo a dona Glória, tia de Madalena, como se deu a Revolução Russa: "Uma nação sem Deus! bradava [...]", contando que "Fuzilaram os padres, [...] E os soldados, bêbados, espatifavam os santos e dançavam em cima dos altares" (p. 127). Essas descrições, de fato, eram tiradas literalmente dos jornais. E Padilha, ouvindo-o discursar, revela suas origens: "Espatifaram nada! interveio Padilha. Isso é propaganda contrarrevolucionária".

Em termos históricos, essas ideias circulavam nos jornais, tendo como origem o Itamaraty, que orientava o Deops, bem como o Congresso, a empregá-las no combate ao comunismo, o que ficou conhecido no período como "propaganda contrarrevolucionária". Segundo Stanley Hilton, essa via contrarrevolucionária foi sugerida pelo papa Pio XI ao chanceler brasileiro num encontro no Vaticano em 1932. Dos discursos produzidos por esses setores é que Graciliano nutre a ficção. Tais diálogos no romance não eram lidos inocentemente e estavam divulgados de maneira ampla, sendo debatidos no contexto da Assembleia Constituinte entre 1932 e 1934, anos de escrita e publicação do romance.

A ideia de descrever a Rússia como um paraíso do diabo objetivava influenciar parte da Assembleia Constituinte com a imposição dos princípios católicos na Carta Magna, mostrando como era uma "nação sem Deus" a fim de que suas reivindicações fossem aprovadas pela inclusão na Constituição do nome de Deus. O jornal católico *O Semeador*, de Alagoas, por exemplo, em 1º de março de 1934, em uma nota de capa intitulada "Os extremistas", noticiava a descoberta feita pelo Deops, em São Paulo, de uma conspiração comunista, em que foram presas mais de 200 pessoas. Usando argumentos extraídos do livro recém-publicado *Pelo Brasil maior*, de Antônio Batista Pereira, dizendo que "nesse período climatérico, o maior baluarte do Estado é a religião", sugere confrontar as ideias do autor com "[...] as ideias extremistas manifestadas na Assembleia Nacional Constituinte por um grupo de deputados que persistem na ingrata missão de dar ao país leis avançadas", indo, para além do debate, à ameaça: "Mas é preciso tenhamos paciência com os srs. deputados que não desejam figure na Constituição o nome de Deus e que aguardemos [...] para dar-lhes o 'troco' em futuras eleições..."[292]. O alvo principal da fúria católica seria o deputado metodista Guaracy da Silveira.

Antes de novembro de 1935, a ideia de "castigo severo" aos "traidores da pátria" circula nos meios de comunicação, sobretudo nos jornais. A partir de 1937, com o fechamento do Congresso, a convicção de que a classe conservadora, naturalmente fascista, havia se estabelecido, leva a consulesa Odette de Carvalho a publicar sua obra de repressão, *Komintern*, pela José Olympio, em 1938, atribuindo como objetivo do co-

---

292 *O Semeador*, "Os extremistas", Maceió, 1º mar. 1934, fonte: Instituto Histórico e Geográfico de Alagoas, acervo: periódicos.

munismo "[...] a dissolução das nossas instituições, das nossas leis, das nossas forças vitais, destruindo os sentimentos sagrados de 'Deus, Pátria e Família", tão fortemente enraizados na alma do nosso povo"[293]. O original encontra-se com data de 1934 no Conselho Federal do Comércio Exterior, mencionado pelo historiador Stanley Hilton, que cita trecho idêntico ao livro: "[...] dissolução das nossas instituições e das nossas leis, e destruir os sentimentos de 'Deus, Pátria e Família', tão fortemente arraigados à alma do nosso povo"[294]. O fato aí revelado é que os órgãos públicos foram ocupados, foram corrompidas suas funções ordinárias, passando ao exercício de atividades de espionagem, difusão de propaganda político-partidária, transformados em quartel de uma polícia ideológica.

A situação chega a tal ponto de promiscuidade que, em 1936, não mais de modo velado, o Itamaraty e a Igreja católica organizam uma exposição das heresias dos "sem-Deus", evidentemente com o intuito de comover e justificar as prisões sem processo e o desaparecimento de pessoas. Em 29 de maio de 1936, o *Correio da Manhã* noticiava a inauguração da exposição chamada "Pró Deo" no Palace Hotel, no Rio de Janeiro, apresentando erros e contradições da doutrina marxista. A matéria destaca a presença de várias autoridades políticas e religiosas, revelando a figura por trás da idealização do evento: "[...] a organização da presente exposição contra os 'sem-Deus', para a qual muito vem cooperando a consulesa d. Odette de Carvalho e Souza, estudiosa das questões sociais e políticas ligadas à doutrina soviética"[295]. A exposição apresentava as vanguardas como "degeneradas", tal qual ocorrera na Alemanha nazista. Segundo a consulesa, era estratégia de Moscou impregnar o país de elementos incultos, insensíveis, promovendo-os a fim de preparar um ambiente degenerado, facilitando a corrupção dos valores morais autênticos do povo brasileiro. Entenda-se como "degenerados" a classe pobre, da qual inevitavelmente faziam parte negros, indígenas e seus descendentes, prostitutas, homossexuais, membros de outras crenças religiosas, entre outros. Evidentemente, evitava-se nomeá-los, caracterizando-os por aquilo de que supostamente não dispunham: "[...] não possuem interesses pessoais, nem negócios, nem sentimentos, nem afeições, nem propriedade, e nem mesmo um nome"[296].

---

293 Odette de Carvalho e Souza, *op. cit.*, p. 57.

294 Stanley Eon Hilton, *op. cit.*, p. 47-8.

295 *Correio da Manhã*, "Planos de ação antirreligiosa encontrados nos arquivos de Prestes e Berger", Rio de Janeiro, 30 maio 1936, fonte: Hemeroteca Digital da Biblioteca Nacional do Rio de Janeiro.

296 Odette de Carvalho e Souza, *op. cit.*, p. 57.

Braço direito de José Carlos de Macedo Soares, chefe do Ministério das Relações Exteriores, Odette foi a principal mentora intelectual da ação da direita contra os supostos planos de se implantar no Brasil o comunismo. Tais planos chegavam à polícia política de Vargas, mais precisamente às mãos de Filinto Müller, membro da Ação Integralista e chefe da polícia política no Rio de Janeiro, e logo aos principais jornais do país, principalmente *O Globo*, espalhando uma onda de boatos que inflamavam a população contra os que pareciam ser membros de uma ordem satânica.

A consulesa ajudou a fundar na América do Sul a cooperação internacional entre as polícias do Brasil, Uruguai e Argentina e a integrá-las. Colaborou mesmo com a redação da LSN no 38, apelidada de "Lei Monstro", aprovada em 4 de abril de 1935 e extinta em 10 de agosto de 2021. A lei tornava crimes políticos análogos aos de sangue quaisquer manifestações sociais, democráticas ou não, propiciando a prisão em Alagoas, entre 1935 e 1936, de aproximadamente 200 pessoas sem que fosse formalizado processo judicial, já que o inquérito que havia indiciado vários suspeitos acabou arquivado pelo juiz do caso por falta de provas. A prisão viera sem nenhum trâmite legal. Simplesmente o general Newton Cavalcanti foi a Maceió e ordenou a prisão inclusive do advogado de defesa dos acusados, Nunes Leite, descrito em *Memórias do cárcere* por Graciliano Ramos:

> O advogado Nunes Leite impetrara *habeas corpus* a favor de alguns presos políticos. Vistas as razões, etc., o juiz lançara no requerimento uma penada benigna. Em consequência, fugira, os suplicantes mofavam à sombra e Nunes Leite, embrulhado, necessitava *habeas corpus*. Recurso inútil, evidentemente: agora a toga não se arriscaria, considerando isso ou aquilo, assinar um mandado de soltura[297].

Lembre-se de que o processo de que fala Graciliano ocorreu em Maceió, não tendo relação com os fatos de Natal. O juiz aí referido é Alpheu Rosas Martins, que realmente deixa Alagoas em fuga. Em matéria do jornal *Diário de Notícias* de 17 de março de 1936, lamentava o magistrado a prisão do advogado Nunes Leite "pelo simples fato de patrocinar a causa". Ainda segundo a matéria, o juiz Alpheu Rosas Martins "dirigiu à Corte Suprema uma longa representação contra o general Newton Cavalcanti", cuja ação arbitrária feria cláusula pétrea: "a independência dos

---

297 Graciliano Ramos, *Memórias do cárcere, op. cit.*, p. 101.

Poderes dos Estados federativos"[298] consagrada na Constituição de 1891. Denunciava o magistrado:

> "[...] a Justiça Federal na secção de Alagoas está impedida de funcionar, na rijeza das normas processuais, sujeita a uma esdrúxula correção das suas sentenças, a mais flagrante violação de suas prerrogativas. E prossegue: "Mas como voltar ao exercício das minhas árduas funções, à honrosa e nobilitante missão de julgador, se [me] vejo, arbitrariamente e imediatamente, como assessor forçado às decisões judiciárias [do] oficial comandante da Região Militar?"[299]

Em 2 de abril de 1936, noticiava o *Correio da Manhã*:

> Em seu despacho de segunda-feira com o presidente da República, o sr. Vicente Ráo levou para Petrópolis os decretos de demissão dos funcionários do Ministério da Justiça [...] o que afasta de suas funções o juiz Alpheu Rosas, da secção de Alagoas, acusado de ter dado liberdade a diversas pessoas implicadas nos acontecimentos de novembro[300].

A falta de processo levou o deputado federal Motta Lima a pronunciar-se na tribuna da Câmara dos Deputados em 10 de janeiro de 1937 a favor da libertação dos presos, segundo matéria do jornal *Correio da Manhã*. Portanto, ao contrário do que se diz a esse respeito, houve processo ao menos para "os dez vermelhos de Alagoas", confirmado pel'*O Jornal*: "Chegaram do norte 116 comunistas implicados no levante de novembro: entre eles os 'ministros' da 'justiça', 'finanças' e da 'viação' e duas mulheres". Numa nota especificam-se "Os dez vermelhos de Alagoas", cujo processo fora arquivado por Rosas:

> Chegaram também, pelo Manaus, os principais elementos comunistas que em Alagoas perturbaram a ordem daquele industrioso Estado brasileiro.

---

298 *Diário de Notícias*, "O juiz federal em Alagoas representa contra o gal. Newton Cavalcanti: o dr. Alpheu Rosas dirige-se ao presidente da Corte Suprema", Rio de Janeiro, fonte: Hemeroteca Digital da Biblioteca Nacional do Rio de Janeiro.

299 *Diário de Notícias*, "O juiz federal em Alagoas representa contra o gal. Newton Cavalcanti", *op. cit.*

300 *Correio da Manhã*, Rio de Janeiro, 2 abr. 1936, fonte: Hemeroteca Digital da Biblioteca Nacional do Rio de Janeiro.

Esses senhores foram presos quando fracassou o movimento, sendo considerados inocentes pelo juiz federal Alpheu Rosas. Já se encontravam soltos quando o general Newton Cavalcanti ordenou a prisão deles e os enviou para o Rio. São os seguintes: Manoel Brasil, Antonio Soares Filho, Pedro Mendonça, Abdias Martins, Maria Joana, cabos Vicente Ribeiro Carvalho, capitão Francisco Alves Matta, doutores Graciliano Ramos, Sebastião Hora e Epiphanio Guilherminio[301].

A razão da prisão de Graciliano, e dos demais civis em Alagoas, não tinha relação com os acontecimentos em Natal. O processo movido naquele estado fundava-se num suposto levante organizado clandestinamente, sem provas reais, o que levou o juiz federal a absolver todos os acusados e, no dia seguinte, provavelmente tendo notícias de que o general Newton Cavalcanti desembarcaria num avião da FAB em Maceió para prender todos os suspeitos, fugiu para o Rio de Janeiro. E é o próprio magistrado quem dá com todas as letras a razão da perseguição que vai sofrer:

O juiz federal alagoano, depois de afirmar que sua sentença foi ditada em sã consciência, declarou textualmente:

— "Estou convencido de ter acertado. *Não sou comunista*. Tenho proferido numerosas condenações, baseado nos dispositivos da Lei de Segurança Nacional. O que não posso fazer é condenar alguém sem provas de sua culpabilidade. Quanto ao gesto do general Newton Cavalcanti, isso importa em diminuição e desrespeito à Justiça"[302].

Nas palavras do magistrado, era objetivo da LSN condenar "comunistas" à prisão. O caso chamou atenção também das alas moderadas do conservadorismo: sendo Alpheu Rosas católico e tendo-se negado a praticar tal injustiça, tornou-se fugitivo e, por fim, foi exonerado do posto de juiz federal. Esse tipo de extremismo praticado sob a égide da AIB e da militância partidária católica mais radical levou Murilo Mendes, também católico, a reconhecer:

---

301 *O Jornal*, "Chegaram do norte 116 comunistas implicados no levante de novembro: entre eles os 'ministros' da 'justiça', 'finanças' e da 'viação' e duas mulheres", 15 mar. 1936, fonte: Hemeroteca Digital da Biblioteca Nacional do Rio de Janeiro.

302 *Jornal Lavoura e Commercio*, "Desrespeito e diminuição à justiça", Uberaba, 14 mar. 1936, fonte: Hemeroteca Digital da Biblioteca Nacional do Rio de Janeiro (grifo meu).

[...] o caso de muitos católicos que não aceitam o integralismo, ou por motivos políticos, ou por qualquer outro motivo ponderável. Se ele não aceita o integralismo fatalmente terá de combatê-lo, daí ser chamado de herege, cismático, apóstata, etc., pelos adeptos do credo verde. Além disso, está se criando mais um dilema: quem não é integralista é comunista – ou então, faz o jogo do comunismo[303].

Nada disso seria possível sem a promulgação da LSN em abril de 1935 pelo Congresso, orientado pelo Itamaraty, porta de entrada da influência exterior que vinha contribuindo com o trabalho de repressão política no Brasil, inspirado na Entente Internacional contra o Comunismo. Este movimento orientou consulados e embaixadas, a partir do Ministério das Relações Exteriores, durante os anos 1930. Esse setor, portanto, funcionava como verdadeira agência de espionagem, atuando como polícia secreta internacional em territórios estrangeiros, com infiltrados e delatores remunerados. Não surpreende, dias antes da prisão de Graciliano Ramos, chegar às mãos da polícia política de Vargas, do Exterior, uma lista de pessoas cuja prisão levaria a Prestes, Berger e Olga Benário:

[...] a polícia, que, seguindo a dica do serviço secreto estrangeiro, acreditava que Prestes conseguira chegar ao Rio, fez uma pequena lista de pessoas então no antigo Distrito Federal e suficientemente próximas do Cavaleiro da Esperança para justificar 24 horas de vigilância. Na lista, havia só três nomes: André Trifino Correia, Astrojildo Pereira Duarte Silva e Graciliano Ramos[304].

Sabemos que Graciliano não estava no Rio. Contudo, o telegrama confirma que o autor estava sob a vigilância da polícia política de Vargas e que a informação vinha do Exterior, provavelmente pela interceptação das cartas trocadas com o editor e tradutor argentino Benjamín de Garay, que havia firmado um contrato de tradução de *São Bernardo* para o espanhol, com o título *Feudo bárbaro*, mas que nunca veio a público. Não estranha o nome do autor ter sido sugerido pela polícia estrangeira, já que esta interceptava toda correspondência de suspeitos nesses três países. Exatamente na Argentina foram publicados os primeiros contos de Graciliano Ramos, entre eles "A testemunha". Diz o autor àquela altura: "Permitiria o correio, obediente à censura, a exportação dessas

---

303 Murilo Mendes, "O catolicismo e os integralistas", *Gazeta de Tombos*, n. 200, 21 ago. 1937, fonte: Hemeroteca Digital da Biblioteca Nacional do Rio de Janeiro.

304 R. S. Rose, *op. cit.*, p. 107.

letras?"[305]. Graciliano, de algum modo, tinha plena consciência dos fatos que se desenrolavam no período. Atualmente, Adrianna L. Settemy revela:

> A pesquisa aos referidos maços temáticos que estão sob a guarda do Arquivo Histórico do Itamaraty revelou mais de 500 telegramas trocados entre a Secretaria de Estado das Relações Exteriores e as embaixadas e consulados do Brasil em diferentes partes do mundo, no período de 1935 até meados da década de 1970, que permitem reconstruir a atuação eficaz do Itamaraty na produção de informações a partir do exterior, visando o controle e repressão às atividades comunistas no Brasil[306].

Ainda segundo a pesquisadora,

> Foi em janeiro de 1936, poucos meses após o levante comunista de 1935, que a cônsul de 3ª classe Odette de Carvalho e Souza, adida ao Gabinete do ministro de Estado das Relações Exteriores, em cumprimento às suas ordens, expediu um documento apresentando-lhe [ao ministro Macedo de Soares] os motivos que militavam a favor da criação de uma sessão especial no Itamaraty, denominada Serviços de Estudos e Investigações (SEI), para tratar da obra de repressão ao comunismo mediante o estudo especializado da doutrina marxista, dos métodos da propaganda bolchevista, da sua infiltração no país e dos meios de combatê-la de maneira prática e eficiente. Logo nas primeiras linhas do memorial enviado a Macedo Soares, a cônsul definiu o Itamaraty enquanto foro privilegiado para elaborar e executar ações de prevenção e repressão ao comunismo [...] Chamou a atenção do ministro para o fato de que, apesar de parecer se tratar de uma ação de responsabilidade exclusivamente policial, o Itamaraty já havia prestado relevantes colaborações e serviços à Polícia do Distrito Federal nas suas ações de investigação, e para comprovar citou os cinco casos relacionados. [dos quais destaco apenas o seguinte]

305 Graciliano Ramos, *Memórias do cárcere, op. cit.*, p. 97.

306 Adrianna Cristina Lopes Setemy, *Sentinelas das fronteiras*: o Itamaraty e a diplomacia brasileira na produção de informações para o combate ao inimigo comunista (1935-1966), tese (doutorado em História Social) – Universidade Federal do Rio de Janeiro, Rio de Janeiro: 2013, p. 109.

[...] II) o Itamaraty colaborou nos trabalhos de elaboração da Lei de Segurança Nacional, sancionada em 4 de abril de 1935, e teve sua atuação elogiada pelo relator da lei na Câmara, deputado Henrique Bayma[307].

Essa promiscuidade entre os poderes agravava-se. Odette de Carvalho e Souza atuava nesse propósito desde 1931, sem ônus para o Tesouro Nacional. Mais tarde, em 17 de maio de 1934, os jornais *Correio da Manhã* e o *Diário Carioca* publicavam os nomes dos concorrentes no concurso do Ministério das Relações Exteriores ao cargo de cônsul de 3ª classe, vencido por ela e anunciado em 1º de agosto no *Correio da Manhã*. Esse mesmo jornal noticia, em 20 de fevereiro de 1936, a posse de mais sete consulesas, entre as quais destaca o trabalho pioneiro de Odette de Carvalho e Souza, como secretária do ministro Macedo de Soares, antes mesmo de sua nomeação em 1934. Segundo o jornal: "A jovem secretária do ministro também desempenhou importante incumbência em 1931, 1932 e 1933 na Conferência Internacional do Trabalho, em Genebra, tendo por essa ocasião elaborado um estudo sobre questões de agricultura e outro sobre imigração, trabalhos esses que foram mandados publicar". Já segundo Stanley Hilton, como já citado, a delegação brasileira de 1932, chefiada pelo ministro Macedo de Soares, de quem Odette de Carvalho era secretária, havia se dirigido a Genebra para a Conferência de Desarmamento. Esses desencontros são nítidos nos jornais. Em 10 de abril de 1936, o mesmo *Correio da Manhã* faria menção dos trabalhos da consulesa, em matéria intitulada "A propaganda antirreligiosa de Moscou procura infiltrar-se em todos os países", trazendo em sua linha fina: "Uma curiosa exposição se vai inaugurar no Brasil, a fim de desmascarar a 'Liga dos Sem-Deus'". Trazia uma foto da catedral de São Petersburgo com a seguinte legenda: "A catedral de Santo Isaak, em Petersburgo, cujo interior foi depredado e transformado em museu antirreligioso mundial". Eis a referência histórica das descrições de padre Silvestre em *São Bernardo*.

Catedral de Santo Isaac, na Rússia. *Correio da Manhã*, 10 de abril de 1936. Fonte: Acervo da Fundação Biblioteca Nacional – Brasil. →

O *Correio da Manhã* daria a seguinte informação: "A recente reunião, em Genebra, da Comissão Internacional Religiosa, para a luta contra a ação desmoronadora dos 'sem-Deus' sugeriu à consulesa dona Odette de Carvalho e Souza, do Itamaraty, a elaboração de um meticuloso estudo, cujo fim essencial é demonstrar, de modo claro e irrefutável, como o ateísmo militante forma parte integrante da doutrina marxista, baseada sobre o materialismo dialético, e a

---

307 *Ibidem*, p. 111.

A propaganda anti-religiosa de Moscou procura infiltrar-se em todos os paizes

Uma curiosa exposição que se vae inaugurar no Brasil, afim de desmascarar a "Liga dos Sem-Deus".

A cathedral de Santo Isaak, em Petersburgo, cujo interior foi depredado e transformado em museu anti-religioso mundial

A recente reunião, em Genebra, da Commissão Internacional Religiosa, para a lucta contra a acção desmoralizadora dos "Sem Deus", suggeriu á consulesa dona Odette de Carvalho e Souza, do Itamaraty, a elaboração de um meticuloso estudo, cujo fim essencial é demonstrar, de modo claro e irrefutavel, como o atheismo militante nada mais integrante da doutrina marxista, baseada sobre o materialismo dialectico, e a necessidade urgente de uma lucta constante e energica contra a deschristianização do mundo, promovida por Moscou.

Mais fieis do que os socialistas na interpretação da doutrina do "mestre", os communistas e os bolchevistas se manifestam violentamente contra Deus e contra qualquer religião, impondo a adeptos que realizem uma guerra de morte a toda ideologia, a todo espiritualismo, que consideram producto da ambição capitalista, a burgueza para mais facilmente alcançarem seus fins imperialistas.

Vae se realizar, dentro de um ou dois mezes, nesta capital, uma curiosa exposição contra os "Sem Deus".

Nada mais opportuno, por isso, que a publicação de um trecho desse trabalho da funccionaria consular, allusivo á questão. E' o que fazemos a seguir:

"Pouco tempo depois da revolução de outubro, a actividade anti-religiosa communista principiou a desenvolver-se rapidamente. Duas revistas foram successivamente fundadas — "Os Sem Deus" e "Os Sem-Deus das usinas", cujos leitores se foram unindo numa sociedade denominada "Sociedade dos amigos dos Sem-Deusos", e, mais tarde, "Liga dos Sem-Deus". Em 1926, o Conselho Central da Liga publicava uma nova revista, o "O anti-religioso", e neste mesmo anno se dava a affiliação á Internacional dos livrepensadores. Em 1929, multiplicaram consideravelmente as suas cellulas, que, em 1930, attingiam a importante cifra de 2.00.000. Depois da promulgação das leis anti-religiosas de 1929 reuniu a Liga, em Moscou, um Congresso no qual assistiram 1.009 delegados, representantes de 30 paizes.

Visando a intensificação de sua propaganda, organizou a Liga diversos grupos de juventude Sem-Deista, destinados principalmente a attingir a infancia, sobretudo as creanças entre 8 e 14 annos de edade.

Quando, em 1930, as perseguições religiosas levantaram uma vaga de indignação na opinião publica occidental, os Sem-Deus russos, e toda uma legião de estrangeiros, affirmaram que o governo sovietico era estranho á essa lucta anti-religiosa, a qual era dirigida unicamente pela união voluntaria dos "Sem-Deus militantes". Não adianta a essencia mesmo da doutrina communista encerra a necessidade dessa lucta de morte contra toda religião, conforme já ficou largamente demonstrado, como também multiplas e irrefutaveis são as publicações officiaes russas que demonstram ser o governo da U. R. S. S., e o seu cerebro dirigente, o Partido Communista — os impulsionadores da lucta contra todas as manifestações de vida religiosa. Aliás, de modo incontundivel, attestam esta asserção, não sómente o proprio Lenine, como também o numeroso sequito dos representantes da orthodoxia marxista.

Esforçam-se os Sem-Deus de demonstrarem as vantagens e a utilidade pratica, e politica do atheismo militante, e recommendam sempre subordinar a lucta anti-religiosa aos interesses e ás tarefas da edificação socialista. A concepção religiosa do mundo, oppõem aos Sem-Deus uma representação scientifica do mundo, da vida, da sociedade, e baseiam toda a sua propaganda anti-religiosa na "sciencia marxista".

Museus anti-religiosos

A propaganda do sem-deismo mais se intensifica por occasião das grandes festas da egreja christã, Natal e Paschoa, unindo a este trabalho episodico um trabalho systematico, quotidiano e bem organizado. A Liga recommenda com insistencia a observação das disposições psychologicas dos differentes meios, e condemna como insufficiente todo "trabalho em série".

A formação dos "leaders" atheus é objecto de preoccupações e de cuidado continuo; para tal fim foram organizados diversos cursos e concursos, e no outomno de 1930 foi creado em Moscou um Seminario anti-religioso para a formação das conferencistas atheus. Moscou e os grandes centros da U. R. S. S., formam os propagandistas do atheismo militante, não somente para a Russia, como para o mundo inteiro.

A palavra escripta e falada segue-se os outros multiplos meios de propagação: clubs de leitura, reuniões improvisadas, excursões, visitas aos museus anti-religiosos, dissertações sobre themas anti-religiosos, etc. A arte e a technica moderna, sob seus multiplos aspectos, são meios preciosos utilizados pelos Sem-Deus na sua propaganda de uma atheismo militante; os theatros, os cinemas, o radio, empregados principalmente contra a religião christã, apresentam constantemente obras blasphematorias, de uma immoralidade revoltante, e não raras vezes provocam entre os espectadores scenas de excitação collectiva e de furor sacrilego.

Os museus anti-religiosos e as secções anti-religiosas dos antigos museus são considerados pelos bolchevistas como optimos instrumentos de propaganda athêa. Existem na U. R. S. S. 80 museus anti-religiosos; o mais importante, o de Moscou, é visitado annualmente por mais de 100.000 pessoas. Conforme já tivemos occasião de expor, Yaroslavski, chefe do sem-atheismo, declarou que o fim do movimento anti-religioso era tornar o Vaticano o maior museu anti-religioso do mundo.

Sacerdotes executados

As perseguições religiosas constituem outro aspecto da actividade dos Sem-Deus. Principiaram as perseguições durante o terror vermelho de 1918 e 1923; de 1918 a 1919 trinta bispos e 1.414 sacerdotes da egreja orthodoxa foram executados; durante o mesmo periodo, 269 padres, 1932 monges e 3.447 religiosos, pertencendo um total de 5.100 pessoas, foram executados pela Tcheca communista. E nunca poderá ser exactamente conhecido o numero destes martyres da fé. Em virtude da mudança geral da politica communista, e em consequencia da adopção da sua nova politica economica (NEP), realizada em 1923, abrandou a perseguição religiosa. Entretanto, em 1925, tornava a principiar com mais vehemencia, provocando um energico protesto da Santa Sé. Não obstante haver sido novamente attenuada em março de 1930, é erro julgar que essa perseguição directa cessou; prova esta asserção o facto de, ainda continuar no exilio da Siberia o chefe da egreja orthodoxa, o metropolita Pedro.

Outra fórma das perseguições religiosas na U. R. S. S. é o fechamento das egrejas, regulamentado pela lei sovietica de 8 de abril de 1929. As egrejas fechadas são transformadas em clubs communistas ou operarios, escolas, cinemas, garages, refeitorios, museus anti-religiosos, etc.

A actividade mais importante do governo sovietico no dominio anti-religioso é, sem duvida, a actividade exercida pelo "Commissariado da Instrucção Publica". Até 1928, as orientativas eram baseadas sobre o principio da educação religiosa; porém, após 1929, o principio do "ensino anti-religioso obrigatorio" foi adoptado por todo o systema escolar primario e superior da União Sovietica.

Uma exposição contra a Liga

Reuniu-se em Genebra, em principios de 1934, uma commissão religiosa internacional, composta de representantes de diversos credos e paizes, tendo em vista o estudo da questão religiosa na Russia, e, notadamente, o exame, de commum accordo, dos meios susceptiveis de desenvolver o auxilio moral e material que tem sido prestado ás victimas infelizes russas, perseguidas na Russia, determinando outrosim quaes os meios mais proficuos da lucta contra a acção desmoralisadora dos Sem-Deus.

Os tres membros da mesa desta commissão, representantes, respectivamente, da religião catholica, protestante, e orthodoxa, não apresentaram relatorio algum sobre a questão, julgando ajuizadamente muito proveitoso a apresentação de uma exposição composta de documentos raros e preciosos, que melhor illustrariam a acção sacrilega do atheismo militante russo. Grande parte dos referidos documentos foram entregues pela Entente Internacional contra a Terceira Internacional, instituição com sede em Genebra, e que tanto se tem esforçado e especialisado na lucta contra o communismo.

Admiravelmente bem organizada, suscitou esta exposição um interesse symptomatico, e em menos de duas semanas, foi visitada por mais de 5.000 pessoas. Egual exito alcançou em Lausanne e Friburgo, e depois de ser exposta em outras varias cidades da Suissa, seguirá para o estrangeiro. Brevemente será a mesma exposta no Brasil e na America do Norte. A acção violenta que contra essa exposição moveram os marxistas de Genebra constitue uma prova irrefutavel da sua utilidade, sendo indicio de que ella conseguiu attingir o mal em suas mais profundas raises. Um grande numero de communistas conseguiu penetrar clandestinamente no local da exposição, e taes incidentes produziram que necessario se tornou pedir a intervenção da policia. Este acto de vandalismo provocou uma energica protestação dos meios religiosos de Genebra, que, ultimamente tem dado repetidas provas da energia com que enfrenta a lucta contra os inimigos de Deus."

necessidade urgente de uma luta constante e enérgica contra a descristianização do mundo, promovida por Moscou". A matéria, denominando a Internacional Comunista/ANL como "Liga dos Sem-Deus", destaca que, entre diversas táticas de propaganda, "A arte e a técnica moderna, sob seus múltiplos aspectos, são meios preciosos utilizados pelos sem-Deus na propaganda de seu ateísmo militante. [...] apresentam constantemente obras blasfematórias, de uma imoralidade revoltante, e não raras vezes provocam entre os espectadores cenas de excitação coletiva e de furor sacrílego". A arte moderna, tratada como "degenerada", seguia os mesmos moldes da propaganda nazista na Alemanha[308]:

> É interessante lembrarmos aqui a famosa exposição de Munique sobre a arte degenerada, ocorrida em junho de 1937. [...] A intenção era reunir obras que apresentam paisagens ou corpos humanos "deformados" ao lado de caricaturas e fotos de deficientes físicos, mostrando assim a decadência, o desvio e a degeneração racial como fatores comprometedores na formação de uma nação física e intelectualmente sadia. Picasso, Matisse, Van Gogh, Kandinsky e Lasar Segall foram alguns daqueles que tiveram suas obras expostas nessa exposição[309].

Andreucci, estudando a repressão da polícia no meio artístico, teve acesso à transcrição do discurso do presidente do III Salão Paulista de Belas Artes, anexado aos prontuários de presos políticos ou vigiados pela ditadura, "[...] ressaltando a importância de se controlar a produção artística, uma vez que esta 'possui influência notável como agente calmante ou excitante das massas'", e conclui:

> A ideia era a de que a arte moderna tinha por intuito promover a "desorganização, o aviltamento e o embrutecimento social produzidos pela arte por eles [os sem-Deus, comunistas] a fim de preparar o terreno para uma ação mais segura, num meio inculto, insensível e depravado"[310].

As entrevistas de Odette de Carvalho e Souza são reveladoras na medida em que esclarecem sua atuação na diplomacia como um canal

---

308 Vale lembrar aqui o discurso de 17 de janeiro de 2020 do então secretário da Cultura, Roberto Alvim, que coincide muito com os discursos da época. São as mesmas ideias com quase um século de distância.

309 Álvaro Gonçalves Antunes Andreucci, *op. cit.*, p. 61.

310 *Ibidem*, p. 59.

internacional da propaganda nazifascista no Brasil. O que ela denominava "liga" se dava nas resoluções da Internacional Comunista de 1934, de fato, que havia mudado de entendimento quanto à proletarização do comunista brasileiro, considerado apenas um pequeno-burguês, "prestista ou trotskista". A Internacional, por diversos motivos, principalmente o avanço do nazismo europeu, passou a entender que países como o Brasil, coloniais ou semicoloniais, estavam em vias de uma transição histórica que não lhes permitiria ser categorizados na mesma faixa de entendimento que os países europeus. Sequer havia aqui uma burguesia nacional com ideias próprias, já que subordinada ao controle do imperialismo ianque, que obrigava a luta a travar-se entre "ex-escravizados" e "latifundiários". Nesse sentido, embora a Aliança Nacional Libertadora (ANL) tivesse sido fundada antes dessa mudança de entendimento, a Internacional Comunista sugeria a países latinos uma ampla mobilização de ligas ou frentes únicas democráticas contra o fascismo e o nazismo que mobilizassem toda a sociedade. Portanto, quando Odette de Carvalho e Souza menciona tal "liga", a referência era a Aliança Nacional Libertadora (ANL)[311], enquanto a ideia de "sem-Deus", na realidade, se havia cunhado mais ou menos em 1924 com a fundação da Entente Internacional contra a Terceira Internacional, cuja sede era Genebra. Algo, portanto, que recorda muito a exposição de Munique fora noticiado aqui em 29 de maio de 1936 pelo *Correio da Manhã*: a inauguração da exposição "pró-Deus", no Palace Hotel, Rio de Janeiro, contra os "sem-Deus", apresentando os erros e as contradições da doutrina marxista. Na sequência do noticiário, num sábado, 30 de maio, o *Correio da Manhã* publica "Planos de ação antirreligiosa encontrados nos arquivos de Prestes e Berger", cuja linha fina destaca: "Os comunistas visavam de preferência o Nordeste, pretendendo firmar aliança com Lampião". O destaque se baseia, segundo o jornal, na informação de que "A polícia carioca tem em seu poder farta documentação a esse respeito [...]", e de que:

> Do exame desses documentos e do estudo minucioso que vem procedendo com relação aos problemas espirituais, políticos e sociais ligados ao bolchevismo, conseguiu a nossa inteligente patrícia, consulesa d. Odette de Carvalho e Souza, elaborar o seguinte trabalho, do maior interesse, que a nosso pedido, consentiu em divulgá-lo aos nossos leitores do *Correio da Manhã*. [d. Odette disse ao jornalista que] a copiosa documentação apreendida pela nossa polícia, após os acontecimentos de novembro de 1935, nos arquivos de L. C.

311 Marly de Almeida Gomes Vianna, *op. cit.*, p. 47.

Planos de acção anti-religiosa encontrados nos archivos de Prestes e Berger

Os communistas visavam de preferencia o nordeste, pretendendo firmar alliança com Lampeão!

Presidida por sua eminencia o cardeal. d. Sebastião Leme, terá logar hoje, ás 5 horas da tarde, no salão do Palace Hotel, a solennidade inaugural da primeira exposição brasileira contra acção nefasta dos "Sem Deus".

De como têm agido os sectarios dessa doutrina negativista oriunda de Moscou, já demos circumstanciadas noticias aos nossos leitores. Restava-nos abordar a questão da campanha anti-religiosa que os extremistas planejavam desencadear no Brasil. A policia carioca tem em seu poder farta documentação a esse respeito, recolhida dos archivos de Luiz Carlos Prestes e Henry Berger. Do exame desses documentos e do estudo minucioso que vem procedendo com relação aos problemas espirituaes, politicos e sociaes ligados ao bolchevismo, conseguiu a nossa intelligente patricia, consuleza d. Odette de Carvalho e Souza, elaborar o seguinte trabalho, do maior interesse, que, a nosso pedido, consentiu em divulgal-o aos leitores do "Correio da Manhã":

"A copiosa documentação apprehendida pela nossa policia, após os acontecimentos de novembro 1935, nos archivos de L. C. Prestes e de Berger revelam de modo claro e irrefutavel quaes as directrizes e tacticas recommendadas por Moscou para o exito da revolução communista no Brasil. O disfarce, a mentira, a felonia são as caracteristicas constantes da acção bolchevista, para a qual todos os meios são admissiveis, desde que os mesmos possam garantir a victoria da revolução mundial.

Além das medidas de ordem geral, estipulando o trabalho nas classes armadas, entre os estudantes, entre os operarios e camponeses, a intensificação da propaganda revolucionaria no meio da massa syndicalizada e não syndicalizada, por intermedio das opposições e das fracções dissidentes, na base da proposta da "frente unica", ha ainda medidas de ordem pratica, que obedecem ás directrizes de leaders estrangeiros, verdadeiros orientadores do P. C. Brasileiro.

São estas as seguintes:
1) — Lutar por um novo conhecimento de legalidade da A. N. L.
2) — Concorrer ás eleições municipaes com a legenda: Pão, Terra e Liberdade;
3) — Intensificar a fundação de nucleos revolucionarios em cada municipio, cidade, villa, povoação ou logarejo; junto aos syndicatos ou associações profissionaes e sportivas, nas escolas e collegios, fabricas ou fazendas, navios, quarteis, repartições publicas, e até dentro o pequeno clero.
4) — Activar a propaganda entre os trabalhadores ruraes.
5) — Procurar ligação com os governos estaduaes por intermedio dos que dentro do Partido se collocaram em maior evidencia.
6) — Constituir Comitês Revolucionarios da A. N. L, que se incumbirão das articulações para o proximo movimento subversivo. E de accordo com o manifesto de L. C. Prestes, os objectivos dessa propaganda devem ter em vista, entre outras cousas, "a distribuição pelos camponezes e operarios de terras e aguadas que deverão ser tomadas, sem indemnização, aos grandes proprietarios, principalmente á Egreja, detentores dos vultuosos bens chamados de "mão morta".

Entretanto, conhecendo quão profundo é o sentimento religioso no povo brasileiro e quão difficil é extirpal-o do seu coração, recommendam os agentes de Moscou uma tactica especial na luta anti-religiosa no nosso paiz, usando de subterfugios e mil meios habeis para explorar a ignorancia ou a ingenuidade dos nacionaes.

Segundo o plano de acção communista, o Norte do Brasil é visado de preferencia. Um documento intitulado: "Problemas tacticos", e datado de 27-VI-35, recommenda:

"Como problemas especiaes de tactica politica apresentam-se

A consuleza Odette de Carvalho e Souza

ainda no Nordeste: a questão da religião e dos padres. Executaremos uma linha cuidadosa. Atacaremos os padres, não como taes, mas como politicos e exploradores, de accordo com o seu papel individual especial. Será preciso differenciar, porque uma serie de pequenos padres locaes se manifesta pela A. N. L. e muitos tem forte influencia sobre a população religiosa e atrazada."

Pelos documentos apprehendidos verifica-se que taes directrizes são lançadas em diversas linguas, de accordo com a nacionalidade de seus autores. Em outro documento, em francez, depois de recommendar o recurso ao camouflage e o virar á possibilidade de apoio aos methodos de Lampeão, outro chefe communista affirma não accreditar prudente atacar de frente á religião", e accrescenta:

"On a décidé de prendre une position plus habile dans la question de la religion pour ne pas repousser les couches populaires religieuses. Enfin, nous voulons tenir compte de la differenciation entre les curés."

Lançando a sizania no clero

Dividir o clero em "clero pobre" e "clero rico", apresentando-o como explorador daquelle e do povo é a tactica communista na propaganda antireligiosa no Brasil. Este é o "leit motiff" das directrizes lançadas para acção contra a religião no nosso paiz, tão profundamente religioso, e sobre as instrucções que a imprensa communista tráta de ampliar e esclarecer. Na "Correspondencia Internacional", n. 13|1935, Octavio Brandão, obedecendo á orientação de seus chefes, escreve:

"O Papa quer mobilizar o clero rico do Brasil contra todos os principios e correntes democraticas, progressistas e revolucionarias e em particular contra o communismo .O Papa quer resuscitar as lutas religiosas tentando dividir os brasileiros em crentes e descrentes, quando os brasileiros se dividem, cada vez mais, em agentes do imperialismo, traidores da patria, e em inimigos do imperialismo como todos os verdadeiros filhos do povo."

Depois de enumerar e criticar os "fartos haveres" do clero rico no Brasil, o autor accrescenta:

"Pelo contrario, ha no Brasil uma camada de padres pauperrimos, que conservam uma tradição popular, nacional, democratica e mesmo revolucionaria."

Evidentemente, só por ignorancia, má fé ou ambição poderá qualquer padre, qualquer religioso ou qualquer crente sincero adherir á doutrina communista, que exclue, por principio todo e qualquer espiritualismo ou ideologia. A luta contra a religião é inseparavel do marxismo-leninismo: é o que num documento sobre a organização e direcção das lutas camponesas se apressem confirmar A. Almeida, antes de demonstrar a necessidade de usar de uma tactica especial para a propaganda anti-religiosa no Brasil:

"O marxismo deve ser materialista, isto é, inimigo da religião, mas um materialismo dialectico, isto é, tomando a luta contra a religião, não de maneira abstracta, mas de maneira concreta, no terreno da luta de classes realmente em marcha e que educa as massas mais e melhor do que tudo."

Tal affirmação é aliás uma repetição apenas do que já estabelecera Lenine quanto á attitude do operariado relativamente á religião. Porém, nas perspectivas illusorias de messianismo proletario, só conseguiram os russos o soffrimento e a injustiça, instigando-o á luta de classes e inoculando no coração humano um odio intenso, que contribue, sem duvida, a fazer augmentar o numero dos "Sem Deus".

A união defensiva

E' mister que esta offensiva inocua contra o christianismo marque a aurora da união congnatica entre todos os christãos; forçando-os a se unirem contra o inimigo commum, a união dos corações activará, sem duvida, a união dos espiritos. Impõe-se impreterivelmente esta união defensiva, já preconisada pelo Santo Padre:

"E preciso unirmos todas as nossas forças num grupo forte e compacto, capaz de oppor uma frente unica e solida ás phalanges maleficas, inimigas de Deus e da humanidade. Trata-se nesta luta de defender o que de mais importante foi confiado ao homem." "Pro Deo" ou "contra Deus", eis novamente a escolha que deverá decidir do futuro de toda a humanidade. Unam-se os crentes do Brasil contra as forças do mal e das trevas; lutando pela victoria do Christo conseguirão vencer os inimigos da Patria e da Civilização."

Para representar a Bolivia na Conferencia Americana

Paris, 29 (Havas) — O sr. Costa du Rels, delegado permanente da Bolivia junto á Sociedade das Nações, foi, ao que se sabe, convidado, pelo seu governo para presidir a delegação boliviana á conferencia pan-americana de Buenos Aires, tendo acceito, em principio, o convite, reservando-se para só tomar uma resolução definitiva caso melhore o seu estado de saude, que actualmente não é satisfactorio.

← Consulesa Odette de Carvalho em matéria do jornal *Correio da Manhã*, 30 de maio de 1936. Fonte: Acervo da Fundação Biblioteca Nacional – Brasil.

Prestes e de Berger, revela de modo claro e irrefutável quais as diretrizes e táticas recomendadas por Moscou[312].

Assim como os "Planos Cohen" – inventados, como já se sabe –, tais documentos eram forjados a partir de acontecimentos tais como a suposta "Revolução Comunista de Natal", em novembro de 1935, ou a inexistente revolta de Maceió, para justificar a implantação do Estado Novo, fechar o Congresso, anular o Judiciário, cancelar a eleição presidencial e promulgar nova Constituição. As informações dadas por dona Odette revelam sua proximidade inclusive com o papa ao concluir a matéria do *Correio da Manhã* atribuindo a Pio XI a seguinte mensagem aos brasileiros: "É preciso unirmos todas as nossas forças num grupo forte e compacto, capaz de opor uma frente única e sólida às falanges maléficas, inimigas de Deus e da humanidade [...] contra as forças do mal e das trevas; lutando pela vitória de Cristo [vocês] conseguirão vencer os inimigos da pátria e da civilização". Evidentemente não sabemos de fato se tais palavras vinham do papa; contudo, em 1937, Pio XI publica a *Carta encíclica* Divinis Redemptoris *de sua santidade papa Pio XI aos veneráveis irmãos, patriarcas, primazes, arcebispos, bispos e demais ordinários em paz e comunhão com a Sé Apostólica sobre o comunismo ateu*. Chama atenção na encíclica o parágrafo em que dedica especial atenção à condição feminina. A personagem Madalena, de *São Bernardo*, apresenta comportamento idêntico ao empregar-se na fazenda do marido:

> [...] esta doutrina rejeita e repudia todo o caráter sagrado da vida humana, segue-se por natural consequência que para ela o matrimônio e a família é apenas uma instituição civil e artificial, fruto de um determinado sistema econômico: por conseguinte, assim como repudia os contratos matrimoniais formados por vínculos de natureza jurídico-moral, que não dependam da vontade dos indivíduos ou da coletividade, assim rejeita a sua *indissolúvel perpetuidade*. Em particular, para o *comunismo* não existe laço algum da mulher com a família e com o lar. [...][313].

---

312 *Correio da Manhã*, "Planos de ação antirreligiosa encontrados nos arquivos de Prestes e Berger", *op. cit.*

313 Papa Pio XI, *Carta Encíclica* Divinis Redemptoris..., *op. cit.* (grifos meus).

OS SENTIDOS
DE UMA METÁFORA:
ALEGORIA DO PIO DA CORUJA
NA TORRE DA IGREJA

Nada mais claro à época em que *São Bernardo* foi publicado do que suas relações com os conflitos que se desenrolavam no campo das batalhas político-ideológicas. Escrito entre 1932 e 1933, é núcleo central do drama a incompatibilidade do casamento de Paulo Honório com Madalena, nome acintoso pela remissão religiosa, já que publicado exatamente quando se debatia o casamento civil, sem os princípios morais do católico, que, como vimos na concepção do papa Pio XI, era de "indissolúvel perpetuidade". O casamento católico em *São Bernardo* prenuncia a morte por meio da alegoria do pio da coruja na torre da igreja, traduzida em sentença: "até que a morte os separe", o que para a mulher praticamente convertia o casamento em sentença de morte, visto que a Igreja só admitia o divórcio com apresentação de "prova do adultério". Era, por isso, a execução de um enterro vivo do gênero sob as premissas religiosas. E é segundo essas premissas que Paulo Honório busca pela prova de que Madalena tinha um amante: "Aguentar! Ora aguentar! Eu ia lá continuar a aguentar semelhante desgraça? O que me faltava era uma prova: entrar no quarto de supetão e vê-la na cama com outro" (p. 137).

Goya, *¿No hay quien nos desate?* [Não há quem nos desate?], série "Los Caprichos" [Os Caprichos], 1789. Gravura em água-forte e água-tinta sobre papel vergê, 30,6 cm × 20,1 cm. Coleção Plácido Arango Arias, Museo Nacional del Prado, Madri. →

> Atormentava-me a ideia de surpreendê-la. Comecei a mexer-lhe nas malas, nos livros, e a abrir-lhe a correspondência. Madalena chorou, gritou, teve um ataque de nervos. [...]
>
> No dia seguinte encontrei Madalena escrevendo. Avizinhei-me nas pontas dos pés e li o endereço de Azevedo Gondim.
>
> — Faz favor de mostrar isso?
>
> Madalena agarrou uma folha que ainda não havia sido dobrada.
>
> — Não tem que ver. Só interessa a mim.
>
> [...]
>
> — Deixa ver a carta, galinha.
>
> Madalena desprendeu-se e entrou a correr pelo quarto (p. 137-9).

A prova que passa a buscar alucinadamente determina, ao menos inconscientemente, que o preceito religioso católico do "adultério como única justificativa de divórcio" exerça em sua mentalidade um poder absoluto. Em termos de construção literária, deve-se notar como a escrita seria portadora de segredos ou revelações que sua pouca capacitação permitiria desvendar, compreendendo assim que "a instrução da mulher" estava atrelada a uma falsa emancipação, cujo fim seria a dissolução da família, privilegiada por preceitos revolucionários do amor livre comunista. Assim é que Paulo Honório busca acabar com os efeitos negativos do desconhecido (na realidade todos os efeitos da crise econômica) pelo extermínio das corujas que se aninharam na torre da igreja, cujos pios prenunciam a morte: "Uma tarde subi à torre da igreja e fui ver Marciano procurar corujas. Algumas haviam se alojado no forro, e à noite era cada pio de rebentar os ouvidos da gente. Eu desejava assistir à extinção daquelas aves amaldiçoadas" (p. 154). E é irônico que, ao matá-las, diz: "Desci, pois, as escadas em paz com Deus e com os homens, e esperava que aqueles pios infames me deixassem tranquilo". Mas, na sequência, acha uma folha de papel rolando no pomar, e imediatamente o mau agouro dos pios transfere-se para a escrita e se apresenta, pelo segredo que encerra, como prova do adultério: "Está aqui a prova, balbuciei assombrado" (p. 157).

Sabe-se que a carta tinha como destinatário o próprio Paulo Honório, como uma espécie de testamento de Madalena e o anúncio – não mais da tragédia prenunciada pelo pio da coruja, mas por ela – de sua própria morte. E ainda que pareça presunçosa a interpretação dessa ideia de que, em *São Bernardo*, a torre da igreja sob a qual se aninha uma ave tida por amaldiçoada seria alegoria do casamento forçado, católico, cujo laço mortal se exprime na sentença "até que a morte os separe", basta citar onde Madalena, suicida, foi enterrada, no início do capítulo 32: "Enterrou-se debaixo do mosaico da capela-mor" (p. 166). Talvez a crítica não tenha percebido até hoje que Madalena, contrariamente aos princípios religiosos, foi enterrada debaixo do altar da igreja em que se casou, o que se reservaria apenas aos perdoados pelo sacerdote na extrema-unção, não no caso dela. Nada realista, é metáfora da condição da mulher na sociedade de classes burguesa e católica dos anos 1930, enterrada sob as premissas religiosas de obediência e sujeição ao marido. A reivindicação de direito democrático mais perigosa para a Igreja era exatamente o contrato de casamento civil, sob os preceitos de um Estado laico. O divórcio não mais dependeria da obediência a princípios religiosos, mas de um tribunal civil, conduzido por um juiz de paz, e não por um sacerdote. A tragédia que leva Madalena ao suicídio revela sua impossibilidade de, naquela sociedade, divorciar-se de um marido violento.

Em Alagoas, o jornal católico *O Semeador* de 27 de março de 1936, em meio às prisões generalizadas de centenas de civis, entre eles Graciliano, lembrou o deputado Guaracy da Silveira numa espécie de denúncia velada, numa nota intitulada "A praga do divórcio". Citando uma suposta circular do arcebispo de Chicago na qual se comenta a tragédia do casamento civil naquele estado, diz que: "As gerações atuais consideram o casamento como um passatempo sem importância, uma simples tendência sexual, um pedaço de papel, que se atira pela janela fora quando muito bem se entende", e se pergunta:

> Que dizem a isto os emissários das seitas protestantes que vêm ao Brasil arvorar-se em partidários do divórcio imoral e desmoralizador da família? Andaram pleiteando o divórcio junto dos constituintes: um dos partidários mais furiosos da dissolução da família foi o pastor Guaracy[314].

Há certa ligação, ainda que indireta, entre Graciliano e o pastor Guaracy inclusive no que toca ao fato de Vargas, contra a Constituição de 1891, ter baixado um decreto-lei em 1931 permitindo o catecismo nas escolas públicas, ao que Graciliano não obedeceu, tendo a Constituição de 1934 tornado o ensino religioso facultativo. Muito dessa conquista deveu-se a Guaracy. Segundo Eduardo Góes de Castro, ao examinar os arquivos do Deops-SP, encontra-se anexado em um auto de processo contra o Comitê Pró-Liberdade de Consciência um recorte de matéria do jornal

---

314 *O Semeador*, "A praga do divórcio", Maceió, 27 mar. 1936, fonte: Instituto Histórico e Geográfico de Alagoas, acervo: periódicos.

Correio da Tarde que reproduz uma entrevista feita com o então futuro deputado constituinte, resumindo um memorial escrito por ele:

> O reverendo Silveira lamentava a promulgação do decreto que, na sua opinião, parecia um revés da revolução ao povo, pois, afinal, impunha medidas religiosas cujo povo nunca havia clamado. [...] não cabia ao governo federal impor a vontade do clero a despeito das consciências alheias[315].

Indubitavelmente, em termos poéticos, a construção alegórica é o ponto alto de *São Bernardo*[316]. Contudo, ao revelar pela metáfora seu tempo de produção, traz a enorme contribuição de um mundo extremamente plural que a história reduziu a dois campos: um lado, sob a hegemonia do PC brasileiro, e outro, uma extrema direita delirante, inconsequente, violenta e confusa. Ao movimento democrático nada restou, fazendo ideias totalmente absurdas, como as de Oscar Mendes, crítico mineiro, levarem Graciliano a escrever uma resposta à altura da sua produção. Sobre *São Bernardo*, Mendes afirma em 1935:

> A sua heroína é inumana. A maternidade não a feminiliza. No *naufrágio de sua vida conjugal*, ela fica isolada, sem apoio, sem reações, sem vibrações humanas, como uma folha seca que os ventos furiosos arrastam nos seus vórtices, para todos os quadrantes. Há qualquer coisa de vago, de inconsistente, de espectral, nessa mulher que só avulta no livro, quanto morre[317].

Incapaz de reconhecer a atmosfera autoritária, desumana, conservadora, retrógada, o crítico não viu ou não quis ver que, se por um lado Paulo Honório tem o recurso de provar o adultério da mulher, os adultérios de Paulo Honório se passam em plena luz do dia, e desse naufrágio conjugal nada se diz. De tal modo Paulo Honório era indiferente a isso que, ao ser enterrada Madalena, ele guarda a carta de anúncio do suicídio: "[...] na carteira, entre faturas de cimentos e orações contra maleita que a Rosa anos atrás me havia oferecido" (p. 166). Lembremos que Rosa, mulher do negro Marciano, era violentada por Paulo Honório

---

315 Eduardo Góes de Castro, *op. cit.*, p. 59.

316 Para melhor compreensão da construção literária, ver o capítulo "O enigma da coruja ou o canto da sereia", em: Edilson Dias de Moura, *op. cit.*, p. 74-87.

317 Oscar Mendes, "Egoísmo", *Folha de Minas*, 17 jan. 1935, em: Edilson Dias de Moura, *op. cit.*, p. 245 (grifo meu).

como um direito divino do proprietário. Tudo que o crítico condena no comportamento de Paulo Honório no fim é justificado ao se esperar que Madalena, naquele ambiente funesto, tétrico, dominado pela moral religiosa que determina a dominação do homem sobre a mulher, tivesse algum apoio.

O romance mostra exatamente o completo esmagamento da condição feminina, sua impossibilidade de participar da vida social. O título do artigo transfere de Paulo Honório a Oscar Mendes o "egoísmo", ao passo que todo esforço de Madalena participar da vida social só tem sentido quando ela já está morta. Diga-se: o único vestígio de que vivia, para o crítico mineiro, foi ter morrido, sendo todas as suas ações "inumanas", ou, melhor dizendo, "não católicas". O sentido, para além da interpretação, funcionava como delação de que seu autor promovia o comunismo. Isso torna a prisão de Graciliano muito mais que plausível naquele momento, e não algo acidental.

Aydano Couto Ferraz, após a polêmica em 1935, em um artigo para o número especial da *Revista Acadêmica* de 1937 que homenageava *Angústia* (Prêmio Lima Barreto de Literatura em 1936, com Graciliano ainda na prisão), destacava, àquela altura, que o prestígio do romancista alagoano era fruto de forte publicidade em torno de sua obra:

> [...] considero como solução fundamental para o prestígio da obra de Graciliano Ramos a publicidade constante em torno dos seus livros. [...] não é facilmente que o leitor mediano se acostuma com uma vertigem desta ordem na obra de um ficcionista como Graciliano Ramos, que cria dramas psicológicos tão compactos de modo a não chegar a ser um escritor preferido do público[318].

Considerando que *Angústia*, mal saído do prelo, não tinha atingido essa repercussão, essa ideia só podia estar ligada a *São Bernardo*, que colecionou mais de 40 artigos publicados a seu respeito entre 1934 e 1937, sem considerar as notas publicitárias do lançamento em diversos jornais e revistas do Brasil. Contudo, a história do "prestígio da obra" do autor inicia-se com os famosos relatórios, retrocedendo mais de oito anos antes do artigo de Aydano. Mesmo a propaganda feita em torno de *Caetés* foi sustentada pelos relatórios, que, por sua vez, foram considerados pelo aspecto jocoso e depreciativo. Em suma, de fato houve certa publicidade em torno da obra, mas não de uma maneira exatamente positiva.

---

318 Aydano do Couto Ferraz, "Romancista de costumes", *Revista Acadêmica*, 1937, em: Edilson Dias de Moura, *op. cit.*, p. 260.

Viu-se que um número considerável de realizações administrativas tornava Graciliano bastante conhecido, admirado e detestado: embora fossem reconhecidos os avanços realizados na educação infantil, desagradava o fato de que o programa do diretor tendia ao ensino "laico" e não eugênico, rejeitando o catecismo nas escolas públicas autorizado por Vargas. Daí a divisão em torno da sua administração: na edição de março de 1934 do jornal católico *O Semeador*, Celeste de Pereira destacava: "A atual administração da nossa Instrução Pública está sabendo levar com muita energia e atenção o jardim infantil [...] certamente, a exemplo desta criação nobre e eficiente [...] virá a sequência de interesse da nossa Instrução"[319]. Como já visto, em 1935 Graciliano pediria o afastamento da autora, diretora da escola Visconde de Sinimbu, por usufruir do cargo sem comparecer ao trabalho, tendo como base do processo a denúncia de maus-tratos aos alunos. Não à toa ele indica para o lugar de Celeste de Pereira a professora Fernandina Malta de Souza:

> [...] pouco pode ser dito sobre Fernandina Malta de Souza exceto pelas informações colhidas do próprio Almanaque [pedagógico de Alagoas] que a destaca como responsável por Pedagogia na lista das disciplinas lecionadas por professores da capital e como diretora do Grupo Escolar da capital [...]. A partir dessas informações, pode-se conjecturar que se tratava de alguém comprometida com o desenvolvimento da educação primária no estado e provavelmente fazia parte do Conselho Estadual de Educação, visto que participou da elaboração do programa [...][320]

Não era apenas uma professora. Por outro lado, Celeste de Pereira, ligada à ala católica da política alagoana, pedia a implantação do "ensino completivo", a catequese, defendida com veemência como parte do currículo escolar pelo clero, mesmo não sendo obrigatório: "O nosso clero está atento e pronto para o cumprimento desta sublime missão de apostolar nas escolas"[321]. Desde 1933, o jornal *O Semeador* vinha fazendo

Capa e primeiros artigos do Estatuto da Liga Alagoana pelo Pensamento Livre, de 1933. Fonte: Arquivo Público de Alagoas. →

---

319 Celeste de Pereira, *op. cit.*

320 Elisabete Pereira Fernandes, *Os problemas aritméticos e os métodos pedagógicos*: pontos para um diálogo sobre a história da educação matemática no ensino primário alagoano (1924-1952), dissertação (mestrado em Educação) – Universidade Federal de Alagoas, Maceió, 2017, p. 56.

321 *O Semeador*, "O início do ano letivo", 4 mar. 1936, fonte: Instituto Histórico e Geográfico de Alagoas (IHGA), acervo: periódicos.

ESTATUTOS
— DA —
LIGA ALAGOANA
PELO
PENSAMENTO LIVRE

MACEIÓ
1933

Estatutos da Liga Alagoana pelo Pensamento Livre

I

Da Sociedade e dos seus fins

Art. 1.º — A Liga Alagoana pelo Pensamento Livre é uma associação de pessoas de qualquer credo politico ou religioso que desejem cooperar para que o Brasil continue a ser um pais de governo livre de qualqur preconceito de religião.

Art. 2.º — A sua séde é em Maceió, capital do Estado das Alagoas.

Art. 3.º — Os seus fins são obter e conservar no Brasil:

a) Liberdade absoluta de cultos ;

b) Separação completa entre o Estado e qualquer religião ;

c) Ensino leigo nos estabelecimentos publicos ;

d) Casamento civil gratuito e unico reconhecido legal ;

e) Amplitude do «habeas-corpus» nos termos da Constituição de 1891 ;

f) Secularização dos cemiterios ;

g) Unidade de Justiça ;

h) Federalização do ensino primario obrigatorio e gratuito ;

i) Difusão do ensino profissional ;

j) Igualdade de direitos para a mulher ;

k) Alfabetização da população pobre das Alagoas ;

l) Liberdade de imprensa, tribuna e reuniões publicas.

Art. 4.º — Para conseguir esses fins a Liga fará conferencias publicas, propaganda pela imprensa e fundará escolas primarias na Capital e no interior do Estado.

Art. 5.º — A Liga Alagoana pelo Pensamento Livre não alistará eleitores, não apresentará candidatos nem auxiliará nenhum movimento politico partidario ; mas, aconselhará aos seus membros que não votem em candidatos de qualquer partido que forem ostensivamente adversarios da liberdade de pensamento e favoraveis ao ensino religioso nas escolas publicas.

ampla campanha contra a "escola laica", argumentando que "Os pais têm direito que a seus filhos se ministre a educação religiosa nas escolas públicas"[322]. A campanha era uma resposta aos manifestos da Liga Alagoana pelo Pensamento Livre que defendia a escola laica.

Evidentemente havia boatos de que Graciliano Ramos era ateu. Mas a nomeação de Sebastião Hora para a direção da Escola Normal de Alagoas, em 1934, um dos fundadores da Liga Alagoana pelo Pensamento Livre e, pouco depois, presidente estadual da Aliança Nacional Libertadora (ANL), certamente punha uma pulga atrás da orelha das autoridades eclesiásticas. Em 24 de fevereiro de 1934, a Liga havia realizado ato em Maceió comemorando o aniversário da promulgação da Constituição de 1891. Em nota, divulgou-se o encontro enumerando-se os oradores: Levy Pereira, Barbosa Júnior, Sebastião Hora, Esdras Gueiros e Américo Mello, "que expressaram seus veementes protestos contra a intromissão da Igreja católica na política nacional, tendente a coarctar a liberdade de pensamento no que concerne ao ensino religioso nas escolas"[323].

Não foi simples a substituição do antigo diretor da Escola Normal, Manoel Vianna de Vasconcellos, por Sebastião Hora, como dá a entender Dênis de Moraes[324]. Houve protestos em Maceió e uma greve de normalistas em defesa do antigo diretor. Embora a participação de Graciliano na sua demissão seja indireta, as acusações de que ele perseguia professores que não seguiam o "credo vermelho" encontram no episódio um dos mais concretos indícios do desgosto do clero com o autor alagoano. A veemente defesa de O Semeador a Vasconcellos, então diretor da Escola Normal, varre qualquer dúvida de que se tratasse de figura de menor prestígio entre os eclesiásticos.

Segundo o Diário da Noite (RJ), a crise eclode quando o antigo diretor da Escola Normal baixa uma portaria/circular instituindo um novo uniforme para as normalistas, substituindo o antigo em um prazo de seis meses, o que provocou a revolta dos pais de alunas pobres: "Atendendo a pedido de alguns pais de alunas, que se teriam declarado em dificuldades para satisfazer a exigência, o capitão Affonso de Carvalho [então interventor do Estado] baixou uma portaria proibindo a execução

---

322 O Semeador, "Os pais têm direito", 27 mar. 1933, capa, fonte: Instituto Histórico e Geográfico de Alagoas (IHGA), acervo: periódicos.

323 Sebastião da Hora: professor, político, médico e intelectual humanista, História de Alagoas, 2017, p. 2, disponível em: https://www.historiadealagoas.com.br/sebastiao-da-hora-professor-politico-medico-e-intelectual-humanista.html, acesso em: 6 ago. 2018.

324 Dênis de Moraes, op. cit., p. 87.

da medida"[325]. Nesse sentido, a demissão do antigo diretor e a posterior contratação de Sebastião Hora tinham aval do governador interino. Mesmo assim, o jornal *O Semeador* saiu em defesa do primeiro, apoiando a greve das normalistas que exigia sua readmissão. Em seguida, em matérias sucessivas que tratavam da greve, o mesmo jornal publica uma carta aberta de Vasconcellos em que ele negava ter assinado a portaria:

Ofício n. 994, de 14 de novembro de 1935, solicitando a transferência de verbas à Escola Normal de Alagoas para o pagamento de livros e de material didático fornecidos a estudantes carentes. Fonte: Arquivo Público de Alagoas. →

> Não me surpreenderia, depois do que se passou comigo, uma suspensão das minhas funções de lente da Escola Normal do estado. Surpreendeu-me, no entanto, ser o motivo o de uma pseudo portaria-circular. Quero pedir permissão, no entanto, ao sr. interventor federal interino, para sugerir abertura de um inquérito onde fique apurado a responsabilidade de quem falsificou a minha rubrica, assinando portaria-circular[326].

Ora, sabemos que uma das barreiras que, na época, impediam o acesso dos pobres ao ensino era exatamente o pretexto de que não tinham sapatos ou uniformes, além da dificuldade de obterem livros e material didático. E era política de Graciliano fazer a distribuição dos uniformes gratuitamente. Vale lembrar o que diria ao *Diário de Pernambuco* em 1935: "Em 1934 as crianças pobres dos estabelecimentos públicos receberam 3.865 cadernos e 9.064 metros de fazenda. É pouco, mas talvez este ano os fornecimentos cresçam"[327]. Embora a Escola Normal tivesse norma de ensino diferente da educação básica, a política de apoio adotada por Graciliano contrastava sobremaneira com a de Vasconcellos (vide ofício n. 994). E o fato de este último ter sido defendido durante longas semanas pelo jornal *O Semeador*, que pedia sua readmissão, vinculava-se à simpatia dos católicos com a medida. A crise é mitigada quando o clero reconhece não estar a par de todos os acontecimentos e sugere às

---

325 *Diário da Noite*, "Em que resultou a mudança de uniformes na Escola Normal de Alagoas – as normalistas, não contentes com a demissão do diretor, declararam-se em greve", Rio de Janeiro, 27 mar. 1934, fonte: Hemeroteca Digital da Biblioteca Nacional do Rio de Janeiro.

326 *O Semeador*, "A greve das normalistas – a suspensão do dr. Manoel Vasconcellos", 16 mar. 1934, fonte: Instituto Histórico e Geográfico de Alagoas, acervo: periódicos.

327 *Diário de Pernambuco*, "Alguns números relativos à instrução primária em Alagoas", Recife, 29 jun. 1935, fonte: Hemeroteca Digital da Biblioteca Nacional do Rio de Janeiro.

Directoria da Instrucção Publica

994

Maceió, 14 de Novembro de 193 5

*Faço ver o expediente
16-11-935*

Exmo. Snr. Secretario dos Negocios do Interior, Educação e Saúde.

       Tendo necessidade de pagar algumas contas relativas ao fornecimento de livros para premios escolares e material didactico a alumnos pobres,em conformidade com as alineas <u>a</u> e <u>c</u> do artigo 245 do decreto 1623 de 10 de Março de 1932, esta Directoria pede a ..... V.Excia. mandar entregar a quantia de 9:000$000 (nove contos de ... reis) ao director da Escola Normal de Maceió, thesoureiro do "Conselho de Ensino".

       Paz e prosperidade

Graciliano Ramos
Director

Ofício protocolar n. 915, de 10 de setembro de 1935, solicitando ao governador do Estado a autorização de licença a Sebastião Hora por recomendação médica. Fonte: Arquivo Público de Alagoas. ↓

Atestado médico de Sebastião Hora anexado ao ofício. Fonte: Arquivo Público de Alagoas. →

o Sr. Sebastião Vaz Pereira da Hora, professor cathedra-
tico da Escola Normal de Maceió, solicitano, digo,
requerendo 30 dias de licença para tratamento
de sua saúde.

Estando o requerimento instruido com o at-
testado medico e enquadrado no determinado pelo decreto nº 87 de 7 de julho de 1930,
esta Directoria é de parecer que pode ser
concedida a licença requerida.

Directoria da Instrucção Publica,— Serviço de Rgtº, em
Maceió, 10 de setembro de 1935.———
Florival Lusarino Barreira. Encarregado—
Conforme. Sidronio Augusto de Santa
Maria. Secretario.———

Visto.
Maceió – 10 – 9 – 1935
Graciliano Ramos

Directoria de Saúde Pública

normalistas o fim da greve. Isso, contudo, não significava a aceitação de Sebastião Hora, apenas o adiamento da querela.

Em *Memórias do cárcere*, o autor lembra que um oficial do Exército havia ido duas vezes ao seu gabinete exigir "aprovação de uma sobrinha reprovada", e especifica o processo dizendo: "Eu lhe mostrara um ofício em que a diretora do Grupo Escolar de Penedo contava direito aquele negócio: a absurda pretensão de se nomear para uma aluna banca especial fora de tempo"[328]. Isto é, o tenente pedia a Graciliano que participasse de uma fraude. Não obtém o favorecimento. Mais tarde, o mesmo oficial é quem prende Graciliano quando este estava na própria residência.

Durante o processo de exoneração de Graciliano e sua prisão, *O Semeador* soltara uma pequena nota indagando-se quem seria o novo diretor da Instrução Pública. Praticamente intimava o então governador de Alagoas, já que, meses antes da demissão e prisão do autor, dedicou notável atenção aos diretores de ensino de outros Estados que haviam introduzido o ensino religioso nas escolas públicas. Três dias depois da prisão de Graciliano, o padre alagoano Medeiros Netto escreveu n'*O Semeador*: "A Constituição [de 1934], que correspondeu ao nosso justo direito, não foi atendida, pois foi a educação mesma que continuou leiga, tendo à frente, aqui [em Maceió] como no Rio de Janeiro, homens hoje presos por comunistas"[329]. Caracterizava-se, portanto, como comunista o que destacou o jornal *A Nação*:

> O Sr. Graciliano Ramos, autor de um *livro inconveniente às meninas alagoanas*, já se vinha tornando intolerável pela *perseguição às professoras que não seguiam o credo vermelho* e pela liberdade com que *agia a favor do comunismo*[330].

São Bernardo toca sensivelmente a questão da mulher na sociedade e se articulava com os embates promovidos país afora em torno da Constituinte. O segundo ponto destacado na nota encontra enorme eco no afastamento do antigo professor e diretor da Escola Normal, Vasconcellos, juntamente com o ofício de afastamento da diretora Celeste de Pereira, interpretados ali como "perseguição às professoras que não seguiam o credo vermelho", ou seja, professores católicos. Importante notar que, segundo o *Dicionário mulheres de Alagoas ontem e hoje*, Celeste de Pereira

---

328 Graciliano Ramos, *Memórias do cárcere, op. cit.*, p. 48.

329 Medeiros Netto, "Instrução pública", *op. cit.*

330 A Nação, "A ação do general Newton Cavalcanti contra o comunismo no norte", Rio de Janeiro, 11 mar. 1936, fonte: Hemeroteca Digital da Biblioteca Nacional (grifos meus).

não era uma professora qualquer, e que, nesse período, insatisfeita com Maceió, viaja para o Rio de Janeiro, fazendo "[...] importantes amizades, entre elas Alzira Vargas, filha do então presidente Getúlio Vargas, além de frequentar o Palácio do Catete"[331].

Por fim, a ideia de que Graciliano favorecia o comunismo na gestão da educação do Estado pode ser entendida pelo fato de não implantar o ensino completivo, de ter contratado Sebastião Hora, feito campanha de matrícula de crianças negras, pobres, filhos de pescadores etc. Mas, talvez, ou sobretudo, a promoção a diretora escolar de dona Irene, professora negra do interior do estado.

Portanto, em 1937, quando Aydano do Couto Ferraz, ao falar em propaganda sobre o autor, refere-se à sua carreira pública, atrelando à "publicidade da obra" o "boicote oficial", retomando a polêmica estabelecida entre um artigo escrito por Augusto Frederico Schmidt em 1934 e um de Jorge Amado em 1935 como evidência de que "escândalos em torno do nome de Graciliano" favoreciam a divulgação de seus livros, já que estes não eram capazes de interessar o povo.

> Jorge Amado contou pelas colunas da *Ariel* as histórias do boicote movido contra *Caetés* pelo gordo editor Schmidt, que retardou ao máximo o seu aparecimento. [...] não é demais relembrar-se o crime de lesa inteligência que escondia esse boicote [...] contra um escritor honesto que [...] viria a ter uma grande importância nas letras nacionais. Por isso, ainda hoje, sendo o autor de *São Bernardo* visado desta maneira pelo boicote oficial [...], considero como solução fundamental para o prestígio da obra de Graciliano Ramos *a publicidade constante em torno dos seus livros*[332].

Vimos que a publicidade de *Caetés*, de 1931 até o fim de 1933, de fato existiu, mas em hipótese alguma traria a notoriedade alcançada entre 1934 e 1935. Segundo Aydano, não se lia Graciliano pela literatura, mas pela curiosidade de saber o que era uma obra comunista. Explorado amplamente pelos jornais, esse processo se constituiu uma verdadeira humilhação pública, caracterizando seus romances e seu trabalho no setor público como criminosos por causa da inclusão social dos grupos à época qualificados como "classe perigosa".

---

331 Enaura Quixabeira Rosa e Silva e Edilma Acioli Bonfim, *Dicionário mulheres de Alagoas ontem e hoje*, Maceió: Ufal, 2007, p. 77.

332 Aydano do Couto Ferraz, "Romancista de costumes", em: Edilson Dias de Moura, *op. cit.*, p. 260 (grifo meu).

DE "MARK TWAIN DE CHINELAS" A "DOSTOIÉVSKI DOS TRÓPICOS"

> Os informes que passo ao público são de valor, não só porque me foram dados por pessoas que merecem fé, como porque qualquer um deles pode exprimir a verdade. Vejamos. [...] Opinião de outro literato: – "O Schmidt queria afastar o livro de Graciliano da concorrência a um prêmio e sendo vaidoso em excesso pensou que com aquele artigo afastaria de vez o Graciliano de certos cinco contos".
>
> Disse o terceiro literato: – "Foi por estes dois motivos e mais um terceiro. É que Octávio de Faria ainda não escrevera sobre o livro, e o Schmidt tinha medo de elogiar sem saber se o Octávio elogiaria. Telefonou repetidas vezes para o Octávio, mas não o encontrou em casa. Então fez aquele artigo".
>
> (JORGE AMADO, *"São Bernardo* e a política literária")

De modo geral, um dos mecanismos de institucionalização da história literária moderna é a canonização dos autores segundo a relação entre autor, obra e público, empenhando pouco ou nenhum esforço de pesquisa ao fator público do sistema. Nesse sentido, as obras são investigadas como sítio arqueológico de uma subjetividade singular. Ler a história da Literatura Brasileira é ler a história de homens e mulheres ilustres, isolados das suas relações profissionais, carreiras públicas ou cotidianas. Procura-se, assim, compreender a origem da literatura ou da produção cultural na "consciência individual" dos autores, e não na esfera coletiva das suas ações. Pizzaro destaca:

> [...] *Las producciones culturales han sido pensadas como acciones individuales y se han ligado a las conciencias individuales. Goldmann considera que los fenómenos de conciencia dependen de las prácticas del sujeto plural, las conciencias individuales participan en una menor o mayor medida de las estructuras de la conciencia colectiva del sujeto plural* [...] *Las conciencias individuales están en relaciones intrasubjetivas por la existencia de comunicaciones inter-individuales en el seno de la acción colectiva del grupo-sujeto*[333].

As relações do autor na esfera pública, estruturada por pactos sociais distintos, desempenham papel fundamental no que será sua obra. E ainda que, de fato, as características íntimas do autor (seu estilo e sua personalidade) singularizem sua escrita, o caráter coletivo das ideias adotadas na sua prática literária o universaliza pelo compromisso. Desse entendimento resulta que, "[...] para compreender ações imputáveis a indivíduos, é preciso fazer referência aos fatos institucionais nos quais elas são exercidas"[334]. A vida privada do autor não fornece suas ações tampouco os fatos institucionais. Nesse sentido, "[...] não estamos nem um pouco interessados no que os indivíduos como indivíduos fazem"[335].

Conforme vimos, Costa Lima considera que o público é o meio pelo qual os indivíduos se despem de sua privacidade e se apresentam como um corpo homogêneo, dotado de aspirações políticas. Assim posto, ao empregar a voz de determinado setor da sociedade em um relatório oficial, Graciliano legitimaria o direito desse setor à representação no poder, caracterizando as ações no Governo como realização efetiva das reivindicações do setor que se vinculou pela adoção, em sua escrita, da linguagem informal. Em 1930, renuncia à prefeitura, segundo Dênis de Moraes, porque "[...] A capital prometia-lhe o reingresso nos meios literários, a possibilidade de trocar a vida no comércio por um degrau na administração"[336]. Essa perspectiva parte da hipótese de que as ações de Graciliano estariam subordinadas ao objetivo pessoal de se tornar escritor, e não ao compromisso político com a administração de um setor do Estado. Por mais que assumir a Imprensa Oficial possibilitasse ingressar nos meios literários, o compromisso com a política pública do governo Álvaro Paes, que o incumbe da meta de equalizar os gastos públicos dos municípios, significa antes sua inserção no meio político.

Naquele momento, Graciliano Ramos não era ainda romancista: seu nome nunca havia sido atrelado a obras literárias publicadas, mas a uma carreira política. Nesse sentido, sua decisão de ir para Maceió estabelece antes o objetivo político, seguido da espera de que *Caetés* fosse publicado. O episódio que de fato vai unir as duas pontas da trajetória do autor, a público-administrativa com a literária, é o artigo publicado em dezembro de 1934 por Augusto Frederico Schmidt, que escreve:

---

333 Narciso Pizarro, *Análisis estructural de la novela*, Madrid: Siglo XXI de España Editores S.A., 1970, p. 16.

334 Paul Ricoeur, *Tempo e narrativa*: a intriga e a narrativa histórica, *op. cit.*, p. 253.

335 *Ibidem*, p. 253

336 Dênis de Moraes, *op. cit.*, p. 66.

O processo de romance do *São Bernardo* tem, a meu ver, alguns defeitos dos quais o principal é a forma por que o autor nos conta sua história, fazendo com que seu personagem, de um momento para outro, tenha a absurda ideia de fazer de sua vida um romance, ele, um ser inteiramente inculto e bárbaro, prático e utilitário. Acho isso, positivamente, arbitrário, e em flagrante contraste com o equilíbrio psicológico em que o livro transcorre todo. [...] Trata-se realmente de um livro de um escritor prejudicado, de raro em raro, por uma espécie de cacoete de fazer humor[337].

Augusto Frederico Schmidt foi o primeiro crítico a escrever sobre *São Bernardo*, imediatamente ao lançamento. Foi também editor de *Caetés*, publicado menos de um ano antes pela editora Schmidt. E, embora fosse legítimo levantar o problema da inverossimilhança do narrador-personagem de *São Bernardo*, nada impede pensar também que tivesse como objetivo proteger *Caetés* da concorrência, já que a crítica do segundo romance teria como apoio a comparação inevitável com o primeiro. Contudo, ao argumentar que o suposto defeito da obra tinha origem em uma "espécie de cacoete do autor de fazer humor", o editor, poeta e crítico católico abria caminho a uma indagação: onde se encontraria a graça de fazer de Paulo Honório autor de seu próprio livro? Definitivamente, o dito "cacoete de fazer humor" não tem outra referência senão a maneira hostil como os jornais qualificaram os relatórios da prefeitura. Isso implica dizer que o artigo de Jorge Amado adquire significação das mais complexas.

Em fevereiro de 1935, escrevendo no *Boletim de Ariel* (não custa lembrar que *São Bernardo* foi publicado pela Ariel), o autor baiano respondia a Schmidt com um artigo intitulado "*São Bernardo* e a política literária", retomado por Aydano do Couto Ferraz em 1937 como argumento de que o escândalo provocado por essa polêmica tinha como fundamento espécie de publicidade às avessas. Jorge Amado dá a entender que havia um pacto entre críticos católicos implicados nessa inimizade de Schmidt e que caracterizaria tal boicote como político. E é nesse ambiente que *Angústia* começa a ser escrito em 1934, conforme registro feito em carta de Graciliano ao pai com os seguintes termos:

Como vai Palmeira? Não sei quando poderei aparecer aí. Se tivesse dois meses livres, iria passá-los aí no Pinga-Fogo, para escrever um livro [*Angústia*], trabalho que ando fazendo com dificuldade horrível.

---

337 Augusto Frederico Schmidt, "Crítica, romances", em: Edilson Dias de Moura, *op. cit.*, p. 228.

Infelizmente a trapalhada burocrática e esta infame politicagem não deixam ninguém em sossego[338].

Graciliano entrava aí no seu segundo ano à frente da Instrução Pública de Alagoas, e tanto a crítica literária como os aspectos relacionados à publicidade de sua gestão à frente da educação embaralhavam-se. Sendo assim, a relação com que Schmidt estabelece a verossimilhança define o caráter político daqueles que teriam direito de ocupar os espaços de representação simbólica característicos do escritor, excluindo os "Mark Twain de chinelas". Segundo Schmidt,

> *São Bernardo* recorda vagamente o *Le noeud de Vipères* de François Mauriac. Neste romance, é o próprio personagem também o autor de sua história [...] Aí, porém, trata-se de um *velho advogado*, com inclinações longínquas pela literatura, [...] que o Paulo Honório, de *São Bernardo*, não tem[339].

Enfrentavam-se enormes desafios para fazer do romance espaço de representação plural, inclusivo e democrático, em que "personagens", fosse um Paulo Honório, fosse um Fabiano, tivessem direito de ser "autores de suas próprias histórias". Como administrador, Graciliano não deixou de fomentar as condições necessárias de participação das populações esquecidas pelo Poder Público. Nesse ponto, sua lembrança do campo da educação, em *Memórias do cárcere*, alcança maior nitidez ainda com a reconstituição aqui apresentada. Às vésperas de sua prisão, conta:

> D. Irene, diretora de um grupo escolar vizinho, apareceu à tarde. Envergonhei-me de tocar na demissão, e falamos sobre assuntos diversos. Aí me chegaram dois telegramas. Um encerrava insultos; no outro, certo candidato prejudicado felicitava a instrução alagoana pelo meu afastamento. Rasguei os papéis, disposto a esquecê-los. [...] O que me interessava no momento era o esforço despendido por ela em três anos. [...] No estabelecimento dela espalhavam-se a princípio duzentos e poucos meninos, das famílias mais arrumadas de Pajuçara. Numa campanha de quinze dias, por becos, ruelas, cabanas de pescadores, d. Irene enchera a escola. Aumentando o material, divididas as aulas em oito turnos, mais de oitocentas crianças ha-

---

338 Graciliano Ramos, *Cartas, op. cit.*, p. 139.

339 Augusto Frederico Schmidt, "Crítica, romances", em: Edilson Dias de Moura, *op. cit.*, p. 228 (grifos meus).

viam superlotado o prédio, exibindo farrapos, arrastando tamancos. Ao vê-las, um interventor dissera: – Convidam-me para assistir a uma exposição de misérias. E alguém respondeu: – É o que podemos expor. [...] Quatro dessas criaturinhas arrebanhadas nesse tempo, beiçudas e retintas, haviam obtido as melhores notas nos últimos exames. – Que nos dirão os racistas, d. Irene?[340]

Dona Irene, a diretora negra de que já falamos, e Graciliano foram responsáveis por uma desautorização das teses positivistas impensável na época – e vale lembrar que o racismo, à época, tinha *status* de ciência, e não havia ainda adquirido o sentido criminoso que tem hoje:

A aversão contra a ideia racista só se explica pela hábil e sistemática difamação que especialmente interessados promoveram contra as concepções racistas, e, visando sobretudo a Nova Alemanha. O pensamento racista não se identifica de forma alguma com o menosprezo de outras raças, nem pretende considerá-las inferiores, mas acentua, para todas as raças e povos do mundo, a necessidade de guardar e desenvolver as propriedades características que o Criador lhes deu. Assim, não se fala na Alemanha da "inferioridade", mas da sua "variedade", rejeitando o cruzamento quando considerado prejudicial para ambas as partes[341].

Não só a união (cruzamento) preconizada pela aceitação ou não da Igreja católica, mas também os espaços em que as criaturinhas retintas deviam ser educadas, ou que professoras negras deviam atuar, preveem os regimes políticos de segregação racial. No entendimento de Graciliano, porém, elas tinham não apenas plena capacidade de se tornarem autoras das suas próprias histórias mas também o direito de frequentar a mesma escola que as famílias mais afortunadas de Alagoas, contrariando os argumentos da educação eugênica que a Constituição de 1934 autorizava e que dona Celeste de Pereira reivindicava do diretor da Instrução Pública em *O Semeador*. Graciliano vai de "Mark Twain de chinelas", em 1929, a "Dostoiévski dos trópicos", em 1935, construindo um percurso na vida pública e literária de Alagoas que em nada poderia ser confundido com a que prevalece na década anterior ou posterior à prisão. Motivo de gozação, inicialmente, se tornaria sério e potencial perigo para as classes dirigentes. De modo sutil, discreto, Graciliano ia

340 Graciliano Ramos, *Memórias do cárcere, op. cit.*, p. 46-7.

341 M. P. [pseudônimo], "Raça e política", *Revista Anauê*, ago. 1935, p. 20, fonte: Arquivo Público de Alagoas.

implementando suas convicções no campo efetivo da cidadania. Delas resultam sua prisão, por ter empenhado a mais generosa disposição de dar às classes excluídas da participação na vida social de Alagoas um lugar no mundo, não só na literatura.

Às vésperas da prisão, escrevia *Angústia*, sua última obra em solo sertanejo, motivado pelo que considerou de tudo que dele disseram nos jornais o mais engraçado: "Gratuliano Ramos – conserve este nome, conserve-o quem me ler! Ele há de ser o Dostoiévski tropical"[342]. Meses depois, dentre os inúmeros comentários da vida que levava em Maceió, conta à esposa Heloísa que continuava a escrever *Angústia*, numa provável Sexta-feira Santa, já que diz, no início da missiva: "Hoje ninguém trabalha, que é pecado, por causa da morte do J. Cristo, esse rapaz que andou fazendo discursos na província e acabou tentando chefiar revolução na capital", acrescentando ao final:

> Aqui em silêncio nestes quatro dias vou ver se consigo escrever uns dois capítulos. Fiz quatro depois da sua saída. Compridos e muito difíceis. Provavelmente o livro ficará uma porcaria, mas vou continuá-lo, por causa do homem do Pará. De todas as besteiras que disseram sobre mim a dele foi a mais engraçada[343].

Embora achasse graça na ideia de que fosse uma espécie de "Dostoiévski cambembe", escreve por causa do crítico, que considerava a linguagem do segundo romance obscena (estratégia comunista). Mas, no entendimento de Graciliano, atrelar a linguagem sertaneja a uma propaganda velada de reformas sociais era um risco de prisão efetivo. Não é à toa que esse mesmo processo de escrita fundada na linguagem corrente daria existência a Luís da Silva, um escritor fascista que incorpora no processo formal da sua narrativa os mesmos elementos populares que, em *São Bernardo*, certa parcela da crítica consideraria um caráter velado de propaganda revolucionária. Daí a necessidade de escrever a Jayme de Barros e Oscar Mendes, críticos mineiros que expunham essas relações da escrita informal como uma tática "maliciosa" para, naquele ano de 1935, sublevar a classe média e a classe pobre brasileiras. Contando a Heloísa que redigia uma resposta aos críticos de Minas, diz: "Os paulistas me trataram mal, mas os mineiros são excelentes"[344], reduzindo qualquer ideia de que, nas linhas a seguir, Oscar Mendes se refira à literatura:

342 Antonio Favernard, *"S. Bernardo", Folha de Minas*, 3 mar. 1935, em: Edilson Dias de Moura, *op. cit.*, p. 249.

343 Graciliano Ramos, *Cartas, op. cit.*, p. 151.

344 *Ibidem*, p. 148.

[...] a lição social que pula vivamente do livro é um fenômeno cotidiano, para qual me chamou há pouco a atenção um amigo, a propósito do Marreira, do *Banguê* de José Lins do Rego, fenômeno esse que os senhores comunistas não gostam de verificar e sobre o qual não querem discutir: o da transformação do proletário quando no poder. Os piores e mais tirânicos patrões são operários saídos de sua classe[345].

O ataque – por mais dispensável que seja dizer que Paulo Honório não é operário – é muito sutil: não é apenas Paulo Honório o termo da relação, o que diria respeito especificamente à ficção. Segundo Oscar Mendes, é um fenômeno cotidiano. Basta, portanto, lembrar a trajetória de Graciliano: "Mark Twain de chinelas". E que, também, ao chegar ao posto de secretário de Educação, assumiria aspectos tirânicos ao impor a inclusão das chamadas "classes perigosas" no mesmo ambiente frequentado pelos filhos da classe média e rica. Diz Graciliano em outra carta a Heloísa: "Recebi mais um artigo de Minas sobre o *São Bernardo* [refere o de Jayme de Barros], amabilidades, besteiras. O que veio a semana passada [de Oscar Mendes] é que tem uns ataques muito bem arranjados"[346]. Vimos como o crítico caracterizou Madalena, sua correspondência com o estereótipo construído pela propaganda católica de "mulher sem Deus", "inumana", e que só avultaria no romance com a morte. Essas características indiciavam Graciliano como agente de ideias dissolventes. Aliás, diz Mendes nesse artigo:

> Um dos artificialismos do seu livro é mesmo essa Madalena, esposa de Paulo Honório, normalista letrada e escritora (contraste muito acentuado com a rudeza do marido), a conversar reformas sociais com o cretinizado Padilha, professor de primeiras letras no engenho.
>
> Mas esses ensaios de *propaganda reformista* não vão adiante. O autor para em tempo. E não sei se por maliciosa ironia (acredito muito na malícia sutil do sr. Graciliano Ramos)[347].

Naquele ambiente, o artigo era praticamente uma delação, considerando exatamente que tais comportamentos eram índice de uma conspiração. Dênis de Moraes não interpretou o risco que corria o autor na relação entre *São Bernardo* e seu cargo como diretor de ensino ao ler a carta enviada a Oscar Mendes:

345 Oscar Mendes, "Egoísmo", em: Edilson Dias de Moura, *op. cit.*, p. 244.

346 Graciliano Ramos, *Cartas*, *op. cit.*, p. 148.

347 Oscar Mendes, "Egoísmo", em: Edilson Dias de Moura, *op. cit.*, p. 244 (grifo meu).

Um documento significativo sobre a visão de Graciliano nesse período é a carta enviada a Oscar Mendes, em 5 de abril de 1935. A pretexto de agradecer a resenha sobre *São Bernardo* publicada na *Folha de Minas*, discorreria sobre as relações entre literatura e política, criticando os novelistas russos modernos que transformavam "a literatura em cartaz, em instrumento de propaganda política". Os ficcionistas brasileiros, ao seu ver, também deveriam combater o proselitismo[348].

Qual proselitismo? O artigo de Oscar Mendes não deixa nem um pouco de se caracterizar pelo proselitismo católico ao caracterizar Madalena pelo "artificialismo", isto é, uma mulher sem alma, inumana, cujo único fundamento seria promover a propaganda das reformas sociais de Graciliano de modo velado, maliciosamente, ao usar personagens para proferir suas próprias ideias. Ou seja, não é mulher, dados os traços de "normalista letrada e escritora" que "não se feminiliza com a maternidade", quase repetindo as noções de gênero empregadas pelo papa Pio XI na Encíclica de 1937. Certamente Oscar Mendes estava afirmando que ali se exprimia o autor, e que *São Bernardo* era propaganda comunista.

Embora inúmeros autores, principalmente Jorge Amado e José Lins, adotassem o modelo soviético do realismo social em suas obras – e parte delas fosse queimada em praça pública –, isso não era o bastante para que fossem presos. O artigo de Oscar Mendes perturbou muito Graciliano porque ele era um homem do interior de Alagoas, não de origem humilde, mas que minimamente podia ser caracterizado como "Mark Twain de chinelas", ou seja, um pobre letrado que vai ocupar cargos importantes do governo. Na carta a Heloísa em que fala dos "ataques bem arranjados" do crítico mineiro, ao contar que, em um almoço na casa de Zé Auto e Rachel de Queiroz, discutiu a questão, assinala: "Almocei ontem em casa deles, com Zélins, mas acabamos brigando por causa da nova literatura russa, que eu acho uma peste e a Rachel admira"[349]. Graciliano de fato não adotava o modelo zhdanovista. A linguagem obscena de *São Bernardo*, segundo a crítica, é a mesma de *Angústia*, sendo o primeiro considerado um livro de esquerda, *grosso modo*, e *Angústia*, empregando idêntico processo, "uma página do fascismo tupinambá", conforme veremos, segundo Hermenegildo Bastos, ou mesmo excessivamente "gorduroso", segundo Antonio Candido.

---

348 Dênis de Moraes, *op. cit.*, p. 104.
349 Graciliano Ramos, *Cartas, op. cit.*, p. 148.

Essa página do fascismo tupinambá se revelava pelo fato de que almoçar com José Lins, Zé Auto e Rachel de Queiroz ou fazer uma simples consulta odontológica na casa do dentista, pastor evangélico e suposto chefe da Aliança Nacional Libertadora (ANL) era, sob os olhos vigilantes da direita, confissão pública de um ato criminoso. Em *Angústia*, esse comportamento do autor, 24 horas sob vigilância por sugestão da polícia política de Vargas, vai receber trato literário, no início do romance, na descrição de como "um homem reservado" se tornaria "Lobisomem" no ambiente inquisitorial da cidade de Maceió. Ou na história do cearense esfomeado, linchado em praça pública até confessar um crime não cometido.

No contexto dos artigos que iam aparecendo sobre *São Bernardo* e das cartas enviadas a Heloísa em fins de março e começo de abril, noticia-se que o Congresso aprovara a Lei de Segurança Nacional n. 38. Em *Memórias do cárcere*, relembrando esses últimos dias em Maceió, dez anos depois, evidencia que naquele momento não se tinha real noção dos riscos de prisão após a promulgação da lei. E em dezembro desse mesmo ano a Lei Complementar 136 fecharia o cerco. O Artigo 30 da LSN n. 38 especificava: "É proibida a existência de partidos, centros, agremiações ou juntas, de qualquer espécie, que visem a subversão, pela ameaça ou violência, da ordem política ou social". Lembremos que a ficha do Deops de Graciliano justificava sua prisão "em virtude de atividades subversivas", que a lei complementar especificava:

> Art. 1º – O funcionário público civil que filiar, ostensiva ou clandestinamente, a partido, centro, agremiação ou junta de existência proibida no art. 30 da lei n. 38, de 4 de abril de 1935, ou cometer qualquer dos atos definidos como crime na mesma ou na presente lei será, desde logo, *independentemente da ação penal* que no caso couber, afastado do exercício do cargo, com prejuízo de todas as vantagens a este inerentes, tornando-se passível de exoneração, mediante processo administrativo, que será iniciado dentro de vinte dias após o afastamento, salvo a hipótese do parágrafo único do art. 169 da Constituição, caso em que a exoneração *independerá* de processo[350].

---

350 Brasil, Lei complementar n. 136 (LSN), de 14 de dezembro de 1935, *Diário Oficial da União* – seção 1, p. 1, fonte: https://www2.camara.leg.br/legin/fed/lei/1930-1939/lei-136-14-dezembro-1935-398009-publicacaooriginal-1-pl.html. Acesso em: 24 fev. 2023 (grifos meus).

O artigo 169 da Constituição firmava:

> Os funcionários públicos, depois de dois anos, quando nomeados em virtude de concurso de provas, e, em geral, depois de dez anos de efetivo exercício, só poderão ser destituídos em virtude de sentença judiciária ou mediante processo administrativo, regulado por lei, e, no qual lhes será assegurada plena defesa[351].

Portanto, a lei regulamentar deixava de assegurar processo ou a plena defesa. Se é que antes houvesse o princípio de inocência, passaria a vigorar o princípio de culpa. De processo acusatório, em menos de um ano se vai ao processo inquisitorial. O cerco que se vinha fechando desde meados de 1935 desobrigava o Estado de processo judicial e permitia exonerar dos serviços públicos, sob qualquer pretexto, quaisquer que fossem os cidadãos a partir de "suspeitas" com base em "comportamentos" como os de Madalena, no primeiro romance, ou como nos que configuram, em *Angústia*, as personagens secundárias do Lobisomem e do cearense esfomeado. Do mesmo modo como, na vida real, exonerar um juiz federal e pôr na cadeia advogados apenas porque defendem seus clientes.

Em suma, ser identificado como comunista não significava mais apenas um modo de rebaixamento político do adversário: havia-se tornado uma denúncia grave. O termo estava associado, pela Lei, a uma série de ações que designaria, na realidade, "atos terroristas". Portanto, não se identificava a posição política da pessoa, mas se constituía uma denúncia (ou uma delação). E é o que vai fazer Octávio de Faria em junho de 1935, três meses depois de Jorge Amado ter mencionado seu envolvimento no suposto boicote a *São Bernardo*.

> Naturalmente, o fato de o sr. Jorge Amado ser comunista não tem importância nenhuma. Romancistas comunistas de valor, existem muitos. Aqui mesmo, entre nós dizem que o sr. Graciliano Ramos o é, e o seu *São Bernardo* (a que faço, no entanto, certas restrições) está tão acima dos livros do sr. Jorge Amado que nem se sabe como compará-los. Bons romancistas comunistas não são mesmo difícil encontrar[352].

---

351 Brasil, Câmara dos Deputados, *Constituição da República dos Estados Unidos do Brasil de 1934, op. cit.*

352 Octávio de Faria, "Uma explicação: a propósito de *Salgueiro*", *O Jornal*, Rio de Janeiro, 30 jun. 1935, fonte: Hemeroteca Digital da Biblioteca Nacional do Rio de Janeiro.

Até então, nenhum crítico havia dito taxativamente que Graciliano Ramos era comunista, apenas de forma relativa, como Oscar Mendes. O grave dessa caracterização ideológica residia no fato de que a LSN fora promulgada, conforme confessa o juiz federal de Alagoas, Alpheu Rosas Martins, com objetivo exclusivo de condenar à prisão quem se encaixasse nas descrições da lei. Ela permitiu pôr na clandestinidade partidos e movimentos adversos a Vargas e à Igreja católica; revogou a Constituição, instituindo leis que resgatavam processos medievais de inquisição. O artigo 70 da Lei Complementar de dezembro permitia aos agentes da polícia supor sobre a literatura o que bem entendessem ao estabelecer como crime "Abusar, por meio de palavras, inscrições, gravuras na imprensa, da liberdade de crítica, para, manifestamente, injuriar os poderes públicos ou os agentes que o exercem: pena de 6 meses a 2 anos de prisão"[353]. As cenas de propinas a funcionários públicos e ao juiz, entre outras figurações em *São Bernardo*, serão mais tarde referida como criminosas por Sobral Pinto, advogado que assumira o caso da prisão de Graciliano. Ao descobrir que não havia um processo, diz a Graciliano: "São uns idiotas. Dê graças a Deus. Se eu fosse chefe de polícia, o senhor estaria aqui regularmente, com processo". Ao ouvir as palavras do advogado, Graciliano o questiona: "Muito bem. Onde é que o senhor ia achar matéria para isso, doutor?", recebendo a seguinte resposta: "Nos seus romances, homem. Com as leis que fizeram por aí, os seus romances dariam para condená-lo"[354].

A LSN criminalizou como ações comunistas ideias liberais, progressistas, condenou ateus e não católicos – em alguns casos, mesmo católicos razoavelmente progressistas, como o poeta mineiro Murilo Mendes, sentiam-se ameaçados pelo que chamou de "credo verde". A criminalização de atos que ameaçavam o governo e os ideais religiosos chega tal ponto que, segundo Castro, a polícia teria efetivado em São Paulo cerca de vinte prisões de testemunhas de Jeová: "entre elas a de Piroska Solyon, então com 13 anos de idade. Essas pessoas eram acusadas de perturbar a ordem pública com a distribuição da publicação *Fascismo ou Liberdade* durante uma marcha pública realizada simultaneamente na Praça da Sé e no Jardim da Luz"[355]. O título da edição de *O Sentinela* – a mesma revista com que as testemunhas de Jeová divulgam suas ideias até hoje – opunha "catolicismo"/religião de Estado ou "liberdade religiosa"/Estado laico.

Portanto, em dezembro de 1935, embora Graciliano não tenha sido denunciado, transcorria o processo que o levaria à prisão. Muito

353 Brasil, Casa Civil, LSN, Lei complementar n. 136, *op. cit.*, p. 2.
354 Graciliano Ramos, *Memórias do cárcere, op. cit.*, p. 299-300.
355 Eduardo Góes de Castro, *op. cit.*, p. 88.

provavelmente por suas relações profissionais e pessoais e pela interceptação de suas cartas a Benjamín de Garay, corriam mexericos de que a qualquer momento seria preso. Daí a surpresa daquele oficial do Exército que o vai prender e se depara com Graciliano de mala pronta, "[...] prova de que não haviam sabido guardar segredo"[356]. Ora, a alusão ao processo todo pode ser rastreada no termo "fuxicos", em carta enviada a Heloísa em 28 de janeiro de 1936, em que parentes dela pedem explicações:

> Não era preciso você preocupar-se com uma coisa que não tinha a menor importância. Fiquei surpreendido com essa carta que escreveu sua família pedindo explicações. Para quê? Isso é criancice. As explicações e os fuxicos só rendem aborrecimentos. Demais [sic], quando falei nessa tolice, falei sem rancor. Não gosto de encher a vida com maluqueiras. É melhor tratarmos de assunto menos insignificante[357].

Os comentários sobre Graciliano tinham relação com sua vida pública, sua carreira na Instrução Pública e o que fora escrito sobre *São Bernardo* nos jornais. Eles têm início com o fim do processo, em Maceió, intitulado "Inquérito policial-militar sobre a conspiração de um movimento subversivo no 20° BC", que tramitou entre 24 de dezembro de 1935 e 28 de fevereiro de 1936. A carta enviada a Heloísa recebe a data de 28 de janeiro, última escrita em Maceió, de acordo com o volume *Cartas*. A expressão "assuntos menos insignificantes" só pode, nesse sentido, ter sua referência cronológica restituída pela sua menção no início de *Memórias do cárcere*, em que o autor recorda exatamente os meses de janeiro e fevereiro de 1936, que antecedem sua prisão: "Rubens me explicava que Osman Loureiro, o governador, se achava em dificuldade: não queria me demitir sem motivo, era necessário o meu afastamento voluntário"[358]. A preocupação do governador confirma que Newton Cavalcanti, àquela altura, negociava sua exoneração da Instrução Pública como uma espécie de confissão pública. Graciliano recorda: "Demissão ninguém me forçaria a pedir. Havia feito isso várias vezes, inutilmente; agora não iria *acusar-me*"; "[...] seria bom que ela se publicasse no jornal, isso desviaria comentários maliciosos. Esforçava-me para julgar aquilo uma *insignificância*"[359].

---

356 Graciliano Ramos, *Memórias do cárcere, op. cit.*, p. 48.

357 *Idem, Cartas, op. cit.*, p. 160.

358 *Idem, Memórias do cárcere, op. cit.*, p. 39.

359 *Ibidem*, p. 39-40 (grifos meus).

Graciliano Ramos, Sebastião Hora e Esdras Gueiros, amigo do autor, seriam suspeitos de compor uma espécie de rede de conspiração terrorista "clandestinamente": "[...] o nosso amigo Esdras Gueiros, pastor evangélico e chefe possível da Aliança Nacional Libertadora, me chamou pelo telefone para enfeitar a boca"[360]. Graciliano Ramos refere-se aí ironicamente à acusação feita naquele processo. Por mais insólito que possa parecer, um simples culto religioso na casa de um pastor era motivo de enormes suspeitas. Não raro, hordas católicas atacavam tais residências a pau e pedra:

> O dispositivo da "manutenção da ordem pública" serviu para que diversas igrejas e centros espíritas fossem fichados pelo Deops-SP, fato que, por si, constituía uma contravenção à ordem no Brasil. O desrespeito aos "bons costumes" caminhava rapidamente para a intolerância religiosa, que, em casos registrados pela polícia no Estado de São Paulo, acabaram denunciando a participação das autoridades na depredação de salões de culto protestante [...][361].

Em Maceió, foram os boatos de uma insurreição planejada por militares, políticos, servidores públicos e pequenos profissionais liberais, organizada clandestinamente, que levaram à abertura do inquérito policial. Segundo os registros de um dos escrivães ligados ao caso: "Esdras Gueiros, que era da cúpula da Aliança, passa a ser um grande articulador por realizar reuniões em sua residência. Sebastião da Hora e Hildebrando Falcão estão no inquérito por causa de um mero depoimento"[362]. Note-se que "ser testemunha" não se relaciona com nada que se refira na atualidade a um processo judicial legal. E lembremos aqui o conto "A testemunha", escrito por Graciliano em 1936 e publicado primeiramente em espanhol, na Argentina, na revista *El Hogar*, por encomenda do tradutor e editor Benjamín de Garay. Comparado com o texto de J. Calisto e mesmo com *Caetés*, que tratam do julgamento de Manuel Tavares, "A testemunha" assinala a transformação da compreensão de Graciliano Ramos quanto à impossibilidade de o naturalismo-realismo do fim da década de 1920 dar conta das condições objetivas da vida social em meados dos anos 1930. Nesse ambiente, comunistas, socialistas,

360 Graciliano Ramos, *Cartas, op. cit.*, p. 154.

361 Eduardo Góes de Castro, *op. cit.*, p. 62.

362 História de Alagoas, "Hildebrando Falcão e a intentona comunista de 1935 em Alagoas", 3 mar. 2017, disponível em: https://www.historiadealagoas.com.br/hildebrando-falhtml, acesso em: 12 jun. 2023

progressistas, espíritas, evangélicos, em suma, os mais díspares e dissociados grupos, convergiriam em uma ampla rede de reivindicação da democracia.

Graciliano se recusava a tratar dos boatos nas cartas a Heloísa, preferindo, talvez como forma de afastar-se daquele ambiente quase esquizofrênico, terminar de escrever *Angústia*, que já havia recebido proposta de publicação da José Olympio. Não podia, contudo, impedir que artigos incendiários, segundo a leitura de *São Bernardo*, fossem publicados na imprensa, como o do jovem Carlos Lacerda, presidente da Aliança Nacional Libertadora (ANL) do Rio de Janeiro:

> Quando a revolução vier, encontrará um sistema para destruir. Não encontrará homens, porque esses, dos da classe dominante, já se dissolveram na lama de si mesmos. Terá apenas a tarefa – grave e grande tarefa – de despertar nos que eram oprimidos as forças que lá estão latentes, o que representa uma aplicação do método socrático: acordar o que está dormindo dentro de nós. GRACILIANO RAMOS ficará como um dos romancistas que melhor puderam *sentir* esse desabamento do mundo bichado. O ambiente chatinho, sordidozinho, dos lugarejos, em que as grandes ambições se estiolam quando a seca queima as colheitas, e se faz *falar da vida alheia um programa para a vida*, está nos livros desse homem[363].

Segundo os representantes das ideias de direita, a literatura regionalista teria por fim provocado os supostos levantes de 1935. O ano de 1936 seria de silêncio. Mas, assim que o autor alagoano deixa a prisão em 1937 e publica "O fator econômico no romance brasileiro" e "Norte e sul", a polêmica em torno dos objetivos do romance regionalista volta às páginas dos jornais com "O defunto se levanta", de Octávio de Faria:

> Ingênuos, certamente muito ingênuos, os que, como eu, já julgavam definitivamente encerrada a questão dos "romancistas do norte" que há algum tempo atrás tantos equívocos produziu e a tantas e *tão hábeis pequenas explorações se prestou* [...] Ao *toque de alarme* responderam logo todas as sensitivas do norte, desde as mais respeitáveis celebridades a caminho das festas de coroação até os mais tolos articulistas de revistas proletarizantes do momento. Depois, como, verdadeiramente, a matéria não se prestava a mais confusões

---

363 Carlos Lacerda, "*S. Bernardo* e o cabo da faca", *op. cit.* p. 240-1 (grifo em negrito do autor; grifo em itálico meu).

e deturpações, calaram-se os pequenos Don Quixotes do norte ofendidos e *os providenciais canhões do 3º Regimento* ensurdeceram, junto com os tímidos vagidos da nossa absurda literatura proletária[364].

A sublevação do 3º Regimento, em novembro de 1935, conhecida como "Revolução Vermelha", seria, portanto, a prova da "desonestidade" da literatura regionalista; o ano de 1936, período em que teriam "calado os pequenos Don Quixotes e os providenciais canhões", Augusto Frederico Schmidt caracterizou-o como "tempos de necessária repressão".

---

364 Octávio de Faria, "O defunto se levanta" *apud* Thiago Mio Salla, "Graciliano Ramos *versus* Octávio de Faria", *op. cit.*, p. 22 (grifos meus).

ANGÚSTIA: MUNDOS EM COLISÃO

Não conheço [...] os motivos que originaram a prisão que está durando há quase um ano do sr. Graciliano Ramos, em Alagoas, mas o certo é, que me têm seguidamente esclarecido pessoas merecedoras de todo o crédito, tratar-se de um triste engano, infelizmente comum em épocas de necessária repressão. [...]

Estou certo e é perfeitamente compreensível que o sr. Graciliano Ramos foi vítima apenas de circunstâncias ocasionais e de que só a elas deve a sua já tão longa detenção. Estamos diante de um caso em que a injustiça está mais nos acontecimentos do que nos homens. A brandura do governo do sr. Getúlio Vargas é por demais notória, para que não se torne ridícula a acusação de que o romancista tenha sido vítima de uma perseguição, de uma injustiça intencional.

(AUGUSTO FREDERICO SCHMIDT, *Diário Carioca*, 22 dez. 1936)

NA BALANÇA DA JUSTIÇA:
O PESO DA BOLA BRANCA
E DA BOLA PRETA

> Publicado em 1936, *Angústia* é uma página do "fascismo tupinambá". Mas não é um livro sobre o "fascismo tupinambá", é uma narrativa que internaliza o fascismo na sua estrutura e organização. *Angústia* narra o fascismo de dentro dele, não é uma narrativa sobre o fascismo, mas exatamente isto: uma página "do fascismo tupinambá".
>
> (HERMENEGILDO BASTOS, *As artes da ameaça*)

Terceiro e último livro de Graciliano Ramos escrito em Maceió, entre 1934 e 1936, *Angústia* foi publicado com o autor ainda no cárcere. É um romance que propõe alguma dificuldade de entendimento pela complexidade com que foram tramadas suas figurações literárias e a arquitetura mental de seu protagonista, permeada por profusões de metáforas e alegorias, dividida entre valores e princípios de dois mundos incompatíveis entre si: o da antiga ordem escravocrata e o da nova ordem burguesa liberal. Embora antagônicos, esses mundos – um que se estrutura em torno do trabalho compulsório; outro em torno do trabalho assalariado – apresentam-se no presente da narrativa em colisão e são revelados pelas contradições produzidas por uma modernização de superfície, sustentada por práticas do modelo arcaico de produção econômica e pelas relações sociais. Nesse sentido, aspectos e características externas ao personagem prefiguram sua percepção da funcionalidade da vida. Os significados desses mundos contraditórios encontram-se, na narrativa, incrustrados na disposição cênica do romance, em descrições, comparações, simbolismos, metáforas e alegorias, principalmente no paralelismo entre cenas memorialistas (recordações do protagonista) e as condições presentes (situação em que se encontra o protagonista diante das coisas); embaraçadas, essas características encasulam o dramático, momento em que o protagonista, assumindo um desses mundos, o concretiza na ação do enforcamento do seu antagonista.

Sabendo-se disso, desde o início da narrativa tudo gira em torno do valor do ato do enforcamento como objeto de satisfação (seria legítimo ou criminoso?). Esse girar em torno da legitimidade ou do crime, ver-se-á, corresponde à construção do sistema axiológico, em termos de totalidade dos significados, dispersos ainda, simulando valores *não assumidos pelo protagonista*. Por isso, a leitura do romance propõe dois caminhos de análise: o das externalidades assentadas ao discurso, ainda não assumidas pelo sujeito da ação, em que se identificam os dois mundos em colisão; e o da interioridade, quase sempre conduzindo a uma via de análise intimista, psicologizando os mundos e tornando-os "não problemáticos", derivando de uma espécie de patologia ou mentalidade doentia cujo núcleo teórico seria o do inatismo determinista da insensibilidade dos criminosos.

Nesta análise, contudo, evitou-se o último caminho. Luís da Silva, diferentemente de Paulo Honório e de Valério, não se caracteriza por esse aspecto determinista, fundado na incapacidade de reconhecer a dor alheia. Ao contrário dos dois primeiros romances (Valério e Paulo Honório são insensíveis ao próximo), a sensibilidade à dor alheia conduz Luís à ideia de um mundo insensível. Pouco antes de consumar o enforcamento de Julião Tavares, Luís da Silva evidencia a existência desses mundos como ordens ou sistemas socioeconômicos. Eles funcionam como destinatários ou manipuladores, que o impelem à consumação do ato. Essas ordens configuram a opinião pública, permitindo-lhe deduzir que:

> Não há opinião pública: há pedaços de opinião, contraditórios. Uns deles estariam do meu lado se eu matasse Julião Tavares, outros estariam contra mim. No júri metade dos juízes de fato lançaria na urna a bola branca, metade lançaria a bola preta. Qualquer ato que eu praticasse agitaria esses retalhos de opinião. Inútil esperar unanimidade. Um crime, uma ação boa, dá tudo no mesmo. Afinal, já nem sabemos o que é bom e o que é ruim, tão embotados vivemos[365].

Do ambiente degradado pela insensibilidade e do embotamento provocado por ela resultariam as contradições em torno das ações humanas que o levam à hipótese de indefinição do crime. Atente-se ao fato de que a hipótese de *insensibilidade* geral, configurando o coletivo, é do narrador, que se situa na posição de sujeito sensível, não tendo sido

---

365 Graciliano Ramos, *Angústia, op. cit.*, p. 152. Doravante citaremos apenas a página do romance no corpo do trabalho.

ele, portanto, afetado pelo "embotamento": é o mundo que está doente. Embora a análise do romance acompanhe seu raciocínio, ela não adere a este, pois aqui vale apenas a descrição do processo. Conforme nossa fundamentação teórica, é crucial aqui relembrar a noção adotada de *estatuto da palavra*, com a qual Bakhtin:

> [...] situa o texto na história e na sociedade, elas próprias encaradas como textos que o autor [escritor] lê e nos quais se insere ao reescrevê-los. A diacronia transforma-se em sincronia, e, à luz dessa transformação, a história linear aparece como uma *abstração*[366].

Do ponto de vista atual, concordamos com Franklin de Oliveira, que considera esses aspectos "organicistas"/deterministas inapropriados para a compreensão da obra do autor alagoano:

> Não se pode compreender o universo noveleiro de Graciliano Ramos – sob muitos aspectos, o mais importante dos romancistas [da década] de [19]30 – ignorando o papel central que a *alienação* [reificação] desempenha em sua criação artística, já posto em relevo por críticos como Carlos Nelson Coutinho, Sônia Brayner e Luís Costa Lima. Vendo a novelística de Graciliano sob essa ótica, dissolvem-se os mitos do "pessimismo radical" e do "negativismo orgânico" – teses de Antonio Candido, Álvaro Lins, Olívio Montenegro, Rolando Morel Pinto e Otto Maria Carpeaux. Dissolve-se também o mito de que a problemática de Graciliano era a da "luta entre o Bem e o Mal"[367].

Como se percebe, é Luís da Silva, ao imaginar o ambiente em que se dá sua trajetória, dividido por dois sensos de justiça, que remete à ideia de "luta entre o Bem e o Mal", cuja força motriz se identifica com *destino* em termos deterministas: "O que tem de ser tem muita força" (p. 196). Esse ponto de vista é simetricamente oposto ao do autor Graciliano Ramos, que se contrapõe à perspectiva do seu personagem a partir da sua caracterização como *sensível* à dor alheia. O objetivo crítico do romance é exatamente escancarar as contradições do determinismo, da força do destino, do racismo científico, que não permitem a *escolha consciente*, o que anula o livre arbítrio (em termos particulares) e a democracia (em termos coletivos). Ainda que induzido pelo determinismo e julgado por um júri insensível, inclinado a condená-lo ou a absolvê-lo, Luís está diante

---

366 Julia Kristeva, *op. cit.*, p. 70.

367 Franklin de Oliveira, "Graciliano Ramos", em: Sônia Brayner (org.), *op. cit.*, p. 313-4.

da escolha. É só segundo a percepção do personagem que sua escolha não adviria do livre-arbítrio, e sim da adesão a um desses sistemas deterministas impregnados da ideia de que tanto uma boa ação quanto um ato detestável se anulariam pela contradição da opinião pública. O ato assumido do crime, na cabeça de Luís da Silva, nesse caso, habilitaria a autenticidade de um mundo, eliminando o outro, o que, portanto, restauraria "a ordem" no caos.

Adiante-se aqui: Graciliano a essa altura tinha compreensão bastante clara dos erros das teses positivistas lombrosianas da insensibilidade em termos atávicos. Valentim Facioli, nesse ponto, quando afirma, a respeito de *São Bernardo* e *Angústia*, que os dois narradores se mostram "divididos, agônicos, esquizofrênicos, pela impossibilidade de decidir entre os dois mundos [o arcaico/antiliberal e o capitalista/liberal]", sustenta que são "criminosos" porque se alinham "com o mundo arcaico arruinado e buscam a redenção e o arrependimento no novo impossível para eles"[368]. Concordo aqui em partes: primeiro, eles não desejam a redenção no mundo moderno liberal, mas extingui-lo; segundo, a ideia de que Luís da Silva esteja "dividido entre dois duplos, Moisés e Julião Tavares" e que "elimina o último para revelar sua completa impotência de aderir ao primeiro"[369] é contraditória, pois Julião representa o mundo liberal burguês, que oprime Moisés, representante dos ideais socialistas. O ponto de vista desse debate situa os problemas do romance na atualidade. Basta, por isso, dizer que o personagem age sob os efeitos da reificação, segundo o ponto de vista atual, e que isso não interfere no livre arbítrio, ou que ele faz escolhas conscientemente. Contudo, se quisermos entender os sentidos prefigurados na consciência de Luís da Silva no passado, a análise da reificação deve dar lugar às noções deterministas com que o personagem blinda sua consciência para desferir o golpe que vai eliminar seu adversário.

A hipótese neste livro propõe a análise das noções deterministas porque a adoção do estatuto da palavra de Bakhtin permite – situando o entendimento de mundos de Luís da Silva pela base fixada na opinião pública do seu tempo – interpretar o protagonista não moldado por determinada posição ideológica incapaz de aderir a outra. Luís da Silva é um personagem impregnado pelas ideias de seu tempo, que pesam contra ele ou a favor dele naquele período, predefinindo-o criminoso aprioristicamente na adesão a qualquer um daqueles mundos. Luís pretende, narrando seu crime, "provar que não é criminoso".

---

368 Valentim A. Facioli, *op. cit.*, p. 66.

369 *Ibidem.*

Lombroso defendia a tese de que o criminoso faz a "consulta contínua dos processos criminais e dos jornais" e que estes o persuadem "de que há tratantes também na alta sociedade. [...] confundem a regra com a exceção, e deduzem disso não poder ser muito maldosa uma ação que é cometida por ricos", isto é, "[...] a ideia do justo e do injusto não é apagada"[370]. Evidentemente, Luís da Silva é infinitamente mais complexo que as teorias da insensibilidade à dor dos criminosos. Além de não apresentar tal limitação, para ele a ação dos ricos, dos poderosos, não é apenas maldosa, mas também, mais importante, imoral. Diferentemente de Paulo Honório, que qualifica esfaquear um homem a razão de sua jornada de ascensão – "primeiro ato digno de referência" (p. 13) –, Luís avalia a dignidade do ato pela possibilidade de uma possível redenção com a restauração do mundo em que tal ato é digno. Imagine-se a hipótese de o personagem Luís ter conhecido Paulo Honório: certamente o condenaria não pelo ato, mas por sua imoralidade. Paulo Honório é efetivamente insensível à dor do outro por causa do dinheiro. Luís a deduz nos outros pela sua própria dor, pela falta do dinheiro, tomando-a como elemento persuasivo de um suposto júri. São tipos de reacionários diferentes: Luís da Silva é infinitamente mais complexo que Paulo Honório exatamente por presumir a dor do próximo com base na própria.

Essa diferença entre os dois romances permite dizer que a ideia de confissão em *Angústia* é duvidosa: tendo como elementos persuasivos uma opinião pública que se divide e se fragmenta em torno do ato criminoso, sua narrativa estrutura-se por um processo de dualidades, costurando-se como uma colcha de retalhos também, acomodando em seu diálogo códigos de conduta moral contraditórios. A divisão da opinião pública giraria em torno do arbítrio da violência dos poderosos, revelando dois sistemas de justiça segundo princípios de organização social que rivalizam. Assim estruturada, a narrativa levou críticos de grande potencial de leitura a pesar suas justificativas, a esse respeito, com base em categorias unilaterais, como as de Mário de Andrade, que escreve em 1937 um pequeno parágrafo sobre o romance:

> Graciliano Ramos, numa equidade opulenta, mostra que com a mesma violência e a mesma insolubilidade vital, o operário inculto, o filósofo requintadíssimo e o amanuense pensam. Lido o romance admirável, ninguém mais deseja ser operário ou caipira, pra não ter seus tamanhos pensamentos[371].

---

370 Cesare Lombroso, *op. cit.*, p. 164.

Num primeiro momento, em termos de registro histórico, o parágrafo parece não merecer mais que o destaque de quanto o ambiente dos anos 1930 se havia polarizado pela ideia de luta de classes. Contudo, empenhando-se nessa observação, ainda que não sendo possível operar apenas com as categorias "operário" ou "caipira", a percepção de que "todos pensariam com a mesma violência", do filósofo ao caipira, é oportunamente relevante. Luís da Silva empenha-se em não perder de vista como tudo orbita em torno da violência, como espécie de ponto gravitacional das duas ordens, a velha e a nova. É preciso descartar, no entanto, a qualificação feita dele por Mário como "ser medíocre, pouco inteligente, vulgarmente inculto. Pensa medíocre, com pouca inteligência e a incultura mais chã"[372] ao menos em termos de classes. Nenhuma dessas características tem a ver com "operário" ou "caipira". Lendo o romance, em hipótese alguma pode-se dizer, a partir da perspectiva de Luís, como ou o que pensam os grupos ou camadas sociais burguesas e mesmo a qual delas pertenceria o protagonista, porque Luís não simpatiza com nenhum deles, situando-se entre uns e outros pelo fato de ter praticado um crime e depender de parte da opinião pública. Assim é que avalia a opinião geral, por exemplo, de que o vizinho fosse "Lobisomem": "Se aquilo fosse verdade? Não tinha verossimilhança, era aleive, disparate. Mas tanta gente repetindo as mesmas palavras..." (p. 63). Luís sabe que a história é um disparate, mas é da repetição, como fundamento da opinião pública, que se apropria como elemento verossímil e aproxima sua mentalidade do que no fundo despreza.

A opinião não é apenas consultada nos jornais. Luís contribui com a difusão dela pela escrita de artigos políticos por encomenda, pressionado pelas necessidades de subsistência de um lado e, de outro, pelo efeito analgésico que a prática de escrever lhe proporcionaria: "À noite fecho as portas, sento-me à mesa de jantar, a munheca emperrada, o pensamento vadio longe do artigo que me pediram para o jornal" (p. 6).

Diante da folha em branco, divide-se entre escrever o artigo político, por encomenda, e contar seu drama: "Em duas horas escrevo uma palavra: Marina", depois, dividindo o nome em sílabas, rabisca: "*ar, mar, rima, arma, ira, amar*". Segundo o narrador, compõe mais de vinte nomes desse único substantivo nessas duas horas parado diante da folha em branco, construindo a partir de um elemento as suas variações possíveis. Na sequência, a preocupação com o dinheiro o interrompe: "Não

---

371 Mário de Andrade, "*Angústia*", *Revista Academica*, n. 27, maio 1937, em: Edilson Dias de Moura, *op. cit.*, p. 259.

372 *Ibidem*.

posso pagar o aluguel. Dr. Gouveia aperta-me com bilhetes de aluguel", e assim, mesmo acuado pelas dívidas e forçado a escrever por dinheiro: "O artigo que me pediram afasta-se do papel. É verdade que tenho o cigarro e o álcool, mas quando bebo demais ou fumo demais, minha tristeza cresce. Tristeza e raiva. *Ar, mar, ria, arma, ira.* Passatempo estúpido" (p. 6). Note-se que o "álcool", por sua pouca eficácia de relaxamento, transfere para o ato da escrita propriedades analgésicas. A escrita para Luís, portanto, é terapêutica. Escrevendo ele pretende atenuar a tristeza e a raiva. Resiste à escrita por dinheiro em função do crescente estado de tristeza e de raiva. Trinta dias depois do crime, retorna para as razões que o levaram ao enforcamento. O ato já está consumado. Por isso, não à toa, ao fim desse capítulo, diz:

> Não consigo escrever. Dinheiro e propriedades, que me dão sempre desejos violentos de mortandade e outras destruições, as duas colunas mal impressas, caixilho, dr. Gouveia, Moisés, homem da luz, negociantes, políticos, diretor e secretário, tudo se move na minha cabeça, como um bando de vermes, em cima de uma coisa amarela, gorda e mole que é, reparando bem, a cara balofa de Julião Tavares muito aumentada. Essas sombras se arrastam com lentidão viscosa, misturando-se, formando um novelo confuso (p. 7).

Julião já está morto e ainda assim sustenta todo o bioma de relações sociais, alimentando um "bando de vermes" que formariam um "novelo confuso", encasulando-o. Isto é, o antagonista ainda vive na opinião pública, nos relatórios, nos artigos, como parte daquele júri que lançaria a bola branca na urna do tribunal: "Impossível trabalhar. Dão-me um ofício, um relatório, para datilografar, na repartição. Até dez linhas vou bem. Daí em diante a cara balofa de Julião Tavares aparece em cima do original" (p. 5). Repita-se: a reificação (que atinge Paulo Honório e deforma sua mentalidade) perde a eficácia na consciência de Luís da Silva, ele não se submete mais à escrita por dinheiro. Isto é, o crime não muda seu *status*, continua sendo um instrumento de reprodução da ideia "Julião Tavares". Este, ainda que morto, vive nas relações sociais das quais Luís tira sustento (o dinheiro está contaminado pelo que Julião Tavares representa).

A primeira arma com que se põe em marcha para eliminar o adversário, uma corda, falha. Julião Tavares apenas personificava as ideias de sua classe. Não está exatamente morto, vive nos artigos, nos originais que ele datilografa na repartição. Com que arma eliminá-lo? Julião se torna uma abstração. Não pode enforcá-lo, o crime se revela inútil. Então passa a retalhá-lo com metáforas e alegorias do mundo arcaico. Sendo Julião uma ideia que vive como "sombras que se arrastam com lentidão viscosa", independe de um corpo, logo é com a escrita que Luís pretende eliminá-lo de vez. A escrita, que a princípio poderia apenas fazer parte de uma terapia, "um passatempo estúpido", também pode ser arma. Nesse sentido, o que Mário de Andrade atribui a Luís da Silva é nada menos que as características da sociedade com as quais o protagonista trabalha sua narrativa, tecendo-a como uma colcha de retalhos de opiniões no sentido de equilibrar-se entre os dois mundos: um que o condenaria, outro que o absolveria; ambos em termos meramente moralistas.

Portanto, Luís da Silva dialoga numa via de mão dupla, evitando uma confissão íntima dos seus percalços pela exposição das condições miseráveis da sociedade burguesa que teriam dado ensejo ao ato criminoso. Não narra em termos confessionais, não se arrepende do crime: este apenas lhe revela que o adversário não correspondia a algo que presumidamente pudesse ser enforcado. As condições necessárias e objetivas, portanto, estão todas no presente como de fato são, nas duplicatas ou sobreposições de cenas que contrastam os dois mundos que o esmagariam no choque. Não seria vantajoso para o narrador forjar tais condições. É preciso descrever o ambiente, torná-lo objetivo, desmanchar sua trama de aparente "novelo confuso" em que se enclausurou sua trajetória. Assim, logo nas primeiras páginas, ele se põe a descrever como se organiza o mundo em que vive como um todo. Ao narrar seus encontros com Moisés no café da cidade, classifica as camadas sociais hierarquicamente no espaço:

> Há o grupo dos médicos, o dos advogados, o dos comerciantes, o dos funcionários públicos, o dos literatos. Certos indivíduos pertencem a mais de um grupo, outros circulam, procurando familiaridades proveitosas. Naquele espaço de dez metros formam-se várias sociedades com caracteres perfeitamente definidos, muito distanciadas. A mesa a que me sento fica ao pé da vitrina dos cigarros. É um lugar incômodo: as pessoas que entram e que saem empurram-me as pernas. Contudo não poderia sentar-me dois passos adiante, porque às seis horas da tarde estão lá os desembargadores (p. 21).

Esse espaço de dez metros quadrados compacta e divide os grupos por fronteiras de pertencimento que, ainda que em termos de linhas imaginárias, esmagam Luís da Silva. Não exatamente físicos ou geográficos, esses limites impõem-se como espaço *diegético* (narrativa-escrita) pelo significado de "um lugar incômodo". No invólucro construído por essas linhas, a ação dramática é envolvida num casulo ("novelo confuso"), centralizando-se na atmosfera social. Os dez metros quadrados apresentam-se, portanto, seccionados por uma mentalidade que não pretende apenas descrever ambientes, mas significá-los como espaço-tempo narrativo contínuo que dinamiza os atos pelo enquadramento cenográfico.

Daí o emprego aqui do termo *diegesis*, não só dessa descrição, mas das que vão surgindo com a narrativa. Optou-se pela definição de "narrativa" (*diegesis*) e "descrição" (*mimesis*) de Genette, entendendo os cenários, espaços e ambientes como dramatização, e não *imitação/cópia*.

> Essa persistente confusão, ou despreocupação em distinguir, que indica muito claramente, em grego, o emprego do termo comum *diegesis*, deve-se talvez, sobretudo, ao *status* literário muito desigual dos dois tipos de representação [*diegesis* e *mimesis*]. Em princípio, é evidentemente possível conceber textos puramente descritivos, visando a representar objetos em sua única existência espacial, fora de qualquer acontecimento e mesmo de qualquer dimensão temporal. É mesmo mais fácil conceber uma descrição pura de qualquer elemento narrativo do que o inverso [...][373]

A especificação de *diegesis* (narrativa) como parte da prática da *mimesis* (imitação de ação ou dramatização) se faz necessária aqui na medida em que, conforme Genette, "[...] a descrição é mais indispensável do que a narração, uma vez que é mais fácil descrever sem narrar do que narrar sem descrever"[374]. Nesse sentido, a divisão do espaço do bar em dez metros quadrados e menos que um parágrafo representa uma economia. As linhas imaginárias da divisão do trabalho liberal capitalista, na sociedade de classes burguesa, operam ao longo da história os traços de pertencimento e de não pertencimento. São intencionalmente construídas num sentido vertical (das profissões liberais mais importantes para as menores) para que se deduzam, do horizonte que separa os que estão dentro, todos os que estão fora ou submetidos abaixo da linha da existência.

Os dilemas a respeito do que existe ou não existe na narrativa de *Angústia* devem-se muito ao *status* semiótico das descrições, levados a termos de análises psicológicas e sociológicas que terminam por reduzir o universo literário a mero esquema secundário da obra. A escrita é o primeiro e talvez único plano objetivo do romance passível de análise crítica, predefinido no primeiro capítulo do romance pelo abandono da atividade como mera reprodução ou cópia de um original por dinheiro. O narrador-

---

373 Gérard Genette, "Fronteiras da narrativa", em: Roland Barthes, *Análise estrutural da narrativa*: seleção de ensaios da revista *Communications*, Rio de Janeiro: Vozes, 1973, p. 263.

374 *Ibidem*.

-escritor Luís entende que essa operação perpetuaria a imagem de Julião Tavares (lembrando a confissão de que, se Julião o tivesse procurado apenas para encomendar um artigo ou um poema em troca de dinheiro, nada do que aconteceu teria acontecido). *Descrever* sua aventura tendo como núcleo "Marina", um caso de amor, se caracteriza como "passatempo estúpido", mera terapia, cujo efeito analgésico teria duração limitada.

O que se define no primeiro capítulo, portanto, são os planos objetivos da razão de escrever a história do crime: a figura da escrita, que alguns críticos destacam como "antecipação do concretismo", na instância fundamental do discurso é "destinador" do "sujeito da ação de escrever", não mais o dinheiro, seduzido pela ideia de que, efetivando a escrita da história, pode alcançar os fins ou os resultados que o enforcamento de Julião Tavares não produziu. Assim, enquanto espaço diegético, o bar descrito significa dizer que, para além da mera descrição/*cópia*, o lugar ocupado pelo protagonista é "quase fora dele", incômodo, entre os que entram e os que saem, o que permite avaliar o trânsito entre dois universos a partir do critério "pertence"/qualificado e "não pertence"/desqualificado. Estão fora efetivamente os excluídos do trabalho, do consumo e do acesso a uma daquelas profissões. Luís, portanto, no limiar dos mundos, é o indivíduo esmagado pela existência de sistemas antagônicos. É a essa gama do universo social excluída, compreendida como "maioria", que pretende sensibilizar, mais que se identificar completamente com ela. Eis o fascismo por dentro proposto por Hermenegildo Bastos.

Durante a narrativa, deduz-se que Luís se posicione ali à porta, próximo dos desqualificados, apartando-se dos que se qualificaram, por recusar-se a ocupar o espaço dos funcionários públicos ou o dos literatos, dos quais mais se aproximaria pelo ofício: é funcionário público, escreve poemas e artigos políticos sob encomenda etc. Mas, algumas linhas adiante, ele revelará a razão de estar no limite. Trata-se da fronteira moral que o separa do mundo burguês, vendo fora do bar um mundo arcaico. Os mundos, porém, se encontram ao se distinguirem os que dão "ordens" dos que "obedecem". O poder de mando e o ato da obediência desencadeiam a lembrança do avô Trajano Pereira de Aquino Cavalcante da Silva pela primeira vez:

— Chegue mais cedo amanhã, seu Luís.

E eu chego.

— Informe lá, seu Luís.

E eu informo. Como sou diferente de meu avô! [lamenta]

Um dia um cabra de Cabo Preto apareceu na fazenda com uma carta do chefe. Deixou o clavinote encostado a um dos juazeiros do fim do pátio, e de longe ia varrendo o chão com a aba do chapéu de couro. Trajano Pereira de Aquino Cavalcante da Silva soletrou o papel que o homem lhe deu e mandou Amaro laçar uma novilha. O cabra jantou, recebeu uma nota de vinte mil-réis, que naquele tempo era muito dinheiro, e atravessou o Ipanema, tangendo o bicho. Dia de Natal meu avô foi à vila, com a mulher, e encontrou no caminho o grupo de Cabo Preto, que se meteu na capoeira para não assustar a dona, sinhá Germana, de saias arregaçadas, escanchada na sela, um mosquetão na maçaneta, não viu nada, mas meu avô fez um gesto de agradecimento aos angicos e aos mandacarus que marginavam na estrada. Quando a política de padre Inácio caiu, o delegado prendeu um cangaceiro de Cabo Preto. O velho Trajano subiu à vila e pediu ao doutor juiz de direito a soltura do criminoso. Impossível. Andou, virou, mexeu, gastou dinheiro com *habeas corpus* – e o doutor duro como chifre.

— Está direito, exclamou Trajano plantando o sapato de couro cru na palha da cadeira do juiz. Eu vou soltar o rapaz.

No sábado reuniu o povo da feira, homens e mulheres, moços e velhos, mandou desmanchar o cercado do vigário, armou todos com estacas e foi derrubar a cadeia.

Está aí uma história que narro com satisfação a Moisés. Ouve-me desatento. O que lhe interessa na minha terra é o sofrimento da multidão. (p. 25)

Essa primeira memória de Luís não é acionada apenas pelo "lugar incômodo", de receber ordens e de cumpri-las, o que o reduziria ao mero recalcado ou enciumado pelo sucesso alheio. Ela inclui o questionamento do presente segundo a *nostalgia da sociedade rural escravista*, período e lugar hipoteticamente melhores: representa o peso na balança da justiça que estaria a seu favor, porque a maioria dos excluídos "pertencia" ou não estava excluída na velha ordem, enquanto a nova a submete à inexistência. Portanto, como a maioria aderia a um senso moral de justiça acionada pelo poder patriarcal-ruralista representado pelo avô escravista Trajano, capaz de reuni-los, homens e mulheres, moços e velhos, "o ato da desordem" adquiria valor de sufrágio popular.

A vila surge pela primeira vez aí como extensão, ainda que precária, do que se tornará o mundo burguês liberal, cuja forma final, no presente, configura a Maceió de Luís. A memória é, assim, nostalgia da fazenda, da vila, que dá origem ao espaço e tempo ampliados pela modernização e urbanização que configuram a cidade. A partir dessa primeira lembrança é que vai compondo as relações de contrariedades, inscritas nas descrições dos mundos, em termos de valor moral: não se trata de questionar a precariedade do autoritarismo ou da violência, mas de torná-la moralmente válida ou não, dependendo das motivações.

No presente, Luís não pode sentar-se dois passos adiante porque ocupam aquele espaço os desembargadores. Mas, conforme o avô, Luís pode conseguir adesão popular se adequar sua narrativa às carências, à mentalidade popular. Por exemplo, comparando a carência dos que estão à margem do acesso no universo burguês com o que receberia um cabra/criminoso de outrora, deduz que não haveria, hipoteticamente, nos tempos de seu avô, a miséria: os vinte mil-réis recebidos pelo cangaceiro do bando de Cabo Preto não à toa valem mais que os vinte três mil-réis que ele vai tirar de Vitória, ver-se-á mais adiante, uma porcaria, violando o esconderijo em que a criada guardava escondidas as economias. O espaço da divisão de classes é que, mais que distingui-lo de Trajano (que submete mesmo desembargadores e juízes ao seu poder), o afasta da velha ordem em sentido de pertencimento. Nela, o avô aparece acima de Deus, do vigário e sua política, ou da justiça, ainda que para proteção de criminosos. Se para Moisés importava o sofrimento do povo, a dor humana produzida pelos criminosos daquele tempo não existiria para Luís, compensada pelo fato de ela corresponder a uma espécie de justa dominação, "sufragada" pela adesão do povo ao chamado do coronel contra a ordem burguesa.

Portanto, para Luís, a violência e o crime fazem parte dos mundos. Não se está aí questionando o arbítrio da violência. Ao se posicionar entre os mundos, o esforço de Luís será todo empenhado em evidenciar as contradições em torno do que é "crime" e do que era "castigo", em termos meramente moralizantes. Essa perspectiva, portanto, não adere à via analítica de que ele está predeterminado para o crime, desde o início, desde a infância, sendo, em suma, criminoso nato conforme as teorias lombrosianas. Pelo contrário, o crime é preexistente a ele e variável pela definição do mundo que o encerra. A ideia de que o crime está nele produz uma via de mão única, resultando em uma linearidade que não se cumpre em *Angústia*. Ao voltar aos primeiros capítulos, numa segunda leitura, abandonada a ingenuidade do contrato fiduciário da primeira, desvia-se do ato do crime (porque desde o início já se sabe o que aconteceu) para as circunstâncias que permitem ou originam o ato em termos contraditórios.

Essa segunda leitura torna metáforas, alegorias, simbolismos e paralelismos legíveis. Ela torna indiscutível a estratégia discursivo-persuasiva do narrador de "não confissão" do crime pelo questionamento das condições de justiça e de injustiça a partir do controle e do poder da violência sufragado por um júri popular que distingue "crime" de "castigo". Mais adiante, Luís vai descrever outras circunstâncias de julgamento popular, a de Lobisomem[375], um indivíduo infeliz na cidade, e, a seguir, a de um outro, o cearense esfomeado que aparece na vila, exatamente com fim de patentear-se único ser sensível de fato às circunstâncias.

> [...] Lembrava-me de outro indivíduo infeliz, um sertanejo que vi há muitos anos, quando ele saía da prisão depois de cumprir sentença. Era um cearense esfomeado que tinha aparecido na vila em tempo de seca. Esmolambado, cheio de feridas, trazia escanchada no pescoço uma filhinha de quatro anos. [...] Um dia as vizinhas ouviram gritos na casinha de palha e taipa que eles ocupavam. Juntaram-se curiosos, olharam por um buraco da parede e viram o homem na esteira, nu, abrindo à força as pernas da filha nua, ensanguentada. Arrombaram a porta, passaram o homem na embira, deram-lhe pancada de criar bicho – ele confessou, debaixo de zinco, meio morto, que tinha estuprado a menina. Processo, condenação, júri. Anos depois os médicos examinaram a pequena: estava inteirinha. O que havia era sujidade e um corrimento. (p. 63-4)

Nesse ponto, o personagem seu Ramalho, o carvoeiro, pai de Marina, é uma fonte excepcional de memória e descrições do mundo arcaico:

> — [...] Antigamente essa história de honra era coisa séria. Mulher falada não tinha valia.

> — Nenhuma, exclamava seu Ramalho, cansado, tossindo. E eram vinganças *medonhas*.

> — Vinganças *horrorosas*, bradava eu excitado.

> Nesse ponto da conversa contávamos sempre uma série de casos que ilustravam as nossas afirmações. Animado, o cachimbo apertado entre os dentes, seu Ramalho assobiava as mesmas anedotas, empregando o mesmo vocabulário. Às vezes eu o interrompia:

> — O senhor já contou essa.

> Mas seu Ramalho continuava sem se perturbar: falava para dar prazer a si mesmo, não me escutava. Talvez quisesse enganar-se e convencer-se de que seria também capaz de praticar façanhas. [...] As minhas narrativas não se comparavam às dele. (p. 104)

---

375 A história do Lobisomem é analisada no texto "Vozes da opinião pública: colchão de painas", nas páginas 304-317 deste livro.

Sem entrar numa análise comparativa, apenas como entendimento do grau de complexidade com que Graciliano constrói Luís da Silva, esse questionamento do *status* do direito à violência (as façanhas) é fundamento nuclear para entender Raskólnikov em *Crime e castigo*. O personagem de Dostoiévski simboliza o Estado pela personificação de Napoleão e questiona-se conforme a hipótese de se este, em vez de crimes de guerra, tivesse de matar Aliona Ivanovna, uma velha usurária: "Não teria sido desprezado pelo que tal ação oferece de pouco heroico... pelo que encerra de criminoso?", concluindo: "[...] fiquei envergonhadíssimo ao compreender subitamente que não só ele não teria sido por isso desprezado, como jamais teria pensado que tal ação pudesse parecer pouco heroica. Não teria nem mesmo compreendido que alguém pudesse hesitar"[376]. Relacionando essa hipótese à de Luís da Silva, vê-se que este procura pela mesma via entender o que se passaria pela cabeça de José Baía, simbolicamente os braços que garantem a ordem e a dominação de Trajano.

José Baía, segundo Luís, não teria essa consciência do crime: cometia-o serenamente, já que o *status* ou sentido dele era de "castigo"/ preservação da ordem. Tem-se, portanto, que é sobre o *status* do direito à vida e à liberdade, em termos universais, que Graciliano e Dostoiévski dialogam em suas obras. As histórias de seu Ramalho, de enforcamentos, assassinatos, violências, não são crimes, são "façanhas", "ações heroicas" ou, em termos práticos, "castigos" dados a malfeitores. E contá-los exaustivamente não decorre apenas de lembranças de um tempo, mas de uma forma de convencer-se de que seria capaz de empreender a restauração da ordem. Em suma, todas as "anedotas", associadas ao presente, distinguem o que é "crime" conforme o "castigo", relacionado à prática do poder de "pôr no tronco" ou pendurar pelo pescoço numa árvore todos aqueles que atentassem contra a ordem. A mistura desses mundos, nessa colisão, não poderia gerar outra coisa senão a ordem nazifascista, contra qualquer noção de igualdade, seja qual for.

Em termos de estrutura narrativa, nos primeiros capítulos de *Angústia*, apresenta-se a relação de disjunção entre "sujeito" e "objeto-valor", que opera a dinâmica da busca do protagonista. Na progressão da procura, o objeto-valor surge conforme os elos conjuntivos e disjuntivos: *o domínio no passado, o pertencimento* vs. *a perda do poder, o não pertencimento*, que fundamenta as relações de domínio da antiga ordem a que pertencia o velho Trajano. A *angústia*, presente pelos traços de infortúnio, miséria e vícios, representa o impulso para o valor a ser res-

---

376 Fiódor Dostoiévski, *Crime e castigo*, v. 2, São Paulo: Abril, 2010, p. 183-4.

taurado: a virtude e a felicidade, configuradas na *nostalgia* da sociedade agrária escravista de Luís.

Assim, concordamos com Hermenegildo Bastos em que "[...] a alucinação que toma conta do personagem é a de uma sociedade em que algo está mudando. Passa-se de uma para outra ordem. A passagem é perigosa, daí a expectativa de um governo forte, autoritário"[377]. Segundo o crítico, a nova ordem é o "fascismo, ou a ordem fascista", definida pelo "clamor por mudanças, que, em vez de apontarem para o futuro, apontam para a recuperação de valores do passado [...]"[378]. Nesse sentido, a nostalgia, que a princípio não passa de uma idealização do passado em função do presente, leva o protagonista à dedução de que algo da velha ordem preside a nova e de que, portanto, ele pode restaurá-la. Esse algo não é outro senão o direito à violência da sociedade agrária a que teria pertencido Luís da Silva. Um direito que, então, no presente do romance, se encontraria em posse da classe burguesa *antagonicamente*: "[...] as polêmicas e os conflitos gerados entre sujeito e antissujeito e as disjunções impostas às funções de sujeito e objeto revelam a predominância das descontinuidades tensivas no âmbito narrativo"[379].

A "*angústia*", traço tensivo do romance produzido pela disjunção do sujeito com o objeto-valor, tem como causa a perda do poder da violência. Observando-se, portanto, a disjunção imposta à função de sujeito, tem-se que Luís da Silva não é apenas "fascista", exatamente como o é Julião Tavares, seu antagonista. É preciso lembrar a qualificação de "tupinambá" proposta por Graciliano: "pequeno fascismo tupinambá". A especificação indianista do fascismo brasileiro (inscrita simbolicamente na Ação Integralista) é o processo em que se combinam elementos das duas ordens, preservadas pela permanência do arbítrio do poder da violência (escravização dos povos negros), "nacionalizada" por uma suposta origem indígena, tudo num único indivíduo. O dado objetivo dessa "perversa" combinação é dado assim que Luís da Silva imagina a divisão entre as opiniões em torno de seu crime e diz:

> Eu não podia temer a opinião pública. E talvez temesse. [...] Era um medo antigo, medo que estava no sangue e me esfriava os dedos trêmulos e suados. A corda áspera ia-se amaciando por causa do suor das minhas mãos. E as mãos tremiam. O chicote do feitor *num avô*

---

377 Hermenegildo Bastos, *As artes da ameaça*: ensaios sobre literatura e crise, São Paulo: Outras Expressões, 2012, p. 107.

378 *Ibidem*, p. 107.

379 Luiz Tatit, *Análise semiótica através das letras*, São Paulo: Ateliê Editorial, 2001, p. 25.

negro, há duzentos anos, a emboscada dos brancos a *outro avô, caboclo*, em tempo mais remoto. Estudava-me ao espelho. [...] Procurava os vestígios das duas raças infelizes. Foram elas que me tornaram a vida amarga e me fizeram rolar por este mundo, faminto, esmolambado e cheio de sonhos. (p. 152-3, grifos meus)

O medo de Luís é o de não ser herdeiro legítimo do poder arbitrário do branco como garantia de liberdade e de ser superior. Note-se: ele atribui a sua miséria à possibilidade de a origem supostamente inferior, negra e indígena, percorrer seu sangue pela imaginação de ancestrais mais antigos que o seu avô Trajano (já que este mantinha continuamente relações sexuais com os escravizados). É preciso convir, no entanto, que o fator objetivo da origem de sua miséria, que o leva a rolar pelo mundo, faminto, pedindo esmolas, como se sabe, é a execução da hipoteca ou ação de despejo descrita logo após a morte de seu pai, Camilo Pereira da Silva:

No dia seguinte os credores passaram os gadanhos no que acharam. Tipos desconhecidos entravam na loja, mediam peças de pano. Chegavam de chapéu na cabeça, cigarro no bico, invadiam os quartos, praguejavam. Enterrar os mortos, obra de misericórdia. O morto estava enterrado. Padre Inácio e os outros sumiram-se. E os homens batiam os pés com força, levavam mercadorias, levavam os móveis, nem me olhavam, nem olhavam Quitéria, que se encolhia gemendo "Misericórdia!". (p. 17)

A partir dessa ação de despejo, Luís perambula, pedindo esmola, esmolambado e cheio de sonhos, deixando a vila. No presente, a cidade de Maceió reconstrói-se à imagem e semelhança de sua origem, enquanto vila. A nova ordem, figurada no agente do despejo, revela-se pelo mesmo processo violento, inscrito no índice da morte de Camilo – a mancha vermelha no lençol branco que cobre seu rosto no velório: "Voltei à sala, nas pontas dos pés. Camilo Pereira da Silva continuava escondido debaixo do pano branco, que apresentava no lugar da cara uma nódoa vermelha coberta de moscas" (p. 16). A nódoa vermelha indicia a morte violenta do pai em função da propriedade, tomada depois por homens indefinidos, os credores, na cena de despejo.

Resultando em Luís da Silva deixado na rua, sozinho, pedindo esmolas, a perda da propriedade simboliza a transferência completa do poder da antiga ordem escravista para a nova, capitalista, concretizada na ação de despejo ou execução hipotecária operada pelo dinheiro. Assim, desde o início da narrativa, o objeto de desejo do sujeito Luís se define como "crime"/"castigo" que lhe permitiria provar a inexistência em seu sangue das origens inferiores negra e indígena, recuperar a ordem, mas não necessariamente no interior da esfera do poder burguês, porque este se revela, antes de tudo, um mundo desmoralizado, cheio de ratos como Julião Tavares.

Esses fatos é que desencadeiam a miséria de Luís da Silva e o fazem "rolar por este mundo, faminto, esmolambado e cheio de sonhos" (p. 153), e não a suposta ancestralidade negra e indígena. Graciliano Ramos não permite que seus personagens façam afirmações com as quais ele não concorda. Realiza certo esforço de sempre contradizê-los com páginas e páginas de gestos, ações e acontecimentos, desautorizando--os, desmentindo-os. E o que permite esse desmascaramento se encontra exatamente no fato de que, para o autor, é a partir dos fatores objetivos, inscritos nas relações econômicas, que as subjetividades são construídas, e não o contrário. Por mais que Luís se esforce para impor como origem de sua miséria a hereditariedade, o determinismo ou o atavismo, essas ideias também não podem modificar os acontecimentos ou o que de fato deu origem a eles.

Eis parte do que se caracteriza por fascismo tupinambá em Luís da Silva: as operações de deslocamento da causa de sua miséria para fatores ideologizados, atribuindo aos outros, destino de todo seu desprezo, a origem de suas ações. O desprezo evidencia-se nas reações a seu Ivo, antigo escravizado, quando bate à sua porta faminto: quando o viu como um "sujeito inútil, sujo, descontente, remendado, faminto", desejou que Moisés, judeu e comunista, "estirasse argumentos e seu Ivo se revoltasse." Contudo, seu Ivo, ouvindo as discussões, "Escancarava a boca, mostrava os dentes brancos, estirava os braços musculosos. – Uma força perdida, dizia Moisés" (p. 44-5). A falta de reação de seu Ivo contra as injustiças burguesas impostas à pequena classe média (de qual seu Ivo não faz parte) impele Luís ao enforcamento de Julião Tavares, não contra o mundo que violenta o homem negro, mas para provar que não tinha em seu sangue a degeneração.

O narrador, portanto, serve-se das condições desastrosas provocadas pela nova ordem capitalista apenas para desviar a atenção do verdadeiro objetivo, que não tem nada ou tem pouco a ver com relações sexuais reprimidas. Marina está entre as posses perdidas, assim como seu Ivo em relação aos negros Domingos e Quitéria, escravizados por seu avô. Marina não representa o objeto-valor necessariamente. Ela é parte do que teriam sido Quitéria e Domingos: "Os músculos de mestre Domingos eram do velho Trajano. Os músculos e o ventre de Quitéria também" (p. 136-7). Não se trata da propriedade do dinheiro, mas da propriedade de humanos. Um mundo em que o ventre ainda não é livre, mas reprodutor das posses. Nesse contraste, também Julião Tavares não pode ser considerado o antissujeito: antes de ele aparecer, o antagonista já existe para

Luís, dado pelo espectro da classe burguesa liberal capitalista. Julião apenas corporifica os valores da classe inimiga.

O que se revela com a trajetória da não posse do objeto-valor, na instância fundamental, são os aspectos axiológicos que determinam sua busca: "*Axiologia* é o termo contrário de 'ideologia', cujo valor é preexistente ao sujeito"[380]. Os valores só podem ser reconhecidos segundo as relações conjuntivas (posse do poder) e disjuntivas (perda do poder) como partes de uma mentalidade que podem supor uma ideologia, mas não sua totalidade. E o caso de Luís é particularmente difícil exatamente porque ele não pode assumir de maneira completa nenhuma das partes, sob o risco de não sensibilizar a ambas. Enquanto, por exemplo, seu Ramalho qualifica as vinganças como "medonhas", ele modifica levemente com o adjetivo "horrorosas", deixando meio vago o que de fato pensa até o ato do enforcamento.

Atenuando essas contradições, o personagem costura sua narrativa ora voltando-se para os valores burgueses ora para os arcaicos. A narrativa expõe os dois mundos em termos atrativos ou de promessas de "virtude, alegria, felicidade" conforme o sujeito assuma um deles nos atos que operam a conjunção entre sujeito e objeto do desejo. O que confirma sua adesão a um dos mundos é assinalado conforme as vantagens oferecidas, "restaurar a virtude e felicidade", inscritas no objeto-valor "exercer a violência". O protagonista se encontraria, assim, dividido entre os mundos segundo a oferta das vantagens. Por isso a cidade representada na narrativa só lhe trouxe desvantagens: vício e infortúnio. A execução do rival promove a conversão de valores virtuais, no sistema axiológico, em valores ideológicos.

> Pela conversão semântica, os valores virtuais, isto é, ainda não assumidos por um sujeito na instância fundamental, são selecionados e atualizados na instância narrativa. A atualização realiza-se em duas etapas: inscrição dos valores em objetos, que se tornam objetos-valor, e junção dos objetos-valor com os sujeitos. Os valores axiológicos virtuais convertem-se, dessa forma, em valores ideológicos, entendidos como valores assumidos por um sujeito, a partir da seleção no interior dos sistemas axiológicos[381].

Como se sabe, desde o início da narrativa o ato se consumou. Os valores já estão convertidos na instância enunciativa, mas não até que

380 Luiz Tatit, *op. cit.*, p. 30.
381 Diana Luz Pessoa de Barros, *op. cit.*, p. 27-8.

de fato sejam confirmados em nível dramático, isto é, em ato, em ação. É, por isso, possível dialogar com o presente, convertendo-o em enunciatário, porque sua nostalgia da sociedade rural não decorre apenas de lembranças carinhosas do avô, mas também é parte das recordações daqueles que estão à sua volta. O que diferencia a memória/passado do presente são as variações dos valores em torno do objeto de desejo (o poder da violência), exploradas até a consumação do ato, que confirmará sua adesão ao mundo arcaico (isto é, sua inclinação de praticar a ação segundo as promessas de restauração da velha ordem). Considerando a estrutura circular da narrativa, as promessas da eliminação de Julião Tavares não são cumpridas, o que provoca a mudança do destinador "mundo arcaico" (que promete algo) para o destinador "escrita"/arma. Inicialmente, escrever teria efeito analgésico, atenuar a tristeza e a raiva. Na sequência, a escrita assume a figura de arma.

O presente assim se localiza em termos de enunciatário, com o qual dialoga através dos coadjuvantes por encontrar neles os resquícios da velha ordem preservados pela nova ordem nas reminiscências da sociedade rural. Não à toa, embora seu Ramalho seja operário na extração de carvão e tenha, por isso, desenvolvido a asma que o infelicita, não atribui sua situação à insalubridade e ao salário miserável do mundo capitalista: em vez de criticar a exploração capitalista, ele se entrega a uma nostalgia dos "bons tempos" do período escravista. É dessa contradição que Luís alimenta sua narrativa.

Luís começa pela nostalgia da sociedade agrária e passa ao que Hermenegildo identificou como a "alucinação que toma conta do personagem". Na sequência, passa-se da alucinação ao delírio no último capítulo do romance, uma espécie de torvelinho dos retalhos da opinião pública com que costurou sua narrativa. O romance descreve, portanto, o processo e o resultado do que no início da trajetória do personagem se apresenta como "nostalgia da velha ordem escravocrata", indo ao delírio porque o ato criminoso não a restaura, mas desencadeia o *retrocesso*. E nunca um termo fez mais sentido num romance do que *retrocesso*. Após o crime, Luís acorda no mundo tal qual ele o conhecera, mais esmolambado do que antes. Não se livra do que hipoteticamente poderia encontrar-se no sangue dele como causa do infortúnio e da infelicidade. Como o crime se revela inútil, retrocede, volta ao começo de tudo: "Quanto mais me aproximo de Bebedouro, mais remoço" (p. 9). Dito isso, logo no início da narrativa, assinala que o assassinato teria como efeito reatá-lo à infância (ao velho mundo), já que, conforme observa Luís Bueno: "Bebedouro, o leitor levará muitas páginas mas descobrirá, é o lugar onde o crime acontecera"[382]. E a escolha desse bairro, lugar onde se sacia a sede, não poderia apontar a outro fator mais simbólico no romance do que a água.

O efeito produzido pela leitura do último capítulo é de retorno ao primeiro, num movimento circular contínuo, cuja busca se torna interminável como um escoamento. Remete ao símbolo Ouroboros, a serpente que engole a si mesma, como metáfora do infinito, que permeia o romance de cabo a rabo, da infância à fase adulta: "galopava até o Ipanema e caía no poço da Pedra. As cobras tomavam banho com a gente, mas dentro da água não mordiam" (p. 13). A água neutraliza o risco de a serpente saciar a sede, de morder, lembrando o eterno castigo de Tântalo. Embora se discorde de Ariovaldo José Vidal quanto à característica confessional do romance e de prenúncio, entendemos que o processo narrativo de Luís:

> que a princípio deveria trazer serenidade ao espírito do personagem, acaba remergulhando-o em seu poço de loucura, para que, a cada leitura que se reinicie, ele recaia num estado de convalescença, sinta calafrios, faça de Marina mar e ira, e mergulhe novamente num poço de loucura, num destino cíclico[383].

Conforme Hermenegildo Bastos, Graciliano inscreve na estrutura e na organização literária de seu terceiro livro a face de um período retrógrado; período em que Auschwitz ainda não existe, em que o racismo é "argumento científico", em que ser chamado de católico e fascista, segundo Octávio de Faria, longe de aviltar, dignificava:

> [...] diz assim, pelo menos, o romancista Jorge Amado, pela ação de uma minha hipotética propaganda "fascista" ou talvez mesmo católica, não se conseguindo saber bem qual... Não, positivamente eu não vou discutir nada disso. Seria muito ridículo de minha parte aceitar, mesmo para rebater, tais acusações (para mim tão dignificantes) [...][384]

---

382 Luís Bueno, *Uma história do romance de 30, op. cit.*, p. 637.

383 Ariovaldo José Vidal, "Atando as pontas da vida", *Revista do Instituto de Estudos Brasileiros*, n. 35, São Paulo: IEB, 1993, p. 18.

384 Octávio de Faria, "Uma explicação: a propósito de *Salgueiro*", *op. cit.*

DA NOSTALGIA DA SENZALA
AO DELÍRIO DO RETORNO:
ASPECTOS HISTÓRICOS

> [...] romancista que aponta para as causas reais do sofrimento de sua gente e de sua terra. Graciliano é, como o definiu Valdemar Cavalcanti, o "romancista dos pobres-diabos" – os viventes do Nordeste agrário e urbano [...]
>
> (FRANKLIN DE OLIVEIRA, *Graciliano Ramos*)

Considere-se a nostalgia de Luís da Silva um dado histórico do período, cuja origem produziu as distinções da cidade como lugar de "vícios, doenças e infortúnios" e da sociedade agrária como um lugar de "virtude e felicidade". Entre as muitas conexões de *Angústia* com o período de sua escrita, estão as razões que levaram Álvaro Correa Paes a, em seu relatório, classificar as correntes de migração sertaneja no estado de Alagoas pelas deficiências provocadas pela falta de modernização do ensino e da produção agrícola em geral, baseada em mão de obra desqualificada, exclusivamente voltada para a produção e exportação de insumos como a cana-de-açúcar e o algodão. A retomada do relatório de Álvaro Paes é importante na medida em que Graciliano fazia parte do seu plano de governo, o que significa que discutiram esses problemas. E não é surpresa encontrar-se em *Angústia* o traço da nostalgia da sociedade rural brasileira: a escrita do romance coincide com o momento em que Graciliano ocupava a direção do ensino em Maceió e em que era central a proposta de uma escola rural.

  O governador centralizava seu plano de iniciativa política no desenvolvimento do campo com base em um novo modelo de ensino, denominado em termos gerais escola regional. Dela se esperava a retenção ou, ao menos, que se atenuasse a migração para a cidade provocada pela falta de desenvolvimento agrário. O diálogo do governador com os prefeitos e a Câmara dos Deputados encontrava eco, naturalmente, entre os diversos setores envolvidos com o tema do desenvolvimento rural no campo do ensino, muito provavelmente estimulado pelos debates que vinham ocorrendo já havia alguns anos entre os educadores do período.

> O interesse dos organizadores da Associação Brasileira de Educação pela chamada escola regional foi tamanho que a Quarta Semana de Educação, realizada em 1931, adotou o seguinte tema geral: "A escola regional, particularmente no seu aspecto mais relevante, o da educação agrícola: meios de desenvolver essa educação e de assim aumentar a riqueza nacional". As conferências proferidas no evento foram reunidas na publicação oficial da ABE [...] os cuidados com a renovação metodológica da escola modulavam-se por uma concepção da cidade e do campo como fontes, respectivamente, do vício e do infortúnio e da virtude e da felicidade[385].

Ora, Graciliano, como diretor de ensino em Alagoas, estava perfeitamente a par dessa idealização da sociedade agrária como fonte de "virtude e felicidade", que configura a mentalidade de Luís da Silva, singularizada pelas recordações do avô escravocrata. Segundo Marta Carvalho, "A nostalgia da sociedade agrária veiculada nas propostas de ruralização da escola tinha seu contraponto em representações da cidade como reduto da doença e do vício", com o fim de desestimular as correntes de migração. No entanto,

> Essa nostalgia romântica da sociedade agrária não deve ser interpretada necessariamente como resistência objetiva à modernização – industrialização. Mais que simples retorno da sociedade à tradição rural, ela pode ser pensada também como alegoria do futuro ideal do presente, variação da ficção do "bom selvagem", robinsonada que, como aponta Marx nos *Grundrisse*, alegoriza a livre iniciativa e a livre concorrência liberais e burguesas[386].

Nesse sentido é que se expressa Álvaro Paes, em termos capitalistas de desenvolvimento social do campo, e não necessariamente como visto em *Angústia*, segundo a nostalgia do poder da violência que predefine o caráter de Luís da Silva, atribuindo à cidade e aos valores burgueses a razão da dissolução da virtude e da felicidade. Luís representa a oposição à livre iniciativa e à livre concorrência, uma mentalidade

---

385 Marta Maria Chagas de Carvalho, *Molde nacional e fôrma cívica, op. cit.*, p. 162.
386 *Ibidem*, p. 167-9.

voltada para a restauração da velha ordem: "– Necessitamos um governo forte, seu Luís, um governo que estique a corda. Esse povo anda de rédea solta. Um governo duro" (p. 35). No romance, não é só ele que idealiza tal passado: vê-se a nostalgia nas lembranças de seu Ramalho e dona Adélia, mãe de Marina, por exemplo, o que conduz os sentidos de que a dor e a infelicidade nascem com a derrocada da família rural patriarcal escravista. Luís se apropria das *angústias* dos migrantes como um dado objetivo, portanto esse passado não se constitui em puro imaginário dele, é também uma opinião dos outros.

Tingindo seu avô Trajano de um elevado caráter de justiça, Luís ignora a dor produzida pelo poder arbitrário da antiga ordem escravocrata e a joga toda na conta da sociedade liberal burguesa capitalista. As características desses mundos que colidem produziriam um ambiente fragmentado em termos de opinião pública em torno do direito da violência. *Angústia* poderia ter como intenção, em seu tempo, trazer à discussão dos processos de regionalização e modernização do campo a observação de que a derrocada da antiga ordem colonial escravista teria dado origem a um tipo diferente de migração e nostalgia: o da senzala.

Diferentemente das correntes migratórias no velho continente que deram origem à superpopulação das cidades industrializadas europeias, no Brasil as correntes que levaram ao abandono do campo pela vida na cidade têm origem no fim da escravidão, na Proclamação da República, enfim, na derrocada da antiga ordem, o que torna impensável a suposição de "virtude e felicidade". A caracterização da nostalgia agrária nos anos 1930 significava negar a existência dos povos afrodescendentes e indígenas, classificando-os como "sub-homens". Nem a antiga condição – tampouco a nova – os favoreceu. *Angústia* adiciona à ideia de nostalgia da sociedade agrária, caracterizada pela ideia de "virtude e felicidade", que circulava nos debates, a dominação cruel, o horror, o arbítrio etc. ao transformá-la em motivação da memória de Luís da Silva. Havia, de certo modo, interesse de pôr fora do debate o problema da emancipação dos escravizados sem qualquer política pública de inclusão, capacitação e ressocialização de seu enorme contingente na nova ordem. E esta foi a característica fundamental da política de Graciliano na gestão do ensino em Alagoas: a inclusão desse grupo.

Em *Memórias do cárcere*, na descrição dos seus últimos momentos em Maceió com dona Irene, diretora negra promovida por ele, em campanha de matrícula pelos lugarejos mais pobres da cidade, puseram na escola os filhos de pescadores, os mais pobres da região; e, como vimos, a inclusão social do negro no sistema de ensino público juntamente com os dados das avaliações escolares deram provas de que o argumento de sua inferioridade intelectual e cognitiva, com que se efetivava a segregação racista, era uma falácia. Tanto os problemas da cidade quanto os do campo tinham a ver com a não inclusão da população negra na nova ordem. E a porta de entrada de sua socialização, tanto para a vida quanto para o trabalho, era a escola.

De modo geral, a crítica, ao longo dos anos, tem-se esforçado por caracterizar a trajetória pública de Graciliano Ramos como de pouca importância, preferindo pensar que "A literatura foi sua grande aventura. A administração e a política, estas foram apenas experiências, além de castigo"[387]. Esse é um equívoco tremendo. Zenir Campos Reis já havia notado que termos como "adestramento" e "domesticação", a limitação linguística do vaqueiro etc. assinalavam "um complexo problema recorrente em toda obra de Graciliano Ramos: o da educação", e continua:

> A escolha desses termos não deve ser encarada como casual, expressam ponto de vista sedimentado acerca do problema. A educação popular [...] não se propõe a favorecer o desenvolvimento intelectual das pessoas, mas a inculcar novos hábitos, com vistas apenas a desenvolver aptidão para os serviços requeridos delas. Exatamente como na domesticação, uma vez conseguidos esses efeitos mínimos, até mediante castigo, se se julgar necessário, o processo é intencionalmente interrompido[388].

Veja-se que é das análises dos romances que o crítico extrai os pressupostos que orientam a pesquisa do problema da educação na obra de Graciliano. Evidentemente as obras literárias permitem muitas vias de compreensão válidas, e, ainda que não se fale diretamente do problema da inclusão da população negra em *Angústia*, o questionamento da nostalgia da sociedade agrária enquanto lugar de "virtude e felicidade" infere-se da sua completa exclusão nos debates, funcionando como negação de sua existência. O romance teria como finalidade, talvez, produzir o debate com o que pensavam Álvaro Paes e os educadores da época. Este conceituava o sertanejo que abandonava a roça não pelos efeitos da Lei Áurea e pela derrocada da ordem escravista, mas segundo a ilusão produzida por um modelo de instrução pública ineficiente no meio agrário, fundado na instrução para a vida burocrática nos grandes centros. Pela crítica desse modelo, propunha o ensino técnico para formação de profissões agrárias. Era a inexistência da escola rural que produziria a migração, de acordo

---

387 Peregrino Júnior, *Três ensaios*: modernismo, Graciliano, Amazônia, Rio de Janeiro: Livraria São José, 1969, p. 79.

388 Zenir Campos Reis, *op. cit.*, p. 83.

com o governador. Ao deixar a roça e se instalar nas capitais, o sertanejo acabaria na mendicância:

> [...] a vida que a grande maioria leva nas luminosas cidades do nosso tempo é uma vida de Tântalo. [...] as vitrines em que os artigos ricos e de bom gosto acendem desejos de gozo nas almas mais ascéticas; as corridas de cavalo, onde se reúne sempre o que há de mais elegante [...]; o almoço no restaurante fino da cidade; o corte dos bons alfaiates [...]; tudo isso se constitui um terrível fruto proibido que leva à alucinação e ao desespero os que não foram felizes na luta pela vida[389].

Nesse sentido, a proposta de um ensino técnico rural tinha como fator fundamental estimular a livre iniciativa e a livre concorrência, em sentido progressista e desenvolvimentista, desestimulando, por sua vez, a migração para as cidades. Esse foi o cenário escolhido por Graciliano no terceiro romance, construindo seus personagens por meio da observação do "tantalismo" que as leva à deformação do real, idealizando um passado mais próspero e justo que o presente. Problematiza essa população de excluídos do trabalho e do consumo dando-lhe a perspectiva de Luís da Silva, saudoso do período escravocrata, e que idealiza sua ascendência caracterizando-a por certa dignidade perdida de que, hereditariamente, ele seria herdeiro legítimo se fosse capaz de exercer o arbítrio da violência. Reduzido no meio urbano pela exploração do trabalho, maus-tratos, desprezo, torna-se um trapo humano na cidade a partir de um processo que teria raízes, de acordo com a tese do narrador, na miscigenação. Contudo, sabemos que na realidade o processo se desencadeia quando morre o seu pai e o que ainda restava da propriedade da família é tomada numa espécie de despejo ou execução hipotecária.

O ressentimento de Luís da Silva tem muito pouco a ver com a suposta sexualidade reprimida, estando mais próximo do tipo entre aqueles que o governador classifica como "o grosso dos descontentes" pelo hábito de "endeusar os que ontem foram os piores déspotas e os piores ladrões". O cenário não é outro senão o que levou à derrocada das antigas oligarquias rurais, com a crise de 1929, e à Revolução de 1930. O migrante era percebido à época em termos de capital político. Uma das preocupações da classe dirigente com o contingente em direção a Maceió decorria do aumento e da potencialização da criminalidade. É mais ou menos como se o personagem Luís tivesse "nascido" do fenômeno produzido pela aglomeração descrita por Álvaro Paes:

---

389 Álvaro Correa Paes, *Relatórios dos presidentes de Estados brasileiros (AL)*, *op. cit.*, p. 8-9.

[...] dos gritadores, dos que procuram envenenar o espírito de todas as pessoas com quem entram em contato [...] Amargurados contra a situação que se criaram para si ou contra o destino implacável que os acolheu, eles passam a assumir atitudes de patriotas exaltados, a achar que tudo vai mal e precisa ser mudado [...]; em outros casos, desiludidos do messianismo político, porque os acontecimentos inelutáveis levam muitas vezes a endeusar hoje os homens a quem ontem amaldiçoaram como os seus piores déspotas e os piores ladrões, eles passam, em seguida, a ler os folhetos de propaganda libertária, a frequentar as sociedades de resistência, a ouvir os emissários inflamados da doutrina de Moscou, acabando por pregar abertamente a revolução comunista[390].

O fenômeno da migração sertaneja, fosse a que seria tratada em *Vidas secas*, fosse a que teria como efeito a superpopulação dos grandes centros, era objeto de preocupação política, não uma descoberta dos romancistas do norte. Preocupava o seu mais perigoso resultado: "a revolução comunista". Evidentemente, deve-se considerá-la, no discurso, um dispositivo retórico que produzia "terror e medo" nos conservadores, contrários às ideias avançadas. Mas também não se podia prescindir delas como meio de impedir malefício maior, o que explica a permanência de Graciliano à frente do ensino público mesmo após a queda de Álvaro Paes: "Pelo meu cargo haviam passado em dois anos oito sujeitos. Eu conseguira aguentar-me ali mais de três anos, e isto era espantoso"[391].

Nesses mais de três anos, além das obras destacadas pelos jornais, menciona o fato de "[...] que a professora rural, doente e mulata, merecia ser trazida para a cidade e dirigir um grupo escolar". Reconhecia: "[...] a professora mulata não havia sido transferida e elevada por mim: fora transferida por uma ideia, pela ideia de aproveitar elementos dignos". E admitia: "fazendo isso, dávamos um salto perigoso, descontentávamos incapacidades abundantes. Essas incapacidades deviam aproveitar-se de qualquer modo, cantando hinos idiotas, emburrando as crianças"[392]. Ou, conforme identifica Zenir Campos Reis, para adestrá-las, domesticando-as à obediência, e não ao exercício de um raciocínio crítico.

Por outro lado, ainda que Graciliano evite nomear pessoas pelo uso do termo "incapacidades", ao mencionar a promoção de dona

---

390 *Ibidem*, p. 8.
391 Graciliano Ramos, *Memórias do cárcere, op. cit.*, p. 38.
392 *Ibidem*, p. 41.

Irene, uma professora negra, pela capacidade, remete imediatamente ao ofício em que solicita o afastamento da diretora Celeste de Pereira (vale lembrar: articulista do periódico católico *O Semeador*, secretária da Associação Alagoana de Imprensa, militante da Federação Alagoana pelo Progresso Feminino e que, em 1934, participara das caravanas eleitorais em apoio à eleição de Maria José Salgado Lages, ou Lily Lages, pelo Partido Republicano de Alagoas – PRA). Ao pôr em relevo dona Irene como profissional capacitada e negra, encontramos a dimensão do significado histórico de que "dávamos um salto perigoso". Ou seja, não foi exclusivamente iniciativa sua a ideia; o "nós", inclusivo, significa dizer que havia um plano de ações conjuntas avançadas, consideradas antipatrióticas, sobretudo no que diz respeito à inclusão de negros em um universo cujo sentido estava impregnado da ideia de capacitação das elites a fim de dirigir a população pobre e analfabeta. A professora pobre, negra, do interior e as crianças "beiçudas" e "retintas" impunham-se como o sentido do compromisso público do cargo: "Naquele momento, a ideia da prisão dava-me quase prazer", reconhecendo logo a seguir: "Na verdade suponho que me revelei covarde e egoísta: várias crianças exigiam sustento, a minha obrigação era permanecer junto a elas, arranjar-lhes por qualquer meio o indispensável"[393].

A singularidade do processo migratório brasileiro repousa no fato de ele ser constituído pelo enorme contingente de ex-escravizados afrodescendentes, à época muito recentemente libertados, e que constituía o fator nuclear do lucro e da prosperidade dos antigos escravocratas. Para o negro, iletrado, substituído por imigrantes europeus, as oportunidades eram nenhuma. Em *Angústia*, Luís da Silva representa um tipo de trabalhador assalariado formado no campo, mas não o pobre-diabo ou o camponês, menos ainda o caipira. O trabalhador negro, por outro lado, descartado na transição de mundos, aparece jogado sem alternativa senão a de perambular à margem de tudo, à espera de uma esmola ou de um milagre, como seu Ivo, sobre quem o protagonista faz a seguinte observação: "Um sujeito inútil, sujo, descontente, remendado, faminto" (p. 44).

Luís da Silva, sabe-se bem, não é simpático à revolução comunista. Antes, ele a vê como ameaça. Apresenta, contudo, certo traço específico, segundo o relatório de Álvaro Paes, que o caracteriza pelo hábito de "endeusar os homens que antes foram os piores déspotas e os piores ladrões". O despotismo configura sua nostalgia: 1) ao narrar sua história, ele já cometeu o assassinato, simbolicamente vinculado ao arbítrio do antigo senhor de escravos; 2) não pretende confessar o crime,

393 Graciliano Ramos, *Memórias do cárcere, op. cit.*, p. 45.

mas justificar seu desfecho de determinada perspectiva que considera as circunstâncias desastrosas do capitalismo e a indiferença/insensibilidade da sociedade burguesa para desmentir suas promessas de prosperidade e alegria; 3) invertendo "causas" e "consequências", pela exploração moral de narrativas populares ou coletivas, constrói um lugar no passado, relativo ao presente (promessas não cumpridas de felicidade), em que prevalece o apagamento do outro e de suas próprias razões. Em suma, Luís da Silva é um conservador cujo objetivo seria tão somente eliminar seu concorrente, igualmente conservador.

Em termos de atmosfera do romance, retrata-se a colisão entre dois mundos: o arcaico-colonial, patriarcal, ruralista e escravista de um lado, e o moderno, republicano-democrático, liberal, capitalista e burguês de outro. A nova ordem não modifica as relações arbitrárias que antecedem sua emergência, derivando disso a permanência de práticas que dão origem a uma burguesia híbrida (oligárquica ruralista ao mesmo tempo aristocrática cosmopolita). Valentim Facioli descreve esse embate rigorosamente, expondo as condições com que a transição devia operar naquele momento:

> As novas ideias e necessidades de progresso, de intensificação do comércio e das trocas, de questionamento do velho poder oligárquico, de ampliação do uso social da propriedade, de melhor distribuição dos bens, de participação política dos trabalhadores (pelo menos os de classe média), de autonomia da pessoa, da implementação do individualismo burguês, tudo isso como que impunha a ruína do velho mundo[394].

Para a nova ordem, a implementação dessas condições significava abrir mão das garantias do domínio e abdicar do direito ao poder arbitrário que separava "livres" de "não livres". A transição de um mundo para outro é incompleta por causa da permanência dos princípios que dinamizavam a antiga ordem. Sua presença, para Luís, só pode ser alegorizada nas formas híbridas, formuladas em imagens ou combinações do moderno com o arcaico. A "cidade como chiqueiro de porcos no cio do velho Trajano" é construída por Luís da Silva nesse sentido: "Automóveis abertos exibiam casais, automóveis fechados passavam rápidos, e eu adivinhava neles saias machucadas, gemidos, cheiros excitantes. Todos os veículos transportavam pecados. A cidade estava no cio, era como o chiqueiro do velho Trajano" (p. 155). O mundo moderno burguês figura-

---

394 Valentim A. Facioli, *op. cit.*, p. 66.

do por automóveis conserva em seu interior o que seriam os mesmos processos de reprodução na antiga ordem. A diferença é que, na antiga, "os músculos e o ventre de Quitéria" pertenciam a Trajano, e, na nova, os músculos e o ventre de Marina são comprados (mesmo indiretamente) por Julião Tavares. O critério moral que eleva a propriedade de negras e negros na antiga ordem, segundo Luís, é que ela garantia a proteção e a felicidade deles, incluindo-os no núcleo familiar; na nova, nem o ventre nem os músculos de Marina são propriedades de Julião, pertencem a ela mesma, em termos de liberdade individual, que as troca por passeios de automóveis, jantares e idas ao teatro. No final de tudo, ela termina sua jornada na casa de dona Albertina, parteira moderna, porque também os recursos da medicina da cidade servem a Julião Tavares no sentido de apenas arcar com o custo do aborto: "Sinhá Terta não faria semelhante coisa. Sinhá Terta não tinha diploma, nem placa, nem anúncios nas folhas, acreditava em pecado e *vivia num tempo em que os filhos traziam vantagens aos pais*" (p. 164, grifos meus). Tal elevação moral dos aspectos arcaicos é que torna Julião, católico, capitalista, e todo o mundo moderno-burguês, menos que a senzala do velho Trajano: "chiqueiro de porcos no cio".

INTROMISSÃO: IÇANDO O MONSTRO INTROSPECTIVO

> Da felicidade de João Valério, cuja psicologia de fato mesquinha permitiu-lhe uma fusão entre os valores da comunidade em que vivia e seus próprios anseios pessoais, à infelicidade irremediável de Luís da Silva, que sequer sabe ao certo a que comunidade pertence, [...] Graciliano Ramos, através do conflito com o outro, empreendeu a mais bem acabada fusão entre vida íntima e social que o romance [da década] de [19]30 foi capaz de urdir – talvez em toda a tradição do romance brasileiro apenas Machado de Assis tenha construído monumento literário compatível, nesse sentido, ao seu.
>
> (LUÍS BUENO, *Uma história do romance de 30*)

Aproveitando os cenários que a capital lhe oferecia, Graciliano historicizava os *fenômenos de consciência política* produzidos pela criminalização dos direitos da pessoa à intimidade, ao particular, ao livre pensamento, pela imposição de um modelo que passava muito longe das garantias de condição humana e do direito à cidadania. A defesa da produção intimista dos grupos católicos na literatura tinha como finalidade impor um modelo comportamental externo, passando bem longe do que de fato constituía o subjetivo. Segundo Graciliano, o mundo objetivo não eliminava a introspecção, pelo contrário, a configurava. Daí *Angústia*, obra das mais complexas em termos de construção psicológica, ter como tema central a colisão entre a antiga ordem rural, patriarcal e escravista e o mundo burguês:

> "Arriscara-me a fixar a decadência da família rural, a ruína da burguesia, a imprensa corrupta, a malandragem política, e atrevera-me a estudar a loucura e o crime". E comenta melancolicamente: "Ninguém tratava disso, referiam-se a um drama sentimental e besta em cidade pequena". Ficou uma feita abatido e triste porque um crítico classificou *Angústia* de "famoso romance".
>
> — "Ele tem razão. É o que é realmente aquela porcaria."[395]

Efetivamente, o romance trata desses aspectos históricos. E, muito embora não apague "o drama sentimental" por completo, tratar apenas dele reduz a obra a exatamente tudo que Graciliano deplorava: "malandragem política", ou seja, psicologização de problemas que tinham como causa as relações externas ao indivíduo. Nesse sentido, ambas as correntes, intimista e regionalista/objetivista, fundavam-se pelo engajamento político da literatura. O intimismo era regido mais pelo critério de vigilância dos comportamentos que de fato por uma convenção literária. Confundia-se introspecção com intromissão (imposição de valores). Tratava-se, portanto, de um modelo literário tão engajado politicamente quanto o era o modelo neorrealista ou do romance social. A *intromissão*, contrária à *introspecção*, era estimulada pela contrapropaganda revolucionária e pela convocação de alistamento eleitoral da Liga Eleitoral Católica (LEC), nas igrejas, sob a ameaça de, sem a declaração oficial de catolicismo, não se conceder a absolvição sacramental e, em consequência, o direito de comungar:

> Atendendo à gravidade do momento político-social do mundo, notadamente do Brasil, afirmou o reitor dos jesuítas, com a responsabilidade do seu alto cargo sacerdotal e como intérprete dos seus pares, ser de tal relevância o dever dos católicos de ambos os sexos, no momento atual, de se alistar e votar, que aos apáticos, aos abstencionistas recalcitrantes ser-lhe-á negada, no confessionário, a absolvição sacramental, pois se tornarão impenitentes de culpa grave[396].

Da não declaração pública dos princípios católicos deduzia-se a "culpa grave", em termos de subjetividade, em que se localizava o segredo do mal: o comunismo, o socialismo e alguns princípios liberais, sobretudo os direitos de liberdade individual e da inclusão social das classes desprivilegiadas. Autorizava-se a vigilância dos gestos e comportamentos externos que se desviavam dos estereótipos subjetivos de boa conduta: ser católico, crente, patriota, obediente à autoridade etc. Disso resultou que as características reservadas fossem criminalizadas, tomadas como espécie de resistência, e que uma discordância banal fosse considerada recalcitrante.

Na estrutura de *Angústia*, esse dado permite diferenciar *intromissão* de *introspecção*. É das perturbações provocadas pela privação

---

395 Peregrino Júnior, *Três ensaios, op. cit.*, p. 68.

396 *Diário Carioca*, "As próximas eleições constituintes. Uma sensacional declaração do diretor da Federação das Congregações Marianas", *op. cit.*

dos direitos individuais, do direito de ser outro, que se podem notar as verdadeiras razões dos conflitos. Quando Luís da Silva descreve Moisés, judeu, comunista, defendendo a revolução no café, dá significado ao ambiente repressivo pela figura da autoridade: "De repente cala-se: foi o doutor chefe de polícia que apareceu e começou a cochichar com os políticos. O dedo de Moisés some-se entre as folhas do jornal, o revolucionário esconde-se [...]" (p. 22). Ser comunista, socialista, evangélico é parte da subjetividade a ser suprimida pela criminalização. É esse sentido que Graciliano expressa ao declarar "atrevera-me a estudar a loucura e o crime". O crime não se reduz a pequenos delitos como o furto, ou graves, como o assassinato. É da criminalização do direito ao livre-arbítrio que fala, do direito de decidir e fazer escolhas próprias, em suma: da criminalização de princípios em torno dos quais se organizam as democracias. A privação do direito de ser outro resulta como aspecto de desorganização e desequilíbrio emocional do sujeito no mundo, dando impulsos à loucura.

Assim, o romance historicizava o poder político autoritário, correlacionado ao poder da polícia, associando os traços que compõem o caráter de Julião Tavares à autenticidade de um "eu" unilateral ou que reduzia a pluralidade. Não se trata apenas de uma péssima pessoa ou de um cínico: Julião desautoriza os que não são o que ele é. Antes da entrada repentina dele na casa de Luís da Silva, o narrador conta que a "discordância", ao menos entre amigos, não passava de mero exercício da inteligência ou um estimulante da produção argumentativa:

> Quando bebia, tornava-me loquaz, e discordava de tudo [que dizia Moisés], só por espírito de contradição: – História! Essa porcaria não endireita. Revolução no Brasil! Conversa! Quem vai fazer revolução? Os operários? Espere por isso. Estão encolhidos, homem. E os camponeses votam com o governo, gostam do vigário. [...] Eu gritava ao ouvido da criada: – Ele diz que a gente não precisa de Deus. Nem de Deus nem de padres. Vai acabar tudo. (p. 44-5)

É imprescindível compreender que "o governo" é "o vigário"/ Igreja em termos simbólicos de domínio político conservado pela nova ordem. Não exatamente uma liderança espiritual, conforme o direito privado da fé ou crença, é objetivação do que compõe o poder. No ambiente familiar, na casa de Luís, a resistência às ideias do outro representa apenas operar com as que circulam em termos de opinião pública, extraídos dos debates políticos que se encontrariam nos jornais. Discordar de Moisés ou Pimentel não oferece ameaça, representa mais um tipo de anestésico para as dores da existência.

Portanto, quando Julião Tavares os surpreende, entrando na casa de Luís sem pedir licença, sua figura provoca o silêncio e a retração. As características de Julião, poeta, católico, filho de comerciante, patriota, de modo semelhante à presença do doutor chefe de polícia, desautoriza o direito de opinião. Como força repressora, leva-os a monitorar o próprio comportamento. Isso faz observar os gestos que apontam o *introspectivo* içado pela *intromissão*.

Mestre das miudezas intensamente significativas, Graciliano trabalha com a observação dos perigos da banalidade, impressionando pela capacidade de transformar um mero esbarrão entre dois desconhecidos, uma antipatia ou simples discordância em fagulha destruidora de mundos. Luís da Silva não passava de um mero escrevente, conformado com o destino a que muitos da sua classe se haviam sujeitado, até o dia em que, em uma festa de arte no Instituto Histórico e Geográfico de Alagoas, assistindo da plateia a um sarau, vê "um sujeito gordo":

> [...] assaltou a tribuna e gritou um discurso furioso e patriótico. Citou os coqueiros, as praias, o céu azul, os canais e outras preciosidades alagoanas, desceu e começou a bater palmas terríveis aos oradores, aos poetas e às cantoras que vieram depois dele. À saída deu-me um encontrão, segurou-me um braço e impediu que me despencasse pela escada abaixo. Desculpou-se por me haver empurrado, agradeci ter-me agarrado o braço e saímos juntos pela rua do Sol. Repetiu pouco mais ou menos o que tinha dito no discurso e afirmou que adorava o Brasil.
>
> — Ah! Eu vi perfeitamente que o senhor é patriota.
>
> Foi a conta.
>
> — *Quem não é*, meu amigo? Nessa hora trágica em que *a sorte da nacionalidade* está em jogo...
>
> — Efetivamente, murmurei, as coisas andam pretas.
>
> Conversa vai, conversa vem, fiquei sabendo por alto a vida, o nome e as intenções do homem. Família rica. Tavares & Cia., negociantes de secos e molhados, donos de prédios, membros influentes da Associação Comercial, eram uns ratos. Quando eu passava pela rua do Comércio, via-os por detrás do balcão. [...] Esse Julião, literato e bacharel, filho de um deles, tinha os dentes miúdos, afiados, e devia ser um rato, como o pai. *Reacionário e católico*.
>
> — Por disciplina, entende? [argumenta Julião] Considero *a religião um sustentáculo da ordem*, uma necessidade social.

— Se o senhor permite...

E divergi dele, porque o achei horrivelmente antipático. Ouviu-me atento e mostrou desejo de *saber quem eu era*. Encolhi os ombros, olhei os quatro cantos, fiz um gesto vago [...]

— Luís da Silva, rua do Macena, número tanto. Prazer em conhecê-lo.

E meti-me no primeiro bonde que passou. (p. 40-1, grifos meus)

No círculo das relações públicas, enquanto anônimo, Luís pode discordar de Julião. Muito provavelmente ele faz uso dos argumentos de Moisés para divergir dele (lembrando que, ao discordar de Moisés, lança mão do que Julião considera legítimo). São os prováveis argumentos de Moisés, usados por Luís, que acabam atraindo a curiosidade de Julião, cuja expressão "sorte da nacionalidade" se liga à ameaça do comunismo, definindo a pergunta "Quem não é patriota/católico?". Sabe-se que Luís apenas discorda por antipatia ou "espírito de contrariedade". Julião não sabe quem é esse anônimo, e o desejo de conhecê-lo decorre da *discordância* de que "a sorte da nacionalidade estava em jogo", portanto, que a religião fosse "sustentáculo da ordem", o que define as reações de Julião Tavares no desenrolar da narrativa de procurá-lo.

Seu aparecimento repentino na casa de Luís advém de seu poder de "intromissão", da autorização de uma vigilância policial que a Igreja determinava, além do fato de ser membro da "ordem ameaçada" pelos "recalcitrantes", o que aparentemente Luís teria dado a entender nesse encontro fortuito. Nesse esbarrão com o outro, desnorteado por não saber a resposta esperada por Julião de "quem era ele", desastrosamente lhe informa o endereço e permite, de maneira involuntária, a intromissão de alguém que considerou antipático em sua intimidade. Por fim, de uma discordância banal, meramente fundada na opinião dos outros, se produz a fenda que permitirá a Julião descobrir a fraqueza do recalcitrante ao patriotismo e ao catolicismo, "sustentáculos da ordem", arrancando do mais recôndito buraco introspectivo em que se escondia Luís da Silva o monstro que vai enforcá-lo:

— Que diabo vem fazer este sujeito? murmurei com raiva no dia em que Julião Tavares atravessou o corredor sem pedir licença e entrou na sala de jantar, vermelho e com modos de camarada.

Soltei a pena. Moisés dobrou o jornal, Pimentel roeu as unhas. E assim ficamos seis meses, roendo as unhas, o jornal dobrado, a pena suspensa, ouvindo opiniões muito diferentes das nossas. As de Moisés são francamente revolucionárias; as minhas são fragmentadas, instáveis e numerosas; Pimentel às vezes está comigo, outras vezes inclina-se para Moisés. (p. 44)

Julião vem à casa de Luís e aplica-lhe um verdadeiro castigo por discordar dele naquele primeiro encontro. Descobre a casa de um pobre e miserável funcionário público para impor um ponto de vista ameaçador, que faz o revolucionário dobrar o jornal, o escritor Pimentel roer as unhas e o jornalista e funcionário público Luís suspender a pena e parar a escrita. A intromissão revela sua estatura diminuta diante do poder de Julião Tavares. A imposição da ordem que no café faz Moisés esconder-se atrás dos panfletos minuciosamente é descrita aí: "dobra o jornal" e não o abre mais. Nenhuma intimidade escapará da intromissão de Julião. Ele representa a força que os oprime. E o ódio de Luís inicia-se: "O homem do Instituto atrapalhou-me a vida e separou-me dos meus amigos" (p. 44). Fora da intimidade, Julião, ou a ordem que ele representa, era tolerado com naturalidade, mostrando que tanto o conformismo de Luís quanto o de seus amigos estavam ligados à fantasia literária, que constituía para eles um analgésico ou um entorpecente no mundo em que realmente viviam. Dobrar o jornal, suspender a pena e roer as unhas evidencia os traços da tensão ocasionada pela ameaça que Julião representa. Ao isolar Luís da Silva da sociabilidade, Julião vai minando-o até atingir o nervo sensível da sua existência: a fantasia de ter pertencido a uma casta superior.

Sua nostalgia do campo, a partir da entrada repentina de Julião na sua casa, dissolve-se. O mundo imaginário de um avô valente, de cabras valorosos e sinhás católicas e corretas perde o efeito analgésico da nostalgia: "Se aquele patife tivesse *chegado aqui naturalmente*, eu não me zangaria. Se me tivesse encomendado e pago um artigo de elogio à firma Tavares & Cia., eu teria escrito o artigo. É isto. Pratiquei neste mundo muita safadeza" (p. 47, grifos meus). A entrada de Julião na vida dele não é natural, não veio formalmente, mas pessoalmente a partir da discordância. O impacto mais profundo desse encontro reside no fato de ele contribuir para que Julião exerça a suposta superioridade, escrevendo artigos em defesa da sua classe. A pena fica suspensa porque os argumentos que saem da boca de Julião, sentado à mesa de jantar, de pernas cruzadas, fumando, são as suas próprias safadezas: "*Essas coisas a gente diz no jornal*, e nenhuma pessoa medianamente sensata liga importância a elas. Mas na sala de jantar, fumando, de perna trançada, é falta de vergonha. Francamente, é falta de vergonha" (p. 47).

Luís é atingido em sua dignidade de pequeno escritor, iludido de grandezas imaginárias pelo efeito analgésico da ficção de um ancestral superior. A nostalgia passa, desse momento em diante, à memória com que procura no presente as associações ou correspondências com que vai dar sentido ao impulso de matar Julião Tavares. Nessas lembranças, passado e presente, de modo involuntário, descrevem os aspectos conservados pela nova ordem. Ao voltar ao passado, buscando o argumento de que necessita para destruir a imagem do adversário, apenas revela continuidades: a fazenda, a vila e a cidade apresentam-se como extensões da transformação gradual das duas ordens numa fusão em torno do mesmo núcleo, constituído pelo poder da violência (oligarquia rural) e pelo direito do controle de subjugar (aristocracia urbana).

Os hábitos da vida na sociedade rural são preservados na cidade pela nova ordem como "sustentáculo do poder". Deixar portas e janelas abertas ao olhar público, à entrada e à saída, revela na narrativa (*diegesis*) as conexões espaciais e temporais externas, não apenas temporalidade/memória psíquica. Os aspectos cênicos preservam o modo de constituição de certo imaginário histórico, condicionando como norma o olhar externo. Ao lembrar a infância, Luís compara a antiga vila com a cidade:

> A escola era triste. Mas, diante das lições, em pé, de braços cruzados, escutando as emboanças de mestre Antônio Justino, *eu via*, no outro lado da rua, *uma casa que tinha sempre a porta escancarada* mostrando a sala, o corredor e o quintal cheio de roseiras. Moravam ali três mulheres velhas que pareciam formigas. Havia rosas em todo canto. Os trastes cobriam-se de grandes manchas vermelhas. Enquanto uma das formigas, de mangas arregaçadas, remexia a terra do jardim, podava, regava, as outras andavam atarefadas, carregando braçadas de rosas.
>
> *Daqui também se veem* algumas roseiras maltratadas no quintal da casa vizinha. Foi entre essas plantas que, no começo do ano passado, avistei Marina pela primeira vez, suada, os cabelos pegando fogo. (p. 14, grifos meus)

Note-se que o olhar penetra o ambiente privado, de portas abertas, percorre-o e por fim reduz as mulheres a formigas. A condição humana dos seres, em sua particularidade existencial, é substituída pela alegoria infantil da fábula do inseto que apenas trabalha. Essa figuração generalista imposta da perspectiva exterior ao privado, por fim, é internalizada pelo indivíduo Luís como continuidade: a vila tem seus traços conservados na cidade conforme os hábitos. O traço da sensibilidade humana, desde a vila, é apagado pelo estereótipo da figura externa, acompanhando a mentalidade infantil, em contato com o mundo da fábula da formiga. Na cidade, no mundo dos adultos, os homens são bichos, parasitas: percevejos, pulgas, ratos, porcos etc. A transformação se dá pela oposição entre a vida no campo, lugar de virtude e felicidade, e a cidade, lugar de vícios, doenças, parasitas, infortúnios, misérias. Do passado ao presente figura-se gradualmente um processo degenerativo: de maços de rosas vermelhas no passado a umas poucas roseiras maltratadas no quintal da casa vizinha. Não há, assim, no romance, uma introspecção absoluta, como poderia sugerir a primeira pessoa do singular, tampouco máxima objetivação, já que a realidade é constituída de estereótipos. Um, dentre os tantos que são usados por Luís, é aquele com que constrói Vitória, espécie de agregada em sua casa, que guarda os níqueis de seu trabalho enterrando-os ao pé da mangueira.

Num momento de aperto, Luís decide "tomar emprestado" de Vitória determinada soma, tirando-o do "cofre enterrado" por ela. Para isso, supõe ele que a criada acumulava não só suas reservas, mas também parte do que era dele, em sentido capitalista: "– Ladra! Estar um homem em dificuldade por causa de vinte mil-réis, uma porcaria, e saber que essa miserável esconde as economias dele, economias suadas, em buracos no chão" (p. 118). Luís descobre entre os níqueis enterrados moedas de todo tipo, de libras a dobrões da antiga Colônia. Logo após devolver a quantia ao "cofre", nota que Vitória percebeu ter sido seu pequeno tesouro violado. A criada tranca-se no quarto numa contagem interminável das moedas. Luís percebe que violou o direito do outro de ser quem é, e não quem ele supôs observando os hábitos cotidianos dela de ir e voltar pelo mesmo caminho ao pé da mangueira. Não era uma formiga, tampouco ladra.

Da perturbação permanente de Vitória, após notar a diferença deixada pelas marcas da violação de sua subjetividade, deduz-se que o hábito era parte da condição efetiva de sua organização emocional e do sentido de ser quem ela era, e não a suposta acumuladora das moedas. Sua desorientação se dá pela violação da intimidade, não pela quantia. Luís acrescenta uma espécie de juros do empréstimo forçado sem resultados favoráveis. Isso revela que Vitória sequer sabia o que tinha enterrado, incapaz de perceber o lucro inesperado e dele tirar alguma satisfação. Percebe apenas que foi vigiada em seus movimentos pelo quintal e que seu segredo mais íntimo não era mais segredo. Vigiada, tranca-se no quarto e no mundo impenetrável da sua existência.

O episódio revela, portanto, que, para executar a ação do empréstimo, foi necessária a substituição do "eu autêntico" submerso nos gestos diários da criada pela figura do avaro, ladrão etc. que entesoura o que é dos outros, num processo de intromissão: eis aí a página do fascismo, por dentro, de Hermenegildo Bastos. O mesmo vale para Luís: Julião Tavares toca nos seus segredos mais íntimos e o desorienta completamente ao passo que se impõe com as qualidades que saem da sua própria pena e que são impressas nos jornais. O episódio da criada é apenas um dos exemplos de violação da intimidade pela intromissão. Processo que, em cadeia, como bem observa Luís Bueno, revela:

> No final, ele fizera com Vitória o mesmo que Julião fizera com ele: levou o desespero a uma alma que vivia sossegada. É claro que os vinte e três mil-réis valiam apenas vinte e três mil-réis para ele, mas para Vitória valiam o sossego. Por que, no final das contas, Marina não poderia ser apenas mais uma conquista sem importância para Julião? Como ele poderia saber que nela Luís projetava o final de todas as suas *angústias* e nela preparava o começo de toda uma nova era? O outro é inobservável para qualquer um[397].

É necessário considerar que a primeira violação de Julião na intimidade de Luís da Silva ocorre porque este discorda de suas ideias. A intromissão produz a "suspensão da pena", traço da sua intimidade que dá sentido complexo ao ofício de escrever, desde que sai da vila, após perder tudo com a morte de Camilo. Sem nada na vida, deixa a vila em direção à cidade e mendiga baseado no potencial de elevar-se pela escrita:

> Valorizava a esmola:
>
> — Trago um romance entre os meus papéis. Compus um livro de versos, um livro de contos. Sou obrigado a recorrer aos meus conterrâneos. Até que me arranje, até que possa editar minhas obras.
>
> Recebia, com um sorriso, o níquel e o gesto de desprezo. (p. 24)

Sob a promessa da escrita, de uma crença de, a partir dela, arranjar-se na vida, é que chega a Maceió. E o rebaixamento a que é exposto pela intromissão de Julião Tavares se revela por este não vir lhe oferecer um níquel em troca de um artigo, uma safadeza, mas sim fazer os mesmos "gestos de desprezo" que o dinheiro permite desde sua saída da vila. Por isso, nas primeiras páginas, apesar da tarefa do artigo encomendado, ele rabisca o nome de Marina: "O artigo que me pediram afasta-se do papel. É verdade que tenho o cigarro e o álcool, mas quando bebo demais ou fumo demais, minha tristeza cresce" (p. 6). Assim, à medida que Julião Tavares se impõe, não como indivíduo da sua classe, mas como uma ideia que circula graças ao próprio ofício de Luís, o remédio o envenena, e a escrita se revela mais que uma safadeza: a condição de domínio da ordem burguesa.

---

397 Luís Bueno, *Uma história do romance de 30, op. cit.*, p. 640.

A redenção que a cidade lhe prometia com a edição de suas obras não se efetiva, apenas produz a degeneração:

> Esforçava-me por me dedicar às minhas ocupações cacetes: escrever elogios ao governo, ler romances e arranjar uma opinião sobre eles. Não há maçada pior. [...] Os ratos não me deixavam fixar a atenção no trabalho. Eu pegava o papel, e eles começavam a dar uns gritinhos que me aperreavam. [...] Afinal íamos encontrar o armário dos livros transformado em cemitério de ratos. Os miseráveis escolhiam para sepultura as obras que mais me agradavam. [...] Mijavam a literatura toda, comiam-me os sonetos inéditos. Eu não podia escrever. (p. 85)

A escrita ou os efeitos analgésicos da literatura configuram as características introspectivas do narrador. Contar a Moisés as histórias do avô supostamente heroico deixa de ser um reles prazer, um passatempo estúpido, para se impor como a exteriorização de um ato que realmente o dignifique:

> Que me importava que Marina fosse de outro? As mulheres não são de ninguém, não têm dono. Sinhá Germana fora de Trajano Pereira de Aquino Cavalcante e Silva, só dele, mas há que tempo! Trajano possuíra escravos, prendera cabras no tronco. E os cangaceiros, vendo-o, varriam o chão com a aba do chapéu de couro. Tudo diferente agora. Sinhá Germana nunca havia trastejado: ali, no duro, as costas calejando a esfregar-se no couro cru do leito de Trajano. [...] E sinhá Germana, doente ou com saúde, lá estava pronta, livre de desejos [...] Malícia nenhuma. Como a cidade me afastara de meus avôs (p. 97-8)

Entre Marina, sem dono na sociedade de classes burguesa, e sinhá Germana, "livre de desejos pessoais", a figura de Trajano se estabelece como um valor moral. Pouco importa Marina na relação de humilhação imposta pelo outro. É a cidade, na figura da literatura e da escrita, que representa a disjunção; afastou-o do objeto-valor representado pela moral elevada do avô. A escrita é o traço subjetivo mais profundo e significativo da organização emocional do personagem, revelada não por sua confissão espontânea, mas pela violação que a presença de Julião Tavares produz. Este, desestabilizando-o emocionalmente, personifica-se a partir do ofício da escrita, reduzindo Luís a menos que um "safado".

O único fundamento ou dado real possível de compreensão ou análise é o processo de escrita do narrador. Pelos artifícios do seu processo de escrita e seus efeitos é que Luís pretende reabilitar-se. Daí ser absolutamente necessário avaliar bem quando o narrador representa o outro e quando inventa o outro. Por exemplo, ao imaginar a possibilidade de a revolução comunista acontecer, vê-se na seguinte circunstância: "Que será de mim no futuro? Está claro que não inspiro confiança aos trabalhadores. Na sessão mais agitada seu Ramalho gemerá, cansado e asmático, um ombro alto, outro baixo – 'Camarada Luís da Silva, você escreveu um artigo defendendo o imperialismo'" –, respondendo mentalmente: "Não escrevi não. Sou lá homem para defender o imperialismo?" (p. 115). Sabemos que seu Ramalho não é comunista, nem sindicalista nem qualquer outro tipo de militante, não cabendo nessa representação de "operário". O que de fato fundamenta a construção desse estereótipo se dá pela consideração de um mundo possível, mas não viável para ele, uma alternativa diferente da ordem burguesa e da antiga ordem escravista.

O artifício é o mesmo na hipótese de que Marina tivesse rompido com ele conforme o padrão burguês romântico: "Devia ter me chamado e dito: – 'Luís, vamos acabar com isto. Pensei que gostava de você, enganei-me, estou embeiçada por outro. Fica zangado comigo?'" Do diálogo imaginado, vem a resposta: "Não fico, Marina. Você havia de casar contra a vontade? Seria um desastre. Adeus. Seja feliz" (p. 83). Nem ele nem Marina são esse tipo de pessoa, menos ainda, vivem nesse mundo. Essas hipóteses são retiradas do que ele chama de "retalhos da opinião pública", ou mesmo tem toda semelhança de diálogos de romances, não correspondendo de modo algum ao que de fato são os outros. Eliminadas essas hipóteses, resta apenas a possibilidade, a partir de suas raízes patriarcais, da restauração da velha ordem.

Construindo, assim, a imagem do que Luís da Silva poderia ser a partir exatamente do que "os outros não são", ele dramatiza a escrita como elo entre o objetivo e o subjetivo em suas articulações alegóricas. Essas imagens do outro são literárias e funcionam, nesse sentido, como fórmulas analgésicas, incapazes de impedir as dores da vida. Conformadas ao possível interlocutor, as imagens do outro, ou dos mundos a que ele pertence, indicam as probabilidades de sua existência, de não ter se tornado quem ele se torna de fato: assassino. Concordamos com Bueno, assim, ao observar que

> O passado permite apagar o outro porque remete a uma ordem em que tudo está em seu lugar e, portanto, não há infelicidade. Quitéria era bruta, e isso consistia em uma felicidade para ela. Os moradores mais pobres não se queixavam – devia estar tudo bem com eles, então. Não há nem sequer, para Luís da Silva, a possibilidade de haver dor humana – exceto as suas próprias. [que] vieram depois. [...][398]

A imagem do passado, a partir do presente, se reduz a uma sociedade de formigas. Ocorre, por outro lado, que sua observação não é completamente invenção, já que as formas de figuração do outro naquele ambiente, como formigas, ratos ladrões, percevejos etc., se dão na forja das relações sociais externas. Luís procura adequar sua narrativa à fórmula que produz verossimilhança. Em relação à instância enunciatária, conduz o *contrato fiduciário* com o seu interlocutor pelo seu modo de contar aparentemente despojado, sem segredo, diferente de como se esconde Moisés, mostrando sua verdadeira natureza. Revelar-se, pelo outro, significa *firmar o pacto de honestidade com o leitor*. Permite a ele inserir-se em certa identidade coletiva.

---

398 Luís Bueno, *Uma história do romance de 30, op. cit.*, p. 624.

VOZES DA OPINIÃO PÚBLICA:
COLCHÃO DE PAINAS

> Seja como for, o que importa salientar nesse tumulto de vozes em torno de Luís da Silva – vozes da memória "ressurgidora" ou da criação artística – é a influência decisiva que vão ter nos movimentos do herói, na sua precipitação pelo caminho do crime. Naturalmente, elas não só o acompanham como um coro ou uma espécie de espelho (que fosse espontaneamente disforme), como agem, participam de seu tormento interior, incitam-no a agir, instigam-no na direção que as suas mais secretas resistências procuram evitar que tome.
>
> (OCTÁVIO DE FARIA, "Graciliano Ramos e o sentido do humano")

Operando os valores internalizados do protagonista, a fórmula popular como estrutura da opinião se apresenta através de um primeiro coadjuvante, apresentado no romance com o apelido de Lobisomem: "Realmente a cara de Lobisomem não inspirava simpatia. E as filhas, de boca aberta, brancas, enroscadas, moles... *Gente suspeita*" (p. 63, grifo meu). A história dessa família, difamada pelos vizinhos por seu comportamento reservado, por andar suja, esmolambada etc., tem como objetivo mostrar como a introspecção é violada pela intromissão. A história contada sobre Lobisomem é puramente hipotética, um artifício de *fazer-saber*; e não que Lobisomem seja tal monstro, mas apenas uma formulação de hipótese de verdade. Mesmo que absolutamente irreal, ela passa a valer pelo compartilhamento coletivo, substituindo a autenticidade ou a condição real de existência do outro. A autoria da história que circula sobre Lobisomem não é particular, o que a configuraria caluniosa. É de terceiros, são vozes, integrando-se da perspectiva coletiva à consciência de Luís da Silva como modelo verossímil, a ser adotado e preservado na sua narrativa. Daí a realidade, do ponto de vista do narrador, constituir-se de paralelos contraditórios ou cenas que aproximam hipóteses de realidade e ficção, exigindo o cuidado de desbastá-las pelo contraste. É um processo de transformação do desconhecido, do que não é visto, pelo familiar "mexerico".

Pelo "ouvir dizer" ou "modo de dizer" se define o que *não é visto* como verdade e o que *é visto* como ilusão. A atuação do imaginário coletivo de transformar o indivíduo tímido em lobisomem – ou, como vimos, Vitória em ladra –, hipótese de a realidade se constituir de fragmentos decifráveis pelo modo como se comporta determinado sujeito, é um padrão ou modelo estruturado pela percepção coletiva.

> Defronte da minha casa veio morar uma família esquisita, *que não se relacionou com a vizinhança*: um velho barbudo, encolhido, e três moças amarelas, sujas, malvestidas, ruivas e arrepiadas. O homem, de nome ignorado, andava olhando os pés, carrancudo, e não cumprimentava ninguém.

> — Talvez sejam *protestantes*, comentava seu Ramalho.

> [...] O carvoeiro tinha visto o homem abotoando a uma das sujeitas, *no quarto*. Porcaria. *Nem fechavam a porta*. D. Mercedes resumiu o caso.

> [...] — Até dá engulhos, exclamou Antônia. Comer três filhas. Que lobisomem.

> Daí por diante o velho se chamou Lobisomem. (p. 60-1, grifos meus)

Vê-se aí o processo coletivo (constituído pelos fragmentos das narrativas de seu Ramalho, dona Adélia, dona Mercedes, Antônia, o narrador etc.) de figuração na narrativa como produção coletiva, que constituirá também o processo do narrador ao passo que diz: "Se aquilo fosse verdade? Não tinha verossimilhança, era aleive, disparate. Mas tanta gente repetindo as mesmas palavras..." (p. 63). Ao longo da narrativa, notamos que as histórias contadas por Luís obedecem ao mesmo padrão de composição e de repetição, decifrando uma realidade monstruosa por trás da impossibilidade de saber o que há dentro do outro ou no interior de uma casa. Ele obedece à fórmula popular de verossimilhança e de condução dos sentidos, que substitui o "visto" ou "malvisto" pelo "dito"/"contado", revelando a semelhança do processo de elaboração da opinião que teme. As marcas desse registro na linguagem de Luís vão se dar pelo uso do condicional (*se*) ou das sentenças constituídas pela exploração de argumentos hipotéticos, por exemplo, por meio dos verbos no pretérito do futuro do indicativo e pelo modo subjuntivo.

Ele, efetivamente, não presencia absolutamente nada do que narra: não vê Julião engravidar Marina, não o vê dar a ela a quantia necessária para pagar a operação realizada por dona Albertina, não vê Marina na casa de dona Albertina fazer o aborto, apenas conduz o leitor pelo modelo popular aceito de contar uma história por meio das circunstâncias que envolvem um possível acontecimento, pela dedução dos fragmentos observados e pelas representações que circulam nas trocas sociais. A casa de dona Albertina tem portas e janelas fechadas, autorizando-lhe contar o que acontece no seu interior. Na cena em que se descobre a gravidez de Marina no banheiro, Luís da Silva admite que podia retirar um tijolo e olhar o que se passava ali. Mas não o faz. Em vez disso, conta a história de dona Adélia, mãe de Marina, da perspectiva de um passado de virtude e felicidade em contraste com a miséria no presente, explorando o enorme potencial descritivo do drama e da dor das duas mulheres como se fossem dele.

Daí o caráter de aparente realidade na narrativa, as figurações do outro não serem construções exclusivas de seu imaginário, obedecendo à forma ou ao padrão em circulação. A dor dele e a dos outros só existem porque o presente, a cidade, é lugar de vício e de infortúnio. Logo, contar/narrar do modo como narra Luís da Silva confere à sugestão um grande peso, cujo fim é propor ao interlocutor as próprias razões em detrimento das razões dos outros (descritos conforme as intenções de Luís). No fim das contas, as razões de o desconhecido se afastar do convívio não poderia ter como causa a difamação sofrida em função de sua aparência exterior? Do mesmo modo que Julião Tavares invade o seu pequeno esconderijo, após "Trinta e cinco anos, funcionário público, homem de ocupações marcadas pelo regulamento" etc. (p. 31), e destrói a sua ilusão de pertencer a uma casta superior ou de pela escrita tornar-se famoso, Luís o faz com os outros. *Angústia* é, por essa razão, um romance intimista cujo processo narrativo se funda em uma trama coletiva.

Diferentemente da percepção de Mário de Andrade, que propõe ser *Angústia* – pela "decisão impiedosa de não fazer do caso que nos conta um 'caso'" – um romance "que revaloriza o pensamento com os botões"[399], o livro propõe a análise do pensamento consigo mesmo por meio dos botões dos outros. Os botões dos outros funcionam como tribunal inquisitorial, o que fica bem nítido pela composição da história do cearense esfomeado, em que, diferentemente de Lobisomem, apenas difamado, sofre punição rigorosa. Assim como Lobisomem "teria sido visto" por seu Ramalho "abotoando a blusa da filha", fragmento do íntimo que daria sentido ao boato/intromissão, conta-se a história do cearense, vítima de linchamento e prisão.

Para tal júri, acreditar é o fator essencial: "O que mais me aborrecia era não saber se as pessoas que falavam dele [Lobisomem] acreditavam na história suja. Enchia-me de raiva por *não conseguir livrar-me*

---

399 Mário de Andrade, "*Angústia*", em: Edilson Dias de Moura, *op. cit.*, p. 259.

dos fuxicos" (p. 63). Por que não podia se livrar dos fuxicos? Porque não poderia apartar-se desse tribunal popular, dessas vozes que o acompanham. O fato de não saber se as pessoas acreditavam ou não na história vale enquanto fé, mais que o fato irreal, ainda que uma crença vulgar, aleivosa, inverossímil. Portanto, como a estrutura de produção do fuxico se repete, é na repetição da estrutura que se acredita. Luís da Silva precisa contar de um modo capaz de fazer acreditar pela repetição. Por isso, vem-lhe também a hipótese da correção do erro gerado pela perspectiva da repetição do erro por meio da análise crítica. Isto é: o malvisto ou malcontado, semelhantemente ao ocorrido com o cearense esfomeado, pode ser corrigido:

> [...] *olharam por um buraco da parede* e viram o homem na esteira, nu, abrindo à força as pernas da filha nua, ensanguentada. *Arrombaram a porta*, passaram o homem na embira, deram-lhe pancada de criar bicho – ele confessou, debaixo de zinco, meio morto, que tinha estuprado a menina. Processo, condenação, júri. Anos depois os médicos examinaram a pequena: estava inteirinha. O que havia era sujidade e um corrimento. (p. 63-4, grifos meus)

Note-se como a violência do passado subsiste no presente pela correlação das histórias do cearense esfomeado e de Lobisomem num processo de justiça antecipada segundo o que foi contado. A condenação e a pena aplicada ao cearense ocorrem antes do processo, substituído por outro processo: o direito da violência segundo o senso moral dos ajuntamentos populares. E é a esse outro processo que está relacionado "não conseguir livrar-me dos fuxicos", funcionando como fundamento de verdade que opera nos dois mundos. A decisão de quem seriam, portanto, culpados ou inocentes depende da definição da perspectiva. Luís adota o modelo popular, mesmo que o despreze:

> A minha linguagem é baixa, acanalhada. Às vezes sapeco palavrões obscenos. Não os adoto escrevendo por falta de hábito e porque os jornais não os publicariam, mas é a minha maneira ordinária de falar quando não estou na presença de chefes. (p. 46)

Ele "se acanalha" ao fazer uso da linguagem popular, mas diante dos chefes (e ele se dirige aí à intromissão de Julião Tavares) adotaria aquela linguagem com que de fato se identifica, lembrando inclusive sua repugnância à desobediência da norma na pichação "Índios uni-vos", dizendo que em uma sociedade sem vírgulas ele provavelmente seria enforcado. Teme, nesse sentido, a condenação arbitrária conservada nas

308

estruturas de socialização popular, e não da *Justiça* burguesa, que pode demorar anos, daí a adoção do palavrão na narrativa como processo de aproximação com um interlocutor que o absolveria. Mas também obedece em parte aos padrões de mundo burguês e apenas deplora o rebaixamento das ordens recebidas: "eu usava linguagem diferente da linguagem das outras pessoas. Ordinariamente não é preciso que me digam: – 'Faça isto. Escreva assim.' Basta que me mostrem ser conveniente fazer isto e escrever assim" (p. 166). Sua escrita é conveniente apenas como método de persuasão ou pela vantagem que lhe possa trazer, independentemente de qual modelo for necessário lançar mão. A decisão do modo de escrever de Luís revela-se pelo ódio de "não poder se livrar dos mexericos"/"narrativa de estrutura popular", indicando a análise do romance pelas distorções da realidade produzidas pelo modelo que lhes dá uma suposta verossimilhança, isto é, o processo de escrita que deduz a realidade pela prefiguração do outro já orientada a um destino pelo julgamento antecipado.

Viu-se que a inocência do cearense, após anos de prisão, é revelada pela perícia médica, o que remete à técnica analítica como recurso investigativo imparcial, e que a justiça praticada segundo estereótipos é puramente moralizante. Conforme Hermenegildo: "[...] Convém ressaltar que não estamos no mundo do romance psicológico. Luís da Silva e seu mundo são uma coisa só, interior e exterior. E assinala: "Ademais, a descrição da consciência do narrador existe na materialidade do texto, na escrita, não numa realidade interior qualquer"[400].

A confissão particular do assassinato, por isso, passa para o segundo plano das intenções de narrar, tornando o processo que leva ao assassinato objeto a ser julgado. Ao se explorarem as circunstâncias efetivamente desastrosas da sociedade burguesa, fascista, católica, capitalista pelo que de fato as define como injustas, instaura-se o problema da precipitação de, condenando-o, neutralizarem-se aquelas injustiças que punem, por exemplo, a família de seu Ramalho: "Julião Tavares era como uma viga que tomba do andaime e racha a cabeça do transeunte. Ou um castigo, um decreto da Providência" (p. 134-5). Ao buscar no arbítrio da violência restaurar seu equilíbrio e sua razão de estar no mundo, Luís revela *onde* e *com quem* o direito à violência se encontrava. E a decisão a ser tomada deixa de ser condenar sua ação, em particular, direcionando-se às circunstâncias que lhe dão origem. A ideia de crime em *Angústia* não se restringe à prática do delito, mas também às condições que o possibilitam.

Caso isso não fosse observado, passaria por "destino", castigo divino, o que é resultado das intromissões de Julião Tavares, dissimulan-

---

400 Hermenegildo Bastos, *As artes da ameaça, op. cit.*, p. 90.

do a intencionalidade de satisfazer seus desejos pessoais em detrimento da felicidade de dona Adélia e de Marina. Sem a avaliação das condições que possibilitam a intromissão, Julião passaria por alguém que "entra na vida de ombros e cotovelos, possui uma desenvoltura" que, segundo Antonio Candido, atrairia Luís da Silva enquanto posição privilegiada/invejada, "deixando-o na *angústia* maior do ciúme"[401]. Ao contrário, tal desenvoltura, sustentada na ordem a que pertence, permite-lhe a intromissão, destruindo as ilusões de Marina de realização do casamento. Se, por um lado, Candido acerta em que "Luís tem a obsessão da intimidade dos outros"[402], de outro erra ao não observar que é essa mesma obsessão que move Julião Tavares, no encontrão à saída do sarau, à busca de Luís da Silva: "Ouviu-me atento e mostrou desejo de saber quem eu era. Encolhi os ombros, olhei os quatro cantos, fiz um gesto vago [...]" (p. 41). Esse gesto vago, que significa "ninguém", não basta a Julião, que dias depois encontra a casa de Luís e entra "de ombros e cotovelos": "– Que diabo vem fazer este sujeito?, murmurei com raiva no dia em que Julião Tavares atravessou o corredor sem pedir licença e entrou na sala de jantar, vermelho e com modos de camarada" (p. 44).

Luís evita esse procedimento apenas pela estratégia de simulação de proximidade que a narrativa, enquanto vozes do outro, pode produzir. Basta lembrar que é no banheiro que ele curte sua *angústia* e escuta o que há de mais íntimo na vida de sua vizinha, antes e depois da separação do casal. É onde fica sabendo que dona Adélia, mãe de Marina, descobre a gravidez da filha e não tem forças para reagir. Por mais que pudesse retirar um dos tijolos soltos que separam os banheiros, ele sufoca essa possibilidade de intromissão, o que o leva ao desejo de gritar, não a sua versão do que pensa, mas a de seu Ramalho:

> — A senhora não tem culpa de viver nesse estado, d. Adélia. A senhora não nasceu assim. *Era* corada, risonha, dançava como carrapeta, olhava os homens cara a cara, e os homens se desaprumavam. [...] *Depois* transformaram a senhora nisso, d. Adélia. Um trapo, uma velha sem-vergonha. [...] Nunca se acaba a dignidade da gente, d. Adélia. A gente é molambo sujo de pus e rola nos monturos com outras porcarias, *mas recorda-se do tempo em que estava na peça*, antes de servir. [...]

---

401 Antonio Candido, "Ficção e confissão", *op. cit.*, p. 29.

402 *Ibidem*, p. 29.

> Marina continuava a chorar. D. Adélia queixava-se baixinho. Eu tinha vontade de chorar também, condoía-me da sorte das duas mulheres *e da minha própria sorte.*
>
> É estranho que elas não houvessem aludido uma única vez a Julião Tavares. Nenhuma referência àquele patife. [...] Julião Tavares era como uma viga que tomba do andaime e racha a cabeça do transeunte. Ou um castigo, um decreto da Providência. (p. 134-5, grifos meus)

A perspectiva de Luís sobre o passado de dona Adélia lhe foi narrada por seu Ramalho, e tal passado se configura no que o narrador define ser o seu próprio passado e destino pela identidade narrativa. Diferindo dos vizinhos apenas por seus *status* de herdeiro patriarcal: condoer-se da "sorte das duas mulheres" é condoer-se da sua própria sorte. Assim como dona Adélia não era uma velha sem-vergonha, ele não era "safado". Não se trata, portanto, apenas de argumentos para, como se procede na história do cearense esfomeado, fazer justiça com as próprias mãos, mas de resgatar o sentido de uma ordem em que a família de seu Ramalho e dona Adélia se estabelecia como objeto de proteção dos senhores, fazia parte da engrenagem, pertencia, ao passo que o direito de vingar não era considerado crime, mas sim castigo. A estratégia é tomar as dores das duas mulheres, provocadas no mundo burguês, e transformá-las em defesa da antiga ordem escravista. A correlação com o passado "feliz" produz o ódio àquele que tira proveito de uma situação de forma tão desprezível ou baixa como Julião.

Luís não esconde o fato de que seu avô praticava os mesmos atos. Mas supõe que Trajano não se escondesse como um rato dos seus estupros, acompanhando os partos, mesmo os que não eram seus, revestindo-o de uma espécie de virtude. Além disso, os assassinos do tempo do velho Trajano distinguiam-se dos ratos, ou dos ladrões, pela superioridade moral do ato:

> Em *Angústia* o rato não é somente um ser da qualidade de Luís, que vive à margem, alimentando-se das migalhas que o descuido de alguém mais poderoso deixa no caminho. Os ratos são ladrões – e os ratos que lhe infestam a casa roubam-lhe a comida e os livros. Os grandes ladrões também são ratos. Logo na primeira vez que Julião aparece no romance, é descrito como pertencente a uma estirpe de ratos[403].

Daí concordamos com Bueno em que "Apenas nessa ordem Luís poderia tentar se elevar pelo crime. Afinal, Julião era um criminoso,

---

403 Luís Bueno, *Uma história do romance de 30, op. cit.,* p. 635.

um ladrão. Ele e toda sua família rica eram ratos"[404]. Contudo, ao pôr em paralelo circunstâncias idênticas do mundo arcaico que permitiriam a Trajano praticar os mesmos atos que Julião no presente, Luís da Silva revela acidentalmente o que as fundamenta: "Julião Tavares julgava-se superior aos outros homens porque tinha deflorado várias meninas pobres. Pelos modos, imaginava-se dono delas" (p. 177). O contraste com Trajano abre uma verdadeira galeria de horrores: Quitéria, propriedade de Trajano, na correlação de mundos, representa Marina no presente, posse temporária de Julião Tavares. Assim, a lembrança de Luís permite ao leitor, na sua travessia pela leitura, verificar as contradições produzidas pelo paralelismo entre a ordem burguesa e a ordem escravocrata:

> Quitéria esperneava, espojava-se e soprava na esteira, as varas da Isidora estalavam. Havia silêncio, rumores esquisitos, roncos, voz de sinhá Terta, que a de Quitéria acompanhava, arrastada e nasal:
>
> Minha santa Margarida,
>
> Não estou prenha nem parida.
>
> Tira-me este corpo morto
>
> Que eu tenho na barriga.
>
> Depois uma coisa se derramava e sinhá Terta dizia:
>
> — Louvado seja Nosso Senhor Jesus Cristo!
>
> Meu avô serenava. (p. 137)

Pela lembrança do aborto de Quitéria, acompanhado por Trajano, é que será construído o de Marina. A figura moral de sinhá Terta, como inocente, é usada para que dona Albertina seja encarada como criminosa. Dona Albertina recebe dinheiro, sinhá Terta acreditava no pecado e vivia num mundo em que os filhos traziam vantagem. É preciso acompanhar o movimento do valor: os partos de Quitéria traziam à vida um capital ao dono de escravos até o momento em que ainda não havia a Lei do Ventre Livre. Sinhá Terta contribui, ainda que de modo inconsciente, para a riqueza de Trajano; e, quando o ventre deixa de gerar propriedade e passa a gerar custos, a voz de sinhá Terta orienta a de Quitéria: "Tira-me este corpo morto / Que eu tenho na barriga". Na cidade, o filho de Marina nada vale senão o custo do trabalho de dona Albertina de retirar dela um corpo morto.

404 *Ibidem*, p. 635.

A cena do aborto de Marina na casa de dona Albertina se constrói em contraste com os de Quitéria. Luís tece todo um cenário fictício do que poderia estar acontecendo no interior da casa, escondido em um boteco, de onde observa do outro lado da rua Marina entrar. O imaginário é ocasionado pela leitura da placa, fragmento das circunstâncias, em que se diz: "Albertina de tal, parteira diplomada". Os efeitos da aguardente/analgésico assumem função simbólica de explicitação da prática escrita ficcional, pela oposição entre cenário real do boteco e os cenários descritos ao longo de dezenas de páginas que sucedem em seu imaginário como entorpecimento. Uma sequência de cenas em que apenas a "interrogação" do dono do bar, escutando parte de sua fabulação em voz alta, é verdade:

> Bebi o resto da aguardente, pensando em coisas sagradas, Deus, pátria, família, coisas distantes. Por cima da armação da bodega havia a litografia de uma santinha bonita. *Lembrei-me do Deus antigo que incendiava cidades*:
>
> — A humanidade está ficando pulha.
>
> — Hum? [interroga o bodegueiro]
>
> — É cá uma história. Faz o favor de trazer mais aguardente?
>
> O homem cabeludo trouxe a garrafa:
>
> — É o que se aproveita neste mundo. [afirma o bodegueiro]
>
> — Mais ou menos. [responde Luís]
>
> Uma pátria dominada por dr. Gouveia, Julião Tavares, o diretor da minha repartição, o amante de d. Mercedes, outros dessa marca, era chinfrim. Tudo odioso e estúpido, mais odioso e estúpido que o sujeito que despejava aguardente no copo sujo. Que demora de Marina! D. Adélia chegava à janela. Seu Ramalho, cansado, um ombro alto e outro baixo, entrava sucumbido, assobiando por causa da asma, ia sentar-se à mesa de toalha rasgada, onde a comida esfriava. (p. 163, grifo meu)

Pelo lema "Deus, pátria e família", vinculado ao pacto político católico-integralista, Luís associa o aborto ao falso moralismo da sociedade burguesa dominante e transforma a expressão "Que demora de Marina!", de impaciência sua, em uma preocupação imaginária ou hipotética da mãe, dona Adélia, chegando à janela, num processo de intromissão na intimidade dos outros para definir o que deviam sentir com base na impaciência dele.

É o mesmo artifício da construção, em "A testemunha", na problematização teórica da tese, dos tempos verbais do futuro do pretérito, que supõe algo que não aconteceu deduzido do fragmento observado, do qual o observador é afastado, levando-o a um suposto passado, como exemplar, para a expectativa de futuro, o que imediatamente o transforma também em imaginário. Ao ver a placa azul, Luís formula a hipótese do que se passaria na casa de dona Albertina. Do fragmento de escrita da placa azul supõe o aborto, sem o que, em um futuro tal que nada representa senão seu passado se reproduzindo indefinidamente pela hipótese, a criança se tornaria ele mesmo:

> [...] a chama do álcool tremendo, Marina com o rosto escondido entre as mãos, deixando-se apalpar pelos dedos hábeis de d. Albertina. *Se não fosse isso, dentro de 20 anos a criatura mofina estaria volvendo à direita, volvendo à esquerda, decorando nomes das peças de fuzil e passagens gloriosas do Paraguai.* [...] D. Albertina era criminosa, mas não senti ódio a ela. Sinhá Terta não faria semelhante coisa. Sinhá Terta não tinha diploma, nem placa, nem anúncios nas folhas, acreditava em pecado e vivia num tempo em que os filhos traziam vantagens aos pais. (p. 164, grifo meu)

Impõe-se aí não uma projeção qualquer do que seria do filho de Marina. Afastada a hipótese de que poderia ser uma menina, definir o sexo da criança permite o controle do futuro imaginado segundo o passado de Luís, relacionando o filho de Marina à sua passagem da infância/adolescência para a fase adulta, sendo ele útil por nascer naquele tempo "glorioso", e inútil o filho de Marina por nascer num presente depravado, controlado simbolicamente pela aliança política católico--integralista personalizada em Julião Tavares. O mesmo processo de fabulação que levou o cearense à condenação injusta é o processo de que lança mão para narrar o aborto. A correlação entre campo e cidade é, sem descanso, explorada na narrativa como um elemento de alto potencial argumentativo.

As correlações se sucedem: a cena de Luís em frente à casa da parteira é semelhante à do avô Trajano, rondando o quarto em que sinhá Terta fazia os partos e abortos da escravizada Quitéria. Pela construção *mise-en-abyme*, Luís da Silva ronda a casa da parteira moderna, mesmo não sendo seu o filho, em função de resíduos de uma antiga altivez perdida. Dois mundos colidem, vivem no mesmo espaço e tempo, pela permanência das práticas arcaicas sob um leve verniz de modernidade.

Construída pela simetria, Marina corresponde à negra Quitéria; dona Albertina é negação de sua versão decadente, sinhá Terta.

A miséria produzida pela sociedade burguesa, no presente, é pretexto para apagamento daquela produzida pela sociedade agrária, gerando a expectativa de um futuro que prevê ou se repete pelo mesmo fator: a permanência do direito à violência ou injustiça identificada nos dois polos da temporalidade. A narrativa de Luís escamoteia a intenção de preservar, no fundo, o que o motiva ao crime. Evocar a ilegitimidade do crime de dona Albertina no presente acentua o valor moral positivo investido na mesma prática na fazenda de seu avô. Não há mudança, apenas retrocesso.

Luís procura no seu passado uma razão de se restabelecer, fato que lembra exatamente a obra que tantos críticos, pela facilidade de relação, achavam estar nas bases de inspiração de *Caetés*, comparando-o com *A ilustre casa de Ramires*, de Eça de Queiroz. Nesse romance, Gonçalo, diante de circunstâncias que o humilham – claro, guardadas as devidas e grandes diferenças de *Angústia* –, procura em sua tentativa de escrever um romance histórico recompor a figura do antepassado, o truculento Tructesindo Mendes Ramires, que por fim o infla de certo orgulho de origem, levando-o a superar a covardia pela prática da violência. A relação entre o romance de Eça e *Caetés* se afasta nesse sentido, anulando as comparações simples, como a de Oscar Mendes:

> Na "Ilustre Casa", Gonçalo Mendes Ramires, "o fidalgo da Torre", prepara o seu romance medieval sobre seu antepassado, o truculento Tructesindo Mendes Ramires. Nos *Caetés*, o guarda-livros João Valério moureja na feitura de sua novela da época da conquista, narrando as proezas antropofágicas dos ferozes *Caetés*[405].

A comparação falha exatamente porque Valério busca nos *caetés* não proezas, mas transferir a eles sua covardia. Conforme João Paulo Paes, "[...] seu reconhecimento final de trazer em si a alma de um caeté envolve não um sentimento de orgulho, mas de autodeterminação", ao contrário do que se dá em *A ilustre casa de Ramires*, em que "A ancestralidade se afirma como um valor positivo [...] Em nada lhe diminui a positividade a ocasional aversão que seu protagonista [Gonçalo] afeta sentir pela barbárie e ferocidade dos antepassados"[406]. Ainda mais porque é ponto alto do romance de Eça a transformação contraditória que opera

---

405 Oscar Mendes, "*Caetés*/Crônica Literária", em: *Estado de Minas*, 1934, em: Edilson Dias de Moura, *op. cit.*, p. 227.

406 José Paulo Paes, "Do fidalgo ao guarda-livros", em: Graciliano Ramos, *Caetés*, *op. cit.*, p. 226-7

em Ramires ter chicoteado quase até a morte o valentão de Nacejas, que o humilhava havia tempos, em seus encontros pela estrada. E nesse ponto reside a semelhança com *Angústia*: embora a violência não mude o presente de Luís, menos ainda o passado, tampouco restaure sua felicidade, ao menos ela funciona como fator de reconstrução da figura de seu avô Trajano: no fim, sabemos que o avô dele pratica atos semelhantes aos de Julião Tavares, o que o desmistifica como ancestral superior.

A violência de Luís da Silva não muda sua verdadeira condição, e o mundo imaginário de antepassados ilustres se reduz ao que de fato era: um mero analgésico literário, um passatempo estúpido. Sua luta contra a fatalidade de sua origem ter-se tornado mera excrescência no mundo burguês urbano é inútil. A fazenda que conhecera de fato era já ruína. A única imagem do avô é a decadente, dormindo, meio caduco, num banco do alpendre da fazenda arruinada, com uma cobra enforcando-o, enrolada no pescoço:

> As cascavéis torciam-se por ali. Uma delas enroscou-se no pescoço de Trajano, que dormia no banco do alpendre. Trajano acordou, mas não acordou inteiramente, porque estava caduco. Levantou-se, tropeçando, gritando, e sapateou desengonçado como um doente de coreia. Uma alpercata saltou-lhe do pé. E ele, arrepiado, metia os dedos entre os anéis do colar vivo:
>
> — Tira, tira, tira. (p. 138)

A corda trazida por seu Ivo como presente despretensiosamente assume aí caráter alucinante: é a extensão do passado, colar vivo no pescoço do avô, no presente materializada. Diante dela, em cima da mesa, avalia: "Parecia-me que, se pronunciasse o nome, uma parte das minhas preocupações se revelaria" (p. 139). É extremamente importante essa passagem. Como em *Caetés*, a alegoria da cidade como jogo de xadrez é o nível pelo qual se articulam o externo e o interno; como em *São Bernardo*, o pio da coruja na torre da igreja; em *Angústia*, a relação da forma de expressão "corda" e sua referência concreta e significante, "a corda que lhe traz seu Ivo", não pode ser pronunciada. Ela só pode ser correlacionada pela metáfora ou sua alegoria. As histórias de enforcamento são alegóricas, inclusive a da cascavel enrolada no pescoço de Trajano, metáforas em que suas intenções estariam salvas, guardadas em segredo. Verbalizado (nominalmente), o termo perderia as qualidades metafóricas, chegaria aos ouvidos alheios como parte. O medo de dizer o termo "corda" revela os tênues limites da articulação metafórica entre os níveis da objetivação e subjetividade:

Ponho a vagabundear em pensamento pela vila distante, entro na igreja, escuto os sermões e os desaforos que padre Inácio pregava aos matutos: "Arreda, povo, raça de cachorro com porco." Sento-me no paredão do açude, ouço a cantiga dos sapos. Vejo a figura sinistra de seu Evaristo enforcado e os homens que iam para a cadeia amarrados de cordas. (p. 14)

A ancoragem da narrativa, como lugar de onde enuncia, vem a seguir pela simetria entre a vila e a cidade: "*Lá* estão novamente gritando os meus desejos. Calam-se acovardados, tornam-se inofensivos, transformam-se, correm para a vila *recomposta*" (p. 14, grifos meus). Na vila recomposta pela metáfora, onde perde tudo no despejo, onde a corda instrumentaliza o poder da violência, a vergonha não permite falar da nódoa de sangue que cobre o rosto do pai morto. Refugiar-se no imaginário é, portanto, um meio de proteção contra o mundo objetivo que o move desde a infância. Naquele mundo, envergonha morrer assassinado. Mas não assassinar. O valor positivo, no passado, assume no presente a forma de corda, que uniria as pontas, desde "*Lá* [...] gritando os meus desejos". Motiva-o o desejo de vingar, desde à vila, a morte de Camilo, o sequestro dos bens operado pela hipoteca que o reduz à mendicância. Logo nas primeiras descrições da vila, conta sobre a escola:

De repente surgiam vozes estranhas. Que eram? Ainda hoje não sei. Vozes que iam crescendo, monótonas, e me causavam medo. Um alarido, um queixume, clamor enorme, sempre no mesmo tom. As ruas enchiam-se, a saleta enchia-se – e eu tinha impressão de que o brado saía das paredes, saía dos móveis. Fechava os ouvidos para não perceber aquilo: as vozes continuavam, cada vez mais fortes. (p. 15)

Apesar de a lembrança ser desagradável, é para lá que a memória corre. Lá pode ficar sozinho, esconder-se no interior das expressões sem significado. Luís Bueno, em sua análise, é quem explica rigorosamente a razão desse isolamento:

Em duas ocasiões Luís conta que era um menino sozinho. Na primeira, ao evocar os tempos de escola, apenas o declara, sem explicar nada, e o leitor pode pensar que se tratava de uma espécie de inclinação natural para a solidão: "Saímos numa algazarra. Eu ia jogar pião, sozinho, ou empinar papagaio. Sempre brinquei só" (p. 14). Mais tarde podemos saber que havia uma interdição, ditada pelo espírito orgulhoso de quem já havia tido importância: "Eu queria gritar e espojar-me na areia como os outros. Mas meu pai estava na esquina, conversando com Teotoninho Sabiá, e não consentia que me aproximasse das crianças, certamente receando que me corrompesse.

Sempre brinquei só. Por isso cresci assim besta e mofino" (p. 163). Eis a transição entre aquelas duas ordens a que Luís se ligava. Em nome de uma ordem que, a bem da verdade, morrera como o avô, o pai impede de integrar-se na outra ordem[407].

A morte de Camilo, indiciada apenas pela nódoa vermelha no lençol coberta de moscas, é uma vergonha. Restaurar a ordem preexiste a Julião e Marina. É esse o segredo que escondem as metáforas da "corda" e dos enforcamentos. Não pode dar às vozes, desde a infância, tal significação. Elas vão ressurgir no fim da narrativa conforme a dúvida "Quem eram? Ainda hoje não sei", porque não têm substância, não têm conteúdo, e seus significados morreram com o mundo de Trajano e de Camilo. São ecos com que supõem os outros a partir dos retalhos de opinião pública. Elas o persuadem que matar Julião restauraria a ordem no mundo. Mas o crime não produz nenhuma transformação senão torná-lo assassino. No final dos dois processos, o narrativo, em que conta o que dizem as vozes, e o escrito, com que pretende destruir a imagem de Julião, o nada: "Milhares de figurinhas insignificantes. Eu era uma figurinha insignificante e mexia-me com cuidado para não molestar as outras. 16.384. Íamos descansar. Um colchão de paina" (p. 222). O enforcamento de Julião Tavares, afinal, revela-se no presente exatamente pelo que há de criminoso no passado. Não pode restaurar o passado exatamente porque sua prática leva à perpetuação o infortúnio, a miséria e a injustiça.

Ao que parece, Graciliano se deparava com um novo dilema aí. O mundo capitalista burguês, representado por Julião Tavares, não acabaria fagocitado por alimentar-se dos meios de produção arcaicos, incorporados à sua estrutura ou dinâmica. Luís não se liberta da ideia que corporifica Julião Tavares; ao contrário, acentua mais ainda seu sentido. Seria necessário buscar nesses dois extremos o elo disjuntivo, que romperia a cadeia do contínuo representado pelo arbítrio do poder da violência de ambos os mundos. E Graciliano o encontraria no que chama de "um trambolhão muito sério", dado em 1936, que resultou em "uma propaganda imerecida" de *Angústia*:

> [...] Sim senhor, involuntariamente. [...] fui emigrado em condições bem desagradáveis. Essa viagem inesperada contribuiu para que vários leitores travassem conhecimento com o meu Luís da Silva, o que não teria sucedido se ele e eu vivêssemos ainda na nossa modesta capital, bocejando nas repartições[408].

---

407 Luís Bueno, *Uma história do romance de 30, op. cit.*, p. 628.
408 Graciliano Ramos, *Linhas tortas, op. cit.*, p. 196.

TÓPICAS DA ESCRAVIDÃO EM *VIDAS SECAS*

Pertinente ao problema das questões de segurança pública, do período *imediatamente anterior* à promulgação do Código de Processo Penal de 1941, foi o caso emblemático que expôs as entranhas daquele momento, traduzido na obra de Graciliano Ramos *Memórias do cárcere*, ele mesmo vítima de uma das mais cruéis práticas dos regimes autoritários que têm no *encarceramento arbitrário* sua *expressão*. O episódio surreal expõe a céu aberto as idiossincrasias e absurdos a que o abuso do poder pode levar e, paradoxalmente, torna realidade a ficção descrita na quase contemporânea obra de Franz Kafka (*O processo*), a demonstrar a tênue *diferença* do imaginário e do real.

(BELMIRO JORGE PATTO, "O Código de Processo Penal brasileiro 75 anos depois")

SALIÊNCIAS HISTÓRICAS:
O PERIGO DA DEMOCRACIA

> – Um homem, Fabiano.
>
> Coçou o queixo cabeludo, parou, reacendeu o cigarro. Não, provavelmente *não seria homem*: seria aquilo mesmo a vida inteira, cabra, *governado pelos brancos*, quase uma rês na fazenda alheia. [...]
>
> Pouco a pouco o ferro do proprietário queimava os bichos de Fabiano. E quando não tinha mais nada para vender, o sertanejo endividava-se. [...] Passar a vida inteira assim no toco, entregando o que era dele de mão beijada! Estava *direito* aquilo? *Trabalhar como um negro* e nunca arranjar *carta de alforria*!
>
> (GRACILIANO RAMOS, *Vidas secas*, grifos meus)

Belmiro Jorge Patto, professor de filosofia do direito, no artigo "O Código de Processo Penal brasileiro 75 anos depois: uma trajetória de autoritarismos, ineficiências, descasos e retrocessos", ao avaliar a noção de liberdade no Brasil, desenvolve-a a partir da sociabilidade produzida pelo abuso do poder de origem escravista. Mais de cem anos depois da abolição, os traços sociais e simbólicos da antiga ordem escravocrata e de seu sistema de produção acomodam-se ao conceito de "liberdade jurídica", estabelecido pelo sentido social do trabalho "não livre". Isso ocorre de tal modo que, apenas cinco anos após a radicalização em 1936 – talvez o primeiro encarceramento em massa de pessoas "não negras" –, o processo penal tivesse se tornado preocupação, por se tratar de uma garantia contra os excessos indiscriminados do Estado.

As garantias de direitos individuais na década de 1930 haviam se tornado uma abstração, mais literárias ou filosóficas que parte da realidade jurídica brasileira, uma constatação nítida nas palavras do juiz federal em Alagoas Alpheu Rosas Martins, ao justificar sua sentença de absolvição dos réus acusados de preparar um levante em Maceió. Após inocentar os "suspeitos", foge do estado e passa a se defender pelos jornais. O episódio acaba amplamente divulgado, soando como um alerta ao Judiciário. Preso ainda em Recife, Graciliano teve notícia da perseguição ao juiz, concluindo disso que "[...] a toga não se arriscaria, considerando isso ou aquilo, assinar um mandado de soltura". Sucumbia completamente o que restava ainda do sonho "democrático": "Em substituição a isso, impunha-se uma lei verbal e móvel, indiferente aos textos, caprichosa, sujeita a erros, interesses e paixões". E Graciliano pergunta-se: "E depois? O caos, provavelmente. Se os defensores da ordem a violavam, que devíamos esperar?"[409]. Não custa lembrar que "os conservadores" recorrem à repressão em nome da "ordem democrática" contra a "ditadura comunista". Parte da contradição se explica, conforme Florestan Fernandes, em *Apontamentos sobre a "teoria do autoritarismo"*:

> [...] não podiam pôr em prática o "idealismo constitucional" e admitir a transição efetiva da democracia restrita para a democracia de participação ampliada, já que a "democracia burguesa" trazia consigo riscos potenciais de "sublevação da ordem"[410].

Isso gera o conflito da defesa da ordem (qual ordem?). Ora, a democracia representava o desmoronamento da velha ordem, considerando-se que, segundo Valentim Facioli, a "ampliação do uso social da propriedade", "melhor distribuição dos bens", "participação política dos trabalhadores", "autonomia da pessoa", "implementação do individualismo burguês", "tudo isso como que impunha a ruína do velho mundo"[411]. Ou seja, em termos teóricos,

> [...] o estado de exceção brota do Estado democrático, em que está embutido. Estrutura e história estão correlacionadas. Quando as relações autoritárias se exacerbam, a estrutura ganha saliência, o que é mais profundo vem à tona e revela a face burguesa da imposição da autoridade[412].

Na obra de Graciliano, bem como em sua trajetória pública, expõem-se as saliências do poder autoritário (faces escravista e racista da burguesia brasileira) na estrutura capitalista estatal. Graciliano não *documenta* "um momento de exceção", revelando um mundo desconhecido, mas realiza aquilo para o que Florestan chama atenção, trazendo à tona "o que é mais profundo". Não é à toa que, em *Vidas secas*, põe Fabiano a refletir que vivia num mundo "governado pelos brancos", trabalhando

---

409 Graciliano Ramos, *Memórias do cárcere, op. cit.*, p. 101-2.
410 Florestan Fernandes, *Apontamentos sobre a "teoria do autoritarismo", op. cit.*, p. 84.
411 Valentim A. Facioli, *op. cit.*, p. 66.
412 Florestan Fernandes, *Apontamentos sobre a "teoria do autoritarismo", op. cit.*, p. 53.

"como um negro", "no toco", sem jamais conquistar "carta de alforria". Os signos da humilhação escravista dão origem ao "cabra", animal domesticável, substituto de "outro animal", diferente apenas pela sua classificação indefinida: "pele branca tisnada do sol, olhos azuis, cabelos ruivos":

> No Brasil os escravos eram classificados segundo a cor e o local de nascimento. Tradicionalmente, uma divisão tríplice classificava os escravos nas categorias de africanos (que aqui presumimos serem negros), crioulos (negros nascidos no Brasil) e pardos (mestiços). Este último grupo não continha apenas mulatos, mas também filhos de brancos com índios, que recebiam denominações variadas como mestiços, mamelucos ou caboclos. Também estão aqui incluídos os cabras (pessoas de ascendência mista, porém indefinida)[413].

A origem da animalização do homem em *Vidas secas*, divergindo das análises (neor)realistas (organicistas) e das (neo)naturalistas da obra do autor, que descartam o nível metafórico/alegórico da narrativa, está na base das relações de socialização do sistema de produção escravista e do racismo cientificista. Ao auto-humilhar-se, "Você é um bicho, Fabiano", o personagem/narrador dá as referências e qualidades que animalizam o homem: "no toco", "aguentando cipó de boi no lombo", o que faz desse bicho, "cabra", uma variação da sua origem humana: o negro ou as populações afrodescendentes brasileiras escravizadas. Sem explorar as relações metafóricas da narrativa inscrita na isotopia figurativa constituída de termos como "toco", "tronco", sofisticados pelo cativeiro do juro, ao capítulo final, "Fuga", pode-se cair numa armadilha: a de que "Em *Vidas secas*, há uma inversão de valores: o homem é animalizado, e o animal é humanizado"[414].

Como veremos, isso não é tão simples. Pode-se dizer que "o negro é animalizado" pela opressão escravista que, até o fim do século XIX, se fundamentava no direito de propriedade em termos jurídicos. No romance, Fabiano, ao experimentar essa animalização, reconhecendo em si os traços do negro, se humaniza e constitui uma consciência da liberdade universalizada, ainda que não ponha em prática a resistência representada pelas ideias que lhe vêm à mente. A fuga, contudo, sempre foi uma dessas formas de reação e rebeldia contra a ordem burguesa escravista.

Viu-se anteriormente que o antigo mundo colonial escravista emerge, em meados dos anos 1930, das práticas do arbítrio do poder, do

---

413 Stuart B. Schwartz, *op. cit.*, p. 184.

414 Leticia Malard, *op. cit.*, p. 26.

uso da força e do abuso da violência. Daí o autor escolher meticulosamente os elementos simbólicos da antiga ordem escravista, com mais intensidade em *Angústia* e *Vidas secas*, organizando-os da superfície *da* história linear dos romances *para* sua infraestrutura textual, segundo um núcleo de significação dos conceitos que indefinem sua temporalidade. Atemporal, a noção de "carta de alforria"/*liberdade* torna-se legível pela exploração produtiva dos símbolos/ferramentas do abuso: "chicote", "cipó de boi", "toco", "tronco", "trabalhar como escravo", "preso", "culpado", "pena", "juros", "carta de alforria", "negro fugido", "fuga" etc.:

> A insistência de Graciliano Ramos em narrar situações de opressão, este repisar de fatos essencialmente iguais que colocam o leitor perante uma galeria de prisioneiros, de quadros e exemplos de não liberdade, esta insistência é, entretanto, a insistência na liberdade[415].

Não seria possível interpretar esses signos sem a compreensão de que não existe naquele horizonte de expectativas a liberdade tal qual aquela a que se chega aos dias atuais, portanto que a *presunção de inocência*, da qual deriva o conceito de *inviolabilidade da liberdade* que orienta – ou deveria orientar – os ideais democráticos atuais, não existe ou só existe em termos conceituais e filosóficos. Ou seja, não existe a racionalidade jurídica com que a crítica de modo geral se exime da análise da prisão, implícita no argumento de que Graciliano foi preso sem processo. Ademais, o pressuposto de que ninguém poderá ser preso sem o devido processo legal, cláusula pétrea na atual Constituição de 1988, é uma inovação que, ainda hoje, produz perplexidade no Brasil, encarada como "prejudicial" aos interesses da sociedade:

> Veja-se o que se operou na última década em termos de interpretação no âmbito do Supremo Tribunal Federal no que se refere ao princípio estruturante, não só do processo penal constitucional brasileiro, mas verdadeiro valor estruturante da cultura ocidental, qual seja, o princípio da inocência. [...] Preferiu o Supremo Tribunal Federal ficar do lado da tradição de sua jurisprudência consolidada! A questão que não quer calar é, *data maxima venia*, justamente a da possibilidade de se manter uma interpretação anterior [a 1988] nesta matéria tão sensível que tem em seu bojo o direito de liberdade [...][416]

415 Hermenegildo Bastos, *Memórias do cárcere, op. cit.*, p. 202.
416 Belmiro Jorge Patto, "O Código de Processo Penal brasileiro 75 anos depois: uma trajetória de autoritarismos, ineficiências, descasos e retrocessos", *Revista Pensa-*

A questão que se coloca neste capítulo é a mesma: a da possibilidade de manter uma interpretação pós-1988 para justificar a LSN n. 38 de 1935, análoga ao "AI-5" de 1968. O ano de 1988 é marco, ainda que simbólico, do reconhecimento de que 1888-1889 jamais representou uma ruptura histórica. As restrições democráticas do abuso do poder remetem a uma consciência dimensionada atemporalmente pelos elementos simbólicos e culturais da origem colonial do país que se problematizam pelo par liberdade *vs.* escravidão. É pensando nisso, em seu tempo, que Graciliano aconselha: "Não caluniemos nosso pequeno fascismo tupinambá: se o fizermos, perderemos qualquer vestígio de autoridade e, quando formos verazes, ninguém nos dará crédito"[417]. De fato, antes do encarceramento em massa de 1936, centenas de pessoas negras, indígenas e seus descendentes, naturalmente sem processo, eram enviados para a Colônia Correcional da Ilha Grande e também para a de Fernando de Noronha; crianças pobres eram arrancadas de suas famílias e enviadas à Colônia Correcional de Dois Rios[418]. A novidade na década de 1930 foi mandar para esses presídios dissidentes políticos brancos oriundos da classe média burguesa:

> Habituara-me de fato, desde a infância, a presenciar violências, mas invariavelmente elas recaíam em sujeitos da classe baixa. Não se concebia que negociantes e funcionários recebessem os tratos dispensados antigamente aos escravos [...]. E estávamos ali, encurralados naquela imundície, tipos da pequena burguesia [...][419].

A violência presenciada na Colônia Correcional é a mesma desde a infância, segundo "os tratos dispensados antigamente aos escravos", transitando de uma ordem para outra, apresentando-se, assim, como infraestrutura dos romances *São Bernardo*, *Angústia* e *Vidas secas*. Nesses romances, "[...] A história e a moral escrevem-se e leem-se na infraestrutura do texto. [...] a palavra poética segue uma lógica que ultrapassa a lógica do discurso codificado, e que só se realiza plenamente à margem

---

mento Jurídico, São Paulo, v. 11, n. 1, jan./jun., 2017, p. 128. Observação: no dia 7 de novembro de 2019, o STF voltou atrás quanto à legalidade de prisão após segunda instância já que em contradição com o princípio de presunção de inocência. O texto de Patto, nesse sentido, decorre de entendimento anterior, mas que definiu os rumos políticos do Brasil nos últimos anos.

417 Graciliano Ramos, *Memórias do cárcere, op. cit.*, p. 34.

418 Maria Luiza Marcílio, *op. cit.*, p. 42.

419 Graciliano Ramos, *Memórias do cárcere, op. cit.*, p. 142.

da cultura oficial"[420]. Por isso é que a caracterização de Fabiano se realiza na órbita dos sentidos do sistema escravista e que o romance abandona a mera denúncia da violência passando ao questionamento dos sentidos oficiais, ou superficiais, do conceito de liberdade.

Até então, a violência sofrida fundamentava-se como "prova"/argumento da culpa/crime, cujo sentido era dar ao castigo exemplaridade, já que o poder da violência se regulamentava pelo direito inquestionável da autoridade de corrigir. O que poria em contradição essa autoridade, de uma hora para outra, senão o fantasma democrático? Quando Fabiano atrela, em *Vidas secas*, o domínio arbitrário do "governo dos brancos" com "a pena dos juros" aplicada pelo patrão, se pergunta: "Estava *direito* aquilo? *Trabalhar como um negro e nunca arranjar carta de alforria!*"[421]. Não se pode encarar tal modo de compreensão sobre si mesmo como exclusivamente arcaico-colonial, já que, nele, o objeto da relação modernizadora "juros" dinamiza o trabalho de estrutura capitalista e faz Fabiano sujeitar-se não mais pelo governo do chicote/"cipó de boi" do branco, tal qual no período anterior, mas pelo aprisionamento à dívida/"tronco", verdadeiro fator que o impele à fuga no último capítulo. Chicote, tronco e juros se unificam. Essa fusão de práticas de dominação contraditórias ocorre porque, conforme Florestan Fernandes,

> [...] a Independência, a emergência do Estado nacional e a eclosão do mercado capitalista moderno não destroem as estruturas econômicas, sociais e de poder de origens coloniais, *mas se adaptam a elas*. O "moderno" e o "arcaico" se superpõem, tornando-se interdependentes como fatores de acumulação capitalista primitiva e de consolidação do desenvolvimento capitalista a partir de dentro[422].

A permanência das práticas escravistas não se restringe, portanto, apenas ao período colonial e deve ser considerada do ponto de vista histórico e social como um processo contínuo, que chega à atualidade, permitindo à crítica literária, no vislumbre das práticas artísticas, assumir o *status* de crítica cultural. Em *Vidas secas*, Fabiano não foi caracterizado

---

420 Julia Kristeva, *op. cit.*, p. 70. Obs.: considerá-se *Caetés* um romance que obedece à cultura oficial: o suporte alegórico do indígena não rompe a lógica do discurso indianista, apenas se opõe à noção romântica de "bom selvagem".

421 Graciliano Ramos, *Vidas secas*, *op. cit.*, *p.* 25-94 (grifos meus). Doravante, far-se-á apenas indicação da página no corpo do texto.

422 Florestan Fernandes, *Apontamentos sobre a "teoria do autoritarismo"*, *op. cit.*, p. 82 (grifo meu).

"vermelho", "queimado", "olhos azuis" e "a barba e os cabelos ruivos" à toa. Sua exterioridade não o tipifica conforme o modelo naturalista/realista (neonaturalista/neorrealista). O entendimento de si como "cabra" (extensão do antigo para o novo escravizado, de olhos azuis) se constrói nas relações determinadas pelo trabalho compulsório e com o poder: "como vivia em terra alheia, cuidava de animais alheios, *descobria*-se [negro], encolhia-se na presença dos *brancos* e julgava-se cabra" (p. 18, grifos meus); isto é, via-se reduzido a "rês alheia" pela permanência do tipo de propriedade que reduz o homem a animal doméstico, ele mesmo propriedade, irmanando-se ao escravizado pelas condições sociais, evocando-o pela memória do cativeiro e dos signos da humilhação da população negra de ascendência africana. Assim é que Fabiano, preso arbitrariamente no capítulo "Cadeia", após ser forçado a jogar cartas com o soldado amarelo, pensa:

> Então porque *um sem-vergonha desordeiro* se arrelia, bota-se um cabra na cadeia, dá-se pancada nele? Sabia perfeitamente que era assim, acostumara-se a todas as violências, a todas as injustiças. E aos conhecidos *que dormiam no tronco* e *aguentavam cipó de boi* oferecia consolação: – "Tenha paciência. Apanhar do governo *não é desfeita.*" (p. 33, grifos meus)

Ora! Apanhar do "governo dos brancos", representando pelo "patrão", pela "autoridade" de "um sem-vergonha desordeiro", o soldado amarelo, e pelo cobrador de impostos que o impede de vender o seu produto na praça, não é desonra, já que o castigo se anularia nas razões ilegítimas da "escravização" operada pelo abuso do poder. Portanto, Fabiano, embora branco, se reconhece na pele do outro, desenvolvendo nele a consciência do negro e de suas estratégias de libertação/"carta de alforria"; daí não restar alternativa à "fuga". O negro vai aparecer em todas as formas de "liberdade cerceada de modo ilegítimo" para Fabiano. Mesmo não podendo reagir, questiona a noção de que a prisão tenha origem na culpa de ter nascido com uma sina ruim.

Fabiano não *naturaliza* o castigo ("aguentar cipó de boi") quando diz de si mesmo que é um bicho. Consola os companheiros, na mesma situação, contrariando a legitimidade do castigo, contrariando, portanto, também a leitura/análise que se organiza pela ideia de "animalização do homem", de um lado, e de "humanização dos bichos", de outro. Em *Vidas secas*, esse questionamento ultrapassa todos os limites do tempo e do espaço em razão de decorrer privilegiadamente da consciência de *liberdade* como um direito universal humano. Portanto, o romance estabelece um diálogo que tanto fundamenta o passado quanto faz parte do presente *in continuum*:

[...] práticas recorrentes de tortura, prisões sem processo, truculência policial na abordagem ao cidadão, sistema penitenciário em estado de calamidade pública, tudo isto denunciado constantemente às autoridades públicas e por décadas a fio sem respostas efetivas do Estado brasileiro; tudo é fruto desta história que parece não existir para a comunidade jurídica atual que crê na força incrível de um texto constitucional que somente se viabilizará justamente no momento em que esta mesma comunidade se debruçar sobre esse passado de práticas abusivas que permanecem permeando aquele mesmo texto com suas chibatadas e humilhações autoritárias[423].

Particularmente, no âmbito da pesquisa literária, não se debruçar nas relações do abuso do poder, de origem escravista, na obra de Graciliano, bem como nas razões de sua prisão, representa o não reconhecimento da sua contribuição ao combate histórico das práticas abusivas e das humilhações autoritárias. É notando essa carência que Luiz Costa Lima, em sua análise de *Memórias do cárcere*, se pergunta por que até hoje nada se sabe do que se passou dentro dos presídios do Estado Novo. O crítico lembra que Graciliano "adivinhava" o que o esperava na Colônia Correcional pelos relatos de Francisco Chermont, filho do senador que ousou denunciar as práticas da polícia política e do governo Vargas. Chermont recebe como punição o envio de seu filho à Ilha Grande: "[...] o rapaz retornava da Colônia e, ante seu estado de trapo, parecia outra pessoa". E conclui Costa Lima: "O que Francisco Chermont relatava torna mais espantosa a falta, até hoje, de pesquisas a respeito"[424]. A justificativa generalizada de que "não houve processo formal", premissa de uma racionalidade jurídica pautada pela noção de liberdade, não é apenas anacrônica: representa uma censura velada de se pesquisar o que ocupava a noção de *processo*.

— Qual o motivo da prisão?

— Sei lá! Talvez ligações com a Aliança Nacional Libertadora, ligações que, no entanto, não existiam. [...]

— Foi assim, então, que veio para o Rio?

— Foi. Arrastado, preso.

— *Mas valeu a pena*, não?[425]

---

423 Belmiro Jorge Patto, *op. cit.*, p. 122.

424 Luiz Costa Lima, *História, ficção, literatura*, São Paulo: Companhia das Letras, 2006, p. 362.

425 Homero Senna, *op. cit.*, p. 53 (grifo meu).

Duas perguntas tremendas. Trate-se apenas da primeira, em que se presume a vítima ter o dever de explicar as razões de seu algoz a ter encarcerado e torturado. A pergunta deveria ser feita ao agressor, no caso o Estado, que sorrateiramente não disse nada (não formalizou processo). Do mesmo modo, a pesquisa deveria visar não ao autor, mas às razões do agressor e seu *modus operandi*. Graciliano não poderia responder pelo Estado, o que lhe daria razão, além de confirmar a tese do arbítrio do poder como uma garantia da liberdade, dando à posse do arbítrio legitimidade. A pergunta vinha formulada, portanto, segundo a premissa de uma autoridade absoluta, cujo sentido se aloja no argumento do "castigo" como prova do delito, na presunção de culpa. A premissa por isso remete a uma ordem em que "as relações são autoritárias e não se pautam por uma racionalidade jurídica que tenha como ponto de partida a *liberdade*", conforme Patto, que se fundava antes pelo critério das

> [...] relações repressivas a que [os indivíduos] estavam submetidos, pois são tais práticas [de repressão] que lhes garantirão a própria posição conquistada [livre]. Não era diferente com os escravos que ao se emanciparem, em geral, compravam escravos para garantir o *status* de participante da vida social brasileira[426].

A pergunta de Homero Senna se fundava na compreensão de que o abuso do poder é garantia dos "livres" para preservação da "ordem", portanto, inquestionável. Como vítima, porém, Graciliano não a aceita, recusa publicamente essa garantia dos livres e assume-se culpado até as últimas consequências, evidenciando as "ligações inexistentes" com o crime como "justificativas vazias" para abuso do poder. A trajetória artística e pública do autor se convertia em combate às teses positivistas/ deterministas que justificavam esse direito de dominação sobre o outro, reduzido a "animal domesticável", incapaz de desenvolvimento cognitivo e da constituição de uma consciência moral saudável. Nesse sentido, punha-se ao lado daqueles que não se omitiam, constituindo-se severo adversário dos "livres", unindo-se aos traidores:

> Talvez não seja inoportuno aludir à ação de certos indivíduos, evidentemente traidores, que defendem os interesses duma raça ou classe inimiga da deles: [...] brancos defendendo os pretos nos Estados Unidos. Gilberto Freyre e Arthur Ramos deviam ser negros. Não são. Como o autor de Mamba e suas filhas [DuBose Heyward]. Julgaram

---

426 Belmiro Jorge Patto, *op. cit.*, 2017, p. 119.

na Europa que este fosse preto. Foram ver de perto e era um cento por cento. [...] Há ainda os romances negros de Lins do Rego e Jorge Amado [...][427].

Pelas relações produzidas pelo autoritarismo, a situação da população afrodescendente no Brasil dos anos 1930 revelava o sentido da "liberdade permitida" segundo a condição de reprodução dos signos da humilhação do negro:

> Na literatura do século passado os pretos surgiam bonzinhos, bem-comportados, as mucamas queriam ser agradáveis às sinhás, as mães pretas deixavam que os filhos morressem por falta de alimentação e viviam exclusivamente para amamentar o menino branco. Agora é diferente. Moleque Ricardo e Antônio Balduíno querem viver, metem-se em greves, acabam nas prisões. São os pretos atuais, refletidos, inimigos dos brancos, não porque estes tenham cor diferente da deles, mas porque os podem agarrar e mandar para Fernando de Noronha[428].

Ressalte-se: inimigos não porque são brancos, mas porque os brancos exercem o arbítrio da violência, são contra a liberdade, impondo as exigências da sociedade escravista como critério de liberdade condicional: "Palavras tais como 'dedicado', 'obediente' e 'leal' eram empregadas com frequência nas cartas [de alforria] para descrever as qualidades desejáveis na escravidão. [...] uma espécie de 'pré-requisito' ou exigência mínima"[429]. Repita-se: em *Vidas secas*, Fabiano não se pensa "negro fugido", "trabalhando como negro", "no toco", "sem carta de alforria", aconselhando "os companheiros que dormiam no tronco", "aguentando no lombo cipó de boi", a ter paciência, apenas pela semelhança que a tragédia da população negra sugeria. Todos esses signos funcionam como uma espécie de senha libertária. Por isso, a inclusão do negro na arte ou na vida se havia tornado assunto de polícia, interpretada como estratégia "comunista" de dar forma de expressão racial à rebelião.

A situação de Fabiano é semelhante à do antigo escravo. Os sonhos recorrentes com a cidade e com os filhos na escola representam uma realização tão extraordinária quanto o que havia de realizar-se depois da morte para Baleia. A *esperança* em *Vidas secas*, inexistente

---

427 Graciliano Ramos, *Garranchos, op. cit.*, p. 170.

428 *Ibidem*, p. 170-1.

429 Stuart B. Schwartz, *op. cit.*, p. 196-7.

nas obras anteriores, aparece de modo muito perceptível e localizada após a prisão em 1936-1937. O autor vencia a estratégia da omissão do processo, um modo *de não deixar rastros*. Deixava, em janeiro de 1937, a condição de *culpado* para se tornar *vítima* do processo histórico que o havia levado à Colônia Correcional, não para se corrigir, o dirão, mas para morrer.

   O artifício da omissão, confirmado pela ausência do processo não só do autor, mas de um número, ainda que incerto, de pelo menos duzentos cidadãos (na atualidade, conforme Rose, em *Uma das coisas esquecidas*, foi de aproximadamente 3.250[430] cidadãos), não foi fruto da "incapacidade/incompetência" do Estado, foi um procedimento sistemático aplicado "aos que recusavam a liberdade permitida", "aos traidores". Um processo que documentasse as contradições históricas produziria provas das relações autoritárias e permitiria discutir seu *modus operandi*. Sem o processo, só restava aos condenados reivindicar sua inocência, defender-se das injúrias, das calúnias, das mentiras insufladas pelos jornais na esfera da opinião, e não na dos tribunais. Portanto, não há praticamente arquivos, o que leva à pesquisa da longa tradição cultural das relações que permeiam a noção de liberdade no Brasil. É aí que o que faz Graciliano em *Vidas secas* remete ao que fez Machado de Assis em *Memórias póstumas de Brás Cubas*.

   O escritor carioca expõe sutilmente a estratégia de omissão do debate sobre a liberdade pela exploração dos signos, símbolos e práticas que a tornavam "condicional". Quando constrói um "defunto" que se propõe examinar esse passado de violência idealizando-o em "um capítulo alegre", Machado não se omite: em vez de "capítulo alegre" escreve "O vergalho". Nele, elabora o encontro entre Prudêncio e Brás Cubas: o antigo amo se aproxima de uma multidão embasbacada a assistir a um negro "vergalhando" outro negro. Brás reconhece Prudêncio, ex-escravizado por sua família, armado de chicote. Pergunta qual foi o crime cometido pelo negro e escuta as mesmas justificativas banalizadas de que era vagabundo e bêbado. Brás ordena que pare o castigo, sendo respeitado imediatamente: "– Pois não, nhonhô manda, não pede. Entra para casa, bêbado!"[431]. A razão implícita da liberdade condicional de Prudêncio infere-se das condições impostas pela carta de alforria:

---

430 R. S. Rose, *op. cit.*, p. 91. Segundo o pesquisador, o total de detidos no país em meados de 1937 variava de 7 mil a 35 mil pessoas.

431 Machado de Assis, *Memórias póstumas de Brás Cubas*, em: Machado de Assis, *Obra completa*, v. 1, Rio de Janeiro: Nova Aguilar, 1994, p. 78.

[...] os libertos obviamente só conservavam a liberdade enquanto cumprissem certas normas de subserviência criadas pela comunidade branca. Em outras palavras, todas as cartas continham condições que sempre deixavam o liberto sujeito à re-escravização[432].

Machado constrói a cena em praça pública. A reprodução do castigo de que Prudêncio foi vítima na infância é uma condição imposta. Brás se retira dali e, caminhando, lembra a condição do menino Prudêncio, que na infância ele fazia de montaria e no qual desferia chicotadas: "Punha-lhe o freio na boca e o desancava sem compaixão". Agora, adulto, "livre", segundo Brás Cubas, Prudêncio transferia para outro "as quantias" que dele recebera. O que leva inclusive o autor-defunto, evidentemente sob a ironia sarcástica machadiana, a ter a ideia de fazer do episódio um capítulo "talvez alegre", dizendo "Eu gosto dos capítulos alegres"[433]. Com isso, formula uma omissão: segundo Brás Cubas, Prudêncio, em vez de cumprir os requisitos da liberdade consentida/"condicional", "embranquecendo-se pelo exercício da violência", praticaria uma vingança contra sua própria condição de nascimento. Nesse sentido "o capítulo" é "alegre", se desvia da "imposição da violência" contra o outro como modelo de socialização:

Agora, porém, que era livre, dispunha de si mesmo, dos braços, das pernas, *podia trabalhar,* folgar, dormir, *desagrilhoado da antiga condição,* agora é que ele se desbancava: comprou um escravo, e ia-lhe pagando, com altos juros, as quantias que de mim recebera[434].

---

432 Stuart B. Schwartz, *op. cit.,* p. 214.

433 Perturbadoramente, essa mentalidade de Brás Cubas não se restringe à ficção, tendo correlatos reais. Em setembro de 2021, estarreceu a notícia de que certo autor branco ousou fazer dos porões de navios negreiros um capítulo feliz da nossa história. "A cientista social J.S. ficou indignada quando escolheu o livro infantil *ABECÊ da Liberdade: a história de Luiz Gama* para presentear o filho de uma amiga. Na obra sobre a infância do escritor e advogado Luiz Gama (1830-1882), figura histórica da luta abolicionista no país, leu cenas em que crianças negras no porão de um navio negreiro pulavam corda com correntes e achavam graça em brincar de escravos de Jó enquanto navegavam rumo à escravidão". Ana Maria Alcantara, "Companhia das Letras recolhe livro com crianças brincando em navio negreiro", *UOL/Cotidiano,* 11 set. 2021, disponível em: https://noticias.uol.com.br/cotidiano/ultimas-noticias/2021/09/11/cia-das-letras-recolhe-livro-que-mostra-crianca-brincando-em-navio-negreiro.htm?cmpid=copiaecola, acesso em: 16 set. 2021.

434 Machado de Assis, *Memórias póstumas de Brás Cubas, op. cit.* (grifos meus).

"O vergalho" é alegoria da liberdade do branco consentida ao negro. O menor indício de desejos pessoais que não atendam os interesses do dominador é considerado traição, deslealdade etc. O liberto deveria *perpetuar os signos de sua própria humilhação histórica para ser livre*. É isso que afirma Graciliano ter mudado em meados de 1930:

> Convém talvez notar que foram professores negros e mulatos os mais ferozes defensores da gramatiquice portuguesa, os piores inimigos da língua que falamos. Provavelmente isso era um recurso [...] isso os aproximava dos brancos. Esse constrangimento secular desapareceu, ou está desaparecendo. As pessoas de cor levantaram a cabeça. Seria interessante saber a razão de elas haverem aprumado o espinhaço e não mais se envergonharem do que são[435].

Discordo aqui somente da ideia de que reproduzir os signos/práticas da própria humilhação seria um recurso para aproximar-se dos brancos. Esse constrangimento secular, além de ser a única concessão possível de participação do negro na vida social, servindo de proteção temporária contra os brancos, justifica-se, segundo o próprio autor alagoano, exatamente porque os brancos "os podem agarrar e mandar para Fernando de Noronha"[436].

Machado teria usado a norma escrita como meio de protesto, e não para "mascarar-se". Se assim o fosse, provavelmente leríamos o "capítulo alegre" em vez de "O vergalho". Portanto, o autor ironiza as condições de liberdade da carta de alforria pela "exposição do constrangimento" de ser branco, isto é: efetivar práticas violentas como critério de liberdade. É preciso ir além do sentido meramente econômico desse modelo.

> A escravidão foi um sistema, e não um simples conjunto de relações econômicas. Não é de surpreender a descoberta de que obrigava a padrões de pensamentos e ação com relação aos escravos da mesma maneira que fez com aqueles cujas origens não traziam tal estigma[437].

Por tal motivo, Brás Cubas pede que Prudêncio pare o castigo. É mais por medo de a reprodução do constrangimento revelar a norma que por compaixão. Tem-se de levar em conta que o sistema produz uma

435 Graciliano Ramos, *Garranchos, op. cit.*, p. 168.
436 *Ibidem*, p. 171.
437 Stuart B. Schwartz, *op. cit.*, p. 218.

rede de relação, normalização e sistematização social do comportamento: "Os escravos eram uma força de trabalho, e os trabalhos forçados prestados a outros orientavam praticamente todos os aspectos da sua situação. Discutir a vida do escravo sem reconhecer essa realidade é um exercício de fantasia etnográfica"[438]. É essa a proposta de Brás Cubas com a ideia de que Prudêncio apenas sujeitaria o outro a uma vingança contra sua própria origem, e não que estivesse expondo um padrão cultural de sociabilidade fundado em um sistema econômico.

Graciliano rivaliza com Machado em termos de *língua escrita/ gramatiquice portuguesa (recurso, máscara, esconderijo)* vs. *língua falada (andar sem máscaras)*. Por isso, em *Vidas secas*, põe na boca de Fabiano, por meio do narrador onisciente, essa língua falada traduzida: "aos conhecidos *que dormiam no tronco* e *aguentavam cipó de boi* oferecia consolação: – 'Tenha paciência. Apanhar do governo *não é desfeita*'" (p. 33, grifos meus). Maior humilhação que "aguentar cipó de boi", para Fabiano, seria praticar esse "recurso" para aproximar-se dos brancos, como o faz o soldado amarelo:

> Por que motivo o governo aproveita gente assim? Só se ele tinha receio de empregar tipos direitos. Aquela cambada só servia para morder as pessoas inofensivas. Ele, Fabiano, seria tão ruim se andasse fardado? Ia pisar os pés dos trabalhadores e dar pancada neles? Não iria. (p. 105)

Note-se que as relações entre Fabiano e o soldado amarelo são as mesmas que ocorrem entre Prudêncio e seu escravizado. Daí a interpretação da sentença "apanhar de cipó de boi do governo não é desfeita", em *Vidas secas*, significar, ao menos, uma escolha de não reprodução das exigências da carta de alforria, o que resultaria na ideia de "haverem aprumado o espinhaço e não mais se envergonharem do que são"[439]. Em suma, Fabiano prefere ser "animal" a ser "homem". É assim que lhe vem o bom senso de não matar o soldado amarelo ao encontrá-lo sozinho perdido na caatinga. Ao topar com o polícia na caatinga, Fabiano:

> Aprumou-se, fixou os olhos nos olhos do polícia, que se desviaram. *Um homem.* Besteira pensar que ia ficar murcho pro resto da vida. Estava acabado? Não estava. Mas para que suprimir aquele doente que bambeava e só queria *ir para baixo*? Inutilizar-se por uma coisa

---

438 *Ibidem*, p. 89.

439 Graciliano Ramos, *Garranchos, op. cit.*, p. 168.

fardada que vadiava na feira e insultava os pobres! Não se *inutilizava*, não valia a pena inutilizar-se. Guardava sua força.

Vacilou e coçou a testa. Havia muitos bichinhos assim ruins, havia um horror de bichinhos assim fracos e ruins.

Afastou-se, inquieto. Vendo-o acanalhado e *ordeiro*, o soldado ganhou coragem, avançou, pisou firme, perguntou o caminho. E Fabiano tirou o chapéu de couro.

— Governo é governo.

Tirou o chapéu de couro, curvou-se e *ensinou o caminho ao soldado amarelo*. (p. 107, grifos meus)

Fabiano ensina o que um homem, e não um bicho, deve fazer para ser forte: faz-se fraco e ensina não uma direção qualquer ao soldado amarelo, mas uma via da libertação do caminho que o polícia escolheu: "ir para baixo", inutilizando-se na condição exigida de ser bicho reproduzindo os signos de sua própria humilhação. Ver-se-á que Fabiano, recorrendo aos signos da humilhação diante do "governo dos brancos" ("*acanalhado e ordeiro*" no entender do soldado amarelo), constitui uma estratégia de liberdade cuja origem está na compreensão da condição histórica da população escravizada no Brasil.

Em *Infância*, por exemplo, no capítulo "O moleque José", expõe-se exatamente o mesmo sistema do ensino/aprendizagem da socialização pela liberdade condicionada. Graciliano descreve que José "era malandro, apanhado na malandragem, mentia, inocente, sem vergonha, sofria o castigo sem chorar": "Tomava-o por modelo. E, sendo-me difícil copiar-lhe as ações, imitava-lhe a pronúncia"[440]. Numa noite, José foi pego numa traquinagem. Negou, mas vieram "provas", e assim "o infeliz precisava resignar-se ao castigo". Graciliano lembra ter acompanhado o pai arrastando José até a cozinha, "excitado por uma viva sede de justiça. Nenhuma simpatia ao companheiro desgraçado, que se agoniava no pelourinho, aguardando a tortura. [...] De repente o chicote lambeu-lhe as costas"[441].

A dinâmica tinha sentido didático, introduzindo a criança no mundo das relações sociais. Como, na infância de Brás Cubas, Prudêncio era "brinquedo" com que se praticava a liberdade, exercitada no domínio arbitrário que separava "os homens" dos que não o eram, José seria o modelo do menino Graciliano. De modo semelhante, conta que, na sua

---

440 Graciliano Ramos, *Infância, op. cit.*, p. 76.

441 *Ibidem*, p. 78-9.

cabeça de menino, o que a reação de Sebastião Ramos lhe despertou: "[...] a tentação de auxiliar meu pai. [...] José havia cometido grave delito e resolvi colaborar na pena"[442]. O menino Graciliano toma do fogão à lenha um pequeno graveto em brasa e tenciona tocar, ou toca de leve, a sola do pé de José, agitado no ar por Sebastião:

> Não me arriscaria a magoá-lo: queria apenas convencer-me de que poderia fazer alguém padecer. [...] Nesse ponto ele berrou com desespero, a dizer que eu o tinha ferido. Meu pai abandonou-o. E, vendo-me armado, nem olhou o ferimento: levantou-me pelas orelhas e concluiu a punição transferindo para mim todas as culpas do moleque. Fui obrigado a participar do sofrimento alheio[443].

Experimentar a "pena" de José tem como núcleo significativo partilhar dos sofrimentos do grosso da população brasileira representada pelo *moleque*, expressão exclusiva da criança afrodescendente em oposição a *menino*. Compartilha não apenas a dor produzida pela agressão, mas o processo de socialização do sistema escravista. Graciliano, evidentemente, narra o episódio do ponto de vista do adulto, supondo que, "Se a experiência não tivesse gorado", "o instinto ruim" poderia ter feito dele "um homem forte". Esse instinto, no entanto, "malogrou-se", e ele tomou "rumo diferente"[444]. A escolha é semelhante à de Fabiano no encontro com o soldado amarelo, que prefere "fazer-se fraco", o que representa uma estratégia de resistência e de rebeldia contra a exigência de reprodução dos signos da humilhação imposta como condição de liberdade. Em outras palavras: ele se tornava diferente no sentido de que naquele momento se estabeleceu a sua condição "não livre" em termos de sociabilidade, deduzindo-a da recusa da reprodução dos signos/práticas de humilhação do outro. Porém, preserva sua humanidade.

Concordamos, portanto, com Hermenegildo Bastos, para quem "O testemunho sobre a vida do personagem-autor anterior ao momento da prisão" expressaria o sentido de "prisão também", "porque a vida inteira fora vivida e entendida como prisão"[445]. Disso resulta que o ponto de vista da obra de Graciliano Ramos seja um posicionamento e uma reivindicação de liberdade e de direito à vida universais. Partia do positivismo nos anos 1910-1920 para chegar em 1938 à libertação total dos

---

442 *Ibidem*, p. 80.
443 *Ibidem*, p. 80.
444 Graciliano Ramos, *Infância, op. cit.*, p. 80.
445 Hermenegildo Bastos, *Memórias do cárcere, op. cit.*, p. 94.

preceitos deterministas. A liberdade assumia a centralidade conceitual de toda a sua disposição de escrita, expondo-a na materialidade dos signos/símbolos ligados à escravidão.

Por isso é que a noção de que o crime do moleque José, "grave delito", como aquele do conto "A testemunha", em *Insônia*, bem como o do próprio autor, "inexistam": a análise não deve partir do crime ou de uma busca de culpabilidade, mas das condições de liberdade impostas no período. Partindo desse ponto, as justificativas de dominação se desnaturalizavam para dar lugar às saliências históricas, na estrutura social, dos modelos de repressão e de autoritarismo surgidos na Colônia e que haviam permanecido ao longo da implantação da República no Brasil. Assim, "nosso pequeno fascismo tupinambá" assume o sentido de uma repressão permanente. Acusá-lo como justificativa de omitir-se se tornava, por isso, insustentável: "[...] não nos impediu de escrever [...]. Certos escritores se desculpam de não haverem forjado coisas excelentes por *falta de liberdade* – talvez ingênuo recurso de justificar inépcia ou preguiça"[446], já que liberdade completa ninguém tinha desde a origem do país.

De fato, escrever significava a conquista da liberdade, pois esta era exercida numa dimensão da consciência em que nenhum modelo de imposição ou de censura poderia sujeitá-la, fosse pela intimidação da Polícia de Ordem Política e Social, fosse pelas normas gramaticais. É com essa liberdade que deixa a cadeia em janeiro de 1937 e, sem nenhuma preocupação, segue a exercê-la. Escreve para o jornal *Diário de Notícias* a crônica "Norte e sul" em 25 de abril:

> [...] nestes últimos tempos surgiram referências pouco lisonjeiras às vitrines onde os autores nordestinos arrumaram facas de ponta, chapéus de couro, cenas espalhafatosas, religião negra, o cangaço e o eito, coisas que existem realmente e são recebidas com satisfação pelas criaturas vivas. As mortas, empalhadas nas bibliotecas, naturalmente se aborrecem disso, detestam o sr. Lins do Rego, [...] o sr. Jorge Amado, responsável por aqueles horrores da Ladeira do Pelourinho, a srta. Rachel de Queiroz, mulher que se tornou indiscreta depois do João Miguel. Os inimigos da vida torcem o nariz e fecham os olhos diante da narrativa crua, da expressão áspera. [...] A miséria é incômoda. Não toquemos nos monturos[447].

---

446 Graciliano Ramos, *Memórias do cárcere, op. cit.*, p. 34 (grifo meu).
447 *Idem, Linhas tortas, op. cit.*, p. 135-6.

Mesmo sem sequer ter mencionado o nome de Octávio de Faria, apenas os termos com que a crítica desmerecia os romances do Nordeste, aquele entende o artigo como ataque pessoal e responde com "O defunto se levanta" meses depois, com referências muito alusivas ao estado de debilidade física com que Graciliano deixara a prisão: "estava enterrado e, salvo profanação, estávamos livres dele"; "vimos há pouco dias se erguendo do túmulo, sem a menor dúvida ainda bem magrinho e bastante comido de bicho"[448]. Ainda no artigo, Faria enaltece a produção regionalista ao mesmo tempo que a ataca sob o seguinte argumento:

> Possuo álibi fácil para todas as possíveis acusações contidas no artigo do sr. Graciliano Ramos. Pois, antes mesmo que ele nos desse o seu *Caetés*, fui dos que com mais confiança e entusiasmo saudaram a série de romances que os autores do norte nos estavam mandando desde o aparecimento de *A bagaceira* [...][449].

Partindo dessa defesa, confessa, em ato falho, ter acusado Graciliano de comunista em 1935, "[...] quando começou-se [*sic*] a explorar a moda marxista": "em vez de romances começaram a nos impingir [...] indigestos e maçantes 'gestos' de *pobres negros* repentinamente marxistizados [*sic*]"[450]. Como vimos, naquele momento personagens negros que se rebelavam eram interpretados como "elementos dissolventes", com propósito de "degenerar" o ambiente patriótico, dando condições de realizar-se a revolução comunista. Para Faria e os "defensores da ordem", o romance social (que não era o caso dos romances de Graciliano) tinha o propósito de "degeneração" social, propiciando as condições culturais empobrecidas que permitissem a dissolução da fé católica, sustentáculo da ordem e alma da nação. Em suma, a caracterização do negro no romance seria:

> [...] trampolim para ajudar certas manobras escusas que estavam no ar (antes de se concretizarem em novembro de 1935...), e tudo isso à custa do romance, ia uma pesada diferença, e foi por isso, sem dúvida, que muitos protestaram e denunciaram as hábeis manobras e os habilíssimos manobreiros[451].

---

448 *Ibidem*.

449 Octávio de Faria, "O defunto se levanta", *O Jornal*, 30 maio 1937, fonte: Hemeroteca Digital da Biblioteca Nacional do Rio de Janeiro.

450 *Ibidem* (grifo meu).

451 *Ibidem*.

Não resta dúvida de que escreveu a respeito de Graciliano em 1935 com o fim de dizer apenas que ele era comunista: "[...] o fato de o sr. Jorge Amado ser comunista não tem importância nenhuma. Romancistas comunistas de valor existem muitos. Aqui mesmo, entre nós dizem que o sr. Graciliano Ramos o é"[452]. A malícia dessa denúncia, menos hábil que a de Oscar Mendes, em 1935, prova que houve acusação de o autor alagoano trabalhar na conspiração de novembro de 1935 em Natal e naquela que jamais aconteceu em Alagoas. Graciliano era um traidor: fosse por defender o direito das crianças negras de estudar na escola pública e não numa "colônia correcional" para menores infratores (sem qualquer infração cometida), fosse pela promoção de professoras negras a diretoras, ou a escrita de obras literárias obscenas, tudo isso denunciava "propaganda" em torno da sua obra, de acordo com Aydano do Couto Ferraz. Mas, conforme demonstramos ao longo deste livro, o processo que vai se desenvolvendo ao longo da trajetória de Graciliano promoveria a libertação de sua consciência como escritor. Nenhum modelo, nenhuma filosofia política ou partidarista o poderia submeter após o malogro de seu encarceramento.

Vale repetir, de acordo com Hermenegildo Bastos, que Graciliano é preso em 1936 culpado e deixa a prisão em 1937 livre do que havia sido a vida: prisão. Após esse acontecimento, ele não devia explicação a ninguém. Antes, deviam-lhe explicações, algo que nunca aconteceu. Eis a razão de, a partir de 1938, seus escritos adquirirem as características biográficas ou memorialísticas que levam Hermenegildo a considerar o autor alagoano divido por identidades distintas: "autor-escritor", que escreve a obra, e o "autor-leitor", que a lê e a critica. Era necessária a defesa de sua obra em razão das acusações feitas contra ela. Isso o levaria à memória e à biografia. O Rio de Janeiro, traduzindo Hermenegildo, é "um terreno movediço". A recepção da obra, tanto a público-administrativa quanto a literária, se torna importante à medida que ela fora praticamente toda realizada e construída no norte, não no Rio, onde então passa ao convívio direto e diário com seus adversários intelectuais. Em sua entrevista a Homero Senna, o capítulo "Um anti-Pará" – intitulado sarcasticamente, pois sua vinda para o Rio se deu pelo encarceramento, não pelo desejo de migrar – impõe ao autor defender a própria obra, à medida que o entrevistador o caracteriza pelos que desceriam do norte "[...] para vencer na capital da República".

---

452 Octávio Faria, "Uma explicação: a propósito de *Salgueiro*", *op. cit.*

Está claro que existe um "Exército do Pará". Na maioria dos casos, porém, os seus milicianos já chegam feitos do norte. Aqui vêm apenas colher os louros, ou, mais provavelmente, as vantagens. E no Rio em geral definham, tornam-se mofinos. Ignoro se também sou "pará". Nunca fiz coisa que prestasse, *mas ainda assim o pouco que fiz foi lá e não aqui* [...][453].

453 Homero Senna, *op. cit.*, p. 54 (grifo meu).

UMA SOMBRA NO OLHO AZULADO: MUDANÇA

> Em abril de 1936 cheguei ao Rio e foi quando conheci o autor de *Caetés* e *São Bernardo*. Já lhe conhecia os livros e tive então a agradável surpresa de conhecê-lo também. [...] Foi numa pensão da rua Frei Caneca – na Pensão Neiva. [...] Um dia perguntei-lhe: – Graciliano, por que você não escreve alguma coisa sobre esses dias que temos passado juntos. [...] Temos visto tanta coisa: esses vagabundos, degenerados em virtude do desamparo por parte do Estado, transformados em números de cabeça raspada, cabo Costa, "camarão", Vitorio Canepa, anspeçada Aguiar, o padre fazendo discurso, o jogo de futebol, as muquiranas, a fome e a sede...
>
> – Tenho material para escrever o resto da vida. E escreverei disto tudo um bruto livro!
>
> (HERCULANO TORRES CRUZ, *Escritor não é bicho do outro mundo*)

A mudança forçada pela prisão, de Maceió para o Rio, foi o motivo do encontro, em abril de 1936, entre Herculano e Graciliano. O local do encontro, entretanto, foi o Pavilhão dos Primários, que o articulista chama de "Pensão Neiva", na rua Frei Caneca, Rio de Janeiro, endereço do então complexo presidiário a que se destinou grande parte dos presos políticos da época. Herculano vinha junto a um grupo de presos do Paraná. Dez anos depois, Graciliano descreve-o em *Memórias do cárcere*: "Herculano se distingue dos outros paranaenses, um estudante enfermiço, pequenino, amarelo como enxofre [...]"[454]. Portanto, a fala atribuída ao autor, "Tenho material para escrever o resto da vida", confirma a tese defendida por Zenir Campos Reis de que:

> A prisão foi uma experiência fundamental na vida adulta de Graciliano Ramos. Ao lado de *Infância*, pode-se dizer que *Memórias do cárcere*, narrativa de dez meses de cadeia, fornece, mais que uma autobiografia, mais que um documento histórico, uma chave de compreensão da produção literária daquele escritor[455].

---

[454] Graciliano Ramos, *Memórias do cárcere, op. cit.*, p. 359.

[455] Zenir Campos Reis, *op. cit.*, p. 73.

Contudo, de acordo com nosso ponto de vista, a prisão não "abre", e sim fecha um ciclo: equacionava o problema da objetivação da vida coletiva a partir de um ponto intersubjetivo comum e universal que independesse das hipóteses cientificistas: a *liberdade*, e não mais a *sensibilidade*. O problema da objetivação coletiva aparecia em *Caetés*, ao passo que acompanhamos as noções lombrosianas de distinção dos seres humanos conforme a *sensibilidade/insensibilidade*. O princípio filosófico da teoria positivista justificava a incapacidade cognitiva das chamadas "classes perigosas", que atingia as populações afrodescendentes e indígenas e estabelecia as populações brancas como "classe dirigente"/livres. Daí, em *Caetés*, o outro, como representação, apoiar-se na gênese indígena do povo brasileiro (origem da *insensibilidade*).

Em *São Bernardo*, a *insensibilidade* de Paulo Honório (representação coletiva da classe burguesa), implicando a limitação de sua transformação pelo reconhecimento da dor dos explorados, determina-o à reificação, num círculo vicioso que permitiria apenas a reprodução (ou, parafraseando o próprio personagem, a constatação de que, se pudesse voltar atrás, faria exatamente o mesmo que o levou ao drama final). Enfim, a oposição entre sensível e insensível, a partir de *Angústia*, sofre uma reformulação: Graciliano suprime a ideia de "insensibilidade", tornando a *sensibilidade* fator universal da condição humana. Assim, descartava as razões de distinção racial que predominavam no imaginário dos anos 1930 como científicas, passando a combatê-las pelo critério de igualdade entre os homens com base na plena capacidade humana de desenvolvimento em condições adequadas. É o que o levaria ao entendimento de que, na direção da Instrução Pública, era preciso aproveitar a capacidade, apostando na campanha de matrícula escolar das crianças mais pobres, "beiçudas e retintas", dos lugarejos mais afastados.

Finalmente, fechando o ciclo do desenvolvimento da busca pelo universal, a *liberdade* assumiria um primeiro aspecto de possibilidade de representação coletiva pela prisão (condições), revelando a limitação histórica de desenvolvimento autônomo das populações submetidas pela escravidão com base nas teses deterministas/raciais. Portanto, de uma ponta a outra do processo literário do autor, o que vemos se desenvolver é uma experiência que o leva à prisão como desfecho, em sentido de previsão, e não de algo aleatório ou regido pelo destino.

Quanto à hipótese de Zenir Campos Reis de que a prisão "inaugura", talvez ela se deva ao fato de o crítico, tomando de *Linhas tortas* argumentos dos artigos "O romance de Jorge Amado", de janeiro de 1935, e "Porão", escrito depois de 1937, explorar os extremos "objetividade" e "introspecção" como aspectos literários, com o que não concordamos. Para Graciliano, esses níveis deviam se articular, na escrita, pela correlação metafórica/alegórica, defendida aqui como nível literário de fato. Reis não considera, nos artigos, as evidências exploradas por Graciliano de que tanto Jorge Amado quanto Newton de Freitas fossem autores "inimigos da *convenção* e da *metáfora*"[456]. Em "Porão", Graciliano adverte logo no início do artigo:

> Essa história que Newton Freitas está publicando em jornal e certamente vai publicar em volume poderia ser um dramalhão reforçado *com muita metáfora* e muito adjetivo comprido. O assunto daria para isso. E até julgo que pouca gente no Brasil resistiria à tentação de pregar ali uns *enfeites vistosos* [...]. *Não aconteceu semelhante desastre.* [...] mas a gente sensata lerá o livro com interesse, achará nele expressão justa que produz emoção e convence. Digamos que não se trata de literatura. [...] Sendo *reportagem*, está claro que não venho fazer *crítica literária*[457].

Portanto, falar em objetividade ou introspecção não significa "tratar de literatura". Também é preciso convir que "metáfora" se relaciona com "desastre" em termos antitéticos, em função do excesso, "muita metáfora" e "muito adjetivo comprido", que redundariam em uma absoluta introspecção. Deve-se levar em conta ainda o fato de o autor não sugerir sua completa exclusão, o que geraria uma "objetividade absoluta". O nível metafórico/alegórico é o ponto de equilíbrio da obra literária. O autor evidencia, por aí, que as obras puramente objetivas (reportagens) não seriam literárias. Graciliano inclusive dá as dicas das relações entre os elementos objetivos (matéria-prima) que produziriam a introspecção pela mediação simbólica/metafórica de "soldado", "cano de revólver", "escada":

> Seria preferível que, em vez de vermos um soldado empurrando brutalmente os presos por uma escada com o cano duma pistola, sentíssemos as reações que o soldado, a pistola e a escada provocaram na mente dos prisioneiros. Tendo da multidão que nos descreve uma visão puramente objetiva, Newton esgotou o assunto depressa e a narrativa saiu curta[458].

A dica se relaciona, por exemplo, em *Vidas secas*, com o que "sente" Fabiano nas relações de *trabalho, propriedade privada* e *patrão*

---

456 Graciliano Ramos, *Linhas tortas, op. cit.*, p. 95 (grifos meus).

457 *Ibidem*, p. 97 (grifos meus).

458 *Ibidem*, p. 98-9.

(mundo objetivo) mediadas por metáforas sinalizando sua interioridade. A figura dos "juros" (mundo objetivo) assemelha-se, para Fabiano, ao "tronco"/"cadeia" e ao "cipó de boi" (introspectivamente); consecutivamente: "patrão" sugere a figuração "governo dos brancos"/"amo". A metáfora correlaciona o mundo objetivo com o universo introspectivo do personagem como sensações experimentadas. Se eliminados "os penduricalhos" (metáforas/alegorias), não sobra nada de literário: "não se trata de literatura". Graciliano trabalhava desde *Caetés* a correlação dos níveis introspectivo e objetivo pelas mediações metafóricas. Vimos a figuração do jogo de xadrez como a cidade de Palmeira dos Índios; em *São Bernardo*, o pio da coruja na torre da igreja como prenúncio da morte segundo o princípio da união católica, "até que a morte os separe"; em *Angústia*, o chiqueiro de porcos, no cio, do velho Trajano, corresponde à reprodução do mundo arcaico sob um verniz de modernização; e, finalmente, em *Vidas secas*, a figuração da natureza como destinatário do sujeito, pela metáfora da arribação no "mundo coberto de penas", em termos subjetivos, ocasionado pela figura objetiva dos juros que absorvem o pouco que resta para subsistir. As aves secam o açude, reduzindo-o a *vidas secas*. Nos quatro romances, podemos dizer, portanto:

> Os temas disseminam-se pelo texto em percursos, as figuras recobrem os temas. A reiteração discursiva dos temas e redundância das figuras, quando ocupam a dimensão total do discurso, denominam-se isotopia. O conceito de isotopia, assim como o termo, foi proposto por Greimas, na *Semântica estrutural* (1966). As primeiras definições de isotopia, embora bastante vagas, marcam já, com precisão, a noção de recorrência, ou seja, de que ao menos duas unidades são precisas para sua determinação[459].

Em suma, para Graciliano, a recorrência das metáforas devia seguir o padrão da simplicidade e moderação, já que seriam necessárias duas ou três, e não "muitas", seguidas de "adjetivos compridos", isto é, usadas de modo excessivo. E por mais que o excesso ocorra em *Angústia,* (as figurações chegam ao ponto de dominar o protagonista no delírio), trata-se de um narrador-escritor-personagem com pretensões poéticas e literárias. Assim, portanto, é que o tema da seca será recoberto com figurações poucas, mas suficientes para delinear as tópicas da escravidão, isto é, a isotopia.

---

459 Diana Luz Pessoa de Barros, *op. cit.*, p. 124.

Retomemos a hipótese de Zenir Campos Reis de que o cárcere seria uma experiência inaugural (ponto de partida) porque "a prisão foi uma experiência fundamental" que esclareceria "através de que mediações atuou aquela vivência, que ele [Graciliano] afirma decisiva para a empresa de falar do sertanejo pobre, em *Vidas secas*". Segundo o crítico, a "[...] matéria-prima que a experiência do cárcere forneceu a nosso romancista ajudou a retificar, confirmando e tornando concretas, isto é, *experimentadas na pele*, concepções até então *abstratas*"[460]. A orientação desse entendimento encontra-se na afirmação de Graciliano: "[...] certos aspectos da vida ficariam ignorados se a polícia não nos oferecesse inesperadamente o material mais precioso que poderíamos ambicionar"[461] – "a prisão". O ponto em comum das ambições coletivas gerado por isso não poderia ser outra coisa senão a liberdade, figurada nos signos/práticas da humilhação da população negra no Brasil.

Mas, segundo Reis, ao que dá a entender, a matéria-prima seria "a tortura", "a fome", "o frio", "o dividir percevejos", "a imundície", "o dormir no chão" etc., que só poderia ser tratada se sentida na pele. Defesa semelhante ocorre em *Caetés* quando Valério questiona a compaixão de Luísa pela família do sapateiro exatamente por ela nunca ter passado fome. Ou seja, sua compaixão só teria validade se sentisse no estômago a fome que ela insistia em denunciar. Aí deparou com o erro da tese positivista lombrosiana: "porque qualquer um só pode escrever o que sente, e não o que os outros estão sentindo ou poderiam sentir"[462]. Em suma, para sabermos o que o outro sente devemos ouvi-lo, e não necessariamente passar pelo que ele passou. Graciliano não sabe o que os negros sentiram na prisão, mas, estando ali, os ouve, sobretudo na colônia correcional.

O jogo "sensibilidade/insensibilidade" positivista, a partir de *Angústia*, seria superado pelo autor exatamente por esse preceito isolar o outro no mundo da sua própria dor, tornando insolúveis os problemas objetivos que a causam. A inclusão do "nós" ("certos aspectos da vida ficariam ignorados se a polícia não nos oferecesse inesperadamente o material mais precioso") torna a *liberdade* objetivo comum de qualquer grupo ou coletividade, deduzida dos tratos até então aplicados a escravizados, ex-escravizados e pobres. Disso resultaria uma noção de liberdade irrestrita de todos os presos, fossem pobres, analfabetos, filhos de senadores, médicos ou "vagabundos", não só dos que se encontravam

---

460 Zenir Campos Reis, *op. cit.*, p. 73 (grifos meus).

461 Graciliano Ramos, *Linhas tortas, op. cit.*, p. 98.

462 *Idem, Conversas, op. cit.*, p. 140.

no Pavilhão dos Primários ou na colônia correcional, mas também do escritor e sua escrita.

O conceito até então abstrato da ambição coletiva deixa de ser a sensibilidade e se materializa em ponto em comum: "ser livre". Reis acerta em dizer que "a matéria-prima" seria "concepções até então abstratas", mas não entende a materialidade dela na condição de o presídio igualar-se às práticas violentas e arbitrárias de sujeição da população pobre e negra. Antes da prisão em 1936, era inconcebível "[...] que negociantes e funcionários recebessem os tratos dispensados antigamente aos escravos [...]"[463]. A matéria-prima com que Graciliano fechará o ciclo da sua produção, ao deixar a cadeia, receberá trato literário em *Vidas secas* como "uma sombra no olho azulado" de Fabiano, uma esperança de libertação, ao menos para os meninos, ao passo que descobre pelas relações sociais e do trabalho igualar-se ao escravizado. Isso faz o capítulo "Mudança", para além de "deixar um ponto" para "chegar a outro", significar também "transformação": "Era como se na sua vida houvesse aparecido um buraco".

O vislumbre repentino dessa sombra, que vira buraco, causa a reação: "Necessitava falar com a mulher, afastar *aquela perturbação*, encher os cestos, dar pedaços de mandacaru ao gado. Felizmente a novilha estava curada com reza. Se morresse, não seria culpa dele" (p. 21). A perturbação de Fabiano decorre da descoberta dos sentidos que recobriam o "cabra": sua "animalização" tinha origem nas relações da escravização do negro, transformado em propriedade particular do patrão:

> — Fabiano, você é um homem, exclamou em voz alta.
>
> Conteve-se, notou que os meninos estavam perto, com certeza iam admirar-se ouvindo-o falar só. E, pensando bem, ele não era um homem: era apenas um cabra ocupado em guardar coisas dos outros. Vermelho, queimado, tinha os olhos azuis, a barba e os cabelos ruivos; mas como vivia em terra alheia, cuidava de animais alheios, descobria-se [negro], encolhia-se na presença dos *brancos* e julgava-se cabra. Olhou em torno, com receio de que, fora os meninos, alguém tivesse percebido a frase imprudente. Corrigiu-a, murmurando:
>
> — Você é um bicho, Fabiano. (p. 18-9, grifo meu)

Para Fabiano, "ser homem" é "ser livre". Apesar de branco, de olhos azuis, vivia numa terra que não era dele, cuidando das coisas que

---

463 Graciliano Ramos, *Memórias do cárcere, op. cit.*, p. 142.

eram dos outros, brancos, o que, portanto, o faz descobrir-se negro. Nesse sentido, não era livre, então se corrige: "Você é um bicho". Note-se que ele não diz: "Eu sou um bicho". Não é fala dele, mas a de quem o qualifica: "Você é um bicho, Fabiano". Note-se que o processo da descoberta interior decorre das relações com o mundo externo, do trabalho e da propriedade. A animalização em *Vidas secas* não ocorre do entendimento de Fabiano a respeito de si mesmo: ele a deduz da desumanização produzida pela sujeição imposta, a partir de fora, "na presença dos brancos", "os homens" e seus meios de controle econômico: esses proprietários/homens impõem-se ao "animal" domesticável pela violência, o que o transforma em "bicho". A correção de "você é um homem" por "você é um bicho" é sugerida pela possibilidade de a qualificação de si mesmo ter chegado não só aos meninos, mas aos ouvidos de alguém que o pensa como animal.

É na sequência dessa cena que aparece a sombra no olho azulado de Fabiano, acentuando cada vez mais seus contornos de "mudança" pela relação: "Trabalhar como um negro e nunca arranjar carta de alforria!" (p. 94). Por não a arranjar, "[...] largou-se com a família, sem se despedir do *amo*. Não poderia nunca liquidar aquela dívida exagerada. Só lhe restava jogar-se no mundo, como *negro fugido*" (p. 117, grifos meus). O processo de mudança vai dar origem à fuga.

A dívida de Fabiano com o patrão, não à toa, decorre de ele não dispor do que na historiografia a respeito do sistema escravista se denominou "brecha camponesa": "Fabiano recebia na partilha a quarta parte dos bezerros e a terça dos cabritos. Mas como não tinha roça e apenas se limitava a semear uns punhados de feijão e milho, comia da feira, desfazia-se dos animais, não chegava a ferrar um bezerro" (p. 93). Esse detalhe, em "Contas", é determinante para compreensão do sistema de produção escravista a que está submetido em sua origem. A roça, atividade camponesa na vida do trabalhador escravizado, determinou as condições que lhe permitiram abrir a "brecha" da atividade econômica e, no limite, exercer alguma autonomia e mesmo adquirir a carta de alforria. Segundo Schwartz, "Um manual de agricultores de 1847 era favorável à adoção de hortas aos escravos, 'isso os liga à terra pelo amor à propriedade. O escravo que é proprietário não foge nem provoca desordens'", constava-se; e que "Começam a acumular-se provas, não só no Brasil, mas em muitos regimes escravocratas de que tal autonomia e economia interna dos escravos eram aspectos integrantes da escravidão"[464]. Em *Vidas secas*, o aprisionamento da dívida (na forma de juros) vem do fato de Fabiano não cultivar uma roça, o que fecharia, portanto, "a brecha camponesa"

---

464 Stuart B. Schwartz, *op. cit.*, p. 100; p. 114-5.

para ele. Assim, a sombra que aparece no olho azulado, em vez de brecha, representa um buraco.

Não é à toa que Fabiano fica atordoado e exerce suas funções se desculpando do que vai acontecer apenas no último capítulo: a morte dos animais. Desde o início ele prevê o desfecho da "Mudança" para "Fuga". Seu desconhecimento aí é apenas o de que fundamentos econômicos simples, que sinhá Vitória acaba por interpretar através de punhados de sementes, determinariam o fim do ciclo de endividamento, coincidindo com a aparição da arribação. Fechada a brecha camponesa, restam apenas as condições do escravizado/cabra. Disso resulta, para Fabiano, haver possibilidade de futuro apenas para os meninos: a escola.

Não é à toa que tudo desemboque no capítulo final "Fuga" e se ligue pelo ciclo climático ao primeiro capítulo, "Mudança". Este já levanta a suposição de que a provável família que vivera ali não teria mudado em função das condições naturais. Há uma mudança de perspectiva no entendimento de Fabiano também ao chegar à fazenda abandonada. Observando os rastros deixados pelos que ali viveram antes, ele desvenda: "Certamente o gado se finara e os moradores tinham *fugido*" (p. 12, grifo meu). A dedução praticamente sintetiza toda a narrativa que se segue. Convém acentuar que "fugir" supõe "perseguição"; "mudança", "troca"/ transformação, respectivamente, uma isotopia figurativa que recobre a isotopia temática da seca. Esses serão os pontos de desenvolvimento dos dois níveis do romance: um em termos sintagmáticos; outro figurativo, paradigmático, metafórico.

O primeiro, "mudança", desenvolve-se em relação objetiva pelas transformações das condições climáticas (condicionando uma *isotopia temática* da troca de lugar em função da seca); "fugido", ou "fuga", se relaciona com as transformações paradigmáticas, por Fabiano "descobrir-se na presença dos brancos" (condicionando uma *isotopia figurativa*, determinada pelas tópicas da escravidão):

> [...] a isotopia conserva a ideia de recorrência de elementos linguísticos, redundância que assegura a linha sintagmática do discurso e responde por sua *coerência semântica*. Distinguem-se dois tipos de isotopia, segundo as unidades semânticas reiteradas: isotopia temática e isotopia figurativa. [...] A isotopia temática surge da recorrência de unidades semânticas abstratas em um mesmo percurso temático [...] A isotopia figurativa caracteriza os discursos que se deixam recobrir totalmente por um ou mais percursos figurativos. A

redundância de traços figurativos, associação de figuras aparentadas, atribui ao discurso uma imagem organizada e completa de realidade ou cria a ilusão total do irreal, a que já fizeram muitas referências. Assegura-se, assim, a coerência figurativa do discurso[465].

Distingue-se, portanto, em *Vidas secas* a isotopia temática da seca (pela redundância das unidades semânticas relacionadas à paisagem, à vegetação, ao clima etc.) da isotopia figurativa da escravidão (segundo a recorrência das figurações do sistema escravista). Assim, o nível sintagmático/metonímico organiza-se conforme a dramatização (enunciado/narrativa), enquanto no nível paradigmático/metafórico dá significação ao ato dramatizado (enunciação/discurso). Em síntese, simplificaria dizer que os termos "fuga", "negro fugido", "cabra", conforme Roland Barthes, são *índices*/metáforas, figurações do *ser* originadas do *fazer* do "vaqueiro", *funções* desenvolvidas no âmbito do mundo do trabalho:

> [...] a sanção dos índices é "mais alta", por vezes mesmo virtual, fora do sintagma explícito (o caráter de um personagem pode não ser jamais nomeado, mas entretanto ininterruptamente indexado), é uma sanção paradigmática; ao contrário, a sanção das funções é sempre "mais longe", é uma sanção sintagmática[466].

Disso resulta que o discurso se desenvolva de uma camada figurativa/metafórica mediada por índices, simetricamente opostos à função, o que presume percursos diferentes, bem como pontos de partida e de chegada que não coincidem. Portanto, os capítulos não se fecham em voltas concêntricas, como sugeriu a crítica. Segundo Reis, "Há mesmo quem sustente que a simetria é completa; o romance giraria em torno de um eixo, em que, dois a dois, equidistantes, os capítulos conservariam uma afinidade temática". E sugere: "se quisermos imaginar, em vez de eixo, um centro, teríamos sete círculos concêntricos"[467]. A ideia é interessante, mas limitada à isotopia temática da seca. Considerando, pois, a figuração, é adequado pensar em um movimento espiralado, em que do cruzamento entre pontos de partida "Mudança", primeiro capítulo, e "Fuga", último capítulo, adviriam pequenas transformações, não abruptas, mas suficientes para transformar "mudança" em "fuga", sugerindo não apenas um ciclo, mas percursos que se cruzam e permitem a relativização do tema.

---

465 Diana Luz Pessoa de Barros, *op. cit.*, p. 124-5.

466 Roland Barthes, *op. cit.*, p. 31.

467 Zenir Campos Reis, *op. cit.*, p. 77.

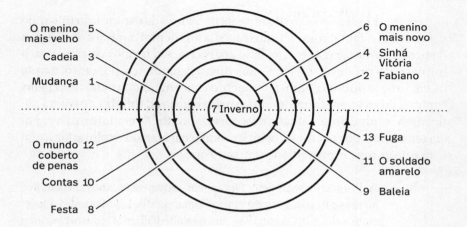

A ideia de círculos concêntricos sugere um circuito fechado, em que o fim da narrativa se uniria ao começo, afunilando-se a partir das extremidades: "Fabiano"/"O mundo coberto de penas", consecutivamente, até "Inverno" como eixo em torno de qual tudo giraria. Isto é, tudo aponta para a isotopia temática da seca, excluindo a isotopia figurativa. Além disso, essa hipótese parte do pressuposto de autonomia dos capítulos que infere a "não articulação" com o todo. Ainda que a narrativa possa ser desmontada, isso não significa que os capítulos não se articulem.

Muito embora o autor alagoano tenha construído esse tipo de circuito em *São Bernardo* e *Angústia*, em que se realiza um círculo vicioso que impediria a transformação, no caso de *Vidas secas*, a história que se desenrolará do capítulo inicial "Mudança" sugere *troca* dos que fugiram pela família de Fabiano que chega. Lemos, assim, não a história particular da sua prisão à miséria, mas também a evolução da miséria dos que ali viveram. Fabiano e sua família vão travar contato com o que levou os antigos moradores à fuga, e não com o que haviam experimentado na fazenda de seu Tomás da bolandeira. Desse modo, concordamos com Luís Bueno:

> Apesar da seca, que fecha um ciclo, o final da trajetória daquele período bom específico ensaia um movimento para além do ciclo de sucessivas secas. Ao invés de desenhar um ciclo fechado, o tempo, ao final do romance, acaba tomando a forma de espiral que volta ao ponto inicial do círculo anterior numa dada dimensão, mas noutra se distancia dele. O tempo cíclico do homem na natureza sofreu um desvio, portanto, com a sutil introdução de uma noção linear – que se deve a sinhá Vitória, no âmbito dos personagens, mas que se desenhará estruturalmente pela incidência do tempo linear do narrador no desenvolvimento do romance[468].

Vidas secas estrutura-se na descrição da exploração linear do capitalismo adaptado ao ciclo da tragédia ambiental da seca e do sistema de produção arcaico. O escravismo aparece aí em termos de capital primitivo para produção do lucro/dos juros. A mudança, portanto, não se dá em função do clima, num movimento concêntrico/circular, mas pelas espirais do ciclo nas fases de sua transformação adaptadas à exploração linear do capitalismo. Fabiano descobre os pontos de contato e divergência entre eles, por exemplo, comparando o caráter do explorador atual com o do antigo, representado por seu Tomás:

> Seu Tomás da bolandeira falava bem, estragava os olhos em cima dos jornais e livros, mas não sabia mandar: pedia. [...] Mas todos obedeciam a ele. Ah! Quem disse que não obedeciam? *Os outros brancos* eram diferentes. O patrão atual, por exemplo, berrava sem precisão. [...] O gado aumentava, o serviço ia bem, mas o proprietário descompunha o vaqueiro. Natural. Descompunha porque podia descompor, e Fabiano ouvia as descomposturas com o chapéu de couro debaixo do braço, desculpava-se e prometia emendar-se. *Mentalmente jurava não emendar nada*, porque estava tudo em ordem, e o *amo* só queria mostrar autoridade, gritar que era dono. (p. 23, grifos meus)

A diferença entre seu Tomás, que pede, e o atual patrão, que berra e manda, vai produzir, ao menos por dentro de Fabiano, a desobediência: "não emendar nada" significa a rejeição da autoridade do "amo", não reconhecendo nesse novo ciclo o caráter capitalista do explorador. Algo do ciclo anterior, que Fabiano conhecia por causa do tratamento dos trabalhadores negros (de algum modo seu Tomás está ligado à derrocada da família ruralista patriarcal), associa-se ao novo pela conservação do poder nos mesmos moldes. E dessa associação vem toda uma concepção de como se libertar estrategicamente. A inquietação que lhe surge como uma sombra no olho azulado, *buraco* na sua vida, leva-o à necessidade de falar com sinhá Vitória, traduzindo-se em parte: "Indispensável os meninos entrarem no bom caminho, saberem cortar mandacaru para o gado, consertar cercas, amansar brabos. Precisavam ser duros, *virar tatus*" (p. 25, grifos meus). O ensino do ofício aos meninos, a que Fabiano se dedicará na vida, passa a representar uma estratégia para seus filhos, que deviam "virar tatus", "escondendo-se" nesse "bom caminho" para "Um dia... Sim, quando as secas desaparecessem e tudo andasse direito... Seria que as secas iriam desaparecer e tudo andar certo? Não sabia". Mas,

468 Luís Bueno, *Uma história do romance de 30, op. cit.*, p. 663.

ainda assim, "Livres daquele perigo, os meninos podiam falar, perguntar, encher-se de caprichos. Agora tinham obrigação de comportar-se como gente da laia deles" (p. 12).

A ideia do desenvolvimento dos meninos pela educação, que eles poderiam ter num futuro, é o buraco aberto no passado, ausência na vida de Fabiano, descoberto pelo entrecruzamento dos ciclos representado por seu Tomás e o novo patrão. Isso é que o faz formular a ideia de "esconder-se" na pele do "cabra" e ensinar os meninos a virar tatus. A carapaça do tatu é seu abrigo natural; não o buraco do tatu, que é na realidade construído como via ou rota de fuga[469]. A metáfora "precisavam ser duros, virar tatus" aprendendo os ofícios do vaqueiro simularia suas condições naturais, enquanto o "buraco"/educação, que de repente surgia como sombra no olho azulado de Fabiano, seria uma rota de fuga para a liberdade ou como uma alternativa à "brecha camponesa" que se fechava para ele.

Fabiano dirige-se para casa, com os meninos e Baleia seguindo-o: "Àquela hora sinhá Vitória devia estar na cozinha, acocorada junto à trempe, a saia de ramagens entalada entre as coxas, preparando a janta. Fabiano sentiu vontade de comer", e o sentido da sombra que apareceu repentinamente no olho azulado, a perturbação que o impele à necessidade de falar com sinhá Vitória, atinge forma de expressão na última sentença do capítulo: "Depois da comida falaria com sinhá Vitória a respeito da *educação* dos meninos" (p. 12, grifo meu).

Os dois primeiros capítulos, "Mudança" e "Fabiano", estão encadeados a uma base de compreensão do autor alagoano desenvolvida durante a direção da Instrução Pública em Alagoas, complementada pela prisão arbitrária. Logo após a prisão, ela seria parcialmente exposta no artigo "O negro no Brasil". Publicado pela primeira vez em livro pelo trabalho de pesquisa de Thiago Mio Salla, na compilação de crônicas e escritos inéditos de *Garranchos*, apresenta a ideia de certo "recurso" da população negra no Brasil de ter "virado tatu" para que, um dia, su-

---

469 Apenas a título de curiosidade, pois é improvável que Graciliano tivesse conhecimento disso, Stuart Schwartz analisa um caso emblemático de mocambo que se chamava Buraco de Tatu, próximo de Salvador, destruído em 2 de setembro de 1763. Comenta o pesquisador: "À semelhança de muitas comunidades de fugitivos do Brasil, o Buraco de Tatu era engenhosamente protegido. A penetração no mocambo era dificultada por uma extensa rede defensiva. [...] um labirinto de estacas pontiagudas, fincadas em nível abaixo do chão [...] Havia uma falsa trilha conducente ao mocambo, muito bem-protegida por lanças e armadilhas camufladas". Stuart B. Schwartz, *op. cit.*, p. 238.

perados os perigos, como os filhos de Fabiano num futuro imaginário, pudesse "[...] falar, perguntar, encher-se de caprichos". Efetivamente, esse futuro imaginário tem por lastro os anos 1930, nos quais o autor detecta que "As pessoas de cor levantaram a cabeça" e que "Seria interessante saber a razão de elas haverem aprumado o espinhaço", partindo da hipótese de que dois fatores, um profundo, outro superficial, explicariam a mudança:

> O primeiro [superficial], de ordem econômica, a teria empurrado para cima; o segundo [profundo], de natureza cultural, tê-la-ia feito equilibrar-se e manter-se à tona. Refiro-me à elevação do nível de vida do preto e à propaganda feita nesses últimos anos por sociólogos e romancistas em favor deles. Realmente, mesmo nos mais duros tempos do cativeiro, essa gente prolífica, sóbria e tenaz sempre encontrou meio de juntar algumas economias no baú de folha pintada que se ocultava entre os molambos[470].

Graciliano costura sua análise atrelando a situação da população negra escravizada à tese da brecha camponesa – por meio da atividade econômica ela "[...] conseguia às vezes acumular as somas necessárias para libertar-se"[471]. Evidentemente,

> Do ponto de vista dos escravos, essas oportunidades poderiam parecer uma "abertura" ou brecha no sistema escravista. Da perspectiva dos outros agricultores, eram reações razoáveis e eficazes a sua necessidade de mão de obra. As doenças fingidas, a recalcitrância e a sabotagem diminuíram porque os escravos tinham motivo para trabalhar com eficácia e constância, a fim de concluir as tarefas e ganhar tempo para si mesmos[472].

Esse tempo para si ou para seus filhos era convertido em educação. Contudo, a carta de alforria tinha dupla natureza, vale repetir: "[...] os escravos ao se emanciparem, em geral, compravam escravos para garantir o *status* de participante da vida social brasileira"[473]. Essa participação, como vimos no capítulo "O vergalho" de Machado de Assis, apenas se efetivava se, e somente se, houvesse a reprodução dos signos de sua

470 Graciliano Ramos, *Garranchos, op. cit.*, p. 168.

471 Ibidem, p. 169.

472 Stuart B. Schwartz, *op. cit.*, p. 100.

473 Belmiro Jorge Patto, *op. cit.*, p. 119.

humilhação histórica. É com essa ideia que Graciliano explica esse "proprietário negro", ainda como Prudêncio, "obediente ao antigo senhor": "que nas cidadezinhas do interior andava de chapéu na mão, fazendo salamaleques a toda gente, *mas punha os filhos na escola* e não raro deixava ao morrer um neto bacharel"[474]. Da brecha camponesa abria-se outra perspectiva de socialização, pela educação. Chegava-se a uma participação social reduzida pela exigência de que apresentassem determinados comportamentos fomentados pelo "embranquecimento". Eles deviam ser superados pelas novas gerações por meio da participação cultural, com a contribuição da literatura:

> Os moleques do romance moderno são amigos dos moleques vivos, que, sentindo-se retratados nessas admiráveis figuras criadas por nossos escritores novos, afinal compreendem que não se devem envergonhar e que essa história de raça inferior foi uma conversa contada por indivíduos bem armados para se aproveitarem do trabalho deles[475].

O texto "O negro no Brasil" é escrito muito provavelmente, assim como *Vidas secas*, entre 1937 e 1938, às vésperas das comemorações do Cinquentenário da Abolição. É muito provável que naquele momento tenha conhecido histórias reais da resistência do negro, como a de Domingos Jorge da Costa:

> Tem sessenta e oito anos, a pele negra, os cabelos encarapinhados. [...] Vende peixe nas ruas e faz comícios contra os alemães e o racismo, num botequim em Sampaio, de fronte ao Ginásio 28 de Setembro. [...] fala aos gritos, abafando as vozes dos frequentadores do botequim. – Meu filho médico... Ahn! Julgamos ter ouvido mal. As criaturas que vendem peixe na rua [...] em geral não tem filhos médicos, especialmente quando são pretas. De fato, Domingos Jorge da Costa, vendedor ambulante de peixe em Sampaio, não tem um filho médico: tem três filhos médicos[476].

A brecha camponesa teria permitido a Domingos a conquista da carta de alforria, que por sua vez abriu as portas da escola para seus filhos. Evidentemente, para que entrassem na escola ele devia enfrentar

---

474 Graciliano Ramos, *Garranchos*, op. cit., p. 169 (grifo meu).

475 *Ibidem*, p. 171.

476 Graciliano Ramos, *Linhas tortas*, op. cit., p. 236.

o racismo cientificista (combater os "simbólicos" alemães), que predefinia as raças superiores que, por fim, teriam em sua gênese a capacidade de desenvolvimento cognitivo. Portanto, nos anos 1930, os preceitos racistas, supremacistas e eugenistas deveriam ser completamente rejeitados: os negros, de obedientes e ordeiros, passariam a rebeldes e conscientes de seu papel na sociedade – sobretudo da importância da educação. Daí em *Vidas secas*, no imaginário de Fabiano, por mais que maus-tratos, miséria, exploração e humilhação o impeçam de concatenar as ideias, na dispersão da sua consciência, ela trazer sempre o seu oposto imediato na figura da escravidão:

> Era bruto, sim senhor, nunca havia aprendido, não sabia explicar-se. Estava *preso* por isso? Como era? Então mete-se um homem na cadeia porque ele não sabe falar direito? Qual mal fazia a brutalidade dele? Vivia trabalhando *como um escravo*. [...] Nunca vira uma escola. Por isso não conseguia defender-se, botar as coisas nos seus lugares. (p. 35, grifos meus)

Só a educação daria condições de defender-se. É assim que, após abandonar a fazenda, Fabiano planeja o futuro:

> Pouco a pouco uma vida nova, ainda confusa, se foi esboçando. Acomodar-se-ia num sítio pequeno, o que parecia difícil a Fabiano, criado solto no mato. Mudar-se-iam depois para uma cidade, os meninos frequentariam escolas, seriam diferentes deles. Sinhá Vitória esquentava-se. Fabiano ria, tinha desejo de esfregar as mãos agarradas à boca do saco e à coronha da espingarda de pederneira. [...] Fabiano estava contente e acreditava nessa terra, porque não sabia como ela era nem onde era. (p. 127)

A ideia de futuro tem como sentido a possibilidade de os meninos não "passarem a vida trabalhando como escravos", o que os afastava da escola, como aconteceu a ele: "trabalhando como um escravo", "nunca vira uma escola". Quando surge a "sombra no olho azulado", Fabiano se lembra desse buraco feito pela falta de ensino na infância: "Era uma sorte ruim, mas Fabiano desejava brigar com ela, sentir-se com força para brigar com ela e vencê-la. Estava escondido no mato como tatu. Duro, lerdo como tatu. Mas um dia sairia da toca [...]" (p. 24). Não importa que, logo na sequência, ele volte atrás. A ideia de que não pode mudar a si mesmo não é decisiva, pois foram revelados os seus ensaios de desobediência e uma rota para a libertação. São as perguntas dos meninos que o fazem recordar a infância e reconhecer-se nos filhos: "– Esses capetas têm ideias..." (p. 20). Não são bichos. As relações sociais, econômicas, somadas aos aspectos históricos, mais que os fenômenos naturais, são fatores decisivos da impossibilidade de desenvolvimento humano que ele vai reconhecendo pouco a pouco, atirando-o em direção à cidade.

SEM RETORNO:
O FIM DE UMA ROTA

> Este, aliás, é um ponto que não pode ser relativizado em *Vidas secas*. A proximidade com a natureza é fator limitante na vida dos homens. Não por ela em si, mas porque pode ser instrumentalizada pela exploração econômica. Tal concepção, inclusive, dá existência a um dos aspectos mais marcantes de *Vidas secas* dentro do romance brasileiro: ele não é um romance da seca. [...] Mais do que a seca, fenômeno natural, e como tal, acima dos homens, oprime a família de Fabiano um fenômeno social.
>
> (LUÍS BUENO, *Uma história do romance de 30*)

O percurso de reconstituição historiográfica da prática literária de Graciliano Ramos, dos anos 1910-1920, que resultou em *Caetés*, e dos anos 1930, em que são escritas e publicadas as obras *São Bernardo*, *Angústia* e *Vidas secas*, permite destacar, dentre as transformações e reelaborações conceituais da produção artística do autor, alguns pontos de contato da pesquisa que deu origem a este livro com parte da recepção crítica: "A literatura de Graciliano Ramos se articula em torno do problema do outro – como viram seus críticos, de Antonio Candido e Roger Bastide a João Luís Lafetá e Luís Bueno"[477].

De fato, em *Caetés*, o outro, analisado aqui como suporte alegórico do indígena, constrói-se da perspectiva de Valério como depósito dos vícios e frivolidades da sociedade palmeirense, com que justifica a própria ascensão socioeconômica, de guarda-livros a sócio da firma de Adrião. Esse outro conforta sua consciência por ter representação de natureza coletiva: todos seriam *caetés*/insensíveis. Por exemplo, ao dizer "Guardo um ódio feroz ao Neves, um ódio irracional, e dissimulo, falo com ele", Valério infere a *seu* comportamento dissimulado uma ori-

---

477 Hermenegildo Bastos, "Inferno, alpercata: trabalho e liberdade em *Vidas secas*", em: Graciliano Ramos, *Vidas secas, op. cit.*, p. 130.

gem: "a falsidade do índio" (p. 238). É do fato de pertencer a esse coletivo e identificar-se com ele que vem o desprezo da sensibilidade de Luísa, isolada pela singularidade de sua franqueza (entendida como fraqueza). Ela representa uma exceção no cerne da sociedade, portanto incapaz de mudar as relações sociais, porque estas estão determinadas pela *insensibilidade* determinista lombrosiana como critério que configura o todo.

Viu-se que, na medida em que a *sensibilidade* de Luísa ecoa num ambiente vazio, ela converte Valério em um ser desprezível: "Compreendi a razão por que Luísa não confessou ao marido minha temeridade. Uma criatura como ela não agravaria nunca o sentimento alheio" (p. 77). Daí lhe vem a confiança de que seu segredo estaria seguro, produzindo um relaxamento que por fim o leva à temeridade de, do alto da cidade, vê-la reduzida a seus caprichos: "Feliz e egoísta, vi o mundo transformado. [...] tudo minguou, reduziu-se às dimensões das figurinhas de Cassiano [artesão]. E a cidade, que divisei embaixo, [...] era como o tabuleiro de xadrez de Adrião" (p. 169). Na sequência, a alegoria da cidade como tabuleiro de xadrez constitui a passagem das relações externas para o mundo introspectivo do personagem e, revelando sua estratégia, expõe seus segredos íntimos. No entanto, não modifica os rumos de seu "sucesso". O desprezo da sensibilidade de Luísa não lhe traz prejuízo: a autenticidade da compaixão dela pelos pobres acaba esmagada pelo peso de uma sociedade pactuada com a mediocridade, reatada no leito de morte de Adrião pela sua conciliação com Valério. Tendo essa mediocridade uma fundamentação caracteristicamente coletiva, não resta dúvida de que ela se funda na tese determinista da *insensibilidade* lombrosiana. O mundo seria um ciclo fechado, voltando sempre às origens. Algo que no plano geral teria como fundamento *o pacto colonialista da literatura*.

Em *São Bernardo*, o protagonista repete a mesma reflexão na sua luta contra a maldição do pio da coruja na torre da igreja, ao imaginar-se triunfante: "[...] assim agigantados, vemos rebanhos numerosos a nossos pés, plantações estirando-se por terras largas, tudo nosso". Por fim, desce as escadas "em paz com Deus e com os homens" esperando que "aqueles pios infames" o deixassem tranquilo. Tal como Valério (que terá de enfrentar todos os transtornos da carta que o desmascara), Paulo Honório terá de enfrentar os transtornos da mensagem, do pio da coruja, que nunca reconheceu nos gestos de Madalena após o suicídio dela. A metáfora acompanha nas narrativas os momentos decisivos da queda, apontando para uma subjetividade determinada por aspectos de limitação, impotência e fracasso.

Graciliano deparava, pela primeira vez, com a limitação do naturalismo em *Caetés*, fato que, no entanto, não prejudicou a obra em termos artísticos e literários. Nela, vê-se desenvolver o nível alegórico como mediação dos níveis objetivo e introspectivo, que alcançaria em *São Bernardo* um patamar de expressão poética capaz de inter-relações reveladoras com o período de sua escrita, talvez nunca atingidas pela prosa na literatura brasileira – a alegoria "do pio da coruja na torre da igreja da fazenda" tem toda a característica das construções parnasianas, que aproximaria, por exemplo, o autor alagoano de Olavo Bilac.

Operava-se uma leve mudança no "outro" em *São Bernardo*, representado por Madalena, que, diferentemente de Luísa, adquiria parte dos anseios de democratização do país a partir da situação da mulher na sociedade de classes burguesa, católica e capitalista. Paulo Honório não é mais representação de uma predominância, mas sim da incapacidade que predomina, ainda que determinada pela insensibilidade que o leva a desenvolver a paixão pela propriedade e a reificar-se.

Com *Angústia*, Graciliano superaria a limitação ou improdutividade do *inatismo* determinista das teses lombrosianas. Luís da Silva não teria nascido predeterminado ao crime. É o crime da antiga ordem escravista, confundido com justiça ou castigo, que o afetaria, em função de a modernização burguesa capitalista conservar os vestígios e as práticas arcaicas como força de preservação da ordem escravocrata. Nesse sentido, a sensibilidade à dor humana partilhada por Luís não o conduz à solidariedade com as classes desqualificadas ou excluídas das oportunidades na cidade, das quais mais se aproxima. A dor dos excluídos, a pretexto de que fossem as suas, o conduz ao crime como forma de restauração da antiga ordem, supondo haver nesta as condições de "virtude" e "felicidade" para as classes exploradas, condições impossíveis na cidade, degradada por vícios, infortúnios e exploração. Aí depara com um novo problema: sentir/presumir a dor do outro não seria decisivo para mudar os rumos de uma sociedade, e a premissa da sensibilidade esbarraria no fato de que "ninguém" pode sentir o que os outros sentem – só podemos escutar o que os outros sentem.

Após *Angústia*, torna-se peculiar exatamente que a perspectiva do sujeito da cidade, da primeira pessoa, que olha para o mundo rural, se inverta para a perspectiva dos viventes do mundo rural, em terceira pessoa, tendo na mira a cidade/educação como possibilidade de libertação. Ainda que a voz narrativa predominante seja a de "uma terceira pessoa" da cidade, ela se entrelaça de tal modo à consciência dos personagens que, de fato, conforme Malard, embora não seja preciso "[...] chamar a atenção do leitor de *Vidas secas* para a incidência do discurso indireto livre em suas páginas", convém advertir:

> a *impossibilidade de se distinguir* com clareza algumas das modalidades de discurso narrado, não só em *Vidas secas* como também

na complexidade do discurso literário dos *romances modernos*. Daí acreditarmos serem extremamente perigosas quaisquer conclusões analíticas que pretendam diferenciar os monólogos interiores de personagens da fala do narrador em *Vidas secas*[478].

De fato, muitas vezes pode-se dizer que determinadas ideias pertencem aos dois universos, do narrador e dos viventes com os quais compartilha ao menos a consciência da trajetória de seus destinos. O narrador desse romance é aquele que ouve o que os seus personagens falam sem interferir com os próprios sentimentos no que eles pensam. E *Vidas secas* termina com estas palavras: "Chegariam a uma terra desconhecida e civilizada, ficariam *presos* nela. E o sertão mandaria para a cidade homens fortes, brutos, como Fabiano, sinhá Vitória e os dois meninos" (p. 128, grifo meu). São poucas ou raras as vezes em que o narrador, colado à consciência dos seus personagens, se distancia deles como nessas duas últimas sentenças. O tom é de lamento, ou de despedida, podendo-se deduzir que esse distanciamento traria em si um gesto de tristeza do próprio narrador com o destino dessas pessoas fortes que o sertão mandava e continuaria mandando para as cidades em uma ida sem volta.

Entretanto, uma razão de esperança modula a obra. O capítulo final recebe o nome de "Fuga", o que pressupõe não haver volta, como sugere "Mudança". Fugir significa o reconhecimento de um inimigo, levando à rejeição de circunstâncias aprisionadoras. Portanto, ainda que chegassem à cidade e ficassem "*presos* nela", a memória do passado, donde nascem as projeções do futuro, operaria a configuração de novas rotas de escape. Instaura-se aí um princípio de rebeldia, cujos ensaios foram acompanhados nas projeções subjetivas de Fabiano ao tomar consciência de sua condição "não livre"/de negro. Nesse sentido, o ciclo não se fecha, operou-se uma transformação: pela memória do cativeiro, nasce o desejo de liberdade. Mas não qualquer uma, uma liberdade imposta pela condição humana.

A condição humana em *Vidas secas* é degradada, mas a proximidade dos personagens da vida natural lhes confere uma espécie de reserva ética que não existe nos demais romances de Graciliano Ramos. É como a memória de um estágio anterior da evolução em que a reificação não era absoluta como já o é em *São Bernardo*. E, mais importante, a memória é do passado, mas pode também ser do futuro. Como se pudessem recomeçar, estabelecendo outros vínculos com a natureza

---

478 Leticia Malard, *Ensaio de literatura brasileira, op. cit.*, p. 97 (grifos meus).

e entre os homens. A natureza não é, nesse sentido, paisagem. É o outro do homem [...][479].

Em *Angústia*, a memória do passado rural aparecia como "nostalgia da virtude e da felicidade" da sociedade agrária. No caso da família de Fabiano, a fuga dessa sociedade impediria tal idealização. O impeditivo da volta se deve às relações constituídas pelo "entender-se com a natureza" não como inimiga, mas como aliada. Esse outro do homem/natureza, com que se entendem Fabiano e sinhá Vitória, inscreve-se na instância fundamental do discurso como destinador (natureza), que opera pela manipulação cognitiva dos destinatários, persuadindo-os a *fazer* algo ou levando-os a *crer* em algo, que transforma *performance* em aquisição de *competências*. Essa manipulação, já vista em *São Bernardo*, é que faz de Paulo Honório, *sujeito* do destinador "pio da coruja na torre da igreja", mudar seus objetivos de lucro para tão somente desvendar o mistério do prenúncio da morte ou do fracasso a que está predestinado.

Em *Vidas secas*, o destinador é figurado pelas aves de arribação, configurando a alegoria do "mundo coberto de penas". Como sempre, a alegoria é algo como o "buraco de minhoca" da astrofísica – ou ponte de Einstein-Rosen – que permite a passagem de uma dimensão da realidade para outra. Instaura-se sempre nos momentos decisivos da narrativa, como em *Caetés* e *São Bernardo* principalmente. Mas, de igual modo, em *Angústia*, é uma forma de decifrar o mundo. Vale aqui reforçar que, conforme Hansen, há dois tipos de alegoria:

> [...] uma alegoria construtiva ou retórica, uma alegoria interpretativa ou hermenêutica. Elas são complementares, podendo-se dizer que simetricamente inversas: como expressão, a alegoria dos poetas é uma maneira de falar; como interpretação, a alegoria dos teólogos é um modo de entender[480].

Nesse sentido, a alegoria das "aves de arribação cobrindo o mundo de penas", construída da perspectiva do escritor alagoano, é uma forma de expressão poética que pode ser desmontada pela análise de seu fundamento retórico. Ao identificarmos "as aves de arribação" como destinador, entende-se sua figuração funcional na narrativa no eixo de uma isotopia temática. Já da perspectiva de Fabiano, a natureza é fala, determina um modo de ouvir, de entender e de decifrar mensagens. Assim

---

479 Hermenegildo Bastos, "Inferno, alpercata", *op. cit.*, p. 131.
480 João Adolfo Hansen, *Alegoria, op. cit.*, p. 43.

posto, conforme Hansen, "[...] a alegoria é uma técnica de interpretação. Decifra significações tidas como verdades sagradas, ocultas na natureza sob a aparência das coisas e também na linguagem figurada dos textos das Escrituras, que revela um 'sentido espiritual'"[481].

Sinhá Vitória é quem escuta a natureza dizendo isso pela observação de que "O mulungu do bebedouro cobria-se de arribações": "Mau sinal, provavelmente o sertão ia pegar fogo". E conclui: "queriam matar o gado". Fabiano escuta a tradução da fala da natureza de sinhá Vitória e pensa: "Aves matarem bois e cabras, que lembrança! Olhou a mulher, desconfiado, julgou que ela tivesse tresvariando. [...] Um bicho de penas matar o gado!" (p. 109). De imediato, lê na fala literalmente aves matando bois. Só depois compreende a figuração do enigma, que propõe desvendar a morte/seca (efeito/consequência) conotada na arribação (agente/causa/destinador). Fabiano decifra a alegoria pela análise hermenêutica, desvendando as partes que compõem o enigma/metáfora em relação sintagmática/metonímica:

> Como é que sinhá Vitória tinha dito? A frase dela tornou ao espírito de Fabiano e logo a significação apareceu. As arribações bebiam a água. Bem. O gado curtia sede e morria. Muito bem. As arribações matavam o gado. Estava certo. Matutando, a gente via que era assim, mas sinhá Vitória largava tiradas embaraçosas. Agora Fabiano percebia o que ela queria dizer. (p. 110)

Nesse ponto da narrativa, o ferro do proprietário já havia marcado pelo acerto de contas anterior todo o rebanho que o sertanejo tinha como reserva, levando-o a receber empréstimo para subsistência. Ou seja: a natureza mataria aquilo que não mais lhe pertence. Nesse sentido, a relação destinador/natureza, sujeito/Fabiano (vaqueiro) e objeto/gado (subsistência) se extingue, restando apenas a dívida com o patrão como o último elo que o prendia àquela situação: "Como andariam as contas com o patrão? Estava ali o que ele não conseguiria nunca decifrar. Aquele negócio de juros engolia tudo, e afinal o *branco* ainda achava que fazia favor" (p. 112, grifo meu). O enigma decifrado "aves de arribação = prenúncio da morte", que medeia o mundo subjetivo e o funcionamento introspectivo/psicodinâmico do personagem, agrega-se à figura (objetiva) monetária dos juros absorvendo (bebendo, engolindo), como as aves de arribação, o resto de água do poço, dissolvendo o mundo das relações sociais e trabalhistas de Fabiano. Assim temos que:

(destinador/arribação (morte) → sujeito/Fabiano ∩ objeto/vida)[482]

Fabiano decifra a mensagem da natureza como um aviso: preparar-se para a mudança/sobrevivência. Contudo, se a natureza representa a função de destinatário, na outra ponta do processo encontra-se um antidestinador, representado pelo "não natural" deduzido da figura dos juros como "mundo capitalista"/escravista em termos axiológicos:

(antidestinador/juros → sujeito/patrão ∩ objeto/Fabiano = prisão)

Compreende-se a relação entre juros e prisão exatamente pela aparição do soldado amarelo na sequência de sua reflexão da dívida: "Aquele negócio de juros engolia tudo, e afinal o branco ainda achava que fazia favor. O soldado amarelo..." (p. 112). O termo "branco", relacionado ao "governo dos brancos", impõe uma relação com a lei (soldado amarelo/ capitão do mato):

> Fabiano, encaiporado, fechou as mãos e deu murros na coxa. Diabo. Esforçava-se por esquecer uma infelicidade, e vinham outras infelicidades. Não queria lembrar-se do patrão nem do soldado amarelo. Mas lembrava-se, com desespero, enroscando-se como uma cascavel assanhada. Era um infeliz, era a criatura mais infeliz do mundo. Devia ter ferido naquela tarde o soldado amarelo, devia tê-lo cortado a facão. (p. 112).

Como se sabe, Fabiano, no encontro com o soldado amarelo, escolhe o caminho da humanização, sugerindo o mesmo ao soldado amarelo. Foi a escolha de um caminho sem volta, pois, na relação entre a dívida e o patrão, o amarelo apresenta de forma muito nítida e encadeada a sequência: prisão. Num reflexo semelhante ao modo como decifrou a mensagem expressa nas condições da natureza, ele vai decifrar a rota de fuga. Ao desvendar em sua situação naquele momento a possibilidade de ser preso ou, fugindo, ser perseguido, deve lutar pela liberdade. É pela memória

---

481 *Ibidem*, p. 43.

482 (∩ = conjunção). "[...] as polêmicas e os conflitos gerados entre sujeito e antissujeito e as disjunções impostas às funções de sujeito e objeto revelam a predominância das descontinuidades tensivas no âmbito narrativo" (Luiz Tatit, *op. cit.*, p. 25).

do cativeiro do negro, um companheiro a quem no passado, dormindo no tronco e curtindo cipó de boi, aconselhava ter paciência, que agora opera, na isotopia figurativa, a rota de fuga. Fabiano se percebe completamente na pele desse trabalhador ancestral que permeia sua consciência, adivinha que o vínculo da dívida com o branco não lhe permite apenas mudar de um ponto a outro, mas que deve fugir, reconhecendo a possibilidade de ser perseguido pelo novo tipo de capitão do mato, o soldado amarelo. Eis a razão, portanto, de que não se trata de mudança, como no primeiro capítulo, o desfecho do capítulo final, "Fuga".

Na sequência do reconhecimento do aprisionamento que os juros representavam, ligando-se ao governo dos brancos, cujo braço é o soldado amarelo, tem-se a relação com "Cadeia", em que se viu de modo nítido configurar-se para Fabiano a "injustiça". É por meio desse mesmo raciocínio que fugir da fazenda não representaria vergonha. A prisão dos juros é também uma sem-vergonhice do governo do branco:

> Sinhá Vitória fazia contas direito: sentava-se na cozinha, consultava montes de sementes de várias espécies, correspondentes a mil-réis, tostões e vinténs. E *acertava*. As contas do patrão eram diferentes, arranjadas a tinta e contra o vaqueiro, *mas Fabiano sabia que elas estavam erradas* e o patrão queria enganá-lo. Enganava. (p. 114, grifos meus).

Portanto Fabiano, embora aceite, entende a "mais-valia" como operação de um roubo, garantida pela prisão representada como governo dos brancos, donde lhe vem a resolução: "Só lhe restava jogar-se no mundo como negro fugido" (p. 117). De fato, segundo Hermenegildo Bastos, a operação monetária dos juros, vinculada às relações capitalistas, não reduz a força dos montes de sementes com que sinhá Vitória calcularia as contas. As somas e adições das sementes não preveem "porcentagens", "mais-valias", exigidas pelo patrão/credor. A parte do enigma então impossível a Fabiano desvendar é que essa operação tinha como noção o "empréstimo", aluguel da propriedade, das ferramentas, e elevação do preço dos alimentos antecipados ao pagamento futuro do salário, que não atinge a soma necessária para quitar a dívida. Resta-lhe pagar a diferença com os animais do seu rebanho. A operação resulta em que Fabiano e sua família trabalhem por comida e moradia, e que tudo que produziram não suponha uma conquista, mas uma ilusão de conforto. Eis o que representa o ciclo do não natural, fechado, num sentido de prisão. Os juros, segundo a semelhança das aves de arribação que chupam a água, esvaziam o poço e matam os gados, sugariam a força humana de Fabiano e de sua família até reduzi-los a *vidas secas*.

Essa operação despedaça os sonhos mais singelos da família: uma cama de couro, na perspectiva de sinhá Vitória, o trabalho livre das safadezas do branco, para Fabiano, e, no caso dos meninos, o futuro, o desejo de conhecer os nomes das coisas do mundo. Não apenas sinhá Vitória, mas toda a família, até mesmo Baleia, representam um estágio anterior à reificação, fenômeno produzido pelo capitalismo que reduz os vínculos humanos à mera quantificação. Fabiano reconhece o acerto de Vitória no capítulo "Contas": "O único ser vivente que o compreendia era a mulher. Nem precisava falar: bastavam gestos" (p. 98-9). Eles, que se comunicam por gestos e onomatopeias, não podem de fato entender o significado das palavras que transmitem mensagens de engano. A natureza se corresponde com eles com mensagens verdadeiras. Ainda que a palavra dos brancos não fosse compreendida, Fabiano não perde o objetivo delas em função da consequência: "sempre que os homens sabidos lhe diziam palavras difíceis, ele saía logrado" (p. 97). Por esse motivo não se pode pensar, de forma simplista, que em *Vidas secas* Fabiano é animalizado e o animal, humanizado – o civilizado é quem se animaliza pelas relações burguesas capitalistas.

Essa forma de compreensão/comunicação limitada pela natureza, do gesto simples e das poucas palavras, longe de significar a redução deles a animais, representa, ao contrário, o que de mais humano há nesses viventes, traduzido por Hemernegildo Bastos como "uma reserva ética". Tal modo de expressão e comunicação impede enganar o outro ou enganar-se. Não se concebe que a natureza minta em seus instintos mais ordinários. E é com essa reserva ética que sinhá Vitória, a caminho do sul com sua família, ainda que sentisse "um aperto na garganta", se comunica com Fabiano: "Chegou-se a Fabiano, amparou-o e amparou-se, esqueceu os objetos próximos, os espinhos, as arribações, os urubus que farejavam carniça. Falou no passado, confundiu-o com o futuro. Não poderiam voltar a ser o que já tinham sido?" (p. 120).

Esse passado evidentemente expressa o antes das relações travadas com o patrão de quem fogem: "Viver como tinham vivido, numa casinha protegida pela bolandeira de seu Tomás. Discutiram e acabaram reconhecendo que aquilo não valeria a pena, porque estariam sempre assustados, pensando na seca" (p. 121). Por outro lado, para Fabiano também não tem lugar no futuro aceitar outra forma de relação degradada pelo capitalismo: "[...] depois vieram-lhe ao espírito figuras insuportáveis: o patrão, o soldado amarelo, a cachorra Baleia inteiriçada junto às pedras do fim do pátio" (p. 121). Por fim, sinhá Vitória "[...] desejava saber o que iriam fazer os filhos quando crescessem".

— Vaquejar, opinou Fabiano.

Sinhá Vitória, com uma careta enjoada, balançou a cabeça negativamente [...] Nossa Senhora os livrasse de semelhante desgraça. Vaquejar, que ideia! Chegariam a uma terra distante, esqueceriam a catinga onde havia montes baixos, cascalho, rios secos, espinhos, urubus, bichos morrendo. Não voltariam nunca mais, resistiriam à saudade que ataca os sertanejos na mata [...] (p. 123).

Rumo à Zona da Mata, vem a confirmação de que, de "Mudança" a "Fuga", opera-se uma transformação, ainda que pequena, que os situa em relação a um futuro:

E andavam para o sul, metidos naquele sonho. Uma cidade grande, cheia de pessoas fortes. Os meninos em escolas, aprendendo coisas difíceis e necessárias. Eles dois velhinhos, acabando-se como uns cachorros, inúteis, acabando-se como Baleia. (p. 127-8).

A remissão a Baleia não é fortuita. O fim de cachorrinha remete aos desejos mais genuínos de libertação humana; ela representa a objetivação do sonho do homem de libertar-se da prisão que o animaliza. Deixo esse capítulo tão importante, talvez o mais significativo em termos de comoção, apenas como menção por razão de a análise ora realizada não partir da ideia sugerida por Bueno de que *Vidas secas* não seja desmontável:

[...] a menos que se chame de desmontável aquele relógio que o menino curioso abre, remonta e que continua funcionando por alguns minutos, apesar das peças que sobraram, dando a falsa impressão de não haver tantos segredos assim na arte da relojoaria[483].

O fato é que o livro, em toda a história de sua recepção, salvo equívoco e injustiça, no que se refere à parte mais significativa dos pesquisadores e críticos da obra em termos de renome e importância, sempre teve suas análises orientadas pela investigação da sua isotopia temática sem relacioná-la com os seus níveis de figuração. Isso não impediu, como mostra Bueno, que se chegasse à conclusão acertadíssima de que a obra não seria um romance da seca; nem, como mostra Hermenegildo Bastos, que se concluísse que a relação da família de retirantes com a natureza, em vez de animalizá-los, constitui uma reserva ética que, no nosso en-

---

483 Luís Bueno, *Uma história do romance de 30, op. cit.*, p. 658.

tender, tem por vínculo direto a rejeição da reprodução dos signos/das práticas da humilhação tão significativamente ligados ao pacto colonialista da literatura, aos sistemas de socialização e produção escravistas, em suma, "à civilização".

Foi por essa razão que decidi um recorte que não necessariamente dialogasse com muitas boas análises e pesquisas que certamente foram lidas e relidas ao longo dos anos de pesquisa sobre os romances de Graciliano; exatamente pela obstinação da crítica em levar a cabo a compreensão ora de níveis sociológicos, de modo geral, ou psicanalíticos, deixando de lado procedimentos de composição literária que permitem a leitura dos índices e das figurações do outro. Baleia é figuração humana do sonho de libertar-se dos processos de animalização do homem: "Não se lembrava de Fabiano. Tinha havido um desastre, mas Baleia não atribuía a esse desastre a impotência em que se achava nem percebia que estava livre de responsabilidades" (p. 90). A dimensão da realidade/vida adquire sentido pela dimensão da "não realidade"/morte como espaço/tempo em que se realiza a superação ilusória da miséria: "Baleia queria dormir. Acordaria feliz, num mundo cheio de preás. E lamberia as mãos de Fabiano, um Fabiano enorme. As crianças se espojariam com ela, rolariam com ela num pátio enorme, num chiqueiro enorme. O mundo ficaria cheio de preás, gordos, enormes" (p. 91). Note-se que a projeção magnífica do conforto imaginado é realização idêntica e exata da experiência vivida. O capítulo encerra a contradição quanto ao que é plenamente realizável no mundo humano. Conforme Peter Bürger, na análise da crítica da ideologia, pode-se dizer da contradição identificada no capítulo "Baleia" que ela se torna apreensível no exemplo da religião:

> A religião é ilusão. O homem projeta no céu aquilo que gostaria de ver realizado na Terra. Na medida em que crê em Deus, que na verdade não é senão a objetificação [...] das qualidades humanas, o homem sucumbe a uma ilusão.
>
> Mas a religião contém, ao mesmo tempo, um momento de verdade: é "a expressão da miséria real" (pois a mera idealização da humanidade no céu aponta para a carência de humanidade na sociedade humana). É também "o protesto contra a miséria real", pois, mesmo na sua forma alienada, os ideais religiosos são a medida daquilo que deveria existir na realidade[484].

---

484 Peter Bürger, *op. cit.*, p. 25-6.

Nesse sentido, quando o narrador afirma que a família de Fabiano ruma em direção à "prisão da cidade", contrapõe a isso o imaginário do casal, que a supõe lugar em que os dois, velhinhos, terminariam "acabando-se como uns cachorros, inúteis, acabando-se como Baleia", isto é, sucumbidos pela ilusão de liberdade gerada pela experiência da miséria real. Eis, portanto, o momento de protesto da arte ficcional quanto à medida da liberdade que deveria existir na realidade empírica.

A obra de Graciliano, bem como a sua carreira, não oferece a resolução de problemas, mas compreende-se pela exposição dos denominadores de uma equação, em moldes artísticos, que abre espaço para que se possa exercer a função de "[...] separar a verdade e a não verdade da ideologia (em grego, como sabemos, *krinein* quer dizer 'divorciar', 'separar'). O momento de verdade está, com efeito, genuinamente contido na ideologia, mas só é libertado pela crítica", que, segundo Bürger, "[...] não é concebida como juízo, que contrapõe abruptamente sua própria verdade à não verdade da ideologia, mas como *produção* de conhecimentos"[485]. Afinal, essas coisas verdadeiras podem não ser verossímeis.

---

485 *Ibidem*, p. 28.

AGRADECIMENTOS

Devo muitos agradecimentos pelo encorajamento à pesquisa desenvolvida neste livro. Sua origem é a minha tese de doutorado, *A instituição do nome: análise historiográfica da produção ficcional de Graciliano Ramos*, defendida em 2021. Antes de iniciá-la, Rogério Chaves (Fundação Perseu Abramo) foi um desses incentivadores, quando ainda pensava em apresentar o projeto de pesquisa. Agradeço *in memoriam* também a Alipio Freire, que foi para mim representante vivo da violência de Estado, guardando conexões com a prisão de Graciliano em 1936. Ademais, agradeço aos amigos e amigas presentes no processo: Tereza Gouveia, por sua disposição de leitura dos textos e pelas correções precisas de pequenos detalhes formais; Adriana Gabriel Cerello, que sempre me estimulou a retornar à pesquisa e colaborou com a leitura e revisão atenta de meus escritos; a Mário Tommaso Pugliesi, ouvinte paciente das minhas digressões; às professoras Silvia Maria Azevedo (Unesp), Marina Silva Ruivo (Unir), Joana de Fátima Rodrigues e Ligia Fonseca Ferreira (Unifesp). Em especial, agradeço à professora Cilaine Alves Cunha e ao professor Ricardo Souza de Carvalho (USP), fundamentais para os rumos tomados pela pesquisa após a qualificação. À professora Marta Maria Chagas de Carvalho (FE-USP) pela orientação, mesmo a distância, quanto às inquietações que me tinham deixado às escuras em relação a aspectos políticos da Educação nos anos 1920 e 1930. *In memoriam*, ao professor Hermenegildo Bastos, que infelizmente não pôde estar presente em minha banca, apesar de vivamente presente em muitas passagens deste livro. Agradeço aos membros da banca Luís Bueno e Randal Johnson. Aos trabalhadores do Arquivo Público de Alagoas, Welington José Gomes da Silva e Andréia Santos Sant'Ana, pela atenção e pelo desejo de compreender o que me movia a vasculhar aquelas centenas de caixas. Andréia foi fundamental para a descoberta das pastas em que se encontravam os ofícios da Diretoria da Instrução Pública de Alagoas de 1935, com textos inéditos de Graciliano Ramos, ainda não catalogados e que, só pelo esforço de compreensão desses trabalhadores, foram encontrados.

Em especial, devo agradecer ao meu orientador João Adolfo Hansen: sem a confiança dele, seu esforço de compreensão das minhas ideias ainda dispersas e confusas do caminho de pesquisa, não haveria sequer a possibilidade de este trabalho chegar à razoabilidade de ser debatido. Agradeço ao financiamento de pesquisa do CNPq, ainda que, após 2018, sob constantes ameaças de corte de orçamento. Agradeço ainda a meus familiares, com especial atenção à minha amiga, companheira e esposa Maria Elaine Andreoti, que, sem dúvida, dialogou com todos os níveis deste livro. Sem você, nada seria possível.

Obrigado.

REFERÊNCIAS

ABDALA Jr., Benjamin (org.). *Graciliano Ramos*: muros sociais e aberturas artísticas. Rio de Janeiro: Record, 2017.

ALVES, Fabio Cesar. *Armas de papel*: Graciliano Ramos, as *Memórias do cárcere* e o Partido Comunista Brasileiro. São Paulo: Editora 34, 2016.

ANDREUCCI, Álvaro Gonçalves Antunes. *O risco das ideias*: intelectuais e a polícia política (1930-1945). São Paulo: Humanitas/Fapesp, 2006.

BAPTISTA, Abel Barros. *O livro agreste*: ensaio de curso de literatura brasileira. Campinas, SP: Editora da Unicamp, 2005.

BARROS, Diana Luz Pessoa de. *Teoria do discurso*: fundamentos semióticos. São Paulo: Humanitas, 2001.

BARTHES, Roland. "Introdução à análise estrutural da narrativa". Em: *Análise estrutural da narrativa*: seleção de ensaios da revista *Communications*. Rio de Janeiro: Vozes, 1973.

BASTOS, Hermenegildo. "Inferno, alpercata: trabalho e liberdade em *Vidas secas*". Em: RAMOS, Graciliano. *Vidas secas*. Rio de Janeiro: Record, 2015.

BASTOS, Hermenegildo. *Memórias do cárcere*: literatura e testemunho. Brasília, DF: Editora da UnB, 1998.

BASTOS, Hermenegildo. *As artes da ameaça*: ensaios sobre literatura e crise. São Paulo: Outras Expressões, 2012.

BETHELL, Leslie. "O Brasil no mundo". Em: SCHWARCZ, Lilia Moritz (dir.); CARVALHO, José Murilo de Carvalho. *A construção nacional*: 1830-1889. v. 2. Rio de Janeiro: Objetiva, 2012.

BOSI, Alfredo. "O positivismo no Brasil: uma ideologia de longa duração". Em: PERRONE-MOISÉS, Leyla (org.). *Do positivismo à desconstrução*: ideias francesas na América. São Paulo: Edusp, 2004.

BOSI, Alfredo. *História concisa da literatura brasileira*. São Paulo: Cultrix, 2015.

BOSI, Alfredo. "Cultura". Em: SCHWARCZ, Lilia Moritz (dir.); CARVALHO, José Murilo de Carvalho. *A construção nacional*: 1830-1889. v. 2. Rio de Janeiro: Objetiva, 2012.

BUENO, Luís. *Uma história do romance de 30*. São Paulo: Edusp; Campinas, SP: Editora da Unicamp, 2006.

BUENO, Luís. "Uma grande estreia". Em: RAMOS, Graciliano. *Caetés*. Rio de Janeiro: Record, 2013.

BÜRGER, Peter. *Teoria da vanguarda*. São Paulo: Ubu, 2017.

CANDIDO, Antonio. *Iniciação à literatura brasileira*: resumo para principiantes. São Paulo: Humanitas, 1999.

CANDIDO, Antonio. "Ficção e confissão". Em: RAMOS, Graciliano. *São Bernardo*. Rio de Janeiro: Record, 1984.

CANDIDO, Antonio. *Literatura e sociedade*: estudos de teoria e história literária. São Paulo: Companhia Editora Nacional, 1976.

CARPEAUX, Otto Maria. "Visão de Graciliano Ramos". Em: BRAYNER, Sônia (org.). *Graciliano Ramos*. Rio de Janeiro: Civilização Brasileira, 1978.

CARVALHO, José Murilo de. *Os bestializados*: o Rio de Janeiro e a República que não foi. São Paulo: Companhia das Letras, 2016.

CARVALHO, José Murilo de. "A vida política". Em: SCHWARCZ, Lilia Moritz (dir.); CARVALHO, José Murilo de Carvalho. *A construção nacional*: 1830-1889. v. 2. Rio de Janeiro: Objetiva, 2012.

CARVALHO, Marta Maria Chagas de. *Molde nacional e fôrma cívica*: higiene, moral e trabalho no projeto da Associação Brasileira de Educação (1924-1931). Bragança Paulista, SP: Edusf, 1998.

CARVALHO, Marta Maria Chagas de. *A escola e a República*. São Paulo: Brasiliense, 1989.

CASTELLO, José Aderaldo. "Lusos e *Caetés*". *Revista do Instituto de Estudos Brasileiros*, n. 35, São Paulo: IEB-USP, 1993.

CASTRO, Eduardo Góes de. *Os "quebra-santos"*: anticlericalismo e repressão pelo Deops-SP. São Paulo: Humanitas, 2007.

COUTINHO, Carlos Nelson. *Cultura e sociedade no Brasil*: ensaios sobre ideias e formas. São Paulo: Expressão Popular, 2011.

CUNHA, Euclides da. *Os sertões*. Porto Alegre: L&PM, 2016.

DOSTOIEVSKY, Fiódor. *Crime e castigo*. v. 2. São Paulo: Abril, 2010.

FACIOLI, Valentim A. "Dettera: Ilusão e verdade: sobre a (im)propriedade em alguns narradores de Graciliano Ramos". *Revista do Instituto de Estudos Brasileiros*, n. 35, São Paulo: IEB-USP, 1993.

FARIA, João Roberto. "Teatro romântico e escravidão". *Teresa*: revista de literatura brasileira, n. 12-13, São Paulo: Editora 34, 2013.

FARIA, Octávio de. "Graciliano Ramos e o sentido do humano". Em: BRAYNER, Sônia (org.). *Graciliano Ramos*. Rio de Janeiro: Civilização Brasileira, 1978.

FARIA, Octávio de. "O defunto se levanta". *O Jornal*, 1937 *apud* SALLA, Thiago Mio. "Graciliano Ramos *versus* Octávio de Faria: o confronto entre autores 'sociais' e 'intimistas' nos anos 1930". *Opiniães*: revista dos alunos de literatura brasileira, v. 1, n. 3, São Paulo: FFLCH-USP, 2011.

FERNANDES, Florestan. *Apontamentos sobre a "teoria do autoritarismo"*. São Paulo: Expressão Popular, 2019.

FERNANDES, Elisabete Pereira. *Os problemas aritméticos e os métodos pedagógicos*: pontos para um diálogo sobre a história da educação matemática no ensino primário alagoano (1924-1952). Dissertação (Mestrado em Educação) – Universidade Federal de Alagoas. Alagoas: 2017.

FERREIRA, Ligia Fonseca. "Luiz Gama autor, leitor, editor: revisitando as *Primeiras Trovas Burlescas* de 1859 e 1861". *Revista Estudos Avançados*, v. 33, n. 96, maio/ago. 2019, p. 109-35.

GENETTE, Gérard. "Fronteiras da narrativa". Em: *Análise estrutural da narrativa*: seleção de ensaios da revista *Communications*. Rio de Janeiro: Vozes, 1973.

HANSEN, João Adolfo. *Alegoria*: construção e interpretação da metáfora. São Paulo: Atual, 1986.

HANSEN, João Adolfo. "Romantismo e Barroco". *Teresa*: revista de literatura brasileira, n. 12-13, São Paulo: Editora 34, 2013.

HILTON, Stanley Eon. *A rebelião vermelha*. Rio de Janeiro: Record, 1986.

ISER, Wolfgang. *O ato de leitura*: uma teoria do efeito estético. v. 2. São Paulo: Editora 34, 1999.

JOHNSON, Randal. "Graciliano Ramos and Politcs in Alagoas". Em: BRANDELLERO, Sara; VILLARES, Lucia (eds.). *Graciliano Ramos and the Making of Modern Brazil*: Memory, Politics and Identities. Cardiff: University of Wales Press, 2017.

JOHNSON, Randal. "A dinâmica do campo literário brasileiro: 1930-1945". *Revista USP*, n. 26, São Paulo: USP, jul./ago.,1995.

JÚNIOR, Peregrino. *Três ensaios*: modernismo, Graciliano, Amazônia. Rio de Janeiro: Livraria São José, 1969.

LEBENSZTAYN, Ieda. *Graciliano Ramos e a novidade*: o astrônomo do inferno e os meninos impossíveis. Tese (Doutorado em Literatura Brasileira) – Universidade de São Paulo. São Paulo: 2009.

LIMA, Luiz Costa. *Mímesis e modernidade*: formas das sombras. São Paulo: Paz & Terra, 2003.

LIMA, Luiz Costa. *História, ficção, literatura*. São Paulo: Companhia das Letras, 2006.

LINS, Osman. "O mundo recusado, o mundo aceito e o mundo enfrentado". Em: RAMOS, Graciliano. *Alexandre e outros heróis*. Rio de Janeiro: Record, 1982.

LOMBROSO, Cesare. *O homem delinquente*. São Paulo: Ícone, 2016.

LUKÁCS, Georg. *Introdução a uma estética marxista*. Rio de Janeiro: Civilização Brasileira, 1968.

KAFKA, Franz. *O processo*. São Paulo: Companhia das Letras, 2005.

KRISTEVA, Julia. *Semiótica do romance*. Lisboa: Ed. Arcádia, 1977.

MAIA, Pedro Moacir (org.). *Cartas inéditas de Graciliano Ramos a seus tradutores argentinos Benjamín de Gary e Raúl Navarro*. Salvador, BA: Edufba, 2008.

MALARD, Leticia. *Ensaio de Literatura Brasileira*: ideologia e realidade em Graciliano Ramos. Belo Horizonte: Itatiaia, 1976.

MANGUEL, Alberto. *No bosque do espelho*: ensaios sobre as palavras e o mundo. São Paulo: Companhia das Letras, 2000.

MARCÍLIO, Maria Luiza. "O menor infrator e os direitos das crianças no século XX". Em: LOURENÇO, Maria Cecília França (org.). *Direitos Humanos em dissertações e teses da* USP: 1934-1999. São Paulo: Edusp, 2000.

MARINHO, Maria Celina Novaes. *A imagem da linguagem na obra de Graciliano Ramos*: uma análise da heterogeneidade discursiva nos romances *Angústia* e *Vidas secas*. São Paulo: Humanitas, 2000.

MARTÍ, José. *Nossa América*. São Paulo: Hucitec, 1991.

MAZZEO, Antonio Carlos. *Estado e burguesia no Brasil*: origem da autocracia burguesa. Belo Horizonte: Oficina de Livros, 1989.

MEYER, Augusto. "O homem subterrâneo". Em: BARBOSA, João Alexandre (org.). *Textos críticos*. São Paulo: Perspectiva, 1986.

MORAES, Dênis de. *O velho Graça*: uma biografia de Graciliano Ramos. Rio de Janeiro: José Olympio, 1992.

MOURA, Edilson Dias de. *As ilusões do romance*: estrutura e percepção em *São Bernardo* de Graciliano Ramos. Dissertação (Mestrado em Literatura Brasileira) – Universidade de São Paulo. São Paulo: 2011.

NABUCO, Joaquim. *O abolicionismo*. Rio de Janeiro: Nova Fronteira; São Paulo: Publifolha, 2000.

NASCIMENTO, Benedicto Heloiz. *A ordem nacionalista brasileira*: o nacionalismo como política de desenvolvimento durante o governo Vargas. São Paulo: Humanitas, FFLCH-USP/IEB-USP, 2002.

NOVAES COELHO, Nelly. *Literatura e linguagem*: a obra literária e a expressão linguística. São Paulo: Edições Quíron, 1986.

OLIVEIRA, Franklin de. "Graciliano Ramos". Em: BRAYNER, Sônia. (org.) *Graciliano Ramos*. Rio de Janeiro: Civilização Brasileira, 1978.

OLIVEIRA LIMA, Manuel de. *Aspectos da literatura colonial brasileira*. Rio de Janeiro: Francisco Alves, 1984.

PAES, José Paulo. "Do fidalgo ao guarda-livros". Em: RAMOS, Graciliano. *Caetés*. Rio de Janeiro: Record, 2013.

PATTO, Belmiro Jorge. "O Código de Processo Penal brasileiro 75 anos depois: uma trajetória de autoritarismos, ineficiências, descasos e retrocessos". *Revista Pensamento Jurídico*, v. 11, n. 1, São Paulo, jan./jun., 2017.

PEREIRA, Lúcia Miguel. *A leitora e seus personagens*: seleta de textos publicados em periódicos (1931-1943) e em livros. Rio de Janeiro: Graphia Editorial, 1992.

PINTO, Rolando Morel. *Graciliano Ramos*: autor e ator. Assis, SP: Editora da Faculdade de Filosofia, Ciências e Letras de Assis, 1962.

PIZARRO, Narciso. *Análisis estructural de la novela*. Madrid: Siglo XXI de España Editores S.A., 1970.

PRADO Jr., Caio. *Formação do Brasil contemporâneo*: colônia. São Paulo: Brasiliense/Publifolha, 2000.

PRADO Jr., Caio. *História econômica do Brasil*. São Paulo: Brasiliense, 1972.

RAMOS, Graciliano. "Relatório ao Governo do Estado de Alagoas". Em: RAMOS, Graciliano. *Viventes das Alagoas*: quadros e costumes do Nordeste. Rio de Janeiro: Record, 2002.

RAMOS, Graciliano. *Caetés*. Rio de Janeiro: Record, 1972.

RAMOS, Graciliano. *São Bernardo*. Rio de Janeiro: Record, 1984.

RAMOS, Graciliano. *Angústia*. Rio de Janeiro: O Globo; São Paulo: Folha de S.Paulo, 2003.

RAMOS, Graciliano. *Vidas secas*. Rio de Janeiro: Record, 2015.

RAMOS, Graciliano. *Insônia*. Rio de Janeiro: Record, (s.d).

RAMOS, Graciliano. *Alexandre e outros heróis*. Rio de Janeiro: Record, 1982.

RAMOS, Graciliano. *Infância*. Rio de Janeiro: Record, 1995.

RAMOS, Graciliano. *Memórias do cárcere*. Rio de Janeiro: Record; São Paulo: Altya, 1996.

RAMOS, Graciliano. *Linhas tortas*. Rio de Janeiro: Record, 1975.

RAMOS, Graciliano. *Viventes das Alagoas*: quadros e costumes do Nordeste. Rio de Janeiro: Record, 2002.

RAMOS, Graciliano. *Cartas*. Rio de Janeiro: Record, 1992.

RAMOS, Graciliano. *Garranchos*. Rio de Janeiro: Record, 2012

RAMOS, Graciliano. *Conversas*. Rio de Janeiro: Record, 2014.

REIS, Zenir Campos. "Tempos futuros". *Revista do Instituto de Estudos Brasileiros*, n. 35, São Paulo: IEB, 1993.

RETAMAR, Roberto Fernández. "Introdução a José Martí". Em: MARTÍ, José. *Nossa América*. São Paulo: Hucitec, 1991.

RICOEUR, Paul. *Tempo e narrativa*: a intriga e a narrativa histórica. v. 1. São Paulo: WMF Martins Fontes, 2016.

RICOEUR, Paul. *Tempo e narrativa*: o tempo narrado. v. 3. São Paulo: WMF Martins Fontes, 2010.

RIDENTE, Marcelo. "*Memórias do cárcere*: Graciliano Ramos no meio do caminho". Em: MICELI, Sergio; MYERS, Jorge (org.). *Retratos latino-americanos*: a recordação letrada de intelectuais e artistas do século xx. São Paulo: Edições Sesc, 2019.

RODRIGUES, Marco Antonio. *Não só, mas também*: criminologia positiva em *Angústia*, de Graciliano Ramos. Dissertação (Mestrado em Literatura Brasileira) – Universidade de São Paulo. São Paulo: 2004.

ROSA e SILVA, Enaura Quixabeira; BONFIM, Edilma Acioli. *Dicionário mulheres de Alagoas ontem e hoje*. Maceió: Edufal, 2007.

ROSE, R. S. *Uma das coisas esquecidas*: Getúlio Vargas e o controle social no Brasil (1930-1954). São Paulo: Companhia das Letras, 2001.

ROSENTHAL, Erwin Theodor. *O universo fragmentário*. São Paulo: Edusp, 1975.

ROSSI, Gustavo. "Na trilha do negro: política, romance e estudos afro-brasileiros na década de 1930". Em: SANTOS, Flávio Gonçalves dos; RODRIGUES, Inara de Oliveira; BRICHTA, Laila (org.). *Colóquio Internacional 100 anos de Jorge Amado*: história, literatura e cultura. Ilhéus, BA: Editus, 2013.

SAES, Décio. *A formação do Estado burguês no Brasil (1888-1891)*. Rio de Janeiro: Paz & Terra, 1985.

SALLA, Thiago Mio. "Graciliano Ramos *versus* Octávio de Faria: o confronto entre autores 'sociais' e 'intimistas' nos anos 1930". *Opiniães*, v. 1, n. 3, São Paulo: FFLCH-USP, 2011.

SALLA, Thiago Mio. "Garranchos e outros ramos". Em: RAMOS, Graciliano. *Garranchos*. Rio de Janeiro: Record, 2012.

SCHWARTZ, Stuart B. *Escravos, roceiros e rebeldes*. Bauru, SP: Edusc, 2001.

SENNA, Homero. "Revisão do Modernismo". Em: BRAYNER, Sônia (org.) *Graciliano Ramos*. Rio de Janeiro: Civilização Brasileira, 1978.

SETEMY, Adrianna Cristina Lopes. *Sentinelas das fronteiras*: o Itamaraty e a diplomacia brasileira na produção de informações para o combate ao inimigo comunista (1935-1966). Tese (Doutorado em História Social) – Universidade Federal do Rio de Janeiro. Rio de Janeiro: 2013.

SOUZA, Odette de Carvalho e. *Komintern*. Rio de Janeiro: José Olympio, 1938.

STIERLE, Karlheinz. "Que significa a recepção dos textos ficcionais?" Em: JAUSS, H. R. *et al. A literatura e o leitor*. Rio de Janeiro: Paz e Terra, 1979.

TATIT, Luiz. *Análise semiótica através das letras*. São Paulo: Ateliê Editorial, 2001.

VERÍSSIMO, José. *Últimos estudos de literatura brasileira*: 7ª série. Belo Horizonte: Itatiaia; São Paulo: Edusp, 1979.

VIANNA, Marly de Almeida Gomes. *Revolucionários de 35*: sonho e realidade. São Paulo: Companhia das Letras, 1992.

VIDAL, Ariovaldo José. "Atando as pontas da vida". *Revista do Instituto de Estudos Brasileiros*, n. 35, São Paulo: IEB, 1993.

ZEA, Leopoldo. *Fin de milenio*: emergencia de los marginados. México: Fondo de Cultura Económica, 2000.

ZILBERMAN, Regina. *São Bernardo e os processos de comunicação*. Porto Alegre: Movimento/Instituto Estadual do Livro, 1975.

ZILBERMAN, Regina. *Estética da recepção e história da literatura*. São Paulo: Ática, 1989.

Instituto Histórico e Geográfico de Alagoas (IHGA)

NETTO, Medeiros. "Instrução pública". *O Semeador*, Maceió, 6 mar. 1936.

O SEMEADOR. "Os extremistas", Maceió, 1º mar. 1934.

O SEMEADOR. "A praga do divórcio", Maceió, 27 mar. 1936.

O SEMEADOR. "O início do ano letivo", 4 mar. 1936.

O SEMEADOR. "Os pais têm direito", 27 mar. 1933, capa.

O SEMEADOR. "A greve das normalistas – a suspensão do dr. Manoel Vasconcellos", 16 mar. 1934.

PEREIRA, Celeste de. "Instrução e Pedagogia", *O Semeador*, Maceió, 24 mar. 1934, capa.

Arquivo Público de Alagoas

M. P. [pseudônimo]. "Raça e política". *Revista Anauê*, ago. 1935, p. 20.

Crédito das imagens dos Ofícios da Diretoria da Instrução Pública de Alagoas

RAMOS, Graciliano. Ofício n. 994 de 14 de novembro de 1935. Solicita transferência de verbas à Escola Normal de Alagoas para pagamento de livros e material didático fornecido a estudantes carentes. Fonte: Arquivo Público de Alagoas.

RAMOS, Graciliano. Ofício protocolar n. 915 de 10 de setembro de 1935. Solicita ao governador do Estado autorização de licença, por recomendação médica, a Sebastião Hora. Fonte: Arquivo Público de Alagoas.

RAMOS, Graciliano. Ofício n. 683 de 7 de agosto de 1935. Solicita ao setor de Saúde Pública separação do fornecimento de peixe e da escola Diegues Júnior. Fonte: Arquivo Público de Alagoas.

RAMOS, Graciliano. Ofício n. 896 de 4 de outubro de 1935. Solicita ao secretário Geral do Estado o afastamento da diretora da escola Visconde de Sinimbu, professora Celeste de Pereira, sob acusação de permitir castigos físicos e abandono da direção da escola. Fonte: Arquivo Público de Alagoas.

Fontes digitais

A NAÇÃO. "A ação do general Newton Cavalcanti contra o comunismo no norte". Rio de Janeiro, 11 mar. 1936. Fonte: Hemeroteca Digital da Biblioteca Nacional.

ABC. "Entente Internacional contra la Tercera Internacional – constituida en Ginebra en 1924", Madri, 20 dez. 1924, p. 25. *Filosofía en español*. Disponível em: http://www.filosofia.org/ave/001/a368.htm. Acesso em: 13 fev. 2023.

ASSIS, Machado de. "Notícia da atual literatura brasileira. Instinto de nacionalidade". Em: ASSIS, Machado de. *Obra completa*. v. 3. Rio de Janeiro: Nova Aguilar, 1994. Disponível em: http://machado.mec.gov.br/obra-completa-lista/item/download/95_a034209a-67594696a9b556534ff73116. Acesso em: 20 nov. 2019.

ASSIS, Machado de. *Memórias póstumas de Brás Cubas*. Em: ASSIS, Machado de. *Obra completa*. v. 1. Rio de Janeiro: Nova Aguilar, 1994.

BARROS, Reynaldo. "Pais, Álvaro Correia". CPDOC-FGV. Disponível em: https://cpdoc.fgv.br/sites/default/files/verbetes/primeira-republica/PAIS,%20%C3%81lvaro%20Correia.pdf. Acesso em: 12 jun. 2023.

BRASIL. Câmara dos Deputados. *Constituição da República dos Estados Unidos do Brasil de 1934*. Brasília, DF: 1934. Disponível em: http://www.planalto.gov.br/ccivil_03/constituicao/constituicao34.htm. Acesso em: 27 abr. 2018.

BRASIL. Lei complementar n. 136 (LSN), de 14 de dezembro de 1935. *Diário Oficial da União*. Seção 1, p. 1. Disponível em: https://www2.camara.leg.br/legin/fed/lei/1930-1939/lei-136-14-dezembro-1935-398009-publicacaooriginal-1-pl.html. Acesso em: 24 fev. 2023 (grifos meus).

BRASIL. Casa Civil. Lei n. 38, de 4 de abril de 1935 (Lei de Segurança Nacional, revogada pela Lei n. 1802, de 1953). Brasília, DF: 1935. Disponível em: www.planalto.gov.br/ccivil_03/leis/1930-1949/L0038impressao.htm. Acesso em: 1º jun. 2016.

BRASIL. Ministério da Educação. Instituto Nacional de Estudos e Pesquisas Educacionais Anísio Teixeira (Inep). *O mapa do analfabetismo no Brasil* (s.d.), Brasília, DF, p. 6. Disponível em: https://download.inep.gov.br/publicacoes/institucionais/estatisticas_e_indicadores/mapa_do_analfabetismo_do_brasil.pdf. Acesso em: 23 maio 2018.

CORREIO DA MANHÃ. "A propaganda antirreligiosa de Moscou procura infiltrar-se em todos os países", 10 abr. 1936, p. 3. Fonte: Hemeroteca Digital da Biblioteca Nacional do Rio de Janeiro.

CORREIO DA MANHÃ. "Planos de ação antirreligiosa encontrados nos arquivos de Prestes e Berger". Rio de Janeiro, 30 maio 1936. Fonte: Hemeroteca Digital da Biblioteca Nacional do Rio de Janeiro.

DIÁRIO CARIOCA. "As próximas eleições constituintes. Uma sensacional declaração do diretor da Federação das Congregações Marianas". Rio de Janeiro, 15 out. 1932. Fonte: Hemeroteca Digital da Biblioteca Nacional do Rio de Janeiro.

DIÁRIO DA NOITE. "Em que resultou a mudança de uniformes na Escola Normal de Alagoas – as normalistas, não contentes com a demissão do diretor, declararam-se em greve". Rio de Janeiro, 27 mar. 1934, p. 2. Fonte: Hemeroteca Digital da Biblioteca Nacional do Rio de Janeiro.

DIÁRIO DE NOTÍCIAS. "A organização do projeto de orçamento para todos municípios alagoanos", Rio de Janeiro, 9 set. 1930, p. 6. Fonte: Hemeroteca Digital da Biblioteca Nacional do Rio de Janeiro.

DIÁRIO DE NOTÍCIAS. "A semana do álcool-motor", Rio de Janeiro, 25 jul. 1930, p. 3. Fonte: Hemeroteca Digital da Biblioteca Nacional do Rio de Janeiro.

DIÁRIO DE NOTÍCIAS. "Atos do governo provisório", Rio de Janeiro, 15 abr. 1932, p. 2. Fonte: Hemeroteca Digital da Biblioteca Nacional do Rio de Janeiro.

DIÁRIO DE NOTÍCIAS. "Excursão governamental", 24 ago. 1930, p. 4. Fonte: Hemeroteca Digital da Biblioteca Nacional do Rio de Janeiro.

DIÁRIO DE NOTÍCIAS. "O juiz federal em Alagoas representa contra o gal. Newton Cavalcanti: o dr. Alpheu Rosas dirige-se ao presidente da Corte Suprema", Rio de Janeiro, 17 mar. 1936, p. 5. Fonte: Hemeroteca Digital da Biblioteca Nacional do Rio de Janeiro.

DIÁRIO DE PERNAMBUCO. "A princesa do sertão". Recife, 20 ago. 1930, p. 3. Fonte: Hemeroteca Digital da Biblioteca Nacional do Rio de Janeiro.

DIÁRIO DE PERNAMBUCO. "Alguns números relativos à instrução primária em Alagoas". Recife, 29 jun. 1935. Fonte: Hemeroteca Digital da Biblioteca Nacional do Rio de Janeiro.

FARIA, Octávio. "O defunto se levanta". *O Jornal*, Rio de Janeiro, 30 maio 1937. Fonte: Hemeroteca Digital da Biblioteca Nacional do Rio de Janeiro.

FARIA, Octávio. "Uma explicação: a propósito de *Salgueiro*". *O Jornal*, Rio de Janeiro, 30 jun. 1935. Fonte: Hemeroteca Digital da Biblioteca Nacional do Rio de Janeiro.

HISTÓRIA DE ALAGOAS. "Hildebrando Falcão e a intentona comunista de 1935 em Alagoas", 3 mar. 2017. Disponível em: https://www.historiadealagoas.com.br/hildebrando-falcao-e-a-intentona-comunista-de-1935-em-alagoas.html. Acesso em: 12 jun. 2023.

IVO, Lêdo. "Um estranho no ninho: a propósito do cinquentenário de *Caetés* de Graciliano Ramos". *Revista Colóquio Letras*, n. 77, Lisboa, 1984, p. 37.

JORNAL DO BRASIL. "Cousas da política". Rio de Janeiro, 17 jan. 1930. Fonte: Hemeroteca Digital da Biblioteca Nacional do Rio de Janeiro.

JORNAL LAVOURA E COMMERCIO. "Desrespeito e diminuição à justiça". Uberaba, 14 mar. 1936. Fonte: Hemeroteca Digital da Biblioteca Nacional do Rio de Janeiro.

MENDES, Murilo. "O catolicismo e os integralistas". *Gazeta de Tombos*, 21 ago. 1937, n. 200. Fonte: Hemeroteca Digital da Biblioteca Nacional do Rio de Janeiro.

O JORNAL, "Chegaram do norte 116 comunistas implicados no levante de novembro: entre eles os 'ministros' da 'justiça', 'finanças' e da 'viação' e duas mulheres", 15 mar. 1936. Fonte: Hemeroteca Digital da Biblioteca Nacional do Rio de Janeiro.

PAES, Álvaro Correa. *Mensagem ao Congresso Legislativo*. Maceió: Imprensa Oficial, 1930.

PAES, Álvaro Correa. *Relatórios dos presidentes de estados brasileiros* (AL). Alagoas: Imprensa Oficial, 1930.

PAPA PIO XI. *Carta encíclica* Divinis Redemptoris *de Sua Santidade Papa Pio* XI *aos veneráveis irmãos, patriarcas, primazes, arcebispos, bispos e demais ordinários em paz e comunhão com a sé apostólica sobre o comunismo ateu*. Vaticano, 19 mar. 1937. Disponível em: https://w2.vatican.va/content/pius-xi/pt/encyclicals/documents/hf_p-xi_enc_19370319_divini-redemptoris.html. Acesso em: 26 abr. 2018.

PECHMAN, Robert. "Newton de Andrade Cavalcanti". CPDOC-FGV. Disponível em: https://www18.fgv.br/cpdoc/acervo/dicionarios/verbete-biografico/newton-de-andrade-cavalcanti. Acesso em: 12. jun. 2023.

SEBASTIÃO da Hora: professor, político, médico e intelectual humanista. *História de Alagoas*, 2017, p. 2. Disponível em: https://www.historiadealagoas.com.br/sebastiao-da-hora-professor-politico-medico-e-intelectual-humanista.html. Acesso em: 6 ago. 2018.

SOBRE O AUTOR

Pesquisador, professor, editor e autor de materiais didáticos, Edilson Dias de Moura é mestre e doutor em Literatura Brasileira pela Universidade de São Paulo (USP), mesma instituição em que obteve os títulos de bacharel e licenciado em língua portuguesa. Seus campos de pesquisa são a teoria literária, a semiótica, a historiografia, a estética do ato de leitura e a teoria da recepção.

Este livro foi impresso em outubro de 2023, na Camacorp Visão Gráfica, nos papéis Pólen Natural 70 g/m² (miolo) e Supremo Alta Alvura 250 g/m² (capa).

Foram utilizadas as fontes FF Real, FF More (FontFont) e Guaruja Grotesk (Tipogra Fio).